易宪容著作集 3

中国金融市场化改革的理论研究

易宪容 郑丽雅 著

A Theoretical Study on China's Financial Marketization Reform

中国社会科学出版社

图书在版编目（CIP）数据

中国金融市场化改革的理论研究/易宪容，郑丽雅著.—北京：中国社会科学出版社，2020.12
ISBN 978-7-5203-5834-7

Ⅰ.①中… Ⅱ.①易… ②郑… Ⅲ.①金融市场—金融改革—理论研究—中国 Ⅳ.①F832.5

中国版本图书馆 CIP 数据核字（2019）第 294461 号

出 版 人	赵剑英
责任编辑	侯苗苗
责任校对	周晓东
责任印制	王 超

出　　版	中国社会科学出版社
社　　址	北京鼓楼西大街甲 158 号
邮　　编	100720
网　　址	http://www.csspw.cn
发 行 部	010－84083685
门 市 部	010－84029450
经　　销	新华书店及其他书店
印刷装订	三河弘翰印务有限公司
版　　次	2020 年 12 月第 1 版
印　　次	2020 年 12 月第 1 次印刷
开　　本	710×1000　1/16
印　　张	27.25
插　　页	2
字　　数	437 千字
定　　价	149.00 元

凡购买中国社会科学出版社图书，如有质量问题请与本社营销中心联系调换
电话：010－84083683
版权所有　侵权必究

序

《中国居住正义的理论研究》《金融市场基础性制度的理论研究》《中国金融市场化改革的理论研究》《汇率、流动性及金融危机的理论研究》四本书，主要汇集了我近年来的学术研究成果，也有少量的早期作品。这些成果既展现了我几十年来学习、思考、研究、分析的学术历程，也展现了中国经济改革和金融改革大潮的后浪推前浪的场景。

我们这一代人是幸运的，得益于邓小平的伟大谋略，他老人家倡导的改革开放让我重写了人生轨迹，走出了上高这个小县城，走向了上海，进入了北京，到了香港这个国际大都市，面向全世界，现驻留在青岛。如果没有邓小平，没有改革开放这个伟大时代，我也许只能在上高这个小县城度过一生。

面对这个伟大的时代，作为改革开放大潮的"弄潮儿"，我选择了独有的途径，希望将个人所学、所思、所想转化为大众可知晓、可理解的知识，特别是2000年从香港回到北京之后，这种信念更加坚定。由此，几十年如一日，撰写了数以万计的财经评论和金融评论文章。这些在网络世界广为流传的文章为广大国人普及了经济学知识、金融学知识及房地产市场知识，启迪了民智，让广大民众变得更为聪明。每当我想到能够为社会做一点事情之时，欣慰之情油然而生，也许这就是我最为重要的人生意义。

所以，站在绝大多数人利益的角度来思考，为社会进步贡献绵薄之力，既是我做学术的源泉与基点，也是我的学术价值观。我记得有一次从加拿大回北京，在机场等取行李时，与一个移民加拿大的人聊了几句。她就告诉我，她已经移民加拿大多年了。她说多伦多是如何落后，是一个如何牺牲有钱人的利益而只对绝大多数没有钱的人有利的社会，所以，她就是不喜欢这样的社会。我就告诉她，我正好与她相反，我喜欢的社会就是要为绝大多数人谋利益的社会，就是要让社会最为弱势的人过上有尊严的生活的社会。我告诉她，这是价值观问题。价值观不一样，无话可交流。

所以，我这些学术著作的基点就是站在绝大多数人利益的角度，站在为整个社会文明增添一砖一瓦的角度来思考，为绝大多数人的利益鼓与呼，为构建弱势者过上有尊严的生活的社会做点努力。比如，对中国房地产市场问题的学术讨论，我从始至终都围绕着"居住正义"这个基点，探索如何来保证中国绝大多数人基本的居住条件，如何让绝大多数人在中国房地产市场空前繁荣中分享到相应的成果。所以，2000年以来我参与了政府一系列重大问题改革的政策讨论（如银行不良贷款处置、国有银行股份制改革、汇率制度改革、利率市场化改革、股权分置改革、房地产市场改革等），在这个过程中，我的政策讨论与学术思考从来没有离开过这个基点，它永远是我的学术思想与观点涌现的源泉。

在此，我特别感谢范跃进书记，是他真诚热情地聘请我来到青岛大学，来到青岛这个风景优美、气候宜人的城市，来到充满着活力与朝气的青岛大学。这算是我人生旅途上又一次重大转折，因为，来到青岛大学又让我完全回归学术生活轨迹。在大学的校园里、在大海边、在浮山和金家岭上，都是我学术思考最好的环境与地方。可以说，尽管我早已步入知天命之年，但青岛大学将是我学术生涯的新起点，现在感觉到要研究的各种重大的学术问题越来越多，人生又好像回到年轻的时代。向范跃进书记再道一声谢谢，祝你一生永远平安与快乐！

在此，我也感谢我的同学张群群教授，我们几十年的友谊始终如一。我们经常在一起讨论不同学术问题、探讨各种观点与意见、剖析种种社会现象。在此过程中，我都能从他那里获得无数的知识与启发。特别是当我碰到各种疑难问题、遇到各种困难时，他都能够帮助我找到迎刃而解的办法。人生有一知己足矣！

一对儿女——大中与韵珂，永远是我心中的明灯，自从他们出生时起，他们就给了我人生的无穷力量及活力。无论遇上何种艰难险阻、惊涛骇浪，这盏灯都能让我拨云见日，化腐朽为神奇，让人生一步一步走下去。也许我对他们做不了什么，但愿我也能够点亮他们心中的那盏灯，照耀他们步入幸福快乐的人生。

在人生的旅途上，要感谢的人太多，我的学生、我的同事，以及青岛大学的各级领导，书的出版有他们一份辛苦与功劳。在此，特别感谢中国社会科学出版社大众分社侯苗苗总编辑，她不仅促成了本书的出版，也在出版过程中付出了她的一份辛苦。谢谢人生旅途上所有的朋友！

易宪容
2019 年 12 月 2 日
于青岛崂山区科大支路青岛大学人才公寓 1204 室

目 录

第一编 金融改革与利率市场化

1 中国利率市场化改革的历程、困难及未来走势
　　——基于一般性理论的分析 ·············· 3
　1.1 导论：中国利率市场化改革的原因及推力 ·············· 3
　1.2 利率市场化改革的理论基础 ·············· 10
　1.3 金融产品定价法则与实质性商品定价的差异性 ·············· 14
　1.4 利率定价与基准利率体系转型 ·············· 20
　1.5 近期中国利率市场化改革进展与问题 ·············· 24
　1.6 重新厘定当前中国利率市场化改革的思路 ·············· 36

2 中国利率调整之分析 ·············· 39
　2.1 前言 ·············· 39
　2.2 利率调整为什么会犹豫不决？ ·············· 40
　2.3 中国利率与实体经济的关联性 ·············· 41
　2.4 CPI 与加息 ·············· 44
　2.5 中国"负利率"所面临的金融风险 ·············· 46
　2.6 民间信贷活跃与利率调整 ·············· 49
　2.7 利率市场化的现状与未来发展 ·············· 51

3 低利率政策是经济生活中最大的风险 ·············· 56
　3.1 国内银行利率处于极低的水平上 ·············· 56
　3.2 国内 CPI 编制是影响利率水平的重要因素 ·············· 59

3.3 国内采用低利率政策导致利率改革滞后 ………… 62
3.4 低利率政策下的经济风险 ………… 67

4 央行加息对生活的影响 ………… 72
4.1 央行加息来得太迟但仍然必要 ………… 72
4.2 央行加息对居民生活的影响 ………… 74
4.3 央行加息对房地产市场的影响 ………… 76
4.4 央行的货币政策应该公开透明化 ………… 79

5 低利率政策对我国经济成长的负效应分析 ………… 82
5.1 导言 ………… 82
5.2 利率管制下的低利率导致经济低效率状态 ………… 83
5.3 低利率政策导致了消费挤出效应 ………… 85
5.4 低利率导致资产价格快速上升 ………… 86
5.5 低利率政策影响了就业问题 ………… 88
5.6 低利率政策导致产业升级缓慢 ………… 89
5.7 低利率还产生财富转移效应 ………… 90

第二编 货币政策

6 "双支柱"宏观调控新框架的理论研究 ………… 95
6.1 前言 ………… 95
6.2 现代货币政策的实质及所面临的困境 ………… 99
6.3 宏观审慎政策的内生性及监管套利 ………… 104
6.4 双支柱调控框架的基本内涵和实质 ………… 107
6.5 小结 ………… 111

7 紧缩货币政策对2008年中国经济影响 ………… 113
7.1 中国货币政策转向 ………… 113
7.2 中国金融市场资金泛滥 ………… 114
7.3 金融市场价格机制遭扭曲 ………… 115

7.4	宏观调控工具加强	116
7.5	紧缩货币政策对楼市的影响	117
7.6	2008年中国经济将受货币政策影响	118

8 2010年中国货币政策会收紧吗? 120
　8.1　中国信贷高速增长面临风险 120
　8.2　利率市场化的风险 121
　8.3　当前中国货币政策调整 122
　8.4　中国房地产价格全面上扬 124
　8.5　资金流入和资产炒作 125
　8.6　宜收紧个人按揭贷款政策 126

9 2013年中国货币政策走向 127
　9.1　2013年货币政策的总基调 127
　9.2　通货膨胀压力上升后的货币政策 128
　9.3　通过改革让资金流入实体经济 131
　9.4　放开存款利率浮动上限 133
　9.5　防范金融风险保证货币政策稳健 135
　9.6　小结 138

10 "去杠杆化"是央行当前货币政策主基调 139
　10.1　央行降息并不意味当前货币政策的加杠杆 139
　10.2　央行突然降息的实质意义 141
　10.3　去杠杆化是货币政策的主基调 143
　10.4　增加人民币汇率弹性 147

第三编　金融风险防范

11 关于金融风险防控的重大理论问题 153
　11.1　防控中国金融体系风险的重要性 153
　11.2　金融市场风险的根源 155

11.3 现代社会对信用过度扩张具有强烈动机 ……………………… 157
11.4 中国金融市场信用过度扩张的本质 …………………………… 162

12 关于有效防控中国金融风险的理论反思 ……………………………… 168
12.1 有效防控金融风险是2017年工作的主要任务 ………………… 168
12.2 金融危机爆发为何没有被预测到？ …………………………… 169
12.3 信用过度扩张是导致金融危机的根源 ………………………… 171
12.4 有效地防控中国金融体系的风险 ……………………………… 174

13 中国金融体系脆弱性及未来改革方向 ………………………………… 176
13.1 前言：脆弱性是金融的内在本性 ……………………………… 176
13.2 当前中国金融体系的最大风险 ………………………………… 179
13.3 国内银行资产质量恶化 ………………………………………… 182
13.4 中国民间信贷风险正在增加 …………………………………… 184
13.5 中国股市发展失衡 ……………………………………………… 187
13.6 小结 ……………………………………………………………… 190

第四编 银行改革及风险

14 国有商业银行改革的政治经济分析 …………………………………… 193
14.1 前言 ……………………………………………………………… 193
14.2 国有商业银行改革所面临的问题 ……………………………… 195
14.3 国有商业银行改革的困境 ……………………………………… 198
14.4 国有商业银行改革从范式入手 ………………………………… 202

15 加入WTO和国有银行体制改革 ………………………………………… 207
15.1 目前国有银行体制所面临的困境 ……………………………… 207
15.2 国有银行体系改革的严重滞后 ………………………………… 208
15.3 国有银行贷款质量继续恶化 …………………………………… 209
15.4 加入WTO对国有银行的冲击 …………………………………… 211

16 银行加息对抑制投资过热的有效性分析 ········· 215

- 16.1 中国投资过热源头是房地产 ············· 215
- 16.2 房地产拉动相关产业快速增长 ············ 217
- 16.3 有效遏制投资快速增长要有新思维 ·········· 218
- 16.4 加息是否能够解决投资过热问题? ··········· 219

17 国内银行业改革的进展与问题 ················ 223

- 17.1 国内银行业改革的进展 ··············· 223
- 17.2 如何评估国内银行业改革新进展? ··········· 226
- 17.3 建行在香港上市的机会与挑战 ············ 231
- 17.4 国内银行控制与管理风险的能力 ············ 235
- 17.5 从海南金融生态看国内银行的困境 ·········· 238

18 2009年中国银行业发展趋势与风险 ············ 244

- 18.1 前言 ······················· 244
- 18.2 超常规的银行信贷进展 ··············· 249
- 18.3 1月信贷增长的特征 ················ 254
- 18.4 国内银行信贷快速增长机理 ············· 259
- 18.5 银行信贷超高速增长能否持续? ············ 264

19 中国银行信贷超高速增长可持续吗? ············ 270

- 19.1 前言 ······················· 270
- 19.2 上半年银行信贷市场基本形势 ············ 271
- 19.3 银行信贷超高速增长面临的风险 ············ 275
- 19.4 当前中国货币政策的调整 ·············· 277

20 民间信贷泛滥将加剧金融体系风险 ············· 282

- 20.1 当前国内民间信贷泛滥的情况 ············ 282
- 20.2 当前国内民间信贷泛滥的根源 ············ 283
- 20.3 当前国内民间信贷泛滥 ··············· 287
- 20.4 化解国内民间信贷风险的对策 ············ 288

21 消费信贷，信用约束与经济增长 …… 290
21.1 消费信贷是促进经济增长的重要因素 …… 290
21.2 消费与消费信贷的基础理论研究 …… 292
21.3 消费与消费信贷的经验性研究 …… 293
21.4 国内消费信贷未来研究方向 …… 301

22 当前中国金融改革所面临的困境与难题 …… 306
22.1 当前中国金融改革所面临的问题 …… 306
22.2 让金融回归到常识 …… 307
22.3 守住防范系统性风险的底线 …… 311
22.4 中国金融市场改革的特殊性 …… 315
22.5 利率市场化是金融改革突破口 …… 317
22.6 小结 …… 322

23 目前国内金融改革的热点问题 …… 323
23.1 国内金融体系的最大风险 …… 323
23.2 国有银行不良贷款化解的前提 …… 325
23.3 国内利率市场化最优排序 …… 328
23.4 投资拉动型的经济增长能否持续？ …… 330

24 金融市场制度改革与反思 …… 332
24.1 中国金融改革面对的困境 …… 332
24.2 美日韩金融制度改革之经验 …… 335
24.3 中国金融市场发展之障碍 …… 343
24.4 中国金融市场发展之对策 …… 346

第五编　股市改革

25 当前 A 股暴涨暴跌的原因、政府救市及退出救市的路径 …… 353
25.1 导言 …… 353

25.2　中国A股暴涨暴跌的原因 …………………………………… 354
　　25.3　中国政府全面救股市的影响及问题 ………………………… 359
　　25.4　中国政府退出救市的方式与路径 …………………………… 364
　　25.5　结语 …………………………………………………………… 369

26　2015年中国股市异常波动的原因及未来发展对策 ………………… 370
　　26.1　导言：2015年中国股市是如何异常波动的？ ……………… 370
　　26.2　2015年中国股市异常波动的直接原因 ……………………… 372
　　26.3　2015年中国股市异常波动的制度根源 ……………………… 376
　　26.4　政府对信用的隐性担保造成了股市严重的内在缺陷 ……… 378
　　26.5　结论 …………………………………………………………… 380

27　市场化信用：中国股市健康发展的制度基础
　　——基于一般性的金融分析 ……………………………………… 383
　　27.1　导言：2015年中国股市为何会乱象丛生？ ………………… 383
　　27.2　金融市场的实质是对信用的风险定价 ……………………… 387
　　27.3　中国为何是以银行为主导的金融市场体系 ………………… 390
　　27.4　当前中国缺乏现代股市发展所需要的信用基础 …………… 392

28　解读中国资本市场改革九条意见 …………………………………… 394
　　28.1　如何认识大力发展资本市场？ ……………………………… 394
　　28.2　如何理解资本市场发展之基石？ …………………………… 395
　　28.3　证券发行制度的改革如何完善？ …………………………… 397
　　28.4　如何建立多层次的资本市场？ ……………………………… 399
　　28.5　资本市场的中介机制如何发展？ …………………………… 401

参考文献 …………………………………………………………………… 404

CONTENTS

Part I. Financial Reform and Marketization of Interest Rate

1 The History, Difficulties and Future Trends of China's Interest Rate Marketization Reform – An Analysis Based on General Theories ... 3

    1.1 Introduction: The Reasons and Driving Forces of China's Interest Rate Marketization Reform ... 3

    1.2 Theoretical Basis of Interest Rate Marketization Reform ... 10

    1.3 Differences between Pricing Rules for Financial Products and Commodity Pricing ... 14

    1.4 Interest Rate Pricing and Transformation of the Benchmark Interest Rate System ... 20

    1.5 Recent Progress and Problems in China's Interest Rate Marketization Reform ... 24

    1.6 Re-determining the Current Reform of China's Interest Rate Marketization ... 36

2 Analysis of China's Interest Rate Adjustment ... 39

    2.1 Introduction ... 39

    2.2 Why Is the Interest Rate Adjustment Hesitant? ... 40

    2.3 Relevance of China's Interest Rate to the Real Economy ... 41

    2.4 CPI and Interest Rate Hikes ... 44

CONTENTS

2.5 Financial Risk to China's "Negative Interest Rate" …………… 46
2.6 Private Sector Credit Hypes and Interest Rate Adjustment …… 49
2.7 Current Situation and Future Development of Interest Rate Marketization ……………………………………………………… 51

3 Low Interest Rate Policy Is the Biggest Risk in Economy ………… 56

3.1 Domestic Bank Interest Rates Are at Extremely Low Levels …… 56
3.2 The Compilation of Domestic CPI Is an Important Factor Affecting the Level of Interest Rate …………………………… 59
3.3 Domestic Interest Rate Reform Delays Due to Low Interest Rate Policies …………………………………………………… 62
3.4 Economic Risk under Low Interest Rate Policies ……………… 67

4 The Impact of Central Bank Interest Rate Hikes on Life …………… 72

4.1 The Central Bank Raises Interest Rate too Late but Still Necessary ……………………………………………………… 72
4.2 Impact of Central Bank Interest Rate Hikes on Residents' Lives ……………………………………………………… 74
4.3 Impact of Central Bank Interest Rate Hikes on the Real Estate Market ……………………………………………………… 76
4.4 The Central Bank's Monetary Policy Should Be Separated and Transparent …………………………………… 79

5 Analysis of the Negative Effects of Low Interest Rate Policies on China's Economic Growth ……………………………………… 82

5.1 Introduction …………………………………………………… 82
5.2 Low Interest Rate under Interest Rate Controls Causes Economic Inefficiencies ………………………………………………… 83
5.3 Low Interest Rate Policy Leads to Crowding out of Consumption ………………………………………………… 85
5.4 Low Interest Rate Leads to Rapid Rise in Asset Prices ………… 86
5.5 Low Interest Rate Policy Affects Employment ………………… 88

| 5.6 | Low Interest Rate Policy Slows down Industrial Upgrading | 89 |
| 5.7 | Low Interest Rate also Induces Wealth Transfer Effects | 90 |

Part II. Monetary Policy

6 Theoretical Research on the New Framework of "Two-Pillar" Macroeconomic Regulatory 95

6.1	Preface	95
6.2	The Essence of Modern Monetary Policy and Its Difficulties	99
6.3	Endogenous Nature of Macro-Prudential Policies and Regulatory Arbitrage	104
6.4	Basic Connotation and Essence of the Two-pillar Regulatory Framework	107
6.5	Summary	111

7 Impact of Tight Monetary Policy on China's Economy in 2008 ... 113

7.1	Steering of China's Monetary Policy	113
7.2	Too Much Money in China's Financial Market	114
7.3	Financial Market Price Mechanism Is Distorted	115
7.4	Strengthening of Macroeconomic Regulatory Tools	116
7.5	Impacts of Tight Monetary Policy on the Real Estate Market	117
7.6	China's Economy Will Be Affected by Monetary Policy in 2008	118

8 Will China's Monetary Policy Tighten in 2010? 120

8.1	China's Rapid Credit Growth Is Exposed to Risk	120
8.2	Risk of Marketization of Interest Rate	121
8.3	Current China's Monetary Policy Adjustment	122
8.4	China's Real Estate Prices Rise Nationwide	124
8.5	Fund Inflows and Asset Hype	125

    8.6   Household Mortgage Loan Policy Should Be Tighten 126

9 China's Monetary Policy Trend in 2013 127

    9.1   The Benchmark of Monetary Policy in 2013 127
    9.2   Monetary Policy after the Rising of Inflationary Pressure 128
    9.3   Channeling Funds into the Real Economy through Reforms ... 131
    9.4   Untying the Upper Bound of Floating Deposit Interest Rate ... 133
    9.5   Preventing Financial Risk and Ensuring Steady Monetary Policy 135
    9.6   Summary 138

10 "Deleveraging" is the Keynote of the Central Bank's Current Monetary Policy 139

    10.1   The Interest Rate Cut by the Central Bank Does not Mean Leverage on the Current Monetary Policy 139
    10.2   Substantial Significance of the Central Bank's Sudden Interest Rate Cut 141
    10.3   Deleveraging is the Keynote of Monetary Policy 143
    10.4   Increase the Elasticity of the RMB Exchange Rate 147

Part III. Financial Risk Prevention

11 Major Theoretical Issues on Financial Risk Prevention and Control 153

    11.1   Importance of Preventing and Controlling Risk in China's Financial System 153
    11.2   Origins of Financial Market Risk 155
    11.3   Modern Society Has Strong Incentives to Excessive Credit Expansion 157
    11.4   The Essence of Excessive Credit Expansion in China's Financial Markets 162

12 Theoretical Reflection on Effective Prevention and Control of China's Financial Risk 168

  12.1 Effective Prevention and Control of Financial Risk Is the Main Task of Year 2017's Work 168
  12.2 Why Was the Burst of the Financial Crisis Failed to Predict? 169
  12.3 The Financial Crisis Is Rooted from Excessive Credit Expansion 171
  12.4 Effectively Prevent and Control the Risk of the Chinese Financial System 174

13 Fragility of China's Financial System and Future Directions of Reform 176

  13.1 Preface: Vulnerability Is the Inherent Nature of Finance 176
  13.2 The Biggest Risk of the Current Chinese Financial System 179
  13.3 Deterioration of Asset Quality of Domestic Banks 182
  13.4 China's Private Sector Credit Risk Is Increasing 184
  13.5 Imbalances in China's Stock Market Development 187
  13.6 Summary 190

Part IV. Bank Reform and Risk

14 Political and Economic Analysis of State-owned Commercial Bank Reform 193

  14.1 Introduction 193
  14.2 Problems of State-owned Commercial Bank Reform 195
  14.3 Challenges to State-owned Commercial Bank Reform 198
  14.4 State-Owned Commercial Bank Reform Begins with Paradigm 202

15 Joining the WTO and Reforming the State-Owned Banking System ········ 207

15.1 Difficulties to the State-Owned Banking System ········ 207
15.2 The Severe Delay in the Reform of the State-Owned Banking System ········ 208
15.3 State-Owned Bank Loan Quality Continues to Deteriorate ········ 209
15.4 Impact of Joining WTO on State-Owned Banks ········ 211

16 Effectiveness Analysis of Bank Interest Rate Hikes to Suppress Investment Overheating ········ 215

16.1 The Source of Overheated Investment in China Is Real Estate ········ 215
16.2 Real Estate Drives Rapid Growth of Related Industries ········ 217
16.3 New Thinking Is Needed to Effectively Suppress Rapid Investment Growth ········ 218
16.4 Can a Rate Hike Solve the Problem of Overheating Investments? ········ 219

17 Progress and Problems in Domestic Banking Reform ········ 223

17.1 Progress of Domestic Banking Reform ········ 223
17.2 How to Evaluate New Progress in Domestic Banking Reform? ········ 226
17.3 Opportunities and Challenges of CCB Listing in Hong Kong ········ 231
17.4 Ability of Domestic Bank's Risk Control and Management ········ 235
17.5 Viewing the Predicament of Domestic Bank Learned from the Hainan Financial Ecology ········ 238

18 Development Trends and Risk of China's Banking Industry in 2009 ········ 244

18.1 Introduction ········ 244

18.2	Progress in Unconventional Bank Credit	249
18.3	Features of Credit Growth in January 2009	254
18.4	Mechanism of Rapid Growth of Domestic Bank Credit	259
18.5	Can the Ultra-High-Speed Growth of Bank Credit be Sustained?	264

19 Is the Ultra-High-Speed Credit Growth of Bank of China's Banks Sustainable? 270

19.1	Preface	270
19.2	Basic Situation of Bank Credit Market in the First Half of 2009	271
19.3	Risk to Ultra-High-Speed Bank Credit Growth	275
19.4	Current China's Monetary Policy Adjustments	277

20 Overhype Private Sector Credit Will Accelerate Financial System Risk 282

20.1	Situation of Current Domestic Private Sector Credit Overhype	282
20.2	Roots of Current Domestic Private Sector Credit Overhype	283
20.3	Current Domestic Private Sector Credit Is Overhyped	287
20.4	Measures to Mitigate Domestic Private Sector Credit Risk	288

21 Consumer Credit, Credit Constraints and Economic Growth 290

21.1	Consumer Credit Is an Important Factor in Promoting Economic Growth	290
21.2	Basic Theories of Consumption and Consumer Credit	292
21.3	Empirical Research on Consumption and Consumer Credit	293
21.4	Future Research Directions of Domestic Consumer Credit	301

22 Difficulties and Problems of China's Financial Reform 306

22.1	Problems of Current China's Financial Reform	306
22.2	Restoring Finance to Common Sense	307

22.3　Withholding the Bottom Line of Systematic Risk ········· 311
22.4　The Specialty of China's Financial Market Reform ·········· 315
22.5　Marketization of Interest Rate is a Breakthrough in Financial Reform ·· 317
22.6　Summary ··· 322

23　Hot Issues in Current Domestic Financial Reform ············ 323

23.1　The Biggest Risk of the Domestic Financial System ·········· 323
23.2　Prerequisites for the Resolution of Non-Performing Loans in State-Owned Banks ·· 325
23.3　Optimal Ranking of Domestic Interest Marketization ·········· 328
23.4　Can Investment-Driven Economic Growth Be Sustainable? ······ 330

24　Institutional Reform and Reflection of Financial Market ········ 332

24.1　Difficulties to China's Financial Reform ···················· 332
24.2　Experiences of Financial System Reform in the U.S., Japan, and South Korea ··· 335
24.3　Obstacles to the Development of China's Financial Market ··· 343
24.4　Measures for the Development of China's Financial Market ··· 346

Part V. Stock Market Reform

25　Reasons for the Current High Volatility of A-Shares, the Government's Bail Out and Exit Path ························ 353

25.1　Introduction ··· 353
25.2　Reasons for China's A-Shares High Volatility ················ 354
25.3　Impact and Problems of the Chinese Government's Bail Out of the Stock Market ································· 359
25.4　Ways and Paths for the Chinese Government to Exit the

		Bail Out	364
	25.5	Conclusion	369

26 Causes of Abnormal Volatility in China's Stock Market in 2015 and Measures for Future Development ... 370

	26.1	Introduction: How Did China's Stock Market Fluctuate Abnormally in 2015?	370
	26.2	Direct Causes of Abnormal Volatility in China's Stock Market in 2015	372
	26.3	Institutional Sources of Abnormal Volatility in China's Stock Market in 2015	376
	26.4	The Government's Implicit Guarantee of Credit Has Caused Serious Internal Flaws in the Stock Market	378
	26.5	Conclusions	380

27 Market-Based Credit: The Institutional Basis for the Healthy Development of China's Stock Market – Based on General Financial Analysis ... 383

	27.1	Introduction: Why Did the Chinese Stock Market Become Chaotic in 2015?	383
	27.2	The Essence of Financial Market Is the Risk Pricing of Credit	387
	27.3	Why China Has a Bank-led Financial Market System	390
	27.4	China Currently Lacks the Credit Foundation Needed for the Development of Modern Stock Markets	392

28 Interpretation of Nine Opinions on China's Capital Market Reform ... 394

	28.1	How to Understand "Vigorously Develop the Capital Market"?	394
	28.2	How to Understand the Cornerstone of Capital Market Development?	395

28.3 How to Complete the Reform of the Securities Issuance System? 397
28.4 How to Build a Multilevel Capital Market? 399
28.5 How to Develop the Intermediation Mechanism of the Capital Market? 401

References 404

第一编　金融改革与利率市场化

1 中国利率市场化改革的
   历程、困难及未来走势[①]
   ——基于一般性理论的分析

1.1 导论：中国利率市场化改革的原因及推力

举世瞩目的中共十八届三中全会在2013年11月12日结束，会议审议通过了《中共中央关于全面深化改革若干重大问题的决定》（以下简称《决定》）。从《决定》的内容来看，中共十八届三中全会精神的核心就是如何调整好政府与市场的关系，及如何保证市场在资源配置过程中起决定性的作用。可以说，该原则不仅是《决定》的亮点及最有新意的地方，它也将成为中国金融体制深化改革的理论基础。

可以说，改革开放37年来，中国金融体制改革从来就没有停止过，金融市场化也取得了不小的成就，但是中国金融体制落后、金融市场成熟度低，及市场化程度低或非市场化仍然是当前中国金融市场发展的最大困难和障碍。比方说，信贷市场的价格管制与数量管制、市场进入与退出的障碍、证券市场的管制、金融业所有制歧视、资金跨境双向流动严格限制等（Abdul Abiad & Ashola Moda, 2003），这些现象都表明中国金融体系的市场化程度很低，中国还没有建立起一个成熟的金融市场。也就是说，现有的中国金融体系是计划经济转型而来的，资金供给由政府部门用行政机制控制，这就容易切断居民部门与企业部门之间的联系，剥夺了居民部门与企业部门之间的金融权利，这也容易造成政府对市场的绝对主导和过多干预，既无法形成有效的市场价格机制，也无法对金融市场资源进行有效配置，更无法化解金融市场可能面临的系统性风险

[①] 该文章发表在《江苏社会科学》2015年第2期。

和区域性风险。而市场对资源配置起决定性的作用就意味着市场在利率形成过程中起决定性的作用。就如周小川对中共十八届三中全会的解读报告《全面深化金融业改革开放，加快完善金融市场体系》（以下简称《报告》）所指出的那样，深化中国金融体制改革最主要的任务就是利率市场化及汇率形成机制市场化。而利率市场化改革就是要重新理顺当前中国金融市场体系的各种价格关系，把扭曲了的市场价格机制回归到常态。所以，利率市场化也成了当前国内金融体制深化改革的主要任务，也是当前中国金融体制改革的重点及难点。

在中共十八届三中全会之后，中国人民银行对整个金融改革进行了全面部署，从央行利率市场化改革的部署来看，先是建立贷款基础利率报价机制，推进同业存单发行与交易，扩大金融机构负债产品市场化定价范围；其次是建立中央银行政策利率体系，并推动货币政策调控框架从以数量型为主，向价格型为主转变；最后择机逐渐地放开存款利率管制，从而全面实现利率市场化，或达到市场机制在利率形成过程中起决定性的作用。可以说，这个利率市场化改革的框架与思路基本上沿袭了前些年国内利率市场化改革的理念与特点，以行政机制为主导来进行利率市场化改革。首先是改革方式的逐渐性，所谓的"成熟一项推进一项"，不要越雷池一步；二是改革的维稳性，就是任何利率改革项目推出使其对市场的影响与冲击降到最低程度；三是改革利益增量性，就是利率市场化改革只是会增加市场利益而不会触及既有的利益关系，或不会通过利率市场化调整当前市场不合理的利益关系；四是这种改革行政性主导痕迹仍隐隐可见。由于利率市场化改革的路径相依性及社会经济生活的不可重复性和不可逆性，对于十几年来的中国利率市场化改革思路与路径很少有人对此质疑，对其实际效果在理论上进行反思与分析的也不多。因此，我们应该先对以往利率市场化改革进行深入的研究及理论反思，并在此基础上重新厘定当前中国利率市场化改革的初始条件、改革的路径与方式，这样才能展望中国利率市场化改革的未来趋势。

我们可以看到，从1993年开始[1]，国内利率市场化改革从来就没有

---

[1] 《关于建立社会主义市场经济体制若干问题的决定》，人民网，2001年4月30日，http://www.people.com.cn/GB/shizheng/252/5089/5106/20010430/456592.html，2017年12月30日最后访问。

停止过，而且在不少人看来，中国20多年来的利率市场化改革已经取得了重大进展。因为，目前政府管制的利率已经少之又少，除了银行存款利率上限管制之外（到目前为止，存款利率上限管制只剩下50%没有放开），其他利率基本上放开。比如货币市场和债券市场的利率，包括同业拆借、回购、国债、金融债、企业债的利率都已经完全放开；外币存贷款利率已经市场化；而银行信贷市场，随着2013年7月贷款利率下限全部放开后，央行管制的利率只是存款利率的上限了。不过，这些渐进式的利率市场化改革看上去是增强了市场对利率形成过程中的作用，由于所采取的是行政性方式来改革，改革的实际效果并非如预期的那样好，市场价格机制扭曲和资源配置无效率仍然十分普遍。

也就是说，看上去中国利率市场化改革已经取得重大进展，但实际上，这20多年来的利率市场化改革没有理顺扭曲了的利率价格，让金融市场有效的利率价格机制逐渐形成，更没有改变通过存贷款机制集中整个金融市场资源配置的方式，从而也就无法明显提升国内金融体系的运行效率；反之，本应受惠于利率市场化改革的农村经济、民间经济、中小企业，却在这一过程中受到更大严重挤压（应千伟，2012）。而在这个过程中涌现出来的各种金融创新（这里包括了市场、机构、产品、工具等各方面），不是提升金融为实体经济服务的能力，而是成了金融机构规避监管及资金在金融体制内自我循环谋取利润的工具。当前国内的不少金融创新只是通过进一步拉长资金投放的链条进行过度信用扩张，导致金融对实体经济的支持效率严重下降，明显地增加了整个金融体系的风险。比如，银行信贷过度扩张、"金融脱媒"严重、影子银行盛行、"钱荒"事件频发、地方政府融资平台泛滥、融资结构不合理、互联网金融突然风生水起、房地产泡沫严重、利率双轨制度长期存在等现象，无不是与国内金融市场的价格机制严重扭曲，利率市场化改革严重滞后有关。因此，要进一步深化当前国内金融市场的利率市场化改革，就得对前20年中国利率市场化改革的理念、模式、路径、效果等方式进行全面研究与反思，就得检讨问题、总结经验、重新厘定利率市场化新的改革思路。

从利率市场化的全球经验来看，由于各国初始条件、经济环境、央行决策者的认知等方面不同，利率市场化改革找不到一个统一的模式或存在一般性经验，也不存在渐进方式还是激进方式的好坏，只不过是各国根据其不同情况做不同的选择。但各国利率市场化往往都是在市场价格机制严重扭曲、金融资源无效运作的情况下开始的，其结果基本上是金融市场的价格机制逐渐形成、金融市场结构得以调整、金融服务于实体的能力全面提升、金融风险管理方式全面转型，及金融体系运行效率得以明显提升（张健华，2012）。当然，也有研究表明，利率市场化也可能增加银行体系的脆弱性，并由此引发该国银行体系的危机（张荔，2003）。也就是说，尽管利率市场化改革没有一般性结论及改革存在风险，但利率市场化改革仍然是保证金融市场资源有效配置的必由之路。

对于前20年的中国利率市场化改革，基本上是采取一种维稳渐进的方式，先放开货币市场利率和债券市场利率，然后逐渐放开信贷市场利率。对于信贷市场的利率，采取"先外币，后本币；先贷款，后存款；先长期、大额，后短期、小额"，即先易后难逐渐放开维稳渐进模式。[①]目的是既让利率市场化的改革能够顺利进行，又希望利率市场化的改革对金融市场及实体经济影响与冲击降到最低程度。但实际上这种利率市场化改革的模式与路径，不仅无法让国内金融体系形成有效的市场价格机制，反而导致了国内金融市场的行为及价格机制严重扭曲，和金融市场利益激励与约束机制严重扭曲，利率双轨制长期存在，金融市场潜在的系统性风险及区域性风险则越积越大，甚至会让国内的金融市场还没有走向成熟就出现本质上的全面异化，即金融不是有效地服务实体经济，而是通过各种方式过度的信用扩张，让资金在金融市场体系内自我循环并把金融当成牟取暴利的工具。利率市场化改革不仅没有促进国内产业结构调整；反之，导致了不少关系到国计民生的弱势产业、弱势经济、民间经济则出现全面的融资挤出效应，国内金融市场运行的严重低效率或无效率，而这些都与金融市场的价格严重扭曲及以往的利率市场化改革不成功有关。

比方说，近期国内金融市场上出现的一些现象，无论是年初银行抢

[①] 庄红韬：《2005年中国稳步推进利率市场化的报告》，人民网，2006年2月21日，http://finance.people.com.cn/GB/1040/4127724.html，2016年12月30日最后访问。

发贷款①，还是货币市场"钱荒"事件频生②；无论是中诚信托可能面临的无法兑付之风险，还是银行理财产品暴增③；无论是网络金融突然火爆，还是比特币流行到中国后热炒；及2015年股市的暴涨从而使大量的资金以不同的方式和非法的途径涌入股市等。虽然这些事件的性质看上去完全不同，但实际上这些事件所产生的根源是相同的，即中国金融市场上的价格机制严重扭曲，只不过不同现象表现为金融市场价格机制严重扭曲的不同方面。可以说，当前金融市场价格机制的严重扭曲是导致目前银行体系竞争为数量竞争而不是价格竞争、中国银行体系"金融脱媒"严重、影子银行盛行、货币市场期限结构严重错配、互联网金融疯狂崛起、融资结构不合理、房地产泡沫严重、股票市场外配资疯狂等问题的根源。

　　比方说，为何国内商业银行都会在年初抢发贷款而不是对发放的贷款进行有效的市场风险定价呢？其根本原因就在于，目前国内的银行市场，看上去是政府对价格管制少之又少，除了存款利率上限没有放开之外，贷款利率是完全放开的，再加上货币市场的各种利率完全是市场利率。但中国银行的存款利率与成熟市场银行的存款利率有很大不同。它不仅是银行贷款利率成本约束，也是整个金融市场的基准利率。也就是说，银行存款利率不仅决定了银行贷款利率高低，也影响到整个金融市场之价格走向（比如货币市场的国债利率、拆借利率等）。如果银行的存款利率是管制的，那么银行市场的竞争并非是价格的竞争，往往会转向信贷规模的竞争。即在价格水平无差异性的情况下，信贷规模的大小也就决定了各家银行的竞争力水平。所以，信贷规模的扩张成了商业银行业绩最大冲动。2014年年初一到，抢贷款则成了各家银行增强其竞争力

---

　　① 参见《1月新增信贷或达1.1万亿　四大行26天放贷4300亿》，证券时报网，2014年1月30日，http：//finance.sina.com.cn/china/jrxw/20140130/130518125983.shtml，2014年12月30日最后访问。2014年1月，国内商业银行抢发贷款达1.37万亿元，如果以2013年银行信贷增加总量计算，该数据占全年的比重达13%。

　　② 从2013年6月底开始，只要货币市场的流动性稍微紧张，市场的利率立即快速攀升，人们把这种市场现象称为"钱荒"。

　　③ 国内银行理财产品，2004年只有133款产品，募集资金不足500亿元；2012年增加2.91万款，募集资金达到19.01万亿元。8年分别上涨了219倍和380倍。参见殷建峰、王增武《影子银行与银行的影子》，社会科学文献出版社2013年版，第4页。这足以显示该类金融工具暴涨的疯狂。

最为重要的标志。

同样,为了限制银行信贷的过度扩张,政府不仅对银行市场的价格进行管制,也对银行的信贷规模进行管制。而银行业为了规避这些价格与数量管制,国内银行纷纷把银行存款业务从表内移到表外。比如银行通过金融产品创新设立了大量的银行委托理财产品。而这些银行委托理财产品又得通过委托贷款和信托贷款等不同的投资工具以高息方式流入房地产市场及地方政府融资平台(殷剑峰、王增武,2013),从而形成国内一个巨大的影子银行市场。如果房地产市场价格在上涨,这个巨大的影子银行风险就会隐藏起来,而一旦这些信托产品或委托产品出现问题,其风险很快就会传导到银行体系上来。

还有,2013 年货币市场"钱荒"接连不断,国内同业市场拆借利率飙升,这在很大程度上都是国内不少金融机构特别是中小银行通过过高杠杆率使资金期限严重错配的结果。这个市场不仅有这些金融机构借短期资金做长期贷款(因为只有这样才能让一些银行做到信贷规模扩张最快),而且也有不少金融机构把该市场当作炒作谋利之工具,而不是解决金融机构短期头寸的市场。正因为国内货币市场行为在这两个方面的严重异化,只要央行对此治理,其问题很快就会显现,市场的"钱荒"事件立即出现。也就是说,只要当前信贷市场扭曲利率机制不调整,那么货币市场的"钱荒"事件就会没完没了。因为,不仅货币市场的投机者可以操弄市场利率波动倒逼央行不断地向货币市场注入流动性,而且那些资金期限结构严重错配的金融机构也不愿意调整其行为。

最近几年国内网络金融发展更是异常火爆。比如余额宝在短短的半年时间里,其资金管理规模就扩张到 4000 多亿元。而更多的网络金融投资工具涌现出来。中国网络金融的崛起之所以如此之快,既有网络技术创新的优越性和智能手机发展而出现的市场聚集优势,也有传统金融机构经营模式之缺陷,而更为重要的在于存款利率管制。例如,国内银行人民币活期存款利率在 2013 年时仅仅有 0.35%,即使是好的理财产品年化收益率也只有 4% 左右,但是截至 2014 年 1 月 20 日,余额宝 7 日年化收益率为 6.46 厘,理财通 7 日年化收益率为 7.338 厘等。可见,网络金融投资工具不仅可以通过移动网络平台提供便利的投资,还可以提供更好的收益。而这种收益上的优势又是从何而来,从有关资料可以看到这些网络金融投资工具基本上都是与不同的基金公司合作,创立不同的短期理财基金,并主要投资于固定收益领域或货币市场,与传统的投资渠道也没有多少差别。也就是说,国内网络金融迅速崛起最为本质的原因就是利率市场化改革的严重滞后。如果既有的利率市场化改革的理念及路径不改变,利率市场化改革的步伐不加快,那么网络金融发展将对国内传统金融市场带来严重的冲击。比方说,2015年股票市场场外配资会那样疯狂,也是与股市上涨及传统金融市场落后有关。

再就是,当前国内金融体系潜在风险很高,金融结构不合理等都与利率市场化改变滞后及金融市场价格机制扭曲有关。比如对于国内金融市场,由于是由计划经济演进而来、由于是政府隐性担保,所以信用过度扩张直到近几年才出现,在信用扩张不大的情况下,金融危机发生概率当然小。但是,随着近几年信用过度扩张潜在的巨大风险正在增加（如流动性风险、影子银行风险、地方政府融资平台及利率风险）。[①] 而利率市场化改革,及建立存款保险制度和银行业市场化退出机制,也就意味着国内银行市场竞争方式将发生根本性变化,以往国内商业银行拼规模的竞争方式将结束,商业银行在成本约束条件下再从根本上提升其风险定价能力,否则,不少银行就会在激烈的优胜劣汰中退出市场。不过,对于当前国内银行市场的风险有多高,还得慎重评估。这里既有现有的监管标准能否识别风险的问题,也有经济逆周期时的金融风险有多大如何评估的问题。也就是说,房地产作为一个周期性产业,如果房地产不经过周期性调整,那么与房地产密切相关联的银行业的风险也不会暴露出来。但如果房地产业出现周期性调整,那么国内银行业所面临的问题与风险也就会暴露出来。2014年房地产市场开始出现周期性调整,国内商业银行的不良贷款立即增加。自2013年以来,银监会出台关于整顿影子银行和地方融资平台的规定就在于如何来有效地防范国内银行业的风险。但是,要防范这些风险,就得从根源上入手,就得改变现有的理念,就得加快利率市场化改革,让市场价格机制在金融资源配置过程中起到决定性的作用。

可见,利率市场化改革就是要矫正当前中国金融市场扭曲了的价格

---

① 比如中华人民共和国成立64周年时,前60年信贷增加30万亿元,而后4年则增加了近40万亿元,这种信贷严重过度扩张正在聚积金融市场严重的系统性风险。该数据来源于各年的《中国统计年鉴》。

机制，就是要通过有效的价格机制来决定金融资源的流向，就是要提高当前国内金融体系运作效率及金融市场服务于实体经济的能力，就得调整非市场化的金融体系，改变以银行为主导的金融资源配置方式，让企业及居民有更多的金融行为选择权，让市场在金融资源配置过程中起决定性的作用，并以此来推动国内产业结构调整与经济发展。从20多年来国内利率市场化改革实际效果来看，以往利率市场化改革的思路、方式及路径已经不适应发展了的经济形势，我们要对此进行深入的研究与反思，要重新界定当前利率市场化改革的初始条件、方式与途径，要根据中国的实际情况重新制定当前中国利率市场化改革的路线图，加快中国利率市场化改革，在这里没有一般性理论及可借鉴的经验，只能是闯出一条适应中国金融市场发展之路。如果当前利率市场化改革严重滞后的局面不改变，那么中国金融市场所存在的问题就会越来越多，面临的风险也会越来越大。

本文第一节是导论；第二节讨论了利率市场化改革的理论基础；第三节分析了金融产品定价法则与实质性商品定价的差异性；第四节分析了利率定价及基准利率设立；第五节讨论了当前中国利率市场化进展及问题；最后指出当前中国利率市场改革的新思路。

1.2 利率市场化改革的理论基础

利率作为金融市场资金的价格，利率市场化的程度直接决定了金融市场资源配置的效率。一般来说，利率市场化是指政府逐渐地放松和取消对利率的直接管制，让市场在利率的形成和变动中起到决定性的作用，或由资金供求双方自主地对利率的信用风险进行定价。利率市场化包括利率决定、利率传导、利率结构和利率管理的市场化。因此，利率市场化改革的目的就是以市场供求主体决定的利率形成机制的确立，以央行基准利率为基础、货币市场利率为中介的利率传导机制的形成，以市场供求关系决定的融资结构及多元化的市场利率形成机制的出现，从而使市场对资源配置的效率显著提高，金融市场服务于实体经济的能力全面提升，并促进国内经济增长方式转变和产业结构的调整。

现在我们要思考的是，为什么要进行利率市场化改革？其原因是什么？改革的动力又在哪里？还有，利率市场化的成效可用什么样的指标体系来衡量？这些指标体系设立的依据是什么？其科学性又如何？等等。对这些问题的讨论与思考，才能确立利率市场化的理论基础。

一般来说，利率市场化是相对利率管制而言的，利率市场化就是政府放开对利率的直接管制。而政府对利率管制又出于两个方面的主要原因，一个方面是发达的市场经济国家在特定时期动员低成本的金融资源来满足国家发展的投资需求（张健华等，2012），如第二次世界大战后的欧美国家为了保证国家经济战后重建，纷纷都采取了利率管制方式。另一方面，战后许多国家纷纷独立而逐渐转向市场经济，以及20世纪80年代后不少计划经济国家也逐渐转向市场经济国家。由于这些国家的市场经济才刚起步，金融市场不成熟，因此，金融压抑成了这些国家金融市场的基本特征，而利率管制则是金融压抑最为主要的方式（McKinnon R.，1973）。但无论是哪一类的利率管制，都会导致金融市场价格的扭曲，金融资源配置低效率或无效率，都可能增加金融体系的潜在风险。因此，从20世纪60—70年代开始，金融改革或金融自由化成了一种国际趋势，而利率市场化改革则是金融改革的核心内容。

也就是说，金融改革是更一般意义上的利率市场化改革，对金融改革的动因、效率测算指标及效率效应等研究更有利于我们加深对利率市场化改革的理论基础的理解。我们应该看到在20世纪最后的30年里，金融改革基本上成了许多国家政策制定者的首要议事日程。尽管这些国家的金融改革在速度、规模、成效及结果上会有很大差别，但是Abiad等对1973—1996年35个国家的不同金融政策进行量化研究，并概括出了这一波金融改革动因的一般理论（Abdul Abiad & Ashoka Mody，2003）。在Abiad等看来，这一波金融改革的动因主要表现为三个方面。一是一个国家受到内部和外部事件的冲击和影响，从而使该国的金融政策立即做出反应，金融改革马上得以发生。二是政策制定者知识的学习与更新，从而使政策制定者有能力重新评估和检讨本国既有的金融市场运作体系，认识到这种金融体系的运作成本高及效率低，因此，打破现状及调整既有的利益体系，就必须进行金融改革。三是意识形态的影响。

从不少文献资料来看，事件冲击对金融改革造成的影响或金融改革的动因，相关讨论不少。Krueger、Anne O.（1993）在对发展中国家案例研究中表示，大部分的金融改革基本上都是在以下两种情况下发生的，一是新政府的上任；二是面对经济危机而采取的应对政策。同时，她也认为，这种冲击还包括国际经济形势的突然变化及国际金融机构对援助国改革的要求等。而这种冲击事件所导致的金融改革可以是内生的，也可以是外在的。比如，有人认为金融改革多是发生在新政府上任早期（或新政府假说）（Haggard S. & Steven Webb，1993）。因为，新政府上任之后，为了回应新政府选举时的承诺，往往都会实行广泛的经济改革。不过，这些改革的广度与深度又取决于新政府对改革成本与收益的计算。如果改革的成本发生在短期之内，而改革的收益则要在较长的时期内实现，那么新政府上任后其改革的动力会逐渐减弱。Haggard 和 Webb（1993）的案例研究表明，在阿根廷、玻利维亚和巴西的民主党领袖，在他们执政早期往往更倾向采取更为广泛的经济改革政策，但在执政后期现实中所需要改革的政策往往会延迟。同时，也有人认为，新政府上任将改变既有的政治权力关系的平衡，新上任的政治精英为了维持刚刚掌握权力的稳定性，在经济状况好时，更注意维持现状。而一旦危及稳定权力及金融危机事件发生，金融改革将成为新政府的内在要求（Tornell A.，1998）。很多证据表明，各国所面对的危机是不一样的，所采取的金融改革的方式也会有很大差异，而危机事件的严重程度也就决定每一次金融改革的难易程度（Drazen A. & William Easterly，2001）。事实上，无论是美国2010年通过的《多德—弗兰克法案》，还是英国2012年年底通过的《金融服务法》，都意味着两国将推进一系列重大金融改革（李文泓、吴祖鸿，2013）。而这些法案的推出，都是与2008年美国金融危机爆发事件冲击有关。可见，事件冲击是金融改革的基本动因。只不过，事件冲击的性质、规模、范围、初始条件等不一样，从而使金融改革的动力源强弱也会不同。

对于一项金融改革，如果当事人不了解这项金融改革的内容及改革后获得情景，即使这项改革对整个社会都是有利的，那么相关的当事人或是改革动力很弱，或是会反对这项改革。Fernandez 和 Rodrik（1991）认为，如果个人或既得利益集团事先并不知道某项改革是谁能从中获利，即使这项改革的政策对整个社会是有利的，通过改革能够让社会绝大多数人都能够增加其福利，在这种情况下，这些人还是会反对改革，并要求维持现状。比方说，假定一个城市分为两个行业。其中行业 L 解决当地就业的60%，行业 W 解决了当地就业的40%。现在要出台一项改革政策，其可能的结果是：一是 L 部门的人可能造成的利益损失为 -2；二是 W 部门的人可能增加收益为 2；三是 L 部门中 1/3 的人可能转移到 W 部门工作。从社会福利角度来看，这项改革政策对整个社会利益是增加了，而且事后 60% 以上的人是受益的。但是由于 L 部门的人事先不知道他们中谁在改革中能够增加收益，L 部门的人预期回报是负的，因此，开始时他们会反对这项改革。但是，L 部门的人逐渐了解到改革可能的结果时，其对改革的支持态度就会发生较大变化。所以，学习及知识的获得是金融改革最为重要的原因。也就是说，任何国家的金融改革都不可能一蹴而就，而是一个学习过程，是对金融改革的学习与获得信息的过程。同样，这种金融改革过程也是一种利益关系调整与博弈的过程。Krueger（1997）就认为，任何金融改革都是利益关系的调整，都可能来自强大既得利益集团的阻碍。如果这些金融改革更强调利益的增量性而不是利益的零和博弈，那么金融改革来自既得利益集团的阻碍就会减小，甚至新的利益集团的出现还可能成为金融改革新的支持力量。

还有，不同的意识形态、重大政治变革、新的技术出现及国家改革开放程度等都可能成为金融改革的动因。比如，法国大革命不仅引发了一场重大的社会政治大变革，之后欧洲各国的金融改革也是风起云涌（拉古拉迈·拉詹、路易吉·津加莱斯，2004）。因为法国大革命削弱了土地贵族的权力，把政治权力转移给富裕农民及新兴的工商业者。新市场的打开、新技术的出现，在巨大的投资机会面前，新的工商业者不能只依赖传统的资金来源，而是要开辟更好的融资市场。在这样的背景下，一系列重大金融改革随之出现。在这个时期，有限责任公司的设立、股市交易所的出现、新兴金融机构的创立及新的融资工具的创造都与这些金融改革有关。政治变革后较强大的市场需求成了这些金融改革的强大动力。拉詹等（2004）还认为，在一个国际贸易和投资开放度更高的经济体中，因为开放后增加了更多的投资机会，所以来自国家内部对金融改革反对的力量会越来越弱，这就有利于金融改革的推行。如果外来金融机构因为开放能够在这些国家得到先发优势时，那么这些外来的金融机构也将成为该国金融改革之动力。当国家之间的贸易开放程度越高，国际资本流动速度越快，这些国家金融改革的动力就越强。而 20 世纪 80—90 年代，西班牙就是一个最好的案例。

在 Abiad（2003）等看来，金融改革的效果好坏取决于信贷管制、利率管制、市场进入障碍、证券市场管制、金融部门私有化及金融部门开放度等指标的深化程度①，用这些指标对24年间35个国家金融改革的决定因素进行了广泛的统计性分析。其一般性的结论是，重大事件发生会对现状产生巨大冲击，而这些冲击可以引起金融改革也可能导致改革逆转；学习在改革过程中发挥了重要作用。学习不仅是导致金融改革的最初原因，也进一步使金融改革成为可能。在当今时代，意识形态对推动金融改革有些影响，但并不是那样显著。有利的国际市场环境有助于加强金融改革，但银行危机出现所起到的作用是反面的。

对于中国利率市场化改革来说，既有现实条件和一系列事件之冲击，同样可理解为是一个学习过程。中国新政府上任、国内外金融市场事件的冲击都迫使中国加快利率市场化改革的进程，否则中国金融市场无法应对及化解所面临的各种危机。同时，中国利率市场化改革也是一个学习的过程。因为，当前中国利率市场化改革的初始条件、路径及方式并没有现成案例可照搬，同时中国利率市场化改革又离不开从利率本身内在属性出发。这些都是需要学习的，下一节我们从利率定价的内在法则来理解利率市场化改革的实质。

1.3 金融产品定价法则与实质性商品定价的差异性

一般来说，利率作为要素市场的重要价格，是金融市场有效配置资源的核心，因此，利率市场化就是要让市场在利率的形成和变动中发挥决定性的作用。那么利率是什么？它又是如何形成的？有哪些因素对利率变动会产生影响？由于各种资金或资产之间彼此具有替代与互补关系，由于不同的融资方式会因为风险、流动性、到期日、税收及交易成本等因素不同而利率会有所差异，因此，为了解释利率的形成及彼此之间的关系，各种利率决定理论及利率期限结构理论的文献也就应运而生。本

---

① 他们把每一个指标给出了不同的等级，比如0、1、2、3，每一个等级分别代表完全压抑、部分压抑、部分自由化、完全自由化，不同等级表示了市场化不同的程度，并根据这些指标来测算一个国家金融体系的市场化程度。

节并非是对这些利率理论的文献综述，而是把重点放在利率信用风险定价的机理与实质性商品定价的差异上，以便更好地来把握利率为信用风险定价实质，同样这也能为利率市场化改革提供理论基础。

什么是利率？英国的哲学家洛克认为利率就是使用货币的价格（谢德宗，1993）；凯恩斯则认为利率是特定时期内放弃流动性所获得的报酬（凯恩斯，1997）；2013年诺贝尔经济学奖得主希勒把利率定义为，偿付日为T的债券在t时的全期收益率，也可将该债券的支付额向量折现为其价格p（Shiller R. J. & Mc Culloch J. H., 1990）；谢德宗认为利率是信用或可贷资金的价格，或是使用资金必须负担的代价。利率作为价格是分配金融资源和实质资源、联系金融和实质部门的重要变量（谢德宗，1993）。可见，不同的研究者可以从不同角度给出利率不同的定义。但从上述对利率不同的界定来看，其共性是肯定利率为要素市场的价格，只不过利率这种价格所表示的内涵不同，比如使用资金、放弃流动性、债券及可贷资金等。

不过，本文对利率的定义是，利率是对信用风险定价的价格。因为在本文看来，金融是指人们在不确定性的情况下通过特定媒介对资源的跨时空的配置，即资金的剩余者通过某种媒介把资金转移到付出一定成本的资金不足者手中使用。而金融学就是要研究这种跨时空资源的金融交易为何会出现、何时会发生，以及这些金融交易发生之后会面临哪些障碍与问题和金融交易行为又是如何演进的等。从金融的定义出发，金融交易与一般商品（或实质性商品）的市场交易有很大的差别。比如，一般市场交易表现为即时性，即一手交钱一手交货，而任何一种金融交易都是在不同时空之间跨时空的资源配置的交易，其支付更多地表现为未来性；由于一般市场交易的即时性，因此交易双方当时就能够根据对价来进行成本与收益分析，但由于金融交易的未来性，其交易的成本与收益是无法事先确定的，其表现为不确定性；还有，由于金融交易支付的未来性及不确定性，也就决定了金融交易必须通过一种特定媒介来完成与保证，如交易合约。任何金融交易都是合约的连接。正因为任何金融交易都必须通过合约方式来进行或完成，而合约就是一种组织、个人、企业或政府的承诺或信用。由于每一个人的生存环境、文化背景、认知水平、知识结构、心理素质、需求偏好等方面具有较大的差异性，每个人的信用必然是千差万别的。在金融交易过程中，不同的信用所具有的风险是不一样的,因此,金融交易又可定义为对信用的风险定价。利率作为对信用风险定价的价格,它既有市场价格的一般性,也与实质性产品的定价有很大不同(投资品与消费品的定价机制有很大差异性)。①

一般来说,价格是现代经济学的核心议题。张五常教授甚至把现代经济学归结为价格理论(张五常,1984)。尽管市场价格是多重因素决定的(汪丁丁,2008),比如时间、空间、主观、客观、不确定性、风险、交易成本、个人偏好、定价方式、社会心理等,但市场价格机制的三大功能基本上是相同的(如传递市场信息、对分散化决策的当事人的行为激励与约束、促使稀缺资源有效配置)。不过,对于消费品与投资品来说,或对于产品市场及金融市场来说,两者的定价基础、价格形成机制及价格运作机制等方面是有很大差别的,而正是这种差别性则成了我们理解金融市场价格机制的重要切入口。

对于消费品或实质性产品来说,其交易的目的是效用或使用价值,购买是为了使用。而对产品的效用无论是客观还是主观,它都是有限的并以当事人的可支付能力为基础的。由于交易当事人的效用及可支付能力不同,由于市场信息不对称及不完全竞争市场存在,产品的市场价格永远是交易者买者卖者对价的结果,市场价格歧视情况也时有出现(同一产品在同一市场有很多不同的价格)(张五常,1984),但是通过市场的有效竞争最终可达到均衡价格,即使市场上常见的策略性定价也是如此。

比如给住房定价,在对市场需求不了解、对土地供应信息掌握不多、对小区周边的城市公共基础建设是否会增加不知道的情况下,房地产开发商就可能对小区住房采取策略性开发与定价的方式,以求利润最大化。还有我们平常所使用的打印机,要有墨粉才能用,而打印的需求因人而异,是把打印机卖得贵、墨粉卖得较便宜好,还是打印机卖得较便宜、墨粉卖得较贵好?如果企业办一个图书展览想赢利,是门票价格卖高然后书大打折,还是门票价格便宜一些好还是书的折扣小一些呢?等等。

---

① 布鲁纳等也认为,现代经济有四个市场:产品市场、实物资产市场、货币市场和证券市场。四个市场存在三种价格:产品价格、实物资产价格及证券价格,而这些不同市场的价格既有相互关系,也有独自的定价基础和运作方式。不过,从交易品的属性来划分,本文把现代经济划分为两个市场:实质性产品市场和金融品市场。两个市场存在两种价格:消费品价格和投资品价格。而实物资产往往具有这两种属性,既是投资品也是消费品。

这些都是一个个策略性定价的案例。而从这些案例中，能够帮助我们理解消费品的价格是如何确定的。美国罗彻斯特大学（University of Rochester）Oi 教授对策略性定价研究十分经典。1971 年他发表了一篇精彩的文章"迪士尼难题：米老鼠垄断的两部制收费"（Water Y. Oi，1971）。这篇文章对迪士尼乐园的入园门票和园内机动游戏如何策略性定价才能达到企业利润最大化做了一个精彩的分析。

Oi 教授先作了两大假定：第一，消费者的效用来自使用产品，而非入场本身，就如打印机没有墨粉就没有用一样；第二，消费者入场不会给生产商增加成本，但产品有边际成本，就如乐园已经建好，消费者进入园内玩增加成本很小，但玩机动游戏、看表演是要成本的。

在这样的假定条件下，企业如何对打印机的策略定价才能实现企业利润最大化？假定购买打印机的客户有两类：一类是经常使用打印机的，另一类是偶尔使用打印机的。如果企业能够清楚识别两类购买客户，那么企业利润最大化的办法就是以成本价销售墨粉，鼓励客户多打印，再以不同的价格向两类客户销售打印机。这时企业就能够向需求多的客户给出最高出价及需求少的客户给出最低出价，因人而异确定打印机价格可让企业利润最大化。如果企业无法识别客户需求与偏好，或需求高的客户假装成需求低的客户购买打印机。在这种情况下，企业争取利润最大化，最好的办法就是对墨粉高于成本定价，降低所有客户的需求量，甚至让一些需求较低的客户离场，再以较低价格出售打印机。反之，客户对打印机的需求大同小异，那么企业就得把打印机定高价出售而榨取消费者剩余，再以成本价出售墨粉。

从这个案例的分析中可以看到，消费品定价的内涵包括以下几个方面。一是任何市场价格都是买卖交易双方对价的结果，由于交易者出价策略、偏好、需求、所获得信息、产品的可替代与互补性等不同，所以市场价格不是唯一的，而是在一个区间（这就是张五常教授所讲的价格歧视，在同一个市场内同一产品，可以卖出不同的价格）；二是卖者的边际成本、买者的需求及对产品支付能力为消费品的定价基础，也是产品价格形成的底线。在一般情况下，超过这种对价的上下底线，产品交易无法实现，产品的价格更是无法形成；三是交易者对价格的变化都十分敏感，它是交易者市场行为的激励与约束条件；四是均衡价格是在供求关系调整过程中得以实现的，或消费品的市场价格是在供求关系调整中实现的。

　　对于投资品或金融产品来说，其定价基础、价格形成机制及价格运作机制与消费品是有很大不同的。一般来说，任何投资品的交易目的都是预期收益，买是因为预期能够以更高的价格卖。而消费品与投资品相反，购买之后想卖出更高的概率是贬值，因此消费品的购买往往是既定的量或不会多购买。投资品则不然，只要投资品预期升值，投资者对其投资品的购买是多多益善。可见，投资品定价基础是投资者的市场预期。而市场预期又是由投资者心理因素及风险偏好、金融市场条件[①]等因素来决定的。而且从投资产品的特性来看，投资品都是一份份标准化的信用合约，投资品就是金融机构对不同信用关系的风险定价。[②] 在这种条件下，投资者对资产价格并不敏感。[③] 投资者关注的是投资品的未来价格变化。如果预期价格上涨，投资者会继续买入，甚至放大杠杆率买入。如果预期价格下跌，投资者会纷纷退出这个市场。所以，投资品的需求可以从零到无穷大。由此可见，投资品的定价基础、价格形成机制及价格运作机制与消费品有很大差别。如果有这样的分歧，我们对历史众多的利率决定理论及利率作为信用风险定价的内涵就容易理解了。

　　可以说，由于利率是金融市场要素的价格，因此，从现代经济学出现的那一天开始，对利率进行讨论的文献可谓汗牛充栋，众说纷纭。不过，学术界往往把20世纪70年代以前的利率归结为三个流派，即古典利率理论、流动性偏好分析及可贷资金分析（Lutz Fredrich A., 2007）。古典利率理论从配第开始，到马歇尔为集大成者。该理论主要从投资、储蓄等实际经济生活来研究利率决定因素及其对资本供求的影响，认为储蓄是利率的增函数，而投资是利率的减函数（Marshall A., 1923）。当利

---

　　① 金融条件包括了融资成本的高低、融资获得性容易程度及杠杆率高低等。

　　② 现代资产资本定价理论或各种定价模式是假定在某种条件下，通过统计学的大数法则对未来事件风险概率确定某种资产价格水平。所以，现代资产定价理论往往无法把投资者心理因素对未来事件风险的影响考虑进去。

　　③ 这里投资者对资产的价格不敏感是指投资者要购买该资产时，不在于当时资产价格高低，而在于该资产价格在未来的变化。比如说，某股票IPO上市时，其价格10元，三年后上升到100元。这时，投资者并不会因价格上涨了十倍而不购买，而是要看自己购买该股票后的预期，其价格是上涨还是下跌。如果上涨可以继续购买；如果下跌，则远离。同样，某股票IPO上市时，其价格为10元，3元后下跌到2元。这时，投资者要不要购买该股票并不在于它现在跌到发行时的1/5，而同样是看预期。

率与投资预期回报不相等时，资金就会在投资者和储蓄者之间流动，利率发生变化；如果利率与投资预期回报两者相等，其均衡状态下的利率就是威克塞尔所说的"自然利率"（Wicksell, K., 1907）。在这里，货币是中性的，不会对利率的变化造成影响。古典利率理论之所以忽略了货币对利率变化的影响与作用，其理论前提是建立在金本位制下的一价理论基础上的（卡尔·布鲁纳、艾伦·H. 梅尔茨，2010）。在一价理论下，经济生活中所有的交易品（无论投资品还是消费品）都可找到与黄金价格对应的价格关系，因此利率作为资金的价格同样如实质性产品一样可从其供求关系中得出。这些理论自然会忽略决定利率的货币及信用因素了。

凯恩斯的流动性偏好理论则从货币供求角度来讨论利率问题（凯恩斯，1997）。他认为，利率是人们放弃流动性的报酬或货币供求的价格。当利率低于均衡价格时，人们持有现金将超过现有的供给数量。因此，政府的货币政策不仅会改变市场货币数量，也会改变人们对未来政策方向的预期，进而对利率产生影响。在此基础上，凯恩斯还提出"流动性陷阱理论"（当利率降低到某种水平时，货币政策达不到相应的效果）。在这里，凯恩斯之所以脱离了实质性因素来讨论利率的问题，在于他的理论是建立在信用货币制基础之上的（卡尔·布鲁纳、艾伦·H. 梅尔茨，2010）。利率作为金融品的价格，其变化取决于交易品的投资性而非实质性。这种理论当然比古典理论对利率讨论有所深化，但是凯恩斯的流动性偏好的利率理论却没有架起金融品价格如何对实体经济产品价格传导的桥梁。

针对古典利率理论及凯恩斯流动性利率理论不足，Robinson, J. (1951) 和 Ohlin, B. (1937) 提出了可贷资金理论。该理论认为，利率是实体经济和金融体系共同决定的，并影响实体经济和国民收入。利率是借贷资金的价格，借贷资金的价格取决于金融市场上的资金供求关系。货币当局可将短期贷款利率和再贴现率作为官方利率，并通过官方利率来引导整个金融市场价格。官方利率既对银行贷款利率起主导作用，也可通过间接调控的方式（比如公开市场操作，国家债务数量、形成期限的调整）来影响金融市场行为，调节可贷资金的供求关系及市场资金长短期利率。可以看到，可贷资金利率理论不仅希望把货币性的因素及实体性的因素结合起来完善利率理论，而且提出了一个十分重要的概念。

即官方利率的设立及官方利率对整个市场的影响与作用的基准性。基准利率就由此而来。

我们可以看到，一个多世纪以来，全球货币体系发生了翻天覆地的变革。20世纪初，在黄金本位制下，货币单位的意义由一价机制贵金属来决定，然后为信用货币所取代。但到20世纪70年代布雷顿森林体系崩溃后，特别是90年代起电子货币及电子支付系统的发展，世界上的货币与实质性商品的最后一丝联系也被抛弃了。如今我们生活在纯粹的记账单位货币的世界中，每个记账单位货币的价值唯一地取决于对其负责的中央银行的相应政策（伍德福德，2010）。所以近十多年来利率理论研究许多新进展，都会围绕着央行的基准利率设定、基准利率形成机制及运作机制等方面而展开。比如，利率规则理论、利率走廊及利率微调理论等都是如此。但这些理论的核心不是关注货币总量的变化及确定短期名义利率的合适水平，而是通过央行的基准利率所透露的前瞻性指引及变动，来影响企业和居民对未来的行为决策，来影响其他金融市场的价格。所以，中国的利率市场化改革的重要任务，不仅在于央行货币政策宏观调控工具与方式的调整及价值取向的变化，而且还要让当前国内金融市场政府管制下的基准利率体系真正转型。重新确立新的基准利率体系成为中国利率市场化改革最为重要的方面。

1.4 利率定价与基准利率体系转型

从20世纪80年代开始，各发达国家央行的货币政策目标逐渐地由货币供应量转向利率指引。那么这个利率是什么？又是如何形成的？为何央行的货币政策调控目标是利率而不是货币供应量？等等。对于这些问题，并非如一些研究者所说的，因为利率易于控制，并对消费、投资及汇率影响重要，而是整个金融市场环境发生了较大变化和利率理论的研究创新及进展。比如这个时期的利率规则理论、利率走廊及利率微调理论等大行其道就是利率理论创新的结果（Bernake B. S. & F. Mishkin，1992）。而这些理论的源头与威克塞尔的思想有关。Wicksell K.（1907）早就指出，即使是在他处的金本位制年代，所观察到的金融市场的价格水平的变动主要不是由世界黄金供应量所引导，而主要取决于由中央银行所控制的利率和实体因素所决定的自然利率。Goodhart C. A. E.（1989）也认为，当两个伟大的经济学家（凯恩斯和弗里德曼）在讨论关于短期利率水平的实际政策问题时，他们毫无疑问地认为利率水平一般是由货币当局决定并改变，而不是由市场自由决定的。而这里所讲由中央银行所控制的利率就是现代货币政策理论中的基准利率。

在这个时期，伍德福德的利率规则理论最有代表性，他对央行基准利率的讨论表明得十分清楚与详细（伍德福德，2010）。他认为央行的货币政策不是如何确定短期名义利率的合适水平，而是要把隔夜利率作为货币政策的操作目标，并将货币政策理解为对这个目标进行调节的规则，同时坚持在跨期一般均衡理论的大框架中赋予清晰分析的基础。他还认为，中央银行隔夜利率目标变动影响支出决策的有效性完全取决于这样的变动对其他金融市场价格的影响。因此，中央银行影响支出从而影响定价决策的能力取决于其影响隔夜利率未来路径的市场预期的能力，而不仅仅是当期的隔夜利率水平本身。在这种情况下，如果市场参与者掌握更多关于中央银行的行为和意图的信息，就能够增强中央银行政策决策，及影响这些决策的预期程度，由此增加货币政策稳定的有效性。还有，只要当前关于未来政策变化的重要性为私人部门所熟知，市场就能够在很大程度上按照央行意愿行为。在这种情况下，当对未来利率的预期发生变动时，隔夜利率所需要变动的幅度就可以大为减少同时能够对金融市场形成有效的激励。

从上述讨论中，首先我们可以看到，在信用货币时代，特别是在电子货币及电子支付系统快速发展与繁荣的时代，中央银行不仅要对信用货币完全担保，而且央行的货币政策应该由清晰的货币规则来决定，以此来保证经济生活物价水平的稳定性。而央行所控制的基准利率是实现该目标之主要工具。其次，基准利率一般是货币市场的短期利率。[①] 因为这种利率不仅反映了最近货币的供求关系，也反映了近期市场无风险回报率（比方说，美联储的基准利率很大程度上是与10年期国债收益率靠近）。再次，基准利率对市场的影响与作用并非是其利率的本身，因为仅

---

① 作为基准利率的短期利率，不同的国家，其央行控制的短期利率不同。可以是货币市场的隔夜拆借利率，也可以是回购利率等。而基准利率又分为法定基准利率及市场基准利率。前者是各国央行控制的宏观调控目标，后者是由市场报价机制形成的市场利率。

是该利率的本身，其变化幅度即使最大，对市场造成的影响与冲击都是微乎其微的[①]，而是基准利率通过传导机制影响长期利率、股市价格及汇率等金融市场各种价格。最后，基准利率规则更强调利率的前瞻性引导，强调央行的管理预期。就是企业及居民能够通过央行释放出的信息，前瞻性地改变及调整行为决策。这不仅可强化央行货币政策的意义，也降低了企业及居民在行为决策中的风险及不确定性。正是从上述意义上来说，与传统的利率决定理论相比较，利率规则理论对利率风险定价的方式发生了质上的变化。

可见，对于当前中国利率市场化改革，不仅要建立起公平公正、信息公开透明、保证充分竞争的交易市场，以此来提高金融机构的自主定价能力，及加强金融市场基础利率体系建设，而且还得建立起中央银行政策利率体系，及重新确立新的基准利率体系，这样才能引导和调控各类市场利率，形成新的市场利率机制。如果新的基准利率体系不确立，那么金融资产将缺乏定价基准，市场资金供求变化的信号也就无法在金融产品的价格上体现，利率市场化就无从谈起。可见，新的基准利率体系确立将成为当前中国利率市场化改革最为重要的一环。

那么，基准利率为何是当前中国利率市场化改革的核心？一般来说，基准利率是无风险或风险最低的投资收益率，是一切金融产品的定价基础和参照系，是人们公认的、普遍接受的、具有重要参考价值的利率。所以，在一般人看来，基准利率就是融资者衡量的融资成本、投资者计算的投资收益、政府宏观调控主要的工具与手段。因此，基准利率具有市场化、基础性及传导性等其他利率不具有的特征。不过，从这些对基准利率的界定来看，只是说明了基准利率在金融市场中的重要性，既没有说明基准利率为何是利率市场化改革的核心，也没有说明金融市场为何要有基准利率？比方说，在一般性的实质性商品市场，为何不需要确立某个市场的基础价格水平？

可以说，对于中国利率市场化改革，基准利率体系之所以重要、之所以是利率市场化改革的核心，主要表现为以下三个方面。首先，对于金融市场来说，利率作为市场资金的价格，正如前面分析过的，它与实

---

① 比方说，如果基准利率为隔夜拆借利率，当天由 5 厘上升到 10 厘，而第二天又回到 5 厘。尽管当天是上升了一倍，但如果第二天又回到正常，这种上升对当时市场的影响是不大的。

质性商品的价格相比，其定价基础、价格形成机制、价格运作机制及市场产品的特性是完全不同的。比如实质性商品的价格完全取决于该商品供求关系，它随着商品供求关系而变化，其交易以商品的实质性为基础。但金融产品是对信用的风险定价，其交易是以信用的承诺为基础，从而使金融产品的价格取决于投资者预期，而这种预期又来自金融市场条件及投资者对未来的判断。那么在金融市场信息严重不对称、未来面对许多不确定性及金融产品相当专业性时，个人与企业的这种对未来判断可能会无所适从，甚至非理性，因此，通过基准利率及传导机制影响金融市场不同资产的价格，就可以帮助一般的投资者及企业降低决策过程中的风险和减少不确定性。

其次，对于现代政府来说，既然已经对金融市场进行全面的隐性担保，也有责任为市场提供公开透明的信息，以便保证市场公平交易及稳定，以便保证弱势投资者利益不会受到损害。在这种情况下，通过政府力量来设立基准利率（法定基准利率）可以成为一个保证金融市场长期稳定发展的依据以此来减少市场价格波动，也可以成为政府通过市场价格机制引导资源有效配置的方式。这也是现代政府的义务与责任。

最后，可以说近些年来，尽管中国的利率市场化取得了不小的进展，特别是2013年7月全面放开银行贷款利率以来，中国利率市场化更是迈上一个新台阶。但是由于当前中国金融市场的基准利率是银行一年期存贷款利率，这就表明央行对银行存贷款直接的风险定价与价格管制。这种政府对基准利率的管制，不仅在于政府对银行主体直接的风险定价，而且这种基准利率的生成依据与机制在哪里也是不清楚的。欧美国家的基准利率或是货币市场隔夜拆借利率或是回购利率，其利率不仅能够反映近期金融市场的供求关系，也必须以无风险的国债利率收益曲线为依据。① 因此，中国利率市场化改革最为重要的是要确立新的基准利率体系。而这种基准利率体系包括了法定基准利率及市场基准利率，同样也必须与无风险的国债收益率曲线联系起来。不过，我们也可以看到，中国国债市场曾经有一个长期困扰研究者的问题，就是中国国债利率为何

---

① 比方说，现代资产定价模型就是假定无风险资产收益率一定时，通过统计学的大数法则对未来事件风险概率确定某种资产价格水平。而这种无风险资产收益率往往就是整个风险资产定价的基础。国债利率收益率之所以是无风险资产收益率，就在于投资者决策区间是可预测的。

会长期高于同期银行存款利率？有研究者认为是中国国债市场不发达、市场化程度低的问题（彭兴韵，2013）。笔者认为这主要是一年期银行存贷款利率为基准利率所引发的问题，由此中国国债利率是由存款利率派生而不是反之。因此，如果当前中国的基准利率机制不完成转型，或由央行对商业银行的直接风险定价的存款利率转型为间接影响金融市场各资产价格的间接利率，并由法定基准利率转型为市场基准利率，那么目前中国国债利率能否成为一个无风险收益率同样是令人质疑的。

所以，当前中国的利率市场化改革就得面临着三个重大的问题要解决。一是新的基准利率的确立（比如采取当前国内货币市场的上海利率或回购利率，还是确立其他新的基准利率）。这是中国利率市场化改革的重要前提。二是如何实现旧的基准利率体系向新的基准利率体系转型。三是如何建立起科学规范的国内金融市场的无风险的国债收益率曲线。就目前的情况来看，无论是上海利率还是回购利率都运行了较长的时间，要让旧的基准利率向这种利率转型应该是不困难的。困难的是如何建立起国内金融市场无风险的国债收益率曲线及确立这些利率的基准性。在这方面，无论是《决定》中的精神，还是周小川金融改革解读文件，都从不同方面予以强调。如果国内金融市场无风险的国债收益率曲线科学地建立起来，那么它就能够为新的基准利率提供有效的市场定价基础。所以央行说，只要确定了新的基准利率，银行的存款利率放开就容易了。这正是从上面所强调的意义上来说的。但是，就目前的情况来看，要做到这些并非易事，无论是国内新的基准利率确立，还是无风险的国债收益率曲线确立都需要更多的历史数据及机制形成的过程。当然，这种基准利率体系的转型涉及重大的利益关系调整，如何突破这方面可能遇到的阻力，是新的基准利率体系确立的最大障碍。

1.5 近期中国利率市场化改革进展与问题

可以说，近几年来中国利率市场化改革取得很大进展。比如银行贷款利率下限全面放开，贷款基础利率报价机制推出，同业存单市场建立，存款利率的上限弹性放开等。可以看到，尽管这些改革把利率市场化推进了重要一步，但与实际要求相比，有效的市场价格机制并没有真正形成，金融市场的价格机制仍然严重扭曲，中国利率市场化改革步伐还得加快。

首先，2013年7月19日，中国人民银行决定，自2013年7月20日起全面放开金融机构贷款利率管制。这就意味着中国金融体系的利率市场化开始向纵深发展，它将在中国金融市场产生不小的影响。因为，就现代商业银行的本质来说，其核心就是对信用的风险定价。在贷款利率没有放开之前，国内商业银行对信用风险定价的权限是十分有限的，银行的竞争不是价格竞争而是信贷规模的竞争。在这种情况下，国内银行不仅同质化严重，而且也没有约束机制与动力来提高其风险定价能力。而贷款利率放开，银行就得针对借款人的不同信用给出不同的风险定价。既然商业银行可对信用风险定价，这既要求中国银行提高其风险定价能力，增强其体质，也要求建立起一个有效的信用评价体系。这样，银行业的竞争会由信贷规模数量上的扩张转向风险定价能力的提高上来。同时，金融市场的信用也能够在这个过程中逐渐地形成，而不是像现在那样完全由政府来进行隐性担保。

还有，贷款利率管制的放开可能有利于企业融资成本下降，这有利于促进实体经济的发展。但是，这只是一种理论分析及发达金融市场的经验。因为，在欧美发达的金融市场，其金融机构行为约束严格、信用体系健全，如果市场流动性充分，那么银行的风险定价完全取决于市场资金的供求关系，并通过有效的市场竞争降低企业的融资成本。当前中国金融市场仍然是一个发展中的市场，不仅金融垄断问题没有解决，而且企业与个人融资渠道单一可选择性小，企业、地方政府及个人对银行资金基本上处于严重资金饥渴症中，放开对银行的贷款利率管制是无法降低企业的融资成本的。

因为，就目前中国的情况来看，无论是企业还是地方政府及个人，由于整个金融市场的信用基本上是由政府担保的，从而使信用的过度扩张成了金融市场基本特征。在这种情况下，无论市场流动性多还是紧缩，谁过度信用扩张，谁就获得利益。因此，每一家企业、每一个人及地方政府都会千方百计地从不同渠道获得资金，过度信用扩张。在这种情况下，资金流向与权力和关系有关。这就造成了国内中小企业融资困难。而贷款利率放开，国内金融市场观念及利益格局同样没有改变，过度信用扩张及可贷资金紧张并存，因此，银行并不会由于贷款利率放开而竞争性地把利率下行来增长其规模,反之贷款利率上行则是银行增加利润最好的方式,利率下行或融资成本下降的空间不会太大。从贷款利率放开后的几个月情况来看,贷款加权平均利率不仅没有下降反而上升。其问题就在于,贷款利率是银行的收益,而存款是银行的成本。如果利率市场化只是银行收益方面放开,银行对贷款利率有完全的定价权时,那么银行的过度信用扩张行为也就在所难免。因为,在这种情况下,银行信用扩张越是过度,其获得的收益就可能越多(因为在可贷资金紧张时其利差水平会越来越高)。如果这样,不仅会让银行来推高融资成本,也可能让这些高成本的资金流入高风险资产,从而推高各种资产的价格。

其次,贷款基础利率报价机制的推出起到缓冲的作用。银行贷款利率全面放开之后,2013年10月25日,央行推出的贷款基础利率(Loan Prime Rate,LPR)集中报价和发布机制正式运行。贷款基础利率的实质就是银行风险定价的自律机制,而这个基准利率既不能由央行直接指定,也不能由市场自由形成,而是由央行允许准入的国内主导银行报价来形成。它的推出,就是在某种程度来要求国内商业银行使用公共的金融资源不能只是为其机构利润最大化服务,把利率水平全面提升,而是要考虑其信贷行为是否会提高企业融资成本而影响实体经济发展。

在当前的情况下,贷款基础利率作为一种银行风险定价的价格自律机制,它是否对整个金融市场的价格起到引导作用是十分不确定的。正如上面所分析的,如果国内金融市场的资金过多,银行及金融机构过多的资金无法贷出,那么这种贷款基础利率可能起到贷款利率的底线作用,防止减少银行之间的恶性竞争,让整个银行对利率风险底线就定在这个贷款基础利率上。如果市场信贷严重短缺,那么这种贷款基础利率只是一种象征性利率。银行可在这个价格的基础上做一些贷款,但却是象征性的。更多的可贷资金仍然会趋向利润最大化。也就是说,当前金融市场,如果央行宏观调控能力不增加、信贷市场卖方垄断优势地位不改变、金融机构约束机制不健全,那么这个基础贷款报价机制能否起到作用是十分有限的。

还有,如果上海利率(Shibor)是金融市场的基准利率,贷款基础利率报价机制所起到的作用就十分有限,因为商业银行贷款利率最重要的约束条件是存款利率,它是银行的成本。从中也可以看到,央行推出这个贷款基础利率报价机制,表面上是要对商业银行建立起一种自律贷款价格机制，实际上希望存款利率放开延长的时间越长越好。因为，有了这种银行贷款利率的约束机制，就能够引导银行利率水平更为理性，而不是完全追求利润最大化。

通过这种贷款基础利率的报价机制，既能够起到银行的贷款利率不倾向于利润最大化，也有利于降低市场融资成本，这些都是存款利率不需要调整或不需要市场化的情况下才能达到的。而存款利率的非市场化，甚至把存款利率压到一个极低的水平，最有利的是银行，其次是各种贷款人及政府，而不利的是广大分散的存款人。可见，这种机制表面是利率市场化，但实际上，这种机制对利率市场化所能够起到的作用是十分有限的，市场不要过高地估计它的市场意义；反之，由于制度的依赖关系，这种机制也可能成为未来中国利率市场化的障碍，因为其中所涉及的利益关系太大。

再次，同业存单发行把利率市场化又推进了一步。2013年12月8日国内央行公布了《同业存单管理暂行办法》（以下简称《办法》）。而所谓的同业存单就是"可转让定期存单"，即在存款没有到期之前，能够自由转让给第三者的定期存款存单。与一般的存款相比，同业存单是由央行允许的银行业存款机构发行，存单到期前不可提款，有资金需求者可将其出售给同业的方式转换成流动性。也就是说，同业存单的推出，不仅在中国货币市场上增加了一种工具，而且增加了一个反映资金供求关系的融资渠道。

从《办法》的规定来看，该产品具有电子化、标准化、流动性强、透明度高等特点，并要求以上海利率为定价基准。可以说，同业存单的发行不仅给中国货币市场增加更多的金融产品与工具，为银行同业提供更多融资渠道的选择，有利于银行负债管理，及增强上海利率的基准性，而且也可规范诸多银行同业融资业务的灰色地带，降低"类信贷业务"可能产生的金融风险，从而使如果中国信贷危机发生而风险降低等。所以，同业存单的推出是中国利率市场化改革的重要一步，也是央行放开存款利率管制的重要一步。

不过，市场对此不要有过高的期望。这不仅在于《办法》仍然有许多问题不明确，比如同业存单发行机制不确定、风险权重不明确及与现有的同业存款差异性不明确。而这些不明确，自然会对同业存单发行可能达到的效应产生弱化的作用。更为重要的应该体现为以下几个方面。

一是当前中国利率市场化的思路及路径，仍然走在欧美许多发达国家所走过的路径上。即先是放开贷款利率，然后通过引入同业存单，再向个人及企业发行定期存单逐步取消存款利率管制。这样的路径是否适合中国是相当不确定的。而且由于一个国家金融改革与经济发展路径的唯一性和不可逆性，一旦走上某条路要做成本收益分析也是不可能的。二是同业存单的定价要以上海利率为基准，这当然有利于增加上海利率的基准性。但是我们应该看到，上海利率的基准性与 libor（伦敦同业拆借利率）等利率的基准性是完全不同的概念。因为，中国的基准利率是银行一年期存贷款利率而不是上海利率。货币市场短期资金的利率变化，上海利率可能起到一定的作用，但国内货币市场利率的基准仍然是来自银行一年期存贷款利率。如果银行一年期存贷款利率是央行管制下的利率，那么这种利率传导到上海利率上同样是管制的，而不是反向的。如果上海利率的基准性存疑，那么上海利率作为同业存单的定价基础也就面临着不少问题。可以说，当前利率市场化所采取的方式越是曲折，利率市场化改革所需要的成本可能会越高。因此，当前利率市场化改革就得直接从一年期存款利率入手。

还有，2015年6月2日，央行推出了"大额存单管理暂行办法"（或简称13号文件），并从即日起实施。以往，凡是存款类金融机构包括商业银行、政策性银行、农村合作金融机构等都可以发行大额存单。但这些大额存单只是针对机构，不对个人发售。而13号文件所规定的大额存单不仅可对机构发售，也可对个人发售。但个人认购的大额存单最低金额不得低于30万元，法人机构则不得低于1000万元。此外，央行往后可对大额存单最低金额进行调整。

大额存单将采取电子化的方式发行。以后既可以在营业网点、电子银行发行，也可能在第三方平台和央行许可的其他管道发行。央行会授权全国银行间同业拆借中心，大额存单业务提供第三方发行、交易和信息披露平台。

13号文件明确规定大额存单发行利率以市场化方式来确定。固定利率存单采用票面年化收益率的形式计息，浮动利率存单以上海银行间同业拆借利率（Shibor）为浮动利率基准计息。目前，Shibor利率只有1年期以内的短期品种，那么对于大额存单1年期以上品种如何定价则还得在实践中摸索。还有，大额存单可以转让、提前支取和赎回，或用于质押。同时，大额存单也纳入现有的存款保险范围内，作为一般性存款处理。

可以看到，自中共十八届三中全会以来，利率市场化改革全面提速。先是2013年7月把商业银行贷款利率下限全部放开。同时，商业银行存款利率上限也逐渐由上限10%放开到上限50%。所以，就目前来看，央行管制的利率只剩下商业银行存款利率50%以上上限部分。商业银行自主定价范围及弹性越来越大。而这次央行大额存单新金融产品的推出，则是当前中国金融市场利率化最后的一里路。大额存单推出再加上5月开始实施《存款保险条例》，显示与利率市场化相关的制度基础和负债工具创新基本到位。

因为，这次推出的大额存单产品，基本上由发行的商业银行或金融机构根据自己的风险定价能力自主发行、自主定价、自行承担发行风险与责任。这就从根本上摆脱了以往商业银行负债产品由政府管制、政府定价及政府对其信用担保的约束，完全通过市场化的竞争方式来进行。这样，不仅要求大额存单发行的商业银行提高风险定价的能力，也需要投资大额存单的个人及机构有识别大额存单风险的能力。这样就能通过激烈的市场竞争，形成差别化的大额存单产品，全面提升大额存单产品的市场竞争力。

由于大额存单的价格是通过市场化的方式获得的，这就意味着市场参与者（无论是发行方还是购买投资者）都得对自己的商业及投资行为负责。这样，既没有政府对这些产品的隐性担保，也不存在金融投资产品的刚性兑付。一切都由市场参与者来承担其行为责任。当然，13号文件把大额存单纳入存款保险范围。这也意味着政府既要通过制度安排来保护中小投资者的利益，同时也明确了大额存单的投资者进入该项投资时所受到保障是一定的，而不是全部的。在这种保障之外，同样要承担投资风险的责任。因为，存款保险的范围是既定的，这就自然全面地引入了大额存单者的投资风险。

正是这种存款人的投资风险引入，不仅改变了当前国内银行存款收益与风险的同质性，即存款人无论把存款存入哪家银行，其风险都是一样的。由于存款人投资风险的引入，这不仅要求存款人全面提升对各家商业银行风险的识别能力，也要求国内发行大额存单的商业银行经营能力、定价水平、服务质量等全面提升。否则，利率市场化的激烈竞争将淘汰那些不适应市场者及商业银行。大额存单的市场化还有销售方面的便利和可流通性。因为大额存单的可转让、提前支取和赎回，及用于质押，不仅有利于增加该类金融产品的流动性，也有利于这类产品在流动中不断重新定价，以便更真实地反映市场资金流动的市场供求关系，更好地有利于金融资源的配置。可见，新的大额存单金融产品的推出，它是中国利率市场化改革的最后一里路。通过这一里路，不仅要求投资者增强风险识别意识，提高商业银行的风险定价能力及经营能力，也有利于金融市场有效的价格机制形成，并推动中国利率市场化改革的最后完成。

又次，存款利率上限不断放开，也意味着中国金融市场利率市场化管制越来越小，利率市场化程度越来越高。这次存款利率市场化最大的特征就是把利率市场化改革寓于宏观调控中。从2014年11月到2015年5月，央行连续下调存贷款基准利率，同时把存款利率浮动区间的上限，存款基准利率弹性由1倍逐渐扩大至1.5倍。也就是说，自2014年11月以来央行的三次降息，看上去与以往一样，都是一年期存贷款利率对称性下降，但是每一次在存款利率下降的同时，都提高了存款利率的上浮区间上限。这实质上是非对称降息。即贷款利率下降，而存款利率下降则取决于商业银行。因为，前两次降息存款利率上浮区间上限每次都提升10%，后一次降息存款利率上浮区间上限则提升20%，由存款基准利率的1.3倍提高到1.5倍。央行这样做，以开创性的方式为中国利率市场化奠定了坚实的基础。

就目前中国利率市场化改革的情况来看，在2014年商业银行贷款利率下限全部放开之后，央行对利率的管制只剩下商业银行的存款利率。贷款利率是商业银行的收益，由于利率双轨制，再加上转轨而来的融资饥渴症还是十分严重的，即民间市场融资利率远高于银行市场的利率，在这种情况下，银行市场卖方市场盛行，商业银行根本就没有动力来降低贷款利率。因此，贷款利率下限全部放开所起到的作用是十分有限的。

而存款利率是银行的成本，它的高低成了银行成本的硬约束。在存款利率没有放开的情况下，国内银行竞争的成本约束是类同的，所以银行的竞争往往就是贷款量上的规模竞争，即银行的竞争力完全取决于银行信贷规模的大小。这也就是早几年，为何国内银行容易形成信贷过度扩张的动因所在。这就容易导致国内金融市场的价格机制严重扭曲。

如果存款利率全面放开或部分放开，国内银行就得在利率、服务及银行资产质量等综合性方面进行竞争。没有优势的利率及良好的服务，银行就无法吸取更多的居民存款；银行的资产质量不高或银行信用不是太好，居民考虑存款的安全性，也不愿意把存款存到这些银行。而银行存款利率的上升，则成了银行贷款的硬约束。这就需要银行提高风险定价能力，改进服务态度，改善企业经营模式等，以质的方式在竞争中取胜。否则，银行就容易破产倒闭，成为高风险行业。可见，存款利率放开对形成国内银行的有效竞争是十分重要的。

央行三次降息并逐渐提高存款利率上浮上限区间，这不仅在于把利率市场化改革寓于货币政策调整中，以便让银行在这种政策逐渐调整中不断地学习并提高其自主风险定价的能力，也可把利率市场化改革给市场可能带来的风险及震荡降低。因为从近几十年来各国金融改革的经验来看，利率市场化改革初期都容易导致利率快速上升从而导致金融市场震荡，及影响实体经济增长。可以看到，在5月存款保险制度开始运行之后，各国所经历过的艰难的利率市场化改革，中国的利率市场化改革可能会在逐渐平稳的过程中得以完成。所以，央行降息正在奠定国内利率市场化改革的基础。

不过，在2015年上半年央行《货币政策执行报告》中，明确强调了当前的货币政策宏观调控由数量型工具向价格型工具的转型，强化价格的工具及传导，及如何达到在"量"与"价"之间的平衡。这个思路是对的。但是，当前中国利率市场化改革不仅在于存款利率全部放开的问题，更在于基准利率体系实现全面转型的问题。

因为在存贷款利率全面放开之后，当前以一年期存贷款为基础的传统基准利率体系的严重缺陷都会暴露出来。因为一年期存贷款利率是银行一年间的信用风险定价，它无法反映即时或短期资金的供求变化，具有明显的时间滞后性；同时，对于资金市场一年期的供求关系来说，由于时间太长，这种利率变化存在更多的不确定性；还有，银行市场仅是金融市场的一部分，随着国内融资结构的改变，银行利率对整个金融市场影响也会弱化。这种利率是否能够传导到其他市场是令人质疑的。为了弥补这些缺陷，央行也在推出其他的一些基础利率，货币市场贷款基础利率、大额存单利率等，但这只是会把简单的问题复杂化，增加交易成本。

不过，更为严重的问题是，中国央行一方面宣布，要推进存款利率市场化改革，让存款利率浮动上限上升到基准利率的 1.5 倍，但是另一方面又对这项政策宣布以口头的方式禁止商业银行这样做。央行这样做的理由是为了减弱存款利率上升过快对市场的冲击。这样做不仅不公平，也会严重弱化央行的权威性。央行的政策承诺不让执行，那么央行政策权威性何在？本来中国央行的基准利率就与欧美国家完全不同。中国的基准利率是一年期存贷款利率，这是对商业银行直接的信用风险定价。如果这种利率不放松，商业银行根本就没有自主定价权。而且欧美国家央行的基准利率或是货币市场隔夜拆借利率或是国债市场回购利率，是间接利率，是需要通过传导机制才能达到商业银行的存贷款利率。比如当前美国的基准利率维持在 0.25% 的水平，但商业银行的住房按揭贷款平均利率则为 3.85%。

现在央行不仅对商业银行存贷款利率直接定价，还得管制这种利率政策面与执行面的不同，这自然更容易引发银行市场利率价格机制扭曲，实际上，这样做根本就不利于利率市场化的改革，也容易造成"银行脱媒"越来越严重。可以看到，自 2014 年以来，国内商业银行的存款出现负增长，就是由于这种存款利率过度管制，使大量居民的存款流出银行体系。在这种情况下，不仅削弱商业银行的贷款能力，也会弱化央行对金融市场的监管。所以，央行根本不需要用过多的行政之手来影响市场的价格机制，而是要加快利率市场化改革，真正用市场的力量来决定金融资源的配置，这样才能真正让国内金融资源使用效率提高，并建立起有效的市场价格机制。否则，当前金融市场许多问题根本得不到解决。

最后，存款保险制度确立，为中国金融利率市场化奠定了制度基础。2015 年 3 月 31 日，国务院公布了《存款保险条例》，宣布自 5 月 1 日起正式实施。这表明已经研究与讨论了近 22 年的存款保险制度终于落地。可以说，存款保险制度的落地不仅在于保护存款人的利益，更在于中国金融改革的深化，在于引导国内金融机构改变经营方式。也就是说，存款保险制度的实施不仅意味着中国金融改革取得重大突破，也预示着中国 2015 年金融改革还会有更多的实质性进展。

一般来说，存款保险是指存款银行交纳保费形成存款保险基金，当个别存款银行经营出现问题时，使用存款保险基金依照规定对存款人进行及时偿付。按照存款保险制度，就如汽车交强险一样，存款保险也具有强制性，凡是吸收存款的银行业金融机构，都应当投保存款保险。其强制性目的就在于能够防止单个银行危机可能传导到整个金融体系，以此来防范金融体系的系统性风险。那么，讨论酝酿了20多年的存款保险制度为何要在这个时候推出？它的目的与实质又是什么？这种制度推出对哪些部门最有利？存款保险制度的制定，民众最关注的问题是什么？等等，这些都是当前国内市场最为关注的问题。

按照一般人的理解，或央行的解释，存款保险制度的推出最为重要的是保护存款人的利益，让绝大多数居民的存款处于安全状态。它有利于优化银行结构，降低银行体系的风险。所以，对于存款保险制度，估计绝大多数人所关注的应该是存款的最高赔付额，而银行关注的则是存款保险的具体费率等。但这只是按照欧美国家成熟金融市场的存款保险制度的意义与作用来理解，与当前中国出台的存款保险制度的具体情况还有些差距。

试想，为何在欧美国家早就有非常成熟的存款保险制度而中国则酝酿讨论20多年后才决定出台？在技术上，这应该是没有多少困难的。一个很根本问题就是中国的金融体系与欧美国家完全不同。一般来说，金融市场交易的是信用风险，任何金融产品都是对信用风险的定价。而信用则是个人、企业及政府的承诺。那么这些承诺是从哪里来？又是通过什么方式来保证？可以说，对于这些问题，不同的经济制度是有很大差别的。在成熟的市场体系下，信用是通过市场的重复博弈演化而形成的，并由一套严格的法治体系来保证。但在政府管制下的中国金融市场，信用往往是政府来授予，并由国家进行完全的隐性担保。

比方说，为何中国居民把存款存入任何一间银行都不用担心存款风险？就在于这些银行不仅以国家为主导，而且在于国内任何一间银行都有国家作隐性担保，他们根本就不会想到存入这些银行的钱会有多少风险。国内银行的信用及信用担保都是同质的。但欧美国家的情况则不是这样，如果没有存款保险制度，居民存入银行的钱随时都可能面临极高的风险。而且这些国家大量的银行破产倒闭也是很正常的。事实上，几十年来，中国岂有银行破产倒闭的？岂有因为银行挤兑让居民存款造成损失的？既然国内居民的存款存入任何一家银行都不存在风险（因为有国家的隐性担保），那么制定存款保险制度对国内居民来说，应该是意义不大的事情。即使按照目前存款保险制度规定，存款保险上限50万元存款保险的覆盖率达到99.63%以上，同样是意义不大，100%不是更好吗？

存款保险制度的实施，重要的是要改变国内银行的行为方式及运作机制。因为存款保险制度的出台，就是政府通过制度的强制性，要求凡是吸收存款的银行业金融机构都应当投保存款保险。也就是说，本来居民存款到银行的风险是由国家隐性担保的，现在则要银行自己来承担绝大部分责任。对银行来说，它们当然是不愿意的。因为这样不仅会压缩银行的利润（有外资银行测算，如果费率为0.05%，那么银行税前利润就得减少2%左右；如果费率为0.1%，那么银行税前利润就得减少4%以上），而且也会加剧银行之间的竞争。这就是中国的存款保险制度迟迟难以推出的根本所在。

可见，中国存款保险制度的推出，并非是如何来保护存款人的利益，因为在中国现有的金融体制下，银行的信用风险是国家隐性担保的，即使是没有存款保险制度，存款人也不用担心存款到国内银行会面临多少风险。存款保险制度推出的实质就是要把以往国家对存款的隐性担保转移到银行自己来承担部分责任（因为国家对银行的隐性担保不是全部转移，而是部分转移）。或以往存款保险的隐性担保显性化。这种担保的显性化之所以重要，就在于能够增加市场及居民对银行体系的信心，对存款的安全性不用担心，为进一步的中国金融体系改革编织安全网，设置隔离带，以便防范个别经营不善的金融机构风险传导而造成系统性的风险。

也就是说，中国存款保险制度的实质不仅在于信用风险的显性化，更在于银行的信用风险让自己来承担而不是由国家来隐性担保。这种信用风险担保的转移对当前中国金融体制改革及利率市场化改革具有十分重要的意义。

既然国家对国内银行的信用风险不再进行隐性担保，那么无论是国家、企业还是居民的金融市场行为就得发生根本性的变化。先就国家来说，就得放开对银行业的各种管制，比如央行的基准利率就不是对银行直接的风险定价而是向国内基准利率转型；也不得有信贷规模管制，而是贷款多少完全由银行自主决定；以及减少对商业银行政策性资源注入等。对商业银行来说，由于要把其行为的收益与风险都归结到自己身上，就得提高自己风险定价管理能力、服务质量及增强竞争力，否则就可能被激烈的市场竞争所击败。对居民来说，由于和以往的银行同质的信用担保不同，激烈的市场竞争使银行的服务及风险差异化，居民的存款不是仅存入哪家银行，而是要看银行的风险与服务，有效的市场竞争就会在这个过程中形成。

可以说，中国存款保险制度的推出，也就意味着中国银行体系一系列的重大制度改革的开始，意味着利率市场化的进程会加快，也意味着以前凡是拿到银行牌照就可赚大钱的日子的终结。因为，一旦国家放弃对银行信用完全的隐性担保，那么国内任何一家银行的信用就得通过在激烈的市场竞争中获得。任何一家银行都得对自己的行为负完全责任。这也意味着国内任何一家银行都面临着破产之风险。在这种情况下，任何一家风险定价管理能力差、服务不好、没有进取的银行都面临着被市场淘汰的风险。这就是存款保险制度推出的实质所在。

《存款保险条例》的实施也预示着2015年一系列重大的金融改革将会出台。比如，最近央行在三次降息的同时也兼顾利率市场化改革，扩大了存款利率的浮动区间上限。目前存款利率浮动上限已经扩大到基准利率的1.5倍。如果《存款保险条例》实施，也将预示着国内存款利率市场化会有进一步的重大改革，甚至存款利率完全放开。而存款利率完全放开或完全市场化，它将对国内银行体系产生重大的影响。这不仅会改变当前扭曲了的金融市场价格机制，减弱当前国内市场的金融脱媒，并让市场在金融资源配置过程中起到决定性的作用，也有利于金融服务于实体经济，降低整个金融市场的融资成本，解决当前国内金融市场上的许多难题。同时，国内金融市场利率市场化改革的推进，有利于人民币汇率形成机制的市场化，有利于人民币资本项目进一步开放，有利于人民币的国际化进程。

对于存款保险制度的细节，比如赔付最高额度、保险费率等方面，这些都要在实际的运行过程中不断修正（就如交强险制度推出后的情况那样），不可能一蹴而就，因为当前中国金融市场条件与欧美国家完全不同，也不可能找到现成可参考的历史数据。所以，如果《存款保险条例》能够确立公平公正的制度原则、公开透明的制度设定与修订程序，那么这项制度安排就能够在实施的过程中不断改订与完善，不断地符合中国的实际情况，从而真正保护存款人利益并促进国内金融市场健康持续发展。所以，实施《存款保险条例》对中国利率市场化具有最为重要的意义。

总之，近年来中国央行渐进地推出了一系列利率市场化改革项目，中国金融市场利率市场化也取得了不小进展，但是，由于市场环境及利率市场化改革本身的因素，中国金融市场的价格仍然没有理顺，利率价格机制扭曲仍然是很严重的，由此所引发的许多问题值得深刻反思。

1.6　重新厘定当前中国利率市场化改革的思路

中共十八届三中全会最为重要的理论成果就是确立了市场在资源配置中起决定性作用，而要使市场在资源配置中起决定性的作用，客观上就要确立由市场决定价格的机制。而利率作为金融市场的要素价格，要让利率有效地配置资源，就得让市场在利率价格机制形成过程中起决定性作用，因此利率市场化也就成了当前中国金融改革最为重要的任务。也就是说，当前中国要借助新政府上任及中共十八届三中全会改革之东风，加快金融市场利率市场化改革。

还有，实施了5年的美国量化宽松的货币政策从2014年开始退出。而美国量化宽松政策的退出，不仅意味着5年来全球市场廉价资本的盛宴结束，也意味着全球市场的风险偏好、资金流向及市场的利益结构将发生根本性变化。而这种变化对国际市场造成的影响与冲击自然会给全球市场带来一系列的不确定性，包括中国也是这样。为了减弱这些不确定性对中国市场的冲击，就必须要求中国金融体系更为稳健，而加快中国利率市场化改革是保证中国金融体系稳健性最为重要的方面。

同时，我们也应该看到，当前中国金融市场问题丛生，比如，银行信贷过度扩张、"金融脱媒"严重、影子银行盛行、地方政府融资平台风险不减、融资结构不合理、互联网金融突然火爆、房地产泡沫严重、经济增长方式转变困难、经济结构不合理、产能过剩严重等问题，无不与国内金融市场的价格机制严重扭曲、利率市场化改革严重滞后有关。如果这次不能借助中共十八届三中全会改革之东风，加快中国金融市场利率市场化改革的步伐，必将严重阻碍中国经济发展，阻碍中国现代化的进程。

要进一步深化当前的利率市场化改革，首先要做的第一件事情，就是对前 20 年中国利率市场化改革的理念、模式、路径、效果等方式进行全面反思，就得检讨问题、总结经验、重新厘定当前中国利率市场化改革的新思路。因为前 20 年来的中国利率市场化改革，尽管取得了一定的成就及保证市场稳定发展，但这种渐进式的利率市场化改革所付出的代价比所获得的收益要大。比如，当前影子银行盛行、房地产泡沫四起等问题都是这种渐进式改革所造成的巨大成本。如果这些问题不化解而引发中国的金融危机，那么中国金融市场发展所付出的代价会更高。

其次，从上述分析可以看到，当前利率市场化改革最为重要的事情就是商业银行存款利率上限管制。而这种存款利率上限管制已经成为当前中国利率市场化改革最大的障碍。而放开银行存款利率的管制又包括以下几个方面的内容。一是放开央行对商业银行存款直接的风险定价或存款利率浮动区间有更大的弹性；二是创造条件让央行直接对商业银行风险定价的法定存贷款基准利率向间接影响金融市场资产价格的法定基准利率转型；三是银行存款利率全面放开，否则以市场决定的利率价格机制根本就无法形成。而实际上，无论是影子银行快速膨胀，还是最近互联网金融爆炸性成长，股市场外配资疯狂等都逼迫央行加快对存款利率管制的放开。当然，存款利率改革可能产生牵一发而动全身的效应，它需要相应的成熟条件，比如要提高央行运用资产调控货币和金融的能力、要让商业银行真正成为承担风险的主体、让居民及企业有更加多元化的金融行为选择渠道等，但尽管如此，目前已经到了存款利率全面放开的时候了。

再次，重建中国基准利率的新体系。重建中国基准利率新体系包括了以下几个方面。一是让央行直接对商业银行风险定价的法定存贷款基准利率向间接影响金融市场资产价格的法定基准利率转型，让间接的法定基准利率向市场基准利率转型；二是强化上海利率对金融产品定价的参考性及逐渐地推进上海利率可成交性；三是在上述的基础上改革基准利率的设计模式，以此来保证基准利率能够更准确、真实地反映当前经济状况及市场利率价格水平，减少及消除影响价格扭曲和利益冲突的因素；四是建立起科学、系统、全面地适应国内市场基准利率的体系。

又次，全面调整央行货币政策思路。就目前情况来看，国内央行货币政策还没有走出传统的思路，目前央行货币政策如市场所关注的那样更多的是关注市场货币总量或流动性，更多地关注流动性如何在影响金融市场之价格,或以货币供应量作为央行货币政策目标。而与货币供应量或流动性相关的信息都是事后的信息,如果根据这些信息来对货币政策进行调整,那么这样的货币政策不仅缺少前瞻性,无法引导市场预期,而且这样的货币政策存在一定的时滞性,金融市场资金供求关系的信息也根本无法在市场资产的价格上体现。在这种情况下,金融市场有效的价格机制也无法形成。可以说,利率市场化就得全面检讨当前国内央行货币政策的思路。

最后,创造条件建立起一个多元化、多层次的融资体系,特别是加强公司债券市场发展,加大金融产品创新的力度,以此来推动以信贷为主导的金融体系向多元化的金融体系转型。这不仅为企业及居民提供更多可选择的金融产品,也可为中国利率市场化改革创造条件。

总之,利率市场化改革是中国金融市场一场重大变革。对于这场金融市场重大变革,我们既要有理论上的研究与准备,也要抓住实际改革中所遇到的核心问题手举刀落,果断而行,比如存款利率全面放开,并对利率市场化改革可能的影响与冲击制订应对预案,以便保证中国利率市场化改革能够顺利进行,而不是受到某种阻力而半途而废。因为,只有利率市场化改革的深化,才能把中国金融体系带上健康持续发展的道路。

2 中国利率调整之分析[①]

2.1 前言

可以说,近年来,利率问题是中国金融市场最为关注的焦点。它不仅表现为央行利率调整之频繁,也表现为利率调整争论不断。如2003年9月提高法定存款准备金率一个百分点;央行决定从2004年1月1日起扩大金融机构贷款利率浮动区间;3月和4月分别实行再贷款浮息制度和差别存款准备金率制度。特别是央行决定从2004年10月29日起上调金融机构存贷款基准利率0.27个百分点,同时,进一步放宽金融机构贷款利率浮动区间(金融机构的贷款利率原则上不再设定上限,贷款利率下限仍为基准利率的0.9倍),允许存款利率下浮(所有存款类金融机构对其吸收人民币存款利率,可在不超过各个档次存款基准利率的范围内浮动,但不能上浮)。还有,最近上调国内小额外币存款利率,同时宣布取消两年期小额外币存款的利率上限。

特别是自年初以来,利率是否调整的争论从来就没有停止过。这不仅在于金融市场的利率的多样性与复杂性,而且在于任何利率调整都是金融市场的一种利益再分配。利率的多样性是指在同一个市场中或不同的市场中,由于融资活动的风险度不同、交易费用的差别,造成使用资金的价格不同,利率水平也就千差万别。利率的复杂性是指衍生于融资活动及融资人差别性及对风险认知的多样性,从而需要一个多样化的利率体系来安排不同的利率水平。而这方面的原因也就决定了利率调整上的冲突与论争。可以说,今年中国利率调整之争论就围绕着这一主线而展开。

---

① 该文章发表在《河南金融管理干部学院学报》2004年第6期。

2.2 利率调整为什么会犹豫不决？

早在2004年年初，央行管理层就指出，只要CPI（国内居民消费者物价指数）上升到5.3%以上水平，那么企业使用银行资金的成本为零，那么央行就可能加息。但随着2004年8月CPI的公布，并连续几个月CPI都上升在5.3%的水平上，加息的话题就成了媒体与业界最为关注的热点。央行会不会加息？如果加息，什么时候加息？加息的幅度多大？央行为什么会对加息犹豫不决？这些问题不仅媒体与业界讨论热烈，而且市场也开始有所反映，在那几个月里，加息成了人们十分关注的问题。

国内对加息与否为何会如此热衷？在发达的市场体制中，基准利率的变动基本上是央行的事情，是央行根据相应的经济形势与经济参数做出加息与否的取舍。坊间可以预测央行会做出什么决策、央行会如何调整利率，但像国内这种对能否加息的争论则是世界上绝无仅有的事情。这种现象，一则表明国内民众及一些集团对自己的利益之关注，希望通过各自的话语权来影响央行的决策，来为自己争取利益；二则表明中国央行的威权性与独立性仍然没有真正地建立起来。

美国联储局主席格林斯潘，不说则已，一说则惊人，美国及世界市场就是看着他的眼色和讲话而波动。可国内央行行长周小川却没有这种威权。正是没有这种威权，使周行长及相关的央行领导不仅在各种场合滔滔不绝，而且不断地有长篇大作在不同的媒体上出现。这看上去是一件很小的事情，但却也说明了国内央行的权威性与独立性不足，否则我们的行长为什么会有这样多要说之东西？在加息不加息的问题，国内央行领导一直在表态，但实际的作为与这些言论相去甚远，其言论可信性市场也无所适应。

比如，从国家统计局公布的数字来看，8月消费者价格指数同比增长5.3%，低于预期的5.4%，与7月的增幅持平。8月CPI的涨幅仍维持在1997年2月以来的高点，当年CPI涨幅为5.6%。同时，有数据表明，8月的广义货币供应量，贷款余额和固定资产投资额分别增长了13.6%、14.1%和26.3%，均低于7月的15.3%、15.9%和32%。特别是广义货币供应量增幅远低于年初17%的调控目标。就此央行方面表示，目前资金主要用于地方政府和民企，它们对利率并不敏感，因此，加息形势已经缓和。可是，在年初，央行一直强调的CPI指数达到5.3%时就可能加息的承诺变得不可信。

现在我要问的是，国内利率的变动其参考的标准是什么？这些标准真的反映了中国经济发展之形势吗？国内的利率水平与中国经济增长的关联性如何？如果国内利率水平反映了国内经济发展之形势，那么国内CPI指数又表明了什么？CPI多少是利率调整之标准？国内CPI变化真的表明了国内通货膨胀率的变化吗？特别是已经十几年过去了，CPI指标依然如故，它与国内民众的消费品价格有多少关联性？如果关联性不大，那么国内的真实通货膨胀率应该是多少？还有，利率作为一种金融市场的价格机制，它每次的调整都是一次社会利益上的大分配，当CPI上升远远高于存款基准利率时，国内的负利率如此之高，那么在央行对利率的管制下对谁最有利？最为受损的又是谁？这种巨大的负利率给中国金融市场带来的风险有多大？还有，国内民间信贷市场为什么会十分活跃？等等。只要对这些问题一一梳理，水清则见鱼了。

2.3　中国利率与实体经济的关联性

一般来说，利率作为金融市场的价格，它的基本功能是分配金融稀缺资本的标准，通过市场的利率机制能够把稀缺的资本分配到经济效率高的地方去。特别是在发展中国家，资本的稀缺性一直是整个经济发展的最大"瓶颈"。如何让这十分稀缺的资本能够有效地使用，就得通过市场竞争机制来决定资本利率的高低，从而让企业有效的投资得到所需要的资金，而让无效的投资在竞争中被淘汰。但是，在中国，为什么一轮又一轮的投资过热？为什么一批又一批的重复建设？最为关键的问题就在于政府对利率的管制，在于金融市场的利率机制根本失效。早在2004年年初政府宏观调控时，我就指出，政府如果不发挥金融市场价格机制的作用，仅仅依靠政府行政手段，只要政府的宏观调控停止，过热的投资马上就会死灰复燃。

事实上，国内的一些过热行业的产品与投资，如钢铁、水泥、能源等，尽管在4月实施宏观调控后的5—6月有所下落，但在7月后迅速回升。央行公布的数据显示，国内7月企业商品价格小幅回升，较6月上升0.3%，较2003年上半年同期上升9.4%，1—7月较去年同期上升8.5%。投资品价格较6月上升0.4%，较去年同期上升9.4%，1—7月较去年同期上升8.7%。

而7月钢材、水泥价格涨势惊人，有色金属价格升势不减，但氧化铝和铝锭价格降幅较大。7月钢材价格较6月上升2.1%，较去年同期上升18%；其中螺纹钢和线材价格升幅最大，分别较6月上升2.8%和6.3%，较去年同期上升18.9%和23.5%。水泥价格较6月上升4.7%，较去年同期上升11.6%。有色金属价格较6月上升0.9%，较去年同期上升28.7%，氧化铝和铝锭价格尽管比6月有所下降，但与去年同期相比上升34.7%和7.5%。而产品价格上涨，不调整利率要想遏制过热的投资是困难的。

利率的另一个功能就是诱导民众的剩余资金用于贷款市场作投资之用，增加民众的储蓄。但是，从国家统计局最近发布的报告来看，2004年前7个月国内居民储蓄存款平均增幅同比连续下降4%，增幅已连续4个月回落。截至2004年6月末，全国城乡居民储蓄存款月末余额为62195亿元，增长6.2%，增幅比2003年年底低5.4个百分点。2004年上半年储蓄存款累计增加3487亿元，比去年同期少增2317亿元。尽管在10月后这种情况有所改变，但仍然有大量的资金在正式银行体系外循环。

有人说这是中国高储蓄一个拐点。它表明了中国已经进入工业化加速时期，表明了国内居民消费结构的升级。但是，在我看来，情况并非如此。这主要是目前利率机制失效，主要是低利率或负利率的结果。在低利率甚至负利率的情况下，民众的大量储蓄一定会流出，正规的银行体系并流向收益更高的债券、基金、房地产等市场。只要利率水平提高，这种储蓄减少的情况很快就会逆转。在未来的一段时期内，国内民众的高储蓄这种大趋势不会有多少改变。事实上，10月底加息后，不仅国内债券市场购买者踊跃，而且居民的储蓄立即增长。

既然金融市场许多问题都在于利率机制缺乏所导致，那么，国内现行的利率水平是否合理？它能够反映国内经济增长之形势吗？可以说，近几年来，国内经济环境发生了翻天覆地的变化，国内经济发展也保持持续高速增长。但是，经济环境变化了，政府对利率管制并没有变。由于政府对利率的完全管制，国内利率水平完全僵化在一个不变的水平上。

央行上次调整人民币存贷款利率是在 2002 年 2 月，当时将 1 年期人民币存款利率下调至 1.98%（含利息税），1 年期人民币贷款利率下调至 5.31%。中国自 1995 年 7 月以来已经有 9 年没有上调过贷款利率，而自 1993 年 11 月以来近 11 年没有上调过存款利率。但国内的经济则保持了连续多年的高速增长。也就是说，国内利率水平与经济增长严重背离。

一般来说，央行对基准利率进行调整，会影响短期借贷市场和长期借贷市场的供给和需求，然后通过一系列的传导机制影响最终产出。如美国（通过调整美联储基准利率）和日本（通过调整银行贴现率）基准利率的调整与借贷市场利率变动几乎一致。但国内有研究表明，中国的基准利率变动和借贷市场利率变动并不一致，存在一种非对称关系。如从 1996—2003 年，国内央行对利率进行了 9 次调整，但利率政策对宏观经济效果不明显。即国内的利率政策对于宏观经济影响十分有限，特别是对通货膨胀和实际产出的影响不显著。

同时，一国的宏观经济运行中的利率水平与经济增长之间是相吻合的。无论是典型的发达国家还是发展中国家都是如此。其利率水平或者围绕经济增长上下波动，或者持续地高于经济增长率。但近十年来情况表明，中国宏观经济运行中的利率水平与经济增长之间是严重背离的。自 1996 年以来，中国的经济增长持续保持在 7% 以上的较高水平，但利率水平不仅没有上升（国内居民存款利率应该保持在高于这种增长比例 2% 以上）；反之，则持续回落。其根本原因归结于中国金融市场上利率机制的失效。

也就是说，在利率完全管制的情况下，对于利率变化的问题，利率下降时与希望利率上升时的标准完全双重标准。在利率下降时，政府就以国内的利率机制不完善和中国情况特殊，以及与国际惯例接轨（早几年国际处于利率下降期）把国内存款利率下降到十分低的水平上。而当国人希望利率上升时，政府则以观察国内宏观经济数据为标准。这种标准的双重性无非是希望通过管制利率这只有形之手无形地把金融资源按照政府意图来分配。试想这样的利率机制岂能有效地把稀缺的资本流向有效率的地方呢？

可以说，尽管中国的利率市场体系是一个复杂的东西，特别是利率的双轨制更是让这种利率体系的复杂性无以复加，但中国利率市场机制失效是一个不争之事实。中国的利率水平不仅长期与实体经济相背离，而且其运作机制丧失其功能。在这种情况下，仅仅是用一些宏观经济指标来讨论中国是否加息问题本身就是一个误区。就利率的问题而言，中国要做的就是如何让利率机制能够起到一定的作用。

2.4　CPI 与加息

从国家统计局公布的数据来看，8 月 CPI 同比增长 5.3%，低于预期的 5.4%，与 7 月的增幅持平。其中，惯性作用为 3.7%，新涨价因素为 1.6%。与上月相比，当月 CPI 上涨 0.7%。1—8 月累计，CPI 比 2004 年同期上涨 4.0%。而且在公告中特别强调，食品价格一直是推动本轮 CPI 上涨的主导力量。由于食品价格在 CPI 中占有 1/3 权重，而 8 月这一价格上涨 13.9%，仅此就拉动 CPI 上涨 4.6%。也就是说，在推动当月 CPI 上涨 5.3% 的因素中，只有大约 0.7% 是由非食品因素引起的。

同时，2004 年中国秋粮丰收在望，由粮价主导的 CPI 上升趋势，有望于秋收之际企稳。因此，有人认为，尽管影响国内 CPI 走势的因素会相当复杂且往往难以准确量化，但推动其上涨的主导力量即将弱化，下半年 CPI 涨幅会减缓。

对于上述的数据，8 月的 CPI 5.3% 说明了什么？它是否能真实地反映国内通货膨胀率水平？它应该在什么情况下成为利率调整的重要参数？最近，燃料油价格、水电费、粮食价格迅速上涨，与原材料有关的能源、金属、粮食等价格迅速上涨，它早已通过多重传导机制传导到民众消费品价格上，只不过，近几年民众可支配收入增加，有一定涨价承受力，加上生产品的丰富，从而也就没有出现 20 世纪 80 年代抢购挤兑的现象。

CPI 各种商品的权重，还是十多年前制定的。十几年来不仅消费品增加丰富了许多，现在许多消费品过去根本就没有，而且民众的消费模式也发生了巨大的变化。如目前国内发生最为迅速的汽车、旅游、房屋与装修、电话通信等这些东西根本就没有纳入 CPI 的指数中。因此，用一个十分过时的 CPI 指标来测量目前国内的通货膨胀率到底效果如何是十分令人质疑的。而且也没有看到世界任何一个国家一定会把利率调整在某一个 CPI 的水平上。一般来说，只要预期将出现经济过热，就会通过利率价格机制来缓解这种过热。如美国，CPI 在 2% 时就连续多次调整利率。

更为重要的是，在以往的 CPI 商品权重中，住房消费根本就没有包括在其中。而居民住房消费信贷上半年一下子就增长了近 6000 亿元，1—8 月商品房价格上升了两位数以上，上海及浙江等地也上升 20% 以上。一般来说，住房既是消费品也是投资品，作为消费品，住房的价格上涨，CPI 包括了吗？如果以政府目前所估算的居民住房作为投资品所占比重不会超过 20%，以住房消费所占的比重，只要把商品房价格上升的因素考虑进去，国内通货膨胀早已是两位数以上了。因此，国内目前所公布的 CPI 并没有反映真实通货膨胀率的水平。

还有，就目前的情况来看，房地产业是这次国内经济快速增长、投资过热、通货膨胀的根源。尽管早些时候的宏观调控让一些过热的产业增长放缓，宏观调控也初见成效。但是，如果房地产的价格不能够向下调整，商品房价格的上升不仅会推动消费物价指数的上涨（住房本身为消费品），而且也会推动与房地产相关的投入品的价格上涨，由此带动这些产品上下游相关消费品价格的上涨。

有人说，2004 年 8 月的 CPI 上演"最后的疯狂"，我想还得拭目以待。因为，第一，国内 2004 年的秋粮是否丰收在没有收割完之前仍然是不确定的。即使秋粮丰收，前几个月粮价上涨都在 30% 以上，如此迅猛的上涨势头能够在一个月内戛然而止？特别是在解决"三农"问题的政治引导下，农民收入的提高是解决"三农"问题的核心。在粮价的高低一定程度上决定了农民收入高低的情况下，加上农业生产资料价格的上涨，国内粮价在短期内迅速回落的可能性不会太大，一直到 11 月粮食的收购价仍然坚挺。

第二，在 2004 年的前几个月，农产品的价格都普遍快速上涨，特别是粮食接连 5 个月上涨在 30% 以上。而农产品价格的上涨要传导到食品价格上总有一个滞后期。尤其是饲养业的价格传导速度会更慢。因此，如果近几个月的 CPI 高企，是由于食品价格主导而导致之结果，那么这种状况在短期几个月内缓解不太可能。

第三，尽管住房消费没有纳入 CPI 的权重，但是由于国内房价两位数地增长，它不仅直接影响到居民消费生活品的价格，而且房价的快速攀升必然会通过直接及间接的方式传导到居民的消费品价格上来。因此，货币当局对于国内房价攀升对通货膨胀的影响绝不可小视。反之，应该对此严密地注视,并探讨如何改进现行 CPI 权重品,把住房消费纳入其内。

总之,用一个十分过时的 CPI 指标来测量目前国内的通货膨胀率到底效果如何是十分令人质疑的。而且即使以过时的 CPI 标准,高企的 CPI 在近期内放缓也没有一个充分的理由。面对着高企的 CPI,不仅导致居民储蓄较大的负利率,而且也使国内的房地产泡沫越吹越大。加上国内煤电油运输供求紧张、公用事业和服务品价格上涨、上游产品价格的高位运行等,2005 年的 CPI 上升的压力仍然很大。政府仅是以民众不太关注的食品价格的变化来预测明年 CPI 的走势是相当不明确的。因此,就目前的情况来说,通过利率价格机制来缓解高企通货膨胀率与负利率是较好的选择。

2.5 中国"负利率"所面临的金融风险

从 2003 年 12 月开始,中国实际利率已连续一年为负。特别是早几个月,由于 CPI 一直在 5% 以上,负利率更是高企。如果 2004 年全年 CPI 平均值达到 4.2% 的话,那么,就意味着存款的负利率为 −2% 以上。面对如此之高的"负利率",从而使上半年以来国内城乡居民储蓄存款增幅持续下降。居民的剩余资金大量地分流到基金、债券、购买住房等支出中去了。

居民储蓄分流,本来是政府扩大内需梦寐以求的事情,但是近几个月来城乡居民储蓄的分流,并非是扩大内需的结果,而是国内居民储蓄利率的长期偏低,大大打击了居民的储蓄意愿,从而使居民的储蓄分流到收益高的一些地方。特别是从国内居民的储蓄存款结构来看,目前中国储蓄存款,活期的比重为什么会高达 50% 以上,就在于国内居民随时准备把储蓄存款流向收入较高的一些地方。还有,居民手中大量的钱开始流向房地产,这不仅抬高了商品房价格,也吹大了房地产业的泡沫。日本与香港的经验表明,房地产泡沫的吹大对宏观调控带来的不利影响绝不可小视。

可以说,如果居民储蓄存款的利率过低,甚至负利率,这不仅仅打击了居民的储蓄存款之意愿,更为重要的是使银行无钱可贷(由于银行存款缺乏而使银行信贷资金不足），从而实际所需要的固定资产投资逐渐下降，整个社会经济增长放缓。同时，居民一旦预期负利率水平会进一步扩大，甚至可能出现存款人到银行挤兑并抢购消费品，从而爆发银行危机。历史上不少地方银行危机的爆发基本上都是银行挤兑的结果。

有文章指出，国内银行个人储蓄存款利率上升，就是一次社会财富的分配，就是一种"劫贫济富"。因为对整个居民人口来说，居民的收益以工资性收益为主，而非资本性收益。由于国内居民储蓄大多数在国内少数富人手中，如果银行加息，得益只能是少数富人。至于国内有多少富人，他们手中掌握了多少财富，是不清楚的，但有一点是十分明确的，即国内居民的银行储蓄存款是其拥有财富最为普遍、最为便利的方式。别看中国的人口那样多，财富占有差距悬殊，但国内居民有几家会没有个人储蓄的？上海有调查统计表明，上海有90%以上的民众希望加息。特别是在目前国内好的投资渠道十分缺乏的情况下，个人银行储蓄是最好的投资方式。因此，利率的变化直接涉及广大的民众。政府仍然希望通过对利率的管制来把金融资源分配到它所要发展的地方，这不仅破坏了市场的价格机制，而且通过无形的财富转移损害了广大民众之利益。特别是这样做受到损害最大的是国内广大的中下层民众。因为利率上升最受益者应该是广大的银行储户，是家家户户普通民众。

其实，在一个健全的市场中，如果利率为负，这只能说明通货膨胀率过高，利率调整慢于通胀率的涨幅。在这种情况下，居民的储蓄存款就会纷纷地流出银行体系。去寻找减少这种财富为负或收益更高的地方。但是，中国出现的负利率，并非是市场自身的原因，而是政府对利率严格管制的结果。中国改革开放以来，特别是20世纪90年代以来，一方面国内的经济增长持续保持在7%以上的增长水平，另一方面居民储蓄存款利率持续下降，自1993年以来，存款利率只是下降而没有上升过。而这种居民存款利率持续走低，当通货膨胀率高企时，严重的负利率也就随之而来。

政府管制下的负利率，其实是一种通过政府权力的财富大转移。因为利率作为金融市场资金的价格，资金价格的高低也就决定了财富分配多少。在负利率的情况下，就是通过这种价格机制让债权人的财富向债务人转移。债权人的权益越大被迫向债务人的补贴就越多。而这种财富的转移往往是无形地通过正式银行体制来进行的，即银行的居民储蓄存户通过银行储蓄存款把自己的财富转移给银行的债务人。随着存贷款规模越来越大，通过负利率实现的财富转移的规模也会越来越大。或负利率是对贷款人的直接补贴，受益最多的就是那些取得贷款最多的企业或者个人。

看看通过正式的银行能够获得银行资金者的结构，你就能够知道这种财富转移的群体是谁了。目前的消费信贷大力发展，国内不少民众也成了银行的债务人，它们是国内居民"负利率"中获益的最大群体。但是，由于目前的房价太高，居民的消费信贷又通过高房价把财富转移到房地产开发商手上。试想，如果不是住房消费信贷，以国内居民的收入水平是无法承担起国内如此之高的房价的。而房价过高，国内居民的财富只好轻易转移到房地产商手里。因此，表面上看消费信贷的居民是负利率的受益者，但是实际上他们的受益已经转移到房地产开发商手中。

当然，更为重要的负利率的受益者主要有以下几个机构：一是银行，政府通过行业准入垄断的方式，使国内居民的存款流入银行，并以管制的方式扩大存贷款利差。试想，目前民众在国内银行存款达 12 万亿多元，近 4 个百分点的负利率（因为目前国内银行存款 50% 以上为活期存款），一年转移财富就达 5000 多亿元。看看这几年国内银行获利大面积地增长，原因就在于此。

二是国内大型企业。因为在目前 CPI 与贷款利率相差无几的情况下，企业能够贷到款，其贷款就是零成本。在贷款零成本的情况下，企业大量的贷款不仅会促使投资过热（近年来就是这样的结果），而且会大量用贷款存货。两下其手，大获其利。国内企业能够在银行贷到款的又有哪些？除了国有企业之外，就是与银行有特别关系的大企业，而对中小民营企业来说是不容易的。就目前的情况来看，国内有不少国有企业，它们也做起放贷业务。因为它们从银行贷款是零成本，而民间信贷利率畸高（在发达沿海城市达 20%—30%），当这些企业从银行获得资金后，就把这些资金贷给中小企业，无本生利，何乐而不为？

三是大量的贷款进入了地方政府各种项目。近年来投资过热，各地方政府首当其冲。各地方的形象工程、领导工程、地方的大项目一拥而上，其资金哪里来，基本上也是从银行贷款的结果。可以说，政府对利率的严格管制，进行了一种不动声色的社会财富大转移。受益最大者是房地产商、国有企业、国有银行及地方政府，受害者是广大的储蓄存款者。

同时,由于大量的储蓄存款流出正式银行体系,也促使了民间信贷的活跃,即大量的资金在正规金融体系之外循环。这种资金"在体外循环"一方面说明了现行的金融体制存在制度上的缺陷,必须大力改革;另一方面说明了中国的金融风险正在逐渐增加。

2.6 民间信贷活跃与利率调整

目前,一方面银行信贷紧缩、中小企业融资十分困难,另一方面国内银行体系有超过12万亿元个人储蓄存款找不到好的投资渠道而以极低收益率放在银行。一方面宏观调控后与政府、国有企业有关的项目陆续上马,另一方面银监会、央行对一些行业的信贷指导越来越多。更为特别的是,面对着政府的信贷紧缩,民间信贷已经开始十分活跃。

有调查表明,在一些省市的企业,由于银行的信贷收缩,不得不向企业的职工及通过职工向周围的民众借钱了。这些民间的信贷活动样式万千、不拘一格。有高息承诺,如企业向单位职工借贷给职工25%的利息承诺;有将该发给职工的工资入股的;也有一些企业为了吸纳当地资金,带领个体户、私营企业主参观考察项目,评估项目风险,然后向这些企业融资;也有企业开工资金不足,建设单位和产品购买企业答应以预付款形式、垫资或入股的方式来承接新项目等。

目前,在沿海一些经济发达的省份,如浙江、广东、山东等地企业信用担保十分活跃。也就是说,在银行的信贷紧缩条件下,当地不少企业开始转向民间借贷。目前,温州民间借贷利率已上升到12%,广东借贷利率更高达20%—30%。而国内的实际利率已连续多个月为负,实际贷款利率早已为零。

现在我们要问的是,国内民间信贷为什么会活跃?这说明了什么?民间信贷的活跃对正规金融的冲击有多大?它对社会经济影响有多大?民间信贷的活跃,仍然是以往那种仅"违法乱纪"去打击而一了百了吗?如果不是这样,政府又该采取什么政策?

可以说,在政府对金融资源严格的管制下,政府总是希望通过各种方式把社会的整个金融资源纳入自己主导分配的体制中,并通过这种主导分配的方式来掌握金融资源的运作。改革开放20多年以来，各行各业市场化的程度越来越高，但是政府对金融市场的垄断性却迟迟无法打破。甚至社会经济增长一旦有所波动，政府还会以宏观调控之名不断地对金融市场化方面进行收缩，而这种收缩必然给国内的民营企业及地方企业的融资带来各种各样的困难。

目前，社会各种需求在不断地增长，企业面临着各种各样的投资机会，而政府则通过银行收缩了这些企业希望发展之路。在这种情况下，如果在改革初期，这些企业肯定打消希望增加投资机会的念头。因为它们根本无法从正规的金融体制之外融集到自己所需要的资金。但是，事过境迁，时代早已不同了，21世纪的今天，国内整个金融资源的持有结构发生了巨大的变化。不仅民间个人持有大量的可以用于企业投资的剩余资金，而且不少企业也有大量的资金找不到好的投资机会而闲置。只不过，通过什么样的方式流到所需要资金的企业那里。

在这种情况下，如果正规的金融体系是畅通的，那么这些资金就会通过银行体系与资本市场顺利地流入所需要资金的企业。但是，目前正规的金融体系不仅不能够为这种资金的供求关系提供畅通的渠道，反之成了这些资金流动的障碍。这样，这些资金的供求关系只好另辟蹊径来沟通了。也就是说，目前国内正式的金融体制已经从根本上不适应社会经济增长的需要，如果这种正式的金融体制不加速改革，只能成为社会经济发展的巨大障碍。

也就是说，民间信贷的活跃不仅说明了国内正式的金融体制不适应国内经济发展的需要，也说明了国内经济增长并没有因为政府的宏观调控而完全被压制。正如有调查研究表明，在不少地方，早几个月一些暂停的项目开始上马了。如有人说："一家国有企业去年下半年上马的塑钢项目，已投下几个亿，企业认为市场摆在那里，利润空间大，一上马就没有办法停下来了。"事实上，在市场体制下，每一个经济主体都会受利益之驱使，只要有利润，他们都会在既定的条件下千方百计地作为。政府希望出台什么政策来阻止他们这种逐利行为似乎是不可能了。因为20多年来市场化的进程，即使金融市场仍然为政府所垄断，但个人及企业对政府的依赖程度越来越弱化。因此，如果还是以传统的方式来阻碍这种民间信贷发展，不仅不可能，而且会不利于社会经济发展。

同时，民间信贷的活跃也说明了社会大量的资金在正规金融体系之外运行。而大量的资金在"体外循环"不仅加大了政府对资金运作监管的难度，国家税收的减少，也增加了金融市场的不确定性，使有效的市场秩序确立更是困难。面对着民间信贷的活跃，政府不能用以往那种仅是冠以违法而打击之对策就一了百了，而是应该从国内金融体系本身入手，对症下药，寻找解决问题的办法。

总之，上述种种问题都是与利率调整有关。目前，国内加息争论甚多，但是，不少人都把加息理由归结在国内经济的宏观层面上，如 CPI 的高低、经济增长的快慢、货币供应量的大小，而实际上从我国的现实情况来看，这些参数都不是重要的，最为重要的是让利息变化来形成国内金融市场的价格机制。试想，政府控制下的银行利率与民间信贷的利率为什么会相差这么大？这就说明了在非正规的金融市场（没有政府管制下的市场）企业对信贷有巨大的需求吗？如果非正规的金融市场对信贷没有巨大需求，这个市场的利率肯定会接近正规金融市场利率水平，因为没有一个企业愿意用高成本的资金。可以说，只要政府不放松对金融的管制，只要正规的金融市场的价格运作机制不形成，民间金融市场的高利率趋势就不会改变。而两个市场巨大的利率差不仅进一步扭曲金融市场价格机制的形成，阻碍了金融市场的发展，这也为相关的权力机构寻租创造了条件。

同时，严重的负利率意味着社会财富大转移，意味着通过政府管制把居民的财富转移到暴富的房地产商、没有效率的国有企业、地方政府手中，而这种转移必然会形成市场巨大的金融风险。

可以说，就上述的经济形势来看，提高利率是政府要达到遏制国内过热的固定资产投资、稳定物价、维护中国民众生活水平及财富水准的目标可选择的较好的方式。国内央行决定在 2004 年 10 月 29 日上调国内金融机构存贷款基准利率，放宽人民币贷款利率浮动区间，允许人民币存款利率下浮，这次利率调整在国内外产生了巨大的反响就说明了这点。

2.7　利率市场化的现状与未来发展

一般来说，"利率"作为市场中资金的价格，人们会认为它是由市场的资金供求关系来决定的。因此，利率市场化一般都会理解为存贷款利率由各商业银行根据资金市场的供求关系来调节，最终形成以中央银行基准利率为引导，以同业拆借利率为金融市场基准利率，各种利率保持合理利差和分层有效传导的利率体系。或者说，利率市场化就是金融市场利率水平由市场资金供求关系来决定，它包括了利率决定、利率传导、利率结构、利率管理等多方面的市场化。

在中国，改革开放20多年，利率市场化之路也在一步一步地迈进，特别是近几年来取得相当大的进展，但是中国的利率市场化仍然还有很长的路要走。如果按照市场化的程度来划分，目前国内利率可以分三类：一类是被严格管制的利率，主要是针对居民和企业的人民币存款利率；二类是正在市场化的利率，主要是银行的贷款利率和企业债券的发行利率；三类是已经基本市场化的利率，包括除企业债券发行利率以外的各种金融市场、银行同业拆借市场利率、外币市场存贷利率等。也就是说，目前中国利率调整最大的任务就是银行人民币存贷款利率的市场化，特别是居民存款利率的市场化。而这次央行出台的"各金融机构存贷款利率，贷款利率管住下限，放开上限；存款利率管制上限，放开下限"不仅稳定推进国内利率市场化，而且也展现了中国利率市场化发展趋势。

因为从目前中国的利率体系来看，仍然是一个双轨并行的利率体系。在这种利率体系下，银行利率与货币市场隔离，货币市场的市场化利率不能够反映到银行存贷款基准利率上。同时，在银行利率管制的情况下，银行存贷款利率与存贷款期限结构严重扭曲。如银行存款利率与存款期限结构的短期化（居民存款的利率越来越低，活期存款的比重越来越高），贷款利率及贷款期限结构的长期化（银行贷款利率长短期趋向无差异，而使银行的中长期贷款所占的比重越来越高），使银行资产负债表的期限结构失配（用居民短期的存款来支撑银行的长期贷款）等。还有，央行对于央行利率的主导（如法定准备金率等）也会造成银行存贷款利率与存贷款期限结构的扭曲。

可以说，最近央行的加息与利率政策调整不仅在于如何来改进现行不合理的利率"双轨制"，调整银行利率结构与存贷款期限结构的失配，而且在于为银行的金融产品形成有效的风险定价机制创造条件。一般来说，金融产品的风险定价机制是利率市场化的核心，金融产品的风险定价机制的有效程度也就决定了利率市场化的发展程度。

正如我多篇文章所指出的那样，这次央行加息，不在于加息的多少，而是在于国内利率调整的信号作用强化，在于宏观调控方式的转变，在于中国利率市场化迈出重要一步。因为不仅在于在存贷款基准利率上调的基础上，中长期存贷款利率上调幅度大于短期，而且为银行风险定价提供广阔的空间。

我们可以看到，在以往的国内金融市场，整个金融资产的定价完全是在政府的管制与垄断下。比如银行业，在严格利率管制的条件下，国内银行既没有自主权来确定其自身产品的价格（存款利息管制），也没有权利对购买的产品按市场情况及风险来确定其竞标价格（贷款利息管制），银行只有按央行规定的价格来出售与购买其风险产品。

这与目前市场体制下的其他产业根本不同，如汽车业在买进原材料时，可以随意地竞标，如果出价不够，卖方不会卖给它。可是在以往的国内银行业，风险定价完全由央行的几个人组成的小组来定夺，各银行既不能向企业说以某个价格向它买风险，也不能自主地向存款者或投资者确定风险的卖价。在这种情况下，银行向企业贷款，银行的从业人员不知道自己是在向企业购买风险，而是把它看作向企业推销产品。这样，银行从业人员整天去拜访企业，建立人际关系，以便希望企业购买银行的产品。

就吸收存款来说，银行只能按照央行规定的价格卖出风险，即使各银行的资信等级各不相同，同时银行也完全没有能力通过谈判或协商去得到更好的交易条件，存款者也没有能力通过谈判更廉价地去购买风险。结果是购买风险的人不要区别银行之间的好坏，因为所有银行的风险与收益都一样。再加上国内银行基本上为国家间接担保，这样就无法区分银行间风险与收益的差别性，存款者可选择的就只是交易便利性了。

既然国内银行从业人员不懂也不实际作风险定价，那么银行贷款组合质量改善是十分令人质疑的。而贷款组合是银行购买的风险组合。由于每一个借款人都是唯一的，因此每一笔风险都是独特的，好的风险定价只能根据市场具体的情况独自进行价格测算。如果贷款组合的每笔贷款的风险是由别人来定价的，那么其价格一定会是错误百出。早些时候，在央行的利率管制下，风险定价完全由几个人来垄断，因此，有效的风险定价机制是不可能形成的。在这种情况下，银行从业人员不懂也不需要学习风险定价技术，从而也不需要有效风险贷款组合，也无法承担其行为之责任。

在这种情况下，信贷资产必然会导致被严重低估。还有，早几年，政府通过利息管制，把存贷款利差迅速拉大，促使国内银行轻易地由行业性亏损转变为行业性效益迅速改善。信贷资产的低估，必然会让银行信贷迅速扩大，如自2003年以来中国固定资产投资迅速增长，甚至国内投资严重过热。而信贷资产的低估导致了银行不良贷款的增加，尽管近年来这种现象有所改进，但以短期的效益掩盖了长期风险。

自2003年银行实行贷款利率浮动的政策以来，特别是最近银行贷款利率管住下限、放开上限的政策实行，自然是向金融产品自主定价迈出重要一步。央行2004年10月对金融机构贷款利率浮动情况的调查显示：2004年三季度金融机构发放的全部贷款中，实行下浮利率的贷款占全部新发生贷款的20.8%，实行基准利率贷款占29.1%，实行上浮利率的贷款占50.1%。这表明，扩大贷款利率的浮动区间并没有带来贷款利率全面上升，也没有造成金融机构之间的恶性竞争；反之，贷款利率的浮动既增加银行风险定价的自主性，银行能够根据企业的信用、风险、未来发展趋势等因素来确定贷款的合理定价，也拓展银行的服务范围，增加了对中小企业的金融支持，而更为重要的是开始出现了金融机构以风险差异定价的竞争格局。

也正是在上述的基础上，最近央行的利率市场化政策又向前推进了一大步。其主要表现有，一是贷款向上浮动空间完全放开。这就使银行贷款的风险溢价覆盖面扩展。在以往，国内的中小企业及民营企业为什么贷款困难，就在于这些企业的经营状况不稳定、社会信用不高，对这些企业贷款不仅风险高而且成本高，这就使银行贷款更倾向于大企业、大项目及长期项目。如果贷款的风险溢价覆盖面扩展，银行就可以根据企业的信用、风险、成本等因素来确定贷款的定价，从而缓解中小企业贷款难及银行贷款期限结构失配的问题。当然，过高的风险溢价也是银行贷款道德风险的根源，而且能否达到设立目标是不确定的。

二是为国内银行建立有效的风险定价机制提供了空间与时间上的保证。一般来说，利率作为资金的价格，它是由融资活动中多种因素决定的。资金的使用期限、借款人信用度、附属担保品的数量与质量、承载金融工具的流动性、利息支付上的税收、清算程序与成本等对资金使用价格有不同的影响。因此，银行有效的风险定价机制的建立不仅在于银行自主定价能力，而且在于金融生态环境的改进。对于后者，这是中国利率市场化前提；对于前者，这次贷款利率管住下限、存款利率管住上限的政策，就是为银行的自主定价能力的培养提供了一个缓冲的空间与时间。

正如前文所讨论的那样，在利率管制的条件下，国内商业银行既没有自主风险定价的能力，也没有积累这方面的经验与系统性数据。比如对个人住房信贷的问题，为什么目前各家银行会不遗余力地向客户推销这种贷款？就在于他们看来，这种贷款是有房子担保的优质资产，而且这种贷款刚发展几年，短期内出现问题的可能性不大。但是，如果社会经济出现大的波动，如果出现日本、美国、中国香港等国家或地区那种房价大暴跌，银行才会大梦初醒，其个人信贷风险如何也就会明白了。而对贷款利率下限和存款利率上限管制，就在于给国内银行培养风险定价能力创造条件。毫无疑问，人们也会质疑央行通过政策手段为银行业发展创造条件但是否损害储蓄大众的利益？还有，市场与市场价格是共生的，先有市场后有价格并不能成为其市场。

正是从上述意义上说，这次央行调整存贷款基准利率0.27个百分点的同时，放开对绝大部分金融机构贷款利率的上限，这让中国利率市场化迈出一大步，也是中国金融改革的一个里程碑。而利率市场化后，中国利率也自然要进入上升的通道。

总之，利率市场化是中国金融市场发展的必由之路，银行的存贷款利率完全市场化也不是遥远的事情，但是就中国利率市场化的程序、方式及利益保护等方面来看，政府更多的是如何来保护国有银行渡过竞争的难关，如何来培养起国有银行的风险定价能力。如果国有银行改革有成效，那么中国利率市场化进程会进展快些；反之，中国利率市场化会面对着许多困难与障碍。这可能是2005年中国央行利率调整关注的基点。

3 低利率政策是经济生活中最大的风险[①]

3.1 国内银行利率处于极低的水平上

利率作为金融市场资金的价格,是金融市场最为重要的因素。但是利率的作用必须是市场化的利率,而市场化的利率必须满足两个条件:一是市场的有效性,即利率能够完全汇集市场的基本信息并以此来反映资金市场的供求关系。只有这样,市场当事人才能真正按照收益与风险的对称性原则进行理性的投资与消费,从而实现市场金融资源的有效配置。二是市场的完全性,即市场有足够多的金融产品和相应的利率品种,有效的市场价格形成机制,并由此形成一个完整的利率体系,这样才能保证资金的剩余者与资金需求者能够找到相应的利益与风险配置方式。市场的资源才能有效地从一个地方流向另一个地方。正是在这个意义上说,利率的非市场化,即无论是利率的高估还是低估,都可能给金融市场以及整个经济生活带来巨大的潜在风险。

我们可以看到,中国经济一直在向市场化迈进,那么到目前为止,中国的利率市场化程度如何?它能够满足上面所给出的两个条件吗?可以说,中国经过10年的利率市场化改革,成绩斐然。就目前的情况来看,根据中国利率市场化的程度可将其利率分为三类:一是被严格管制下的利率(目前银行存贷款利率上下限管制,小额外币存款利率的管制等);二是正在市场化的利率(银行存贷款利率,如上下限部分放开;企业债券利率开始核准定价);三是已经基本市场化的利率(银行间拆借市场、货币市场、债券市场等金融市场利率,人民币协议存款,大额外币

[①] 该文章发表在《中国经济观察》2006年第2期。

存贷等）。还有央行掌控的利率：法定准备金利率、超额准备金利率、再贷款利率、再贴现利率、央行票据利率等，这些基本上是由央行根据市场的变化来调整的。

也就是说，目前国内金融市场大部分利率已经实现了市场化，或准市场化，而还没有完成利率市场化的仅有：保持了银行存贷款利率的上下限管理，由央行规定银行各个期限的存款利率上限及贷款利率下限；企业债券的利率仍需要政府相关部门审批，即企业债券发行利率基本是在政府管制下；央行存款准备金利率及超额存款准备金利率也受严格管制；还有银行间债券市场与交易债券市场、货币市场与银行间市场严重分割等。

但是，无论国内利率市场化的进程有多快，仍然与真正的市场化利率相差很远，有效的利率形成机制也就无法生成，从而使各金融市场之间的价格机制无法传导。比如，目前中国仍然存在双轨制的利率体系（如利率的管制与非管制；银行间利率与货币市场利率分割；利率变动并不意味着流动性变化；企业与居民对利率变化不敏感）；银行存款利率与存款期限结构短期化，贷款利率及贷款期限结构的长期化；货币市场利率（银行间与交易所市场）以国有银行为主体（占90%以上），以超额准备金利率为最低底线；国债市场的基准利率缺失；央行利率体系基本管制，起不到有效激励的作用等。

比如，中国的经济繁荣这么多年，而且还是高速的经济增长。既然是经济繁荣，既然是高速的经济增长，那么也就说明中国的投资回报率高，利率作为资金的投资回报率也应该不菲，这是市场经济的一般常识。但是中国的经济可以持续高速增长，利率却处于较低的水平。而国内利率水平并非是市场使然，而是政府管制之结果。

那么我们要问的是，目前中国的低利率政策真的反映了国内经济真实情况吗？按照一般的市场法则，一个国家经济的快速增长，这说明该国经济繁荣，投资收益率高，利率自然也就高。按照我们的研究表明，无论是发达的市场经济国家还是新兴的发展中国家，利率的高低往往与一个国家GDP增长速度呈正相关。GDP增长快，利率也就高；GDP增长慢，利率也就低。一般来说，利率高低与一个国家的GDP率上下相差两个百分点。比方说，中国近年来的GDP一直保持在9%的增长速度上，那么中国的利率水平应该是8%—11%。但是，在中国，GDP可以保持持续高速增长，经济可以繁荣，但利率则随着 GDP 高速增长而持续下降，甚至 GDP 可以超高速增长，但利率则降在最低的水平。国内利率水平完全与 GDP 增长背离。

如果从中国民间信贷市场的情况来看，温州民间信贷市场利率多年来一直保持在 12% 左右的水平上，但国内银行基准利率的一年期居民存款利率税后仅 1.8%，相差 6 倍多。即使目前十分盛行的所谓房地产信托基金，其利率也在 15% 左右。正因为政府管制下的银行基准利率过低，从而导致了有近 9000 亿元资金在银行体系外循环，民间信贷市场十分活跃。更为重要的是，由于国内银行体系的利率压得过低，一方面许多需要资金的中小企业找不到融资渠道；另一方面，那些与银行体系过于密切的大中型企业从银行获得大量的资金而没有投资机会只得成为"二银行"。这些现象都说明了由于政府对利率的严格管制，使国内利率机制严重扭曲，国内金融市场的价格丧失。

在全球经济一体化的今天，中国经济融入国际市场中。在早几年，政府为了国有企业改革与国有银行改革，随着国际金融利率下降，中国也经历一个利率长期下降的通道，从而使中国利率降无所降。但当世界各国利率进入上升通道时，如先是澳大利亚、新西兰升息，后有英国升息，而从 2004 年 6 月起美国连续升息 14 次，达到 4.5%；2006 年 3 月 2 日，欧洲央行再次升息，将基准利率升至 2.50%；2006 年 3 月 7 日，加拿大央行连续第五次升息，将基准利率升至 3.75%；而市场普遍预计美联储将在 2006 年 3 月 28 日再次加息至 4.75%。同时日本财长透露了日本将要升息的信号。2006 年 3 月 20 日日本一些商业银行提高银行个人存款利率。如果日本央行在 2006 年年底加息，这将是自 2000 年以来全球三大经济体央行首次同时紧缩银根。

也就是说，当国际市场利率水平向下运行，国内政府部门则以向国际惯例看齐，让国内的利率水平不断地向下调整；当国际市场利率上升时，国内的政府部门就因中国的特殊情况说中国根本不要上升利率。现在我们要问的是，在经济全球化的今天，在经济对外依存度达 70% 的中国，在全球主要经济体进入加息周期后，经济表现比其他国家都好的中国把利率压低在最低水平上能够保持多久？还有，中央政府为什么要维持银行的低利率水平？尽管对此有不同的解释，但最为重要的是从国家统计局的数据来看，国内居民消费价格（以下简称 CPI）指数处于极低的水平。

3.2 国内 CPI 编制是影响利率水平的重要因素

我们从国家统计局的数据可以看到，从 1996 年到 2005 年这十年间，国内商品物价上涨幅度并不大。CPI 的涨幅远低于人均可支配收入的涨幅，甚至在 1998 年、1999 年和 2002 年中，价格还出现了负增长。

自 2005 年以来，一方面国内固定资产投资与房地产投资快速增长，房价飙升。但另一方面不少行业的产能又严重过剩，从而导致一些行业的产品价格下降。甚至有人说中国经济已经出现了通货紧缩，要求当前央行货币政策的重点应放在对抗通缩上。由于中国的通货膨胀消失了，中国产品已不存在涨价压力，如不少食品的价格在下降，制造业产品价格走势最为低沉，中国汽车价格将下降，高档公寓的价格也在走低，不久前上海甚至出现了退房潮等，因此出于对通缩以及就业方面的考虑，短期内央行没有提升利率的冲动。

但有调查显示，78.8% 的人认为和十年前相比收入增加了，但同时有 85.3% 的人感觉自己的生活负担比十年前更重了。也就是说，从 CPI 的数据来看国内物价水平是下降了，但这种下降民众没有感觉到；反之，尽管民众知道其收入是增加的，但感觉生活的负担比以前更重了。为什么依据宏观数据做出的分析与一般民众在日常生活中的感受有很大距离，有的时候甚至是南辕北辙。这可能并非是民众感觉错了，也许是宏观数据的计量方法出现了问题。

同时，最近有外国投资银行高盛也就中国官方公布的消费数据提出两个方面的质疑，一是中国官方的消费数据没有显示出中国居民消费形态的快速转变；二是这些消费数据的覆盖面不够全面，数据未包含居民服务性支出。因此，用这些消费数据来判断中国的经济形势容易误导，如认为居民的消费率占 GDP 的比重过低、居民的零售消费增长没有周期性等。

对于高盛的质疑，国家统计局城市社会经济调查司负责人 2006 年 3 月 30 日在接受新华社记者采访时表示，中国 CPI 编制方法是科学的，数据也是可靠的。为什么在现实生活中居民对消费品价格变化感觉与政府部门统计数据有很大的背离，就在于住房是投资品而不是消费品，因此，住房价格上涨是不能够反映到 CPI 中的。同时对现实生活中，居民为什么会有消费价格上涨的感受，往往是因为有的人将居民生活负担轻重的感受与居民消费价格上涨相比，将居民收入水平或支出水平的高低与居民消费价格上涨相比，将不属于 CPI 统计范围内的商品或服务价格变动与居民消费价格上涨相比，这些都是不科学的。

对于官方的答复看上去是有道理的，但真的是这样吗？民众的感觉不能够与官方的统计数据不统一吗？我当时就撰文指出，目前国内 CPI 的统计真的科学吗？如果科学，为什么每一次官方出来的数据总是与居民真实感受相背离。居民真实感受可以一次不真实，也可以一些人的感受不真实，但不是居民全部感受或所有人的感受都不真实。无论是从居民的生活负担还是从居民的收入水平来说，不仅从官方的统计数据中没有表现出下降的趋势，而且从居民的实际生活中感受更是会令人觉得解释牵强附会。一般居民天天都要接触的事情，天天都在发生的事情，他们在购买时连物品的涨跌也会不知道，实在是小看民众智力了吧？所以说，这种冠冕堂皇的解释只能自说自话。再退一步说，如果民众的感觉真的和官方有如此的误差，那么官方城市社会经济调查所获得的数据同样也存在质量问题，而没有多少真实性与科学性。

官方发言人还说，官方的 CPI 编制系统从 1950 年就开始，无论是从经验上来说还是历史数据上来说，都有相当的科学性。但是，如果把从 1950—2005 年的历史分为两阶段，那么 1978 年以前计划经济体制下的经验与后来市场化的经验基本上是断裂的，完全不同经济体制下的数据比较是没有意义的，其连续性的意义不大。还有，即使是以改革开放后的 1978 年为界，那么 1978—2005 年近 30 年的时间里，整个经济制度、经济条件、经济环境都发生了巨大的变化，在该变化的现实经济生活面前，官方的 CPI 数据编制的滞后与非科学性早就是不争的事实。

很简单，我们可以不说官方的 CPI 如何与居民的实际感受差距有多大，但如果我们假定官方的 CPI 编制是科学的、数据质量为高，那么多年来社会早就希望官方把其 CPI 编制过程与程序、样本的取得、不同消费品的权数等公开化、透明化，这些都是十分简单的事情，但官方为什么就是不敢这样做？难道这也有秘密？不就是怕所公布的数据的科学性容易引起质疑？可以说，CPI 编制不公开透明，既不利于国家与企业的经济决策，也剥夺了广大民众与研究者的知情权。

官方数字统计可以不把住房作为消费而是投资。如根据国家统计局的规定，个人的住房消费，是指当住房用于居民居住时，如果租住的，其租金计入承租人的消费支出；如果是自住的，则比照相应市场（租金）价格，以虚拟房租形式计入房屋所有人的最终消费。也就是说，目前国内居民购买房子是投资而不是最终消费，居民的住房最终消费仅是指居民所支付的房租，而且这种房租国家统计局是无法计算出来的（特别是对于计划体制下所分的房子来说），或计算出来也不反映真实居民消费（如 2004 年居住类消费仅 733 元）。而且目前与居民居住服务相关的消费早就占居民消费很大的比重，但官员的统计就是没有把这种消费反映在数据中，特别是权数过低，看上去居住类消费增长不小，但它对 CPI 的贡献率有限。

虽然居民住房不是消费，但无论是在政府的工作报告中，还是"十一五"规划中，鼓励居民住房消费早就成为中央文件的主要内容，也成为不少部委推动中国经济增长的目标。如果官方统计上是把居民住房消费作为投资，而政府其他部门又把居民居住作为消费，那么这两种歧见如何来融合？很简单，如果居民的住房是投资，那么鼓励居民住房消费就是鼓励居民投资，国内本来是投资率过高、居民的消费率过低，过多地鼓励居民住房消费是把这不正常的关系更进一步恶化。还有，对于居民住房的自住性购买，无论是居民还是政府早就把这种购买当作消费了。如果现实经济生活是消费的事情，而我们的官方统计仅是为了满足"国际惯例"，为了其统计上便利而与现实生活相脱离，那么这除了玩数字游戏还有什么？我们的官方统计为什么就不可以研究一套能够真正说明中国实际消费情况的新 CPI 统计体系？

再退一步说，我们的统计数据强调与国际惯例接轨，那么，为什么经济生活发生了巨大的变化而 CPI 编制则无法反映？比如，目前城市居民消费比重较大的教育消费、医疗保健消费、住房消费等则无法反映在其编制中。在发达国家，这些方面 CPI 权数与类型都有很大变化。比如，美国的消费者价格指数就包括了能源、汽车贷款消费、休闲娱乐、宠物、运动器材、俱乐部会员卡、新汽车、私人交通等，而且它们的消费价格指数也在随着经济生活的变化而变化。但中国这些消费价格上涨如此之快，为什么就不可以把真实的居民消费反映在我们的 CPI 中。这只能说明官方 CPI 编制与现实的经济生活严重脱节。一种不能够反映现实经济生活指数的编制，对经济生活的解释力如此之弱，这样的数据能够说是科学的吗？

比如，国内大学学费 20 年增 25 倍，但目前 CPI 反映则很少。据了解，CPI 统计标准是 20 多年前制定的。20 多年过去了，中国经济特别是居民的消费结构与消费产品发生了巨大变化。在传统社会中，食品在 CPI 中的权重达 1/3，但目前所占比重十分微小；卫生医药用品、教育、电信等 CPI 的所占权重，与实际消费情况完全不成比例。尤其是近几年上涨很快的住房消费，计算 CPI 时，"依照国际惯例"居然并不包括在内。一方面政府在极力提倡住房消费，另一方面 CPI 中则不反映。还有目前城市居民消费比重最大的几类商品价格成倍甚至成几十倍地增长（如教育、医疗、住房、养老等），但是变化却不反映在 CPI 中。试想这种 CPI 会有多少科学性？

什么叫科学？科学就是系统逻辑真实地反映客观存在。可以说，目前官方 CPI 编制严重滞后于现实的经济生活，滞后于国际 CPI 编制的科学发展，不仅只是传统的观念及与现实经济生活背离的构想，其科学性也令人质疑。正是这些令人质疑的数据，如果用它来对经济形势进行判断与决策，要得出一种正确的判断与决策当然是不容易的。目前国内为什么会有人认为中国出现通货紧缩，为什么银行要采取低利率的政策，可能是与国家统计局所提供误导性 CPI 数据有关。

3.3 国内采用低利率政策导致利率改革滞后

充分发挥利率杠杆的调控作用，稳步推进利率市场化，这是央行多年来一直在努力做的事情。特别是最近，央行在《2005 年第四季度货币政策执行报告》中明确指出，要以简化存贷款利率期限结构，推进大额存款利率市场化，推出利率衍生产品，理顺央行的利率关系等方式来推进中国金融市场利率市场化的进程。但是，目前中国经济生活中最大的问题是什么？是金融市场价格机制的扭曲，是有效的利率价格机制无法形成。由于金融市场的利率价格机制无法形成，从而导致经济生活中一系列的负面行为与巨大的潜在风险。

有人会说,目前中国的利率市场已经走得很远了,离真正的利率市场化只有一步之遥了,即中国金融的利率基本上都是市场化了,只是剩下银行一年期存贷款利率上下限管理了。可以说,从货币市场利率、银行间拆借市场利率、大额协议存款利率等来看,这些利率基本上是由市场利率来决定的。而且从银行的存贷款利率来看,从2005年1月1日起也只进行上下限管理,即对银行一年存贷款基准利率,贷款管住下限,存款管住下限。国内各银行在管制之外完全可以按市场化的方式对金融产品自主定价。

一年多以前,对于这种利率市场化的制度设计,我曾撰文指出它对推进利率市场化渐进性是有利的,同时也指出这种制度设计更多的是有利于银行业利润增长而有被迫性地转移广大储蓄存款人财富之嫌。事实上,从近年来银行发展的情况来看,其制度设计者的目标已经显现。在这种制度安排下,国内银行业在短时间内成了国内盈利最好的行业之一,而且其盈利水平已经开始向世界优秀商业银行看齐。但是,同时我们也应该看到,国内银行赢得的是政府刻意制度设计的结果,这种制度设计也使国内银行利率市场化的进程十分缓慢。

我们只要看一下2005年几个季度以来不同利率浮动区间银行贷款所占比重的变化情况,就能够窥一斑而知全豹。从各种利率浮动区间贷款2005年的情况来看,以基准利率为界(包括基准利率),是一半对一半,即在基准利率及以下(区间在0.9—1.0)所占比重为50%左右,超过基准利率所占的比重在50%上下。而向上浮动所占比重,其中在1—1.3区间所占的比重为27%,1.3—1.5区间所占的比重为8%,1.5—2.0区间所占的比重为12%,2.0区间以上所占的比重为3%左右,而且不同利率浮动所占的比重在不同季度变化不大。

而且银行性质不同,各种利率浮动区间贷款所占的比重也不一样。对于四大国有银行,基准利率及以下(区间在0.9—1.0)所占的比重为59%,超过基准利率以上所占的比重在41%上下,而且超过基准利率部分多数在1—1.3区间,所占的比重为35%,在1.3—1.5区间所占的比重为5%,在后者之上所占的比重则十分微小。

对于股份制商业银行,基准利率及以下(区间在0.9—1.0)所占的比重为65%左右,超过基准利率以上所占的比重在35%上下,而且超过基准利率部分多数分布在 1—1.3 区间和在 1.3—1.5 区间，前者所占的比重为 33.5%，后者所占的比重为 1%，在后者之上所占的比重更是可以忽略不计。

对于区域性商业银行（以第四季度为准），基准利率及以下（区间在 0.9—1.0）所占的比重为 48% 左右，超过基准利率以上所占的比重在 52% 上下，而且超过基准利率部分多数也分布在 1—1.3 区间和 1.3—1.5 区间，前者所占的比重为 37% 左右，后者所占的比重为 9%。在 1.5—2.0 区间所占的比重为 5%，2.0 区间以上所占的比重为 1% 左右。但是区域性商业银行各利率浮动区间所占的比重在不同季度变化很大。比如在第三季度，区域性商业银行的基准利率及以下（区间在 0.9—1.0）所占的比重为 32% 左右，超过基准利率所占的比重在 68% 上下，而且 1.5—2.0 区间所占的比重在 17% 以上，2.0 区间以上所占的比重达到 12%，以此说明了区域性商业银行行为的波动性。

对于城乡信用社，基准利率及以下（区间在 0.9—1.0）所占的比重不到 9% 左右，超过基准利率以上所占的比重在 91% 以上，而且从总的情况来看，各个季度各种利率浮动所占的比重变化不大。对于超过基准利率以上部分各个区间分布，在 1—1.3 区间和 1.3—1.5 区间，前者所占的比重为 14% 左右，后者所占的比重为 22% 上下，在 1.5—2.0 区间所占的比重为 44% 以上（这部分是比重最大的一部分），2.0 区间以上所占的比重为 11% 左右。

从以上比较可以看到，目前国内银行利率市场化尽管迈出了一定的步伐，但其进展十分微小，而且所面临的困难与问题也不少。可以说，在目前这种政策背景下，国内银行可以对不同的企业采取不同的利率政策，银行可以根据贷款期限的长短，国家的行业与产业政策、信贷政策不同，可能承担贷款风险的高低，对客户实行区别性的不同利率。对于国家政策限制的行业、风险高的行业，贷款利率就会高，贷款门槛也会很高，企业申请贷款就困难。而对于有国家担保，或国家垄断性行业，经济实力强、经营效益好的企业，银行就会把它们看作优质客户，其贷款就会容易，贷款利率也会较低。在这种情况下，加上银行监管部门监管要求，如资本充足率的要求、不良贷款率下降的要求，以及如何加强银行内风险管理的要求，就得要求银行按照风险与收益对称性的原则来确定银行的风险定价等。

但是，在这种制度背景下，国内银行信贷也发生了很大的变化。一是银行信贷越来越向大中型企业集中，企业越大向银行借钱越容易，而且利率则越低；越是小企业越难向银行借钱，而且即使能够借到钱其利率也高，即贷款利率与企业规模呈负相关。二是银行信贷越来越向以政府为担保、以政府为垄断的行业或项目集中，而且这些贷款利率都是向下浮动。比如银行贷款向大学、政府基础设施投资为主的公共事业单位集中。而对于中小企业，及与政府关系不大的竞争性企业，不仅贷款困难而且利率基本是向上浮动的。

在这种情况下，国内银行信贷出现了两个方面的"逆向选择"。一是银行间的逆向选择，即风险定价能力越差、体制越差的银行越愿意进行高风险的贷款，其向上浮的利率就越多，如城乡信用社；越是风险定价能力好、素质好的银行越是不愿从事风险高的贷款，其下浮的利率就越多，如股份制商业银行。二是客户的逆向选择，即越是风险高的项目或企业，它们对利率上浮越是没有敏感性，越是愿意承担高利率的贷款。上述两种情况，无论是哪种情况出现，都会加大银行的信用风险，阻碍银行利率市场化的进程。

从上述分析比较可以看到，国内银行的利率市场化进展为什么如此缓慢，仅仅是目前大家所讨论的一般结论吗？即国内银行风险定价制度不完善、风险能力定价能力差，以及市场中的竞争机制不合理吗？为什么放开的部分各银行不能够发挥其自主的空间？我想问题并非这样简单。

从目前国内银行的状况来说，尽管其改革取得很大的进展，特别是四大国内银行的股份制改造在顺利进行，无论是建行上市还是其他三家银行准备上市，这些都说明了国内银行的改革正在大步前进。但是，国内银行的利率化方面为什么会如此缓慢？可能最大的问题是国内银行的改革在面上的事情或形式上的事情触动不少，但一涉及运作机制的改革，一涉及国内银行业的企业文化的改革，则面临着重重困难与问题。

比如说，银行业的业绩考核，往往只是停留在计划经济的思维定式内，如根据上一年的完成任务情况来确定下一年计划目标，并以此来确定下一年的奖励标准。业绩的考核短期性十分明显。银行员工完成任务的情况，不仅决定了其业绩也决定其一年的收益水平。在这种情况下，银行员工，甚至基层银行的主管，为了完成上级下达的计划指标，自然会在约束条件下找到使其业绩最优的方式，而这种业绩最优对整个银行的成长性的影响并不是他们关心的事情。

比如，目前国内各家银行会激烈竞争个人住房消费信贷这块业务，就在于他们把这块业务看作最优质的资产，看作银行最容易获利并且风险最小的资产。正因为如此，在短期来看，这些资产基本上都是长期贷款，在短期内根本不会发现有问题。正因为如此，各家银行都把个人消费信贷看作银行最优质的资产，因此各银行定价不仅放在最低的价格水平，而且总希望突破现有规则来增加其业务。很简单，这几年房价为什么会快速上升，银行的推波助澜起到很大的作用。即无论什么人购买房子都能够从银行贷到款。正是因为如此，银行有这种需求，不少炒房者在这种银行的需求下，便利地进入了房地产市场，房价也就在银行的杠杆作用下炒高。

尽管国内的银行都进行股份制改造，都希望建立现代商业银行的公司治理结构，而且从形式上来说，国内银行业的公司治理结构也建立了起来。但是，目前国内银行业的公司治理结构是否能够起到有效的激励与约束作用仍然存在问题。当这种公司治理结构仅是有利于短期行为发挥时，那么银行有效的风险定价机制则根本无法确立。

再有，目前国内银行的人事制度面临的是一种"一把手"文化。即国内银行也包括国有企业基本上是一种"一把手"文化。一个由上级组织部门任命的"一把手"，它决定了整个组织的资源配置，无论是人力、物力、还是资金等方面都是如此。在这种"一把手"企业之下，"一把手"对公司有绝对的垄断权但又不需要对该企业负责。在这种情况下，除了少数人从道德良知上来保证公司长期发展的底线，多数人则仅是围绕着个人的升迁而作为。这种公司文化的上行下效，必然会造成整个公司运作短期行为泛滥，谁都不愿意为个人的行为承担责任。自然银行利率市场化也就难以有进展了。

可以说，目前银行利率市场化进展十分缓慢，它既成了国内金融改革的最大障碍，也成了国内金融低利率政策的重要载体。如果不加快国内银行的利率市场化步伐，不清除其发展障碍，同样会给国内经济发展带来种种问题。而要清除其障碍，就得更为深化国内银行体制的人事制度与运作机制改革，就得重建国内银行业的企业文化。

3.4 低利率政策下的经济风险

上面我们谈到，在现实的经济生活中，当居民消费价格指数降到1%以下，经济学家一定会出来告诉民众，经济中出现了通货紧缩，政府应该采取宽松的货币政策，调低银行的利率水平，以便激励企业大力增加投资，从而保证社会经济的增长不至于放缓。

但是，当中国经济连续多年保持GDP快速增长、整个社会经济处于一片繁荣而居民消费价格指数也降到1%以下时，这又说明了什么？这种现象仅是用一般的经济学原理能够解释的吗？一般来说，一个国家的GDP快速增长，表示这个国家的经济繁荣，表示了这个国家的投资回报率高，企业愿意增加其投资获得较高的投资回报率。在市场体系中，各生产要素的投资回报率可以用不同的方式来表示，如土地的租金、劳动力的工资、资金的利息及企业的利润等。而在一个健全的市场体系下，这些用不同方式表示的投资回报率应该是平均的；否则，由于要素的代替性，就会让资源由一个要素市场流向另一个要素市场。

目前的中国，一方面经济持续保持高速增长与繁荣，一些企业、一些行业的高利润与高回报（甚至暴利），另一方面一些要素的价格却压低到难以想象的水平，如不少行业劳动力的工资、银行中的利率。而这种不同投资回报率的严重不均衡，是市场使然，还是人为之结果。如果是市场使然，那么这种市场是不是一个真正由市场价格机制来调节的市场；如果是人为之结果，其原因何在以及它所导致的结果会如何？还有，这种价格机制的扭曲对国内经济发展负面影响又有多大？甚至这种低利率政策给中国经济带来的风险有多大？这些问题都是我们应该密切关注的事情，也是我们经济生活中的大事。

首先，目前美元利率上升到4.75%，而且根据最近不少分析师的预测，美元利率最高可能上升到5.5%，甚至更高。在这种情况下，如果美元利率与人民币一年期存款利率1.8%（税后）相比，利差近4%。尽管扩大利差对减缓人民币的升值压力有一定的作用，但其后果或经济风险谁都无法忽视。因为日本的前车之鉴我们不得不多加考虑。早年日本在"广场协议"之后，日本为了抑制日元的升值，采取扩张性的货币政策，使日元利率不断走低，而低利率政策必然会导致金融市场的资金过剩、流动性泛滥，从而让大量的资金流向股市和楼市，导致投资膨胀及资产泡沫吹大。如果中国经济对现在的低利率政策不加警觉，重蹈20世纪90年代日本泡沫经济之路也就不远了。

同时，我们也应该看到，这种低利率的政策是目前国内各种经济行为扭曲的关键，并由此导致的经济风险会越来越严重。比如近几年来中国的投资过热为什么会这样严重？而且经过几次宏观调控效果为什么不显著？就在于国内低利率政策，利率低不仅表明了资金使用效率低，而且也表明了资金使用的成本低。当这种低成本资金为被管制时，不仅在于制造巨大的寻租空间，而且也是谁获得谁获益。在这种情况下，投资过热也十分自然。

我们可以看到，近几年来，即使经过两年来宏观经济调控（2004年全面宏观调控和2005年房地产宏观调控），但效果不大，国内固定资产投资仍然是处于高位运行，如固定资产投资额2005年增长率为27.2%；房地产投资中部和西部分别增长32.5%和33.4%。2006年，国内固定资产投资和房地产投资又进入了上升通道（如新投资项目和正在进行的投资项目均持续稳步上升，在1—2月分别按年上升33.4%及39.8%，房地产投资为19.7%）。从这些现象可以说，由于国内金融市场流动性泛滥，大量的资金进入房地产市场，特别是当大量的资金进入房地产市场进行炒作时，其房地产市场所面临的问题就更大了。

但是，经过近两年宏观调控，为什么国内固定资产投资过热与房地产投资过热不能真正得以压缩？其中的原因可能是多方面的，但最为重要的原因，就是国内银行利率过低、市场资金成本过低所导致。可以说，如果国内银行利率一直处于这种极低水平上，国内固定资产投资过热，房地产投资过热想从根本上缓解是不可能的。而且其问题会越来越严重，我们只要留心一下最近全国房地产市场发展情况就一目了然。

对于这一点，我们还可以从2006年1—2月国内银行信贷快速增长得到证实。从最近央行公布的数据来看，2006年2月国内银行新增人民币贷款1491亿元，同比增长532亿元，而1月新增的人民币贷款5658亿元。头两个月新增的人民币贷款就达到7149亿元。有人预测，按照这样速度，2006年第一季度新增人民币贷款可能会突破1万亿元。2006年以来贷款猛增的势头显然超出了大家之所料。这种突击放款导致的贷款猛增，尽管与现行国内银行经营策略与运作机制有关，但更为重要的原因应该是利率过低、银行流动性泛滥的结果。因为利率过低，谁借到钱谁就获利。而且只要企业向银行借钱就能获利时，企业岂能不千方百计地从银行获得贷款。在向银行借款获利时，银行也能够在短期内大赚。这样银行岂不会向这些企业放贷？信贷岂可不大增？如果决策当局看不到这一点，新的一轮投资过热又会东山再起。特别是2006年是"十一五"规划开局之年，如果还是这样采取低利率政策，这种投资冲击与投资过热更是会风起云涌。

同时，由于资金成本低，资本替代效应就容易发生。比如，资本对劳动力替代。因为，在资金价格严重低于均衡水平的情况下，企业更倾向于使用资本而不是劳动。比如，自1994年以来，国内资本替代劳动的速度全面上升（主要表现为资本增长速度快于劳动力就业增长速度达6倍）。中国作为一个劳动力资源十分充裕的国家，如果资本替代劳动过快，不仅不利于中国劳动力市场发育，中国劳动力市场的优势发挥，也不利于增加国内就业，从而降低了国内民众收入水平，减少了国内民众需求。

利率过低也把中国经济引向通货紧缩之路。按照一般的经济学教科书，利率降低、货币发行量化宽松，企业借助大量的低成本资金用于改良企业结构，解决企业的过剩债务、过剩雇佣以及过剩设施等过剩问题。但是，我们也应该看到，过低的利率不仅会导致整个经济投资过热，而且会导致一些行业新产能不断过剩。对于产能过剩，在市场经济中本来是一种常态。没有过剩产品，就不会产生有效的市场竞争。我们不在于担心产品生产有多大过剩，而在于如何通过有效的市场竞争机制把过剩产品淘汰掉。而且有效的市场机制也有能力来调整这种产品过剩，问题是如何来减少非市场因素对市场的影响。

对于前期大量的投资得不到预期回报，这应该是低利率政策使企业决策失误的结果。如果为了解决过剩产能带来经济下滑的问题，而把利率压到极低的水平上，那么不仅不能解释原有的问题，还将导致新的问题出现。目前国家发改委所列的几大行业产能过剩，基本上就是早些时候在低利率政策下投资过热的结果。可以说，当前投资过热，同样也是下一轮这些行业的产能过剩。目前有人试图用某种方式来消除已存在的产能过剩，即用某种方式来拉动某些行业的大上快上。我想，如果这样做,肯定会陷入新一轮产能过剩的恶性循环中。

最后,我们还应该看到,央行这次对银行的利率市场化,央行对利率管制并压至最低水平,其利率管制的核心是对存款利率上限管理。央行对存款利率的上限管理,表面上有市场化的意味,实际上是通过对存款利率的管制以制度化的方式把社会广大民众的财富转移给银行与靠近银行权力的企业。很简单,近几年来,民间信贷市场的利率早就上升到12%左右,而且其他投资渠道的收益率也高于国内银行存款利率好几倍。但是,一方面政府通过对国内金融市场主导或管制,使民众投资渠道十分狭小;另一方面,由于没有好的投资渠道,民众的钱被迫进入政府控制的银行体系。当民众的钱进入银行体系之后,政府通过利率的管制把民众储蓄存款利率压到最低水平上,而这种压低居民储蓄存款利率的方式其实是通过管制制度让整个民众财富大转移。

正如前面所说的,在国内银行降低利率的时候,我们的政府部门就说国内银行利率要市场化、要国际化,国际市场利率下降,国内银行的利率就得向国际惯例看齐,因为国内银行的利率也就连续下降,而且在这种银行利率下降的过程中,极力地拉大存贷款利差(从1993年利差为零上升到2004年的3.33%),以便为国有银行谋利创造制度条件。我们可以说,这几年国内银行的利润水平为什么会上升得这样快,其中有改革之因素,也有提高经营效率的因素,但更为重要的是制度安排的因素,从而使在银行准入十分严格的情况下,国内银行可以利用这种制度资源轻易获利。

但是,当前国际市场利率上升,主管部门又因中国情况特殊性视而不见。比如,整个国际金融市场利率处于上升的通道时,国内银行利率则闻风不动,甚至说没有利率调整的必要。可以说,目前这种以管制的方式把银行利率压低在极低的水平上,其实就是通过政府对利率的管制把转移民众财富制度化,它是目前造成国内财富分配不公的重要原因之一(试想,如果存款利率变动3个点,每年就转移财富4500多亿元,实际上民间利率与政府管制下的利率相差6倍多,如果以后者来计算,这种财富转移更庞大了)。这样的一笔财富转移有多大,明眼人应该十分清楚。

更为重要的是这种利率管制,也是目前国内民众消费不足的重要原因。因为这种严重的财富转移,必然减少广大民众可支配的财富,减小民众的消费能力。很简单，民众应有的财富被转移走了，他们消费从何而来，中国的扩大内需又从何而来。根据日本木内登英的研究，如果日本长期利率及短期利率上升1%，民间净利息收入将增加4.1万亿日元，预期会令个人消费增加0.8%。

对于采取低利率政策，目前十分流行的一个理由，就是银行的利率过低，可能让民众存入银行的钱流出进入消费领域。但实际上，无论是从中国的情况来看，还是从日本的情况来看，其结果微乎其微。基本上效果不大。比如，对中国的居民来说，利率越低，居民的储蓄增长越快。而日本木内登英研究也表明，在1991—2005年为期14年的低利率时期，日本民众损失的净利息收入达到了25.3万亿日元。在此期间，日本政府将消费税下调了10%，却依旧没有带领日本经济走出通缩。即民众储蓄并没有因为利率降低走出银行，民众的消费也未因消费税的下降而增加。何也？低利率的收入减少效应，使民众消费很大程度地被挤出。

总之，尽管目前利率市场化成了国内金融市场改革最为重要的大事，而且央行也希望打破现有的金融市场分割的格局与放开政府对市场利率的管制，并通过利率产品的创新、利率工具的推出、金融市场的开放来形成有效的市场利率形成机制，让金融市场的供求关系来决定资金的价格。但是，就现实的情况来看，目前国内以管制的方式把利率压制在极低的水平上，这样做表面上有利于经济增长，有利于企业成长，但实际上是把一些风险与危机潜伏了下来。这样做无论是对经济的长期持续发展还是对社会的公平性来说，都是一种严重伤害。因为，它既严重扭曲了资金市场的价格机制，造成了整个社会的不公平，也给整个中国经济与金融市场带来了巨大的潜在风险。特别是，这种过于压低的利率水平是以误导性的CPI为依据时，过低的利率水平看上去有其依据，实际上则是在制造国内经济生活的风险。对此，政府意识到了吗？

4 央行加息对生活的影响[①]

4.1 央行加息来得太迟但仍然必要

中国人民银行决定，自 2006 年 8 月 19 日起上调金融机构人民币存贷款基准利率。金融机构一年期存款基准利率上调 0.27 个百分点，由现行的 2.25% 提高到 2.52%；一年期贷款基准利率上调 0.27 个百分点，由现行的 5.85% 提高到 6.12%；其他各档次存贷款基准利率也相应地调整，长期利率上调幅度大于短期利率上调幅度。同时，也规定对个人消费信贷利率有所优惠。

这次央行加息，主要目的就是如何通过利率工具来遏制过快的固定资产投资、来遏制银行信贷规模快速扩张、来遏制房地产价格快速上涨，以便引导国内投资和货币信贷的合理增长、引导企业和金融机构投资的预期、遏制国内金融市场流动性泛滥。可以说，尽管这个时候央行加息是错过了不少时机，是一次迟到的加息，但加息是宏观调控最好的工具。如果央行能够有效地运用利率这个工具，目前国内宏观调控问题也就迎刃而解了。

因为，目前国内的宏观金融形势，表面上看是国内固定资产投资过热、银行信贷过度扩张、国际贸易顺差超常增长及能源消耗过高，其表现为国内金融市场流动性泛滥，因此在早些时候看来，央行总是希望用行政性的方式来收缩金融市场过多的流动性，并把这种行政性的方式看作宏观调控的当务之急。但国内金融市场过多的流动性根源是银行利率过低。只有从这里入手，才是化解目前国内的固定资产投资过热、银行信贷的快速扩张关键所在。

[①] 该文章发表在《经济前瞻》2005 年第 96 期。

成熟的市场经济国家在宏观经济上也存在问题，但各国央行的宏观调控只要调整利率就可以了。如美国从 2004 年 6 月以来，一直在以加息的方式来进行宏观调控。从那时起，美联储加息了 17 次。中国也是从那个时候开始加息，但到这次加息前，国内央行利率上升只有一次半（半次是指只升一年期贷款利率而不升一年存款利率）。试想一下，国内央行这样的利率调整能够起到作用吗？

在全球金融一体化、国际贸易关系如此紧密的今天，世界各国的金融市场，无论是在发达的市场经济国家还是发展中国家，各国央行都是在通过利率变化的方式来调整本国的经济，让整个世界金融市场利率处于一个上升的通道，如英国加息、欧元加息、日本加息、韩国加息等。但国内央行早些时候却偏偏喜欢行政的工具，这也许是几年来国内宏观调控一而再再而三的原因所在。何也？宏观调控的工具不当也。也就是说，如果央行不能够真正利用好银行利息的工具，那么国内宏观调控要达到好的效果是不可能的。

因为在政府的利率管制下，不仅完全扭曲整个金融市场的价格机制，也造成了国内许多经济关系的错位与扭曲。在低利率政策下，整个市场的金融资源配置一定是低效率。因为，资金的价格越低，使用的效率一定越低。当利息为零时，资本的回报率也是零。在这种情况下，看上去是能够刺激经济，但实际上却牺牲了整个金融市场及整个社会经济的效率。

在一个统一的金融市场中，价格调节是改变企业与个人行为决策最有效的工具，也是地方政府或其他非市场因素对其作用与影响最小的方式。如果仅是从行政上来控制与调整，或所谓的宏观调控组合拳，不仅对市场的影响与作用存在很大差异，也容易为非市场因素对市场的干预与影响创造条件，从而干预宏观调控的有效进行。

当然，央行早些时候之所以不能很好地使用加息这个工具，既有央行对利息工具不同认识的原因，也有央行独立性太少的原因，即央行行为决策往往会受到来自各方面的牵制与影响。在这种情况下，国内的一些政府职能部门往往会从自己部门或行业的角度，而不是社会整体利益的角度考虑，极力地反对央行升息，以便争取其部门职能更多的审批权、经济活动中更多的话语权。因此，在目前国内经济利益如此盘根错节，经济问题如此复杂的情况下，要保证国内经济真正健康持续发展，不仅要增强央行货币政策的独立性，而且央行应该采取更多的市场化工具，这些才可能弱化行政部门对宏观调控的影响。

4.2　央行加息对居民生活的影响

这次央行加息无论对居民的生活还是对企业特别是对房地产行业的影响是不可小觑的。众所周知，在计划经济时代，尽管居民手中的储蓄不多，但是居民手中也没有债务，只是债权人，加上政府对利率的完全管制，因此，居民对利率不太敏感。但现在的情况则不同，居民手中既有债权，也有债务。债权所有者，当然希望加息，而且利率越高越好，这样他们的债权收益就会越高；债务人则不然，他们不希望加息，甚至希望降息，而且利率越低越好，这样他们的债务成本就会越低。

正因为如此，居民手中债权与债务上的差异，对于加息问题，其看法也会截然不同。每次央行利率的变动网上民众激烈争辩可见一斑。但是，无论民众如何激烈争辩，无论居民的意见如何分歧，市场经济中有一条基本的法则，就是"谁收益，谁付费"的原则，就是通过价格来调整市场供求关系的原则。无论是使用产品还是使用资金等都是如此。

因为我们知道，利率是金融市场资金的价格，它是由市场的投资回报率决定的。就目前中国金融市场的利率情况来看，尽管国内经济十分繁荣，投资回报率也很高（否则经济不会繁荣），但银行利率一直处于政府管制下，这就使中国利率处于低于市场的均衡水平，或银行利率低于一般的投资回报率。在这种情况下，当然是通过管制把债权人的利益转移给债务人，这也是我国投资过热的根源之一。

在政府的利率管制下，不仅完全扭曲整个金融市场的价格机制，也造成了国内许多经济关系的错位与扭曲。在低利率政策下，整个市场的金融资源配置一定是低效的。因为，资金的价格越低，使用的效率一定越低。当利息为零时，资本的回报率也是零。在这种情况下，看上去是能够刺激经济，但实际上却牺牲了整个金融市场及整个社会经济的效率。可以说，如果不改变目前这种对利率管制过多的情况，改变这种低利率的政策，对所有的债权人持有民众是不公平的。因此，这次央行加息也是调整这种不公平的重要方式。

这次央行加息看上去上升幅度不大，有人说这种加息的幅度仅会对居民有心理上的影响而没有实质上的影响。其实这种说法是不了解金融工具的根本。金融学是什么？金融学就是研究金融资产如何在未来不确定性的情况下来规避、分散及锁定风险，就是通过金融资产价格的变化来影响企业与民众行为决策的预期。如果说，央行加息是一次连续性的行动，那么居民必然会把个人金融行为所面临的风险考虑在其决策中，并找到好的应对风险方式。

比如这次央行加息与以往不同的重要方面，就是进一步推进商业性个人住房贷款利率市场化，将其利率下限由贷款基准利率的 0.9 倍扩大到 0.85 倍。其他商业性贷款利率下限继续保持在 0.9 倍。也就是说，这次利率的调整不仅考虑到加息对居民住房消费成本增加的影响，以便在一定意义上来减少居民住房消费负担，促进个人住房消费发展的同时，也告诫大多数住房消费者，当利率处于上升通道时，购房的居民不仅是根据自己的财务状况选择不同的贷款利率模式及可能面临的风险，而且也告诫个人住房消费者如何来规避利率风险。如何把贷款的浮动利率转化为固定利率，以此来规避与锁定住房贷款的利率风险。

在这里，有两个方面的问题，一方面是已经购买过房子的住房消费信贷者，应该如何把浮动利率转为固定利率以便规避与锁定利率风险，另一方面那些准备进入市场的民众如何来选择按揭贷款利率类型。因此，住房消费者应该看到，尽管这次上升 0.27 个百分点利率，对现有贷款所增加的负担不高，但是如果利率继续上升，其住房按揭贷款的利率风险也不可小视。

在本次加息之中，央行也增加了对债权人利益考虑，如长期存款利率上升幅度较高。也就是说，不同期限的存贷款利率，期限越长，加息的幅度就越高；期限越短，加息的幅度就越小，如活期存款的利率就没有变动，而 5 年期的存款利率上调幅度最高。这就说明了央行不仅希望调整一年期存贷款基准利率来增加企业及个人的信贷成本，也希望通过不同期限存贷款利率上升幅度，来遏制长期贷款需求及激励居民更多的长期存款，从而既可调整商业银行存贷款期限结构，也有利于居民存款收益水平的提高。

利率上升也有利于扩大居民的消费。别看早些时候利率下降时，国内居民对此不敏感（因为这与目前中国金融制度缺陷有关，即居民有留下更多的储蓄剩余养老；同时也与目前国内人口结构有关，即中国三口之家总是会有消费剩余作储蓄），但这次利息上升，政策调整的第一天就有不少居民把低利率的存款转为利率高一些的存款。而居民存款收入的增加，自然会增加居民的可支配收入，增加国内居民的消费支出。

4.3 央行加息对房地产市场的影响

这次加息，对社会经济的影响应该是各行各业的，但在各行业中影响最大的应该是房地产行业。一是目前国内把房地产作为支柱产业，房地产在整个国民经济中的比重自然就大，利率政策的调整影响也相应地就会大。二是房地产是资金密集型产业。资金成本的提高对房地产业的影响自然也会大。

可以说，这次央行加息，尽管其目的是化解国内固定资产投资增长过快、货币信贷增长偏快、房地产价格上涨过快等方面的突出矛盾和问题，但是实际上，房地产市场的问题，仍然是中央宏观调控所关注的焦点。尽管国内固定资产投资增长过快表现为不少行业，但房地产市场的投资仍然是在持续几年快速增长基础上快速增长的行业，而且房地产市场投资的增长带动了其他行业的投资增长。对于货币信贷增长过热，尽管个人住房消费信贷余额到 6 月底上升到 2.1 万亿元，比年初增加 1820 亿元，同比增长 15.9%，比上年同期下降 9.7%，但上半年完成房地产开发投资达 7694 亿元，同比增长 24.2%，而在资金来源上，上半年房地产开发投资银行贷款增长为 56.4%。

这些数据说明几个问题，一是 2005 年以来的房地产投资快速增长是建立在国内银行贷款基础上的；二是国内银行信贷快速增长，房地产开发投资增长是最为重要的部分；三是个人住房消费信贷增长幅度的下降，说明了近年来的房地产宏观调控政策对房地产市场炒作起到一定的遏制作用，但是效果并不显著，个人住房消费信贷增长仍然高企。

对于国内房价快速上涨的问题，从最近国家发改委、国家统计局的调查数据显示，7 月，全国 70 个大中城市房屋销售价格同比上涨 5.7%，新建商品住房销售价格同比上涨 6.7%。从分类别看，经济适用房、高档住房销售价格同比分别上涨 4.7% 和 8.9%；普通住房销售价格上涨 5.5%，涨幅比上月高 0.7%。上海房价仍保持下降态势，同比下降了

3.5%，而北京的新房销售价格则上涨了11.1%。

表面上看国内房价上涨不快，实际上房价上涨幅度比这些公布的数据要严重得多。因为，目前国内的住房价格指数体系不规范、不科学，如果仅用目前公布的房价指数体系来说明国内房地产市场的现状，还存在许多缺陷，也看不到问题所在。在这样的情况下，市场也就无法逐渐地形成较为一致的概念与评判标准来判断国内房地产市场的形势。

目前我们关注的住房价格通常是指单位住宅建筑面积交易价格的平均价格，即平均的销售价格。所谓的住房平均销售价格，是指在一定的时间范围内，在特定的区域市场上，新建商品住宅和经济适用房的平均交易价格。从这种住宅价格含义来看，平均销售价格等于销售收入除以销售面积。住房平均销售价格也就是指一手住房市场住房交易的价格。

但是，对于住房平均销售价格来说，首先它是一种在一定的区域内住宅价格的平均，其次它是一种一手住房市场的价格。正因为这种住宅价格的性质，其价格的比较其实是一种不同质量、不同类型、不同样式的产品比较，因此，这种价格比较不仅对消费者的意义不大，而且也容易被地方政府所操纵。因为，如果要让一个地区一定时期的房价处于某一种水平，就可以通过价格高低项目搭配来达成。如果用二手房市场的价格指数来比较，情况就不一样了。即通过这种价格指数对同一产品在不同时期的价格来表示住宅价格的变化情况。正因为住宅价格统计上的原因，目前国内房地产市场的价格上涨幅度可能会被严重低估。而用这种严重的数据是无法来判断国内房地产市场发展形势的。这也就是为什么政府统计部门公布的房价上涨幅度较低，但实际房地产市场销售价格上涨过快的原因所在，而房价快速上涨必然会推动房地产开发投资快速增长。

而房地产市场的价格为什么会快速上涨？尽管原因是多方面的，但最为重要的原因是银行资金的利率过低，是不少人借助国内银行的低利率通过金融杠杆炒作的结果。因此，提高银行的贷款利率是打击房地产市场炒作最为重要的方面。可以说，如果央行能够清楚地认识到这一点，采取连续加息的方式，对房地产市场炒作的打击是很沉重的。

有人说这次央行加息的幅度小，对房地产市场的影响心理上因素大于实质上的因素。其实这种说法是因为既不了解房地产市场实质也不了解金融工具的实质。对于房地产业来说，大家都知道，它是一个资金密集型产业，资金成本的增加岂能对房地产没有多大影响？正如上面所说的，金融学就是研究金融资产如何在未来不确定性的情况下来规避、分散及锁定风险，就是来研究通过金融资产价格的变化来影响企业与民众行为决策的预期。如果说，央行加息是一次连续性的行动（有人说，这是2005年央行加息的最后一次，我且不认为是这样），那么居民就得把自己的金融行为所面临的风险考虑在未来的决策中，并从中找到应对的方式。如果企业与居民的预期改变，那么加息岂能对房地产市场不产生大的影响？这次利率政策对个人住房消费的影响，上面已经谈到，这里不再赘述。

但是，这里有几个问题必须厘清，一是央行对个人住房消费贷款的优惠利率政策是对的，但必须采取优惠对象的严格限制，即这种个人住房消费贷款利率优惠只能限定在购买一套住房及自住者的个人，而不是对每一个住房消费贷款都适用的政策。否则，一些人就会利用这种优惠的利率政策、通过银行金融杠杆来炒作住房，制造房地产市场的泡沫。

二是对于大多数的住房消费者来说，当利率处于上升通道时，购房的居民不仅要根据自己的财务状况选择不同的贷款利率模式，而且要让个人住房消费贷款的浮动利率如何来规避与锁定风险。在这里，有两个方面的问题，一方面是已经购买过房子的住房消费信贷者，应该如何把浮动利率转为固定利率以便规避与锁定利率风险；另一方面那些准备进入市场的民众如何来选择适应于自己的住房按揭贷款利率类型。因此，住房消费者应该看到，尽管这次上升了0.27个百分点利率，对现有贷款所增加的负担不会太高，但是如果利率还会上升时，其住房按揭贷款的利率风险就得十分关注并采取相应的对策。

这次央行加息，增加了各商业银行利率定价的空间。这当然是推进国内金融市场利率化的重要方面，也为银行增加利润创造不少条件。但是，目前的国内银行并非完全的商业化银行，其短期行为十分普遍。政策放纵一尺，商业银行的行为就会放纵一丈。可以说，早几年一些人利用金融杠杆炒作房地产就是国内银行放纵的结果，否则怎么会出现一个人从银行贷款7800万元购买128套房产？因此，监管部门加强对商业银行的监管是十分重要的事情，否则，商业银行的行为与央行的目标南辕北辙。

4.4 央行的货币政策应该公开透明化

我们可以看到，这次央行加息正如以往的央行货币政策出台一样，也是在市场不知不觉中进行的，甚至在这几天，不少业界人士及财经媒体都认为，在短期之内或在 2005 年之内，对国内央行来说，加息是完全不可能的。但实际上，市场预测不可能，央行则又采取加息的行动了。近几年来，央行的货币政策出台往往都会与市场的预测相差很远。

我们可以看到，随着中国的市场经济发展，尽管央行对经济的影响不可能如美联储那样一言九鼎，尽管央行的独立性有多大仍然值得市场质疑，但是，近年来央行的每一次决策对国内外市场的影响却不可小视。可以说，在这几年中，央行的任何一次决策举动都会激起国内外市场强烈反响。无论是银行利率上升，还是人民币汇率的改变；无论是法定存款储备金调整，还是央行窗口指导政策出台，都是如此。既然央行政策对社会经济影响这样大，既然央行的行为会引起国内外市场巨大的反响，那么对央行货币政策的事前了解与分析，应该也是市场的题中应有之义。

在美国，由于市场经济发达、法律制度健全、历史数据连续，每当经济生活发生一些大小的变化，都能够通过系统的经济数据反映或表现出来，不仅市场的经济分析员能够根据这些数据来分析到整个市场的未来走势，美联储也能够根据这些数据对市场做出正确的判断，市场经济分析员也能够根据这些判断来预测美联储将采取什么样的货币政策。总体上来说，每一次美联储的货币政策决定，都是在绝大多数市场经济分析员的预测之中。可以说，在多数时候，美联储每一次议息的例会之前，市场预测基本上是与美联储的决策相吻合的。

这里既有所公布的经济数据的历史连续性、科学性、系统性，也有美联储货币政策决策行为的独立性、公开性与透明性。因此，在多数条件下，对美联储货币政策，既可让市场预测到其基本趋势，也能够从这种预测中显示出美联储货币政策的权威性。这样，市场就能够提前消化美联储可能出台的货币政策，提前把风险锁定在一定的范围内，从而冲淡美国央行货币政策经济生活的影响。比方说，美联储最近的一次议息，基本上 80% 以上市场经济分析员都预测到会停止加息，实际结果也就是如此。

但是，对于中国央行来说，情况则不是这样。早些时候，由于金融政策完全为政府所主导，由于计划经济阴影犹在，加上市场行为主体（无论是企业还是个人）对央行的货币政策不敏感，因此，央行货币政策变化，市场的当事人都对此不会有多少反应。如从2004年前十年里，央行连续降息9次，但居民的储蓄存款同样快速上升（当然还有其他原因）。最近这几年，随着金融市场化的程度提高，随着国内经济全球化上升，居民债务债权关系的变化，市场对央行货币政策敏感程度有所提高。

但是，市场对央行货币政策关注，市场分析员并无法根据公开的数据来分析国内央行货币政策的趋势，更无法预测央行政策何时出台，使用什么货币政策工具。可以说，在2005年7月21日人民币汇率调整时，央行出其不意还情有可原。如果这种出其不意，仍然不断出现，那么出其不意反而弄巧成拙。因为央行出其不意的货币政策，其效应就荡然无存了。

2005年以来，随着国内固定资产投资进一步过热，银行信贷又快速上涨，国内房价又飚升，市场预期国内会开启新一轮的宏观调控。开始，市场预期央行会调整法定存款准备率，但实际下来，央行调整的是一年期贷款基准利率。早些时候，根据出台的统计数据，市场预期央行会调整银行利率，但实际上调整的又是法定存款准备率。可以说，央行在货币政策决策上的不公开、不透明，不仅有损于央行货币政策的权威性，也会弱化央行货币政策的效应。我想这与现行中央银行的基本职能是不相符合的。

有人说，央行"出其不意"的做法显示了央行宏观调控艺术越来越成熟。但事实上，与美联储货币政策基本上公开透明相比，央行对加息的出其不意态度不仅不能表现出央行调控政策的成熟性与艺术性，反之对实体经济容易造成不良的影响。如将进一步刺激金融投机，引发更大的通货膨胀，增加市场的不确定性。

可以说，在最近的几次利率调整中，市场对央行的利率调整手法有不少质疑。每当市场出现加息或降息传闻的时候，央行管理层经常采取断然否认的做法。当人们确认不会出现利率变化的时候，央行却突然加息，既使市场各方措手不及，同时也使央行自食其言。

总之，本次央行加息当然是件好事，也十分必要，而且央行要连续加息，这样才能产生一定的效果。同时，我们也应该看到，利率是金融市场的价格，央行加息对市场的影响是全面的而不是部分。无论是对居民的经济生活还是对企业的经营活动都是如此，只要使用资金就得受到利率价格变化的影响。但如何让央行的货币政策起到作用，如何让央行通过价格机制来调整国内各方面的经济生活，就得加强央行货币政策的独立性、公开性与透明性，应该把这些方面纳入央行的议事日程。这是央行货币政策能够产生效果最为重要的方面，否则，不仅会弱化央行货币政策的效应及权威性，也可能给现实的经济生活增加更多的不确定性因素及带来各种不同的负面影响。

5 低利率政策对我国经济成长的负效应分析[①]

5.1 导言

本文从金融抑制理论入手，指出了金融抑制下低利率对一个国家经济造成的一系列后果。全文着重分析了我国作为发展中国家在金融抑制下实行的低利率政策对经济成长造成的诸多负面影响。低利率是导致目前中国经济效率低、消费不振、资产价格不断上升及泡沫累积、就业问题突出以及产业升级缓慢等诸多矛盾和问题的关键原因所在。文章指出，适度地提高利率将有助于我国经济健康稳定地成长。

研究显示，当发展中国家政府难以从通常的税收收入中满足其跨期预算约束时，往往倾向于依靠通货膨胀税收入或通过金融抑制（Financial repression）来降低利息成本［Brock P. L. (1989), Giovannini A. & De Melo M. (1993)］。英国经济学家 Maxwell J. Fry (1997) 认为，从经济增长的视角看金融抑制是一种特定的破坏性准税收。McKinnon (1973) 和 Shaw (1973) 在分析金融上受压抑的发展中经济时论证，金融抑制——不分情况的"包括利率和汇率在内的金融价格扭曲，减少了实际增长率以及金融体系相对于非金融的实际规模"。在研究的所有案例中，金融抑制停止或严重阻碍了发展过程（Shaw, 1973）。金融抑制反映到利率上指政府通过干预的形式将利率控制在其均衡市场利率水平以下。

近年来，我国投资增长过快、银行信贷增加过多，经济明显过热。究其原因，持续低利率政策乃引发宏观经济诸多问题的关键。自1996年

[①] 该文章发表在《上海金融学院学报》2006年第6期。

以来，我国政府为刺激经济增长，数次降低利率，实行较为宽松的货币政策。然而，近年来市场上资金过分充裕，信贷过多，投资强劲，已经引发一系列宏观与微观经济问题，加大了银行改革难度，对金融与经济稳定构成一种威胁。

Maxwell J. Fry（1997）指出利率的最高限额，将从四个方面扭曲经济。第一，低利率产生一种鼓励当前消费而减少未来消费的倾向，这会使储蓄减少到低于全社会最优水平。第二，潜在的借出者将从事相对低收益的直接投资，而不是将钱存在银行中以供贷出。第三，银行借款者由于能够以低的贷款利率获得其想要的所有资金，因此会相对地选择资金密集型的项目。第四，潜在的借款者中包括具有低收益项目的企业，他们在较高的市场出清利率时不想借款。在一定程度上，银行选择过程有随机性，一些融资项目产生的收益将低于市场出清利率时的收益。我国近年来，实行低利率政策的目的是刺激消费、投资与出口，拉动经济增长。然而，由于目前我国经济早已经由"过冷"转变为"过热"，低利率对经济的负面效应越来越明显。

5.2 利率管制下的低利率导致经济低效率状态

5.2.1 导致错误投资，资金使用效率低下

当利率过低时，保值性和投机性投资的动机增强，生产性动机削弱，而且，在生产性投资中，一些效益相对较差的项目也获得贷款上马。传统的投资决策时只要投资项目的回报率高于资金成本，净现值大于零，该项目就有利可图。当利率偏低时，资金成本低，使原本不该进行投资的项目有利可图。但是一个项目一旦进行，就无法再返回，而且投资所需资金不一定在现有利率下一次筹到，未来利率可能上升，如果是一个无利可图完全因利率降低而执行的项目，一旦利率上升，很可能使这个项目变成一个错误的投资决策。国内人为的低利率政策是目前许多错误投资及资源浪费的一个重要原因。

5.2.2 不利于国有企业、金融机构提高效率

政府过度压低利率，使资金使用者的成本大幅降低，资金提供者的

利息收入大幅减少，目前国内资金使用者多为国有企业，这部分利息收入从一般储蓄大众移转到国有企业，加上政府采取高利差政策，一大块利润流入国有企业和国有银行，不但减少了消费，而且让这些国有企业不思进取，总希望从政府政策中获得好处。在利率过低时，企业得到一笔贷款，相当于得到一笔补贴。使借款企业没有压力和最大限度地降低成本，使企业无心关注如何加速资金周转，提高资金运用效率，降低企业的盈利能力和偿债能力。

国有大企业由于其和政府间的关系以及拥有的可提供充分担保的资产，可优先获得银行贷款，而民营企业和中小企业融资经常处于困难局面，不利于中小企业和民营企业的发展，降低了整个社会的经济活力，也不利于银行等金融部门收益的提高。低利率对于一些负债较高的企业，能起到使其苟且存活的作用，但是不利于淘汰效益差的边际企业，不利于经济结构的升级换代以及同国外竞争。此外，低利率首先降低的是金融机构的筹资成本。在某种程度上减弱了对金融机构的约束与压力，是银行不急于处理不良债权问题，不利于金融机构提高经营效率。

5.2.3 以牺牲长远发展利益换取短期的繁荣

在中国，人们储蓄更多的是为防病养老、儿女教育等考虑，因此，存在极大的"刚性"，低利率政策没有让人们大量减少储蓄，即使减少也只是调整了金融资产结构，适当地增加了股票、债券等各种直接和间接证券持有量，或转向投资房地产。这种投资不过是社会再生产过程中直接融资对间接融资的替代。如果降息对拉动消费作用不大，将只会使资金的投放决定权由银行转移到家庭和企业。而相对于家庭和企业而言，银行等金融部门更注重于长期的稳定发展和持续增长。资金投放权的分散，必然导致社会长期性投资资金缺乏、短期性投资资金过剩，进而诱使企业进行分散、小型和低效的投资，诱发投机行为，使房地产、股市等或与之相关的行业虚火，造成经济的暂时繁荣。所以，低利率即使发挥作用也是以牺牲长远可持续发展利益换取短期的繁荣。

此外，持续低利率容易扭曲人们对资金的准确认识，使筹资者轻视利率的存在，甚至轻视资金的价值，使资金使用效率下降，引发泡沫经济和银行不良贷款上升。低利率没有起到保护金融市场的作用，而是使它变得更为脆弱。

5.3 低利率政策导致了消费挤出效应

目前，我国实行低利率政策非但没有刺激消费，反而对消费有一定的挤出效应或抑制作用。因为目前消费受到消费者的消费能力和预期收益的双重限制。

5.3.1 我国储蓄没有因低利率而减少

低利率未必起到降低储蓄扩大消费的功效。依据浙江省在 1999 年对全省城镇居民消费意向的调查，城镇居民存钱的最大理由是防意外急需，排在前 4 位的储蓄理由分别是：防意外急需（65.8%）、子女教育（64.2%）、养老（56.2%）和防病（51%），拿利息的理由仅排在第 11 位，选择比例也仅为 8%。从几年的低利率政策来看，居民的消费水平并没有达到预期的效果，社会消费量的增长远小于储蓄额的增长。低利率政策导致了挤出效应。况且，由于边际消费倾向减弱规律的作用，随着居民收入水平持续稳定提高，整个社会的储蓄量将增加。

自 1996 年降低利率以来，降低利率未能明显引起消费提高，而储蓄在连年上涨。低利率使许多工薪家庭利息收入近乎忽略不计。利息收入的急剧萎缩不仅使他们感到不适应，而且收入结构变化在一定程度上增加了他们对收入预期的不稳定感，于是，加入到热衷储蓄行列的人数越来越多，储蓄的主题越来越年轻化，而这部分人群本应当是消费投资的生力军，出现了储蓄额随利率降低而暴涨这一矛盾现象。2001 年年底城乡居民储蓄存款总额为 7.4 万亿元，2002 年年底为 8.7 万亿元，到 2003 年年底，这一数字已突破 11 万亿元，每一年时间内的存款额增长的绝对值都在 1 万亿元以上。

在目前缺乏完善的社会保障体系、就业压力不断强化、住房、子女教育等大额支出明显扩大的条件下，居民形成了紧缩性的预期，为了预防性支出而进行的储蓄比例扩大。中国居民的储蓄，实际上是一种储蓄性保险，因而对降息反应完全不敏感。

在居民资产结构中，由于信贷消费不发达，实物资产比例过低，金融资产也主要集中在银行储蓄这一种类型上。这种资产结构使居民对于利率的敏感性较低。只有有了比较发达的金融市场和金融服务体系，特别是有了相对发达的信贷消费业务，通过利率调整才在一定程度上影响居民的收入和支出。而且，生活必需品及耐用品对于利率的需求弹性较小。只有住房这类商品可能受利率影响较大。通过低利率来刺激消费，促进增长，实践中被证明一定程度上是失败的，最大的收益或许只是房地产泡沫的膨胀。

5.3.2　利息收入的下降导致居民实际收入下降

在低利率的状况下，实际所得由家庭转移到企业。作为储蓄部门的家庭财产收入减少。比如，按低利率时1999年一年期存款利率和居民存款余额计算，居民总存款仍可获得1341.47亿元利息，而当年全国居民的工资总收入约为9875.5亿元，利息占工资收入的13.58%。有大部分的居民，特别是退休人员以及农民和下岗职工，其利息收入在其总收入中占较大的比率。利率的下调和征收利息税使居民的总收入水平下降，降低了居民的消费能力。

5.3.3　低利率政策还引起强迫储蓄现象

在中国目前金融证券资产空间分布极为不均衡的情况下，这一现象极易出现。比如，对于大城市居民来说，可以持有金融资产，但在中小城市和农村，获得证券等非实物的金融资产则相当困难。于是出现了被迫储蓄现象。这表明实际中存在货币过剩的现象，表明社会中存在抑制型通货膨胀。利率过低还常常诱使生产资料需求和投资扩大，把用于制造消费品的生产要素转用于制造资本财货，从而势必引起消费品产量的相对减少和价格上涨。这时，对货币收入不变和货币收入增长速度落后于消费品价格上涨速度的广大消费者来说，他们因消费品价格的过度上涨和昂贵而非自愿地减少他们的消费，因利率下降而引起的投资膨胀所形成的新实物资本（厂房、设备、商店等）就是由这种"强迫储蓄"提供的。因此，不利于消费的扩大。而且，从投资的意义上讲，强迫储蓄所引致的投资是不能增加经济效率的。

5.4　低利率导致资产价格快速上升

长期实行低利率政策，造成经济中资金过于充裕，过去三年，名义GDP增长52%，M2货币发行增长62%，使银行向外贷款的冲动加大。

而且，大量富余的资金为寻求回报纷纷投向房地产、股市等高回报行业。前几年，由于人们对股市信心缺乏，资金不愿进入，大量资金转向其他高回报的行业。信贷扩张前期，制造了一个重化工业投资热，导致严重的产能过剩；信贷扩张后期，制造了一个房地产热，先是上海、北京，后有二线城市，之后是全国性的、空前的房地产炒作。如今，股市也火了起来，是上市企业效益好转吗？很明显是有大笔的投资进入。

房地产信贷增长过快应是投资过热的主因。世行数据显示，在2006年1—2月，用于房地产开发的银行信贷占贷款增长的50%左右，大型国有商业银行中与房地产相关的贷款也占贷款总额度的20%—30%。信贷为固定资产投资提供了27%的资金，而这个数字在2005年只有19%。在房地产价格不断高速攀升的同时，房屋的空置率也在不断上升，而新房源的供应也保持着高速增加。对于资金充足的大型企业，由于制造业利润一跌再跌，而利润高的房地产业充满了诱惑。对于普通民众，诱惑储蓄利率仅比2%略高，扣除通货膨胀（消费者价格指数绝对是一个低估的数字）和利息税，实际利率为零，而房租回报在许多地方有4%—6%。

央行采取低利率政策，也为缓解人民币汇率承受了巨大压力。尽管这一政策似乎成功应对了汇率挑战，但是带来的金融风险很大。长期维持人民币低利率政策，很难有效地遏制增长过快的投资需求及经济过热，更难缓解物价上涨或通货膨胀压力。中国宏观调控，以行政手段制止贷款流出银行，对资金极度依赖贷款的中小钢铁厂和房地产中小开发商或许有效，但是对不缺资金的企业、炒家并不构成实质性打击，也未解决银行自身资金泛滥的困境。当抑制放松时，资金又重新流出，投资加速，银行贷款再次失控。

中国的工业化，基本上是以个人储蓄资助企业投资的形式进行。出于对本国银行体系的信任，碍于现有的资本项目管制，中国的储蓄者没有因大量呆坏账而选择离开本国银行，反而不断地将大量资金推向银行。于是成就了低利率，成就了一轮接一轮的投资过热，成就了今天的房地产泡沫。2005年年底，中国的信贷GDP比率为136%，投资GDP比率为48.6%，2006年第一季度进一步上升。这种高比率在世界上极为罕见。20世纪90年代东南亚国家在爆发金融危机之前，信贷GDP比率和投资GDP比率倒是有过类似的情形。在目前国内产品过剩及产能过剩基础上，如果以降低利率政策来创造短期的经济繁荣，一旦国内需求难以为继，下一次的产能过剩将会比前一次更为严重，这时，整体经济将严重地偏离经济持续发展轨道。

许多人将日本经济 20 世纪 90 年代的萧条归咎于 1985 年"广场协议"后的日元升值。日元升值固然对日本经济有影响，但是其出口竞争力并未因此受重大影响。问题出在信贷的失控上，由此产生严重的资金价格泡沫。央行在应对过度流动性以及资产升值上，一再延误时机，使经济活动过度转向房地产，资金涌现股市，直到最终提高了利率，使房地产、股市泡沫崩溃。实际上日本央行的政策失误才是日本走向上一轮萧条的主因。同样，美国 21 世纪初崩溃的股市泡沫也是低利率货币政策使然。美国经济从 1991 年第二季度摆脱滞胀，进入持续增长时期之后，美联储实行的是以低利率为基础的中性货币政策，股市价格一升再升，不断创出史无前例的新高，最终股市泡沫破裂。因此，低利率政策蕴藏着极大的风险。

5.5 低利率政策影响了就业问题

由于资金成本低，资本替代效应很容易发生。资金密集型行业相对于劳动密集型行业利润高，在资金严重低于均衡水平的情况下，企业倾向于使用资本而不是劳动。当利率低时，国内大量的资金涌入资金密集型行业，产生资本对劳动力的替代。比如，自 1994 年以来，国内资本替代劳动的速度全面上升（主要表现为资本增长速度快于劳动力就业增长速度达 6 倍），对促进就业极为不利。

一些地方政府盲目追求 GDP，没有分析自己的比较优势。比如，几乎所有省市都在发展自己的汽车产业并将其作为支柱产业。实际上，并不是每个地方的比较优势都在发展汽车产业上。在我国，资本本来就比较昂贵，土地也比较昂贵。但这些年的经济增长把资本变得很便宜。由此导致房地产、汽车等资本密集型产业的超常发展，经济有增长、GDP 有增长，却没有多少就业的增长，或者说就业的增长很少，劳动力的价格在某种程度上被扭曲了。

本来土地在中国是最稀缺的要素，但是，有些地方的政府以很低的价格征购过来再以很贵的价格卖出去。在批发的过程中，利润被流通环节所赚取，土地价格被扭曲。有些地方为吸引外资，又人为压低土地价格。土地价格被压低意味着资本进入门槛进一步降低。这些年资本密集型、劳动节约型产业得到很大发展。长期下去，对劳动力的吸纳会大大下降。

如果让所有生产要素价格都反映真实稀缺性的话，资本价格很高，企业家的动力就会以劳动替代资本。这样，就可以大幅度增加就业。在解决城市就业问题的同时，也可以大量地为农村劳动力提供就业机会。因此，执行什么样的发展战略，采取什么样的经济增长模式，会提供完全不同的就业前景，对农村剩余劳动力的转移会有完全不同的结果。在推进工业化进程中，我国出现了较为严重的资本替代劳动的现象。

资本替代劳动的结果是：供给能力提高，需求能力下降。但实际有效产出服从"短边原则"，即 Y = min（供给，需求）= 需求。这就是说，实际有效产出与供给能力无关。

目前，除去通货膨胀的因素，再扣除利息税，中国的普通存款年利率已经相当低，而贷款利率又与银行所承担的风险不成比例。这种低水平的利率政策支撑了中国大面积的投资热潮，如果没有强有力的政策出台，中国房地产价格在今后很可能还会暴涨。在房地产和游资的拉动下，中国经济明年增长速度很可能还会加快。等到那时再出台措施，经济所承受的风险更大，很可能会刺破泡沫，发生较为严重的危机。

5.6 低利率政策导致产业升级缓慢

近几年来，中国的外贸出口强劲，原因在于中国出口产品要素成本低，产品价格竞争力大。这里的要素有土地、劳动力及资金等，而资金的成本低就是利率的低水平。

亚洲典型的高储蓄率，不仅支持了本国经济的高速增长，还支撑了西方某些赤字大国的财富和经济运转，可是大部分亚洲国家政府未认清这一特点，而是简单地照搬西方货币政策，压低本国的储蓄利息收入和劳动力要素收入，使财富源源不断地输出。低廉的储蓄资本收入导致亚洲国家巨额资本外逃（资本未管制的国家），低廉的外逃资本远远不是亚洲向世界输送利益的主要方式，出口贸易中包含的低廉的要素价格，才是亚洲财富流失的根源。

尤其是对于中国而言，劳动力要素收入被极大地压低。没有私有产权的土地，使大部分中国企业产品价格中只包含了少量的地租要素成本，大部分国有企业几乎不考虑地租成本而是把这种土地要素收入免费搭配在产品中输送给进口国。大部分亚洲国家企业都能够享受到本国高额储蓄和低廉资本的好处，并且把这种好处廉价折入进出口产品中，创造巨额贸易顺差。

因此，所有要素价格的普遍低估，决定了亚洲国家肯定是全球的制造业中心，中国更是全球企业利润和居民福利贡献中心，因为中国除了劳动力、地租被间接廉价出口，资本被直接或间接廉价出口外，还有汇率本身的严重低估。这种低出口产品要素成本，造成劳动密集型的企业空前扩大。这不利于资源向国内第三产业和高技术部门产业转移，延缓了产业升级的速度。

政府必须适当考虑国有企业的土地占用成本，否则对于国内其他企业是不公平的竞争，包含在出口产品中免费转让了本国的地租收入，还有可能导致贸易摩擦。对于因为提高工资、利率、地租而引起的企业成本提高，主要应该通过中国产品在国际市场的价格提升来消化。对于短期的企业经营压力，政府应该通过降低税率加以对冲。

5.7 低利率还产生财富转移效应

在人为压低利率的管制下，政府能够通过管制的方式把社会财富进行再分配。目前银行体系内一年期存款利率仅为 2.25%（扣税后为 1.8%），而民间信贷市场上利率达 12% 以上的水平，相差 6 倍多。对于目前国内 15 万亿元的居民储蓄存款，如果以市场化民间信贷市场利率来计算，那么一年财富转移就达 1.5 万多亿元。如果不以这种市场化利率来计算，储蓄存款利率若上升 3 个百分点，那么一年的转移财富就达 4500 亿元，而这种社会财富制度迅速减少，消费力不断下降。

由于政府过度压低利率，使资金使用者成本大幅降低，资金提供者利息收入大幅减少。目前，国有银行仍主导着国内信贷市场，而信贷市场70%以上仍被国有企业所占有。低利率政策使利息收入和高利差（其利大部分转给国有银行）这样一大块利润由一般储蓄大众转移到国有企业与国有银行。如果以1993年10.98%利率为基准，那么自1996年以来，降息利得大约估算有3万亿元以上。也就是说，通过低利率政策把民众手中可以获得的3万亿元以上的利得大部分转移到国有企业和国有银行。长此以往，国有企业与国有银行将难以有动力进行改革。流动性过高，存款居高不下，在存贷差不断加大的形势下，闲置资金过多，银行经营也受到考验。

总之，鉴于我国国有金融体系坏账以及国有企业脱困问题等，隐性财政赤字较大，为拉动经济快速增长，政府倾向于实行低利率政策，也无可厚非。然而，面对上述问题的显现，持续低利率政策弊端已十分明显。表明经济繁荣的背后，许多隐忧在潜动，如果不尽早排除这些潜忧，任其发展下去，那么损害的只能是长期的经济增长。低利率固然对经济走出低谷起到重要作用，但是，在国内经济明显过热，全球升息潮悄然兴起的情况下，利率上调却是大势所趋。

2006年4月，央行将一年期贷款利率上调0.27个百分点，这个力度较小，对于国际资金流动基本没有影响。美联储17次加息才撬动了美国经济，要抑制目前过度投资、资金流向集中的问题，利率向上调整应当继续。而且，贷款利率应与存款利率同时上调，使银行的利差不会进一步加大，防止有动力多贷款，民众也会因此增加利息收入。上调法定存款准备金率的措施，是一个非常手段，国际上很多央行都是慎用的。

长期看，要充分发挥利率的杠杆作用，关键应放松对利率的管制，逐渐解除金融抑制。利率改革的目标是建立能适应市场经济发展并能准确、及时、灵活、有效反映与平衡资金供求关系的利率体系。在我国金融改革不断深化的过程中，稳中有升是我国利率水平变动的一条长期规律，尽管利率上升的过程并不是平坦的直线上升，但这并不能改变其长期上升的总体趋势。

第二编　货币政策

6 "双支柱"宏观调控新框架的理论研究[①]

6.1 前言

党的十九大提出的双支柱调控框架不仅是未来国家金融政策的新框架及新战略,也是国家金融稳定的准则。现代意义上的货币政策实质是通过市场价格机制来界定信用扩张的可能性边界。在成熟的市场体系下,以利率规则为基础的货币政策才能够既维持金融稳定又促进实体经济增长。宏观审慎政策的目的是在利率机制弱化的情况下,防范系统性风险不发生的政策选择。它是用规则的方式来界定信用扩张的可能性边界,但它是否能够适应未来金融市场发展是不确定的,需要受到实践的检验。对于双支柱宏观调控框架,尽管宏观审慎政策显得特别重要,内容也丰富,但同样是货币政策有效价格机制没有建立起来的产物。因此,确立双支柱宏观调控框架的重心,应该放在加快金融市场的价格机制(利率及汇率)市场化改革上。这样,以利率规则为基础的货币政策体系才能建立起来,双支柱宏观调控框架才具有科学性、稳健性及前瞻性,才能够真正保证金融体系的稳定。

2017年金融工作会议明确指出金融是国家重要的核心竞争力,金融安全是国家安全的重要组成部分,金融制度是经济社会发展中重要的基础性制度。也就是说,对于一个国家的经济发展来说,金融既是竞争力也是动力,它对社会经济发展将起到决定性的作用。而金融制度作为一种重要的基础性制度,它是社会经济发展重要的制度安排,具有方向性和引导性的作用。

---

① 该文章发表在《浙江社会科学》2017年第11期。

党的十九大报告明确提出了中国社会主义新时代的经济发展蓝图。[①]如第一步是从2020—2035年，在全面建成小康社会的基础上，再奋斗15年，基本实现社会主义现代化；第二步是从2035年到21世纪中叶，在基本实现现代化的基础上，再奋斗15年，把我国建成富强民主文明和谐美丽的社会主义现代化强国。对于金融来说，为了实现这个宏伟蓝图，不仅要全面保证金融服务于实体经济，增强金融服务实体经济的能力，更重要的是要确保中国金融体系稳定，保证在这个过程中不发生任何金融危机。也就是说，在未来的一个较长的时间里，保证中国社会主义新时代的经济发展的宏伟蓝图的实现，既是未来中国金融业的神圣使命，也是全面推动未来中国金融业改革的巨大动力。

因为从金融本质特征及金融市场发展历史经验来看，金融是通过信用创造把非物质性东西转换为交换价值或增加财富的工具，以此对金融市场资源进行有效配置，推动经济增长。所以，金融对促进社会经济发展具有神奇的作用（易宪容，2018）。同样，由于信用创造是一种由非物质性产品转化为物质性产品的工具或方式，如果信用创造过度，或超出其可能性的边界，那么金融产品会远远地偏离实质产品的价值，或是让金融风险定价严重不合理，甚至导致金融市场的严重泡沫。这样，信用过度扩张又是引发金融危机和经济危机的根源（阿代尔·特纳，2016）。也就是说，在现代市场经济中，金融既是推动社会经济发展与繁荣的三大动力之一[②]，也是金融危机和经济危机的根源。所以，现代中央银行的设立及货币政策制度的安排都是围绕着如何解决这个问题而出现的。比如，历史最早的中央银行之一的英格兰银行，其开始设立的动机从表面来看是为了战争而筹集资金，但更为重要的理由是，面对着货币和信用获取存在周期性波动的情况下，如何稳定伦敦的金融市场（沃尔特·白芝浩，2008）。而现代中央银行的主要任务就是运用货币政策工具（短期利率或基础货币），维持宏观经济稳定（包括物价、汇率及利率）和协调社会经济发展，使民众及企业在一个可预期的经济环境下运作，降低消费及投资风险，促使实际产出尽可能地（考虑经济中的摩擦）与其潜在

[①] 习近平：《决胜全面建成小康社会，夺取新时代中国特色社会主义伟大胜利——在中国共产党第十九次全国代表大会上的报告》，《人民日报》2017年10月28日第1版。

[②] 在现代经济生活中，科技革命、工业革命及金融创新，是推动现代经济发展与繁荣的三大主要动力。

产出相一致，或实际产出接近潜在产出的期望目标（阿克洛夫等，2017）。这也是现代意义上的货币政策目标的主要内容。

从成熟的市场经济国家的经验看，货币政策目标往往会随着货币制度及经济环境的变化不断地调整。比如，由"多目标、多工具"转向"单一目标、单一工具"，关注的焦点也转向金融周期及金融稳定。因为随着制度与环境的变化，信用创造扩张的边界和潜在产出的水平也在变化，货币政策要平衡及维持信用扩张边界正好是实际产出处于潜在产出的水平，往往会力不从心。这里既有货币政策所起作用的限度，也可能是外部制度环境缺陷所致。比如，即使通货膨胀是稳定的，实际产出也处于潜在产出水平，但仍然会出现一些部门的繁荣可能是不可持续的（比如房地产市场过度繁荣），或实体经济的过度金融化（如金融机构过度杠杆化、企业及家庭过度负债、银行体系中过度期限错配等），使经济及金融市场严重不平衡。而这种不平衡效应往往是高度非线性的，并由此随时都可能引发严重的金融危机及经济危机（阿克洛夫等，2017）。2008年美国金融危机爆发就是这样一个经典案例。

所以，在2008年美国金融危机之后，学术界及业界引发了一场如何监管银行与其他金融机构以确保金融稳定的争论。其争论的焦点是，传统的央行货币政策作为一种微观审慎管理政策，主要是从微观角度关注个体金融行为的风险而不是整个金融体系的总风险。因为这种理论假定，在个体金融机构层面能够建立缓冲机制以应对意外冲击，则会让整个金融体系安全（泽维尔·弗雷克萨斯等，2017）。但就现实的经济来说，无论是微观金融个体的溢出效应、监管套利，还是微观审慎金融监管的缺陷、顺周期性、金融机构相互作用的外部性及传染性等原因，较小的外部市场冲击可能引发严重的系统性风险等，在这种情况下，传统的货币政策是无法应对系统性金融风险的。也有人认为，传统的货币政策只考虑如何熨平经济周期，而没有考虑应对金融周期，而金融危机的内生性，既与信用过度扩张的货币政策有关，也与金融的周期性有关（泽维尔·弗雷克萨斯等，2017）。对于这些问题，传统的货币政策或是不关注，或是力不从心。

所以，为了避免2008年美国金融危机类似的事件再次发生，或是缓冲其冲击，除了加强对金融部门的审慎监管外，也把各国央行的兴趣引向了更加目标导向的"宏观审慎政策"（Macro Prudential Policy）。因此，改革传统货币政策体系，建立和完善宏观审慎政策框架基本上成了世界各国央行的共识。对于"宏观审慎政策"（泽维尔·弗雷克萨斯等，2017）这个概念在20世纪70年代就已经有人提出，但在2008年美国货币危机爆发之前，对这个概念并没有引起更多的关注。2008年美国金融危机爆发之后，世界各国央行都对传统货币政策及金融政策进行了深刻的反思。反思的结果是2009年把"宏观审慎政策"这个概念纳入G20伦敦会议公报文件中，并对此达成了基本共识。因为，美国这次严重的金融危机表明，传统央行的货币政策更加关注的是微观审慎、价格稳定、货币稳定，但这里的价格不包括资产价格，而资产价格泡沫往往是导致金融市场严重失衡及引发金融危机爆发的根源。而宏观审慎政策则密切关注资产价格的变化。所以，2008年美国金融危机爆发之后，引进宏观审慎政策框架来防范控制系统性风险及保证金融体系的稳定成了当前各国央行的基本共识。

中国央行也认可这个共识。比如，2010年周小川行长就在北京大学作了《金融政策对金融危机响应——宏观审慎政策框架的形成背景、内容逻辑和主要内容》的报告，对宏观审慎政策进行了详细讨论。党的十七届五中全会明确提出要"构建逆周期的金融宏观审慎管理制度框架"。党的十九大报告更是以中央文件的方式确立了"健全货币政策和宏观审慎政策双支柱调控框架，深化利率和汇率市场化改革"的基本原则[1]，即双支柱调控框架。可以说，党的十九大提出的双支柱调控框架不仅是未来国家金融政策的新框架及新战略，也是国家金融稳定的准则。因此，对双支柱调控框架进行理论上的研究具有重要的理论意义及实践意义。

本文剩下部分的内容是，第二节分析现代货币政策的实质及所面临的困境；第三节讨论宏观审慎政策的内生性及可能的监管套利；第四节分析中国双支柱调控框架的基本内涵及实质；第五节为小结。

---

[1] 习近平：《决胜全面建成小康社会，夺取新时代中国特色社会主义伟大胜利——在中国共产党第十九次全国代表大会上的报告》，《人民日报》2017年10月28日第1版。

6.2 现代货币政策的实质及所面临的困境

一般来说，在成熟的市场体制中，货币政策的目的就是通过市场价格机制来维持宏观经济稳定和协调社会经济发展，让居民及企业得以在一个可预期的经济环境下运作，降低消费及投资上的风险，促使实际产出尽可能地与其潜在产出相一致，或实际产出接近潜在产出的期望目标（阿克洛夫等，2017）。从信用创造的角度来说，货币政策就是通过市场价格机制来界定信用扩张的可能性边界，因为无论是信用扩张的过度还是不足，都无法达到实际产出尽可能地与潜在产出相一致。而金融市场的价格就是利率和汇率，利率是对信用的风险定价（易宪容，2016）。现在的问题是，什么样的利率或利率形成机制能够保证信用创造或信用扩张在可能性的边界内？及通过什么样的量化工具来观察和测算？等等。因为，对于利率来说，不同的融资方式会因为风险、流动性、到期日、税收及交易成本等因素不同而利率的内涵会不一样，尤其是在金融品的定价基础、价格形成机制及价格运作机制与实质性商品有很大差别时，利率内涵更复杂，因此，为了解释利率的形成机理及彼此之间的关系，各种关于利率及利率形成机制的理论应运而生。所以，货币政策的理论基础不同，其所选择的利率工具会不一样，货币政策的目标也会轩轾相异，最后使不同时期货币政策的效果会有天壤之别。

从货币政策的历史演进来看，现代意义上的货币政策先是从英格兰银行开始，其货币政策是从英格兰银行贴现其他金融机构票据开始，包括政府债券和商业票据。以此类抵押品为基础的贷款利率即为银行利率（或贴现率）。通过调整该利率，英格兰银行可以影响英国经济的信贷条件，影响该国居民和企业支出、市场价格和产出；通过吸收或拒绝短期资金，也可影响其他国家的信贷条件，及引入金本位规则，以此熨平季节性因素和商业周期引发的利率波动（杜尔劳夫和布卢姆，2016）。也就是说，英格兰银行最早的货币政策是以金本位为基础、以利率为工具，目的就是通过利率的价格机制来保证金融市场稳定，保证信用创造在实际产出与潜在产出相一致的可能性边界内。这种货币政策机制对维多利亚时期的金融市场稳定和经济繁荣起到了重要的作用。

之后，英格兰银行货币政策实践也引发了英国货币学派与银行学派之间的一场重要理论上的论战，并由此形成了对现代货币政策重大影响的思想（杜尔劳夫和布卢姆，2016）。货币学派主张，货币供应量应与国际收支平衡相联系的货币规则（金本位制）；银行学派主张，国内经济及金融市场之变化是英格兰银行做出反应关键变量，所以英格兰银行货币政策应采取相机决策，而不应被某种严格的制度所约束（真实票据学说）。后来，不少国家所设立的中央银行都在遵循这两大支柱原则的基础上成立。比如，1914年美联储成立时，就确定所有纸币都是有背书的"合格票据"，而其中40%的纸币是由黄金储备作为支付保证（黄金本位）。而真实票据学说的前提是，商业银行在自我清偿短期真实票据的基础上发放贷款即为合理。只要中央银行只是贴现符合条件的真实票据，经济中货币和信用数量问题是恰当的；或只是为商品生产和分配进行信贷扩张，不会导致通货膨胀。当时美联储以贴现率为货币政策工具，以此来稳定产出及价格，并以不可靠的金本位制来确定信用创造的可能性边界。但真实票据原则与金本位制原则是相冲突的。按照真实票据理论，经济扩张时要求放松真实票据，即采取信用扩张的货币政策，降低贴现率，而当时的国际收入恶化又要求收紧真实票据，金本位制无法约束信用过度的扩张。还有，真实票据理论把央行背书的纸币作为真实票据，这就使除了黄金储备作为支付保证的40%纸币的信用扩张受到约束之外，其余60%的纸币的信用扩张或收缩都在没有约束的条件下进行。也正是遵循真实票据原则所导致的信用过度扩张或信用过度收缩这种灾难性的货币政策，成了导致1929—1933年全球经济大衰退的主要根源（杜尔劳夫和布卢姆，2016）。之后20年各国央行对货币政策作用的关注基本上沉寂了下来，直到20世纪50年代货币主义的兴起。

20世纪50年代，以弗里德曼为代表的货币主义兴起，货币政策又成了经济学的显学。弗里德曼认为，如果央行把利率或失业率定到某一水平，结果可能会适得其反（弗里德曼，1968）。比如，如果央行把名义利率定得低于自然率，刺激消费投资，通货膨胀及其预期上升，结果是名义利率则会越来越高，导致通货膨胀率也越来越高，事与愿违。20世纪70年代的恶性通货膨胀就是这样一种结果。同样，如果把失业率定得很低，代价是物价越升越快，而物价的上涨最终也会反映到工资上升，失业率回升。所以，央行不能长期维持利率或失业率偏离自然率水平。在弗里德曼看来，央行不可以把不能控制的失业率、利率、物价为指引，而货币供应量是一个理想工具，因为货币供应量与名义收入和价格水平之间有稳定的关系。如果央行能够保持货币供应量增长稳定，通货膨胀率自然会平稳。在弗里德曼的思想影响下，20世纪70年代，多数发达国家央行都采取了以货币总量为目标的货币政策。然而，随着20世纪70年代通货膨胀率的上升（随后是通货紧缩），各种金融创新产品涌出，以货币供应量为主导的货币政策既无法预测货币流通速度变化，也难以预测实际产出所需要的货币供应量。这就意味着央行难以实现其货币增长目标，也使这个时期的货币政策具有极大的主观随意性，干预主义盛行，经济表现为繁荣及衰退交替，宏观经济表现极差（奥利维尔·布兰查德等，2016）。可见，没有价格机制的货币政策是无法确定信用扩张的可能性边界的，从而也难有成效。

之后，由于金融市场环境的变化及受新的利率理论影响，从20世纪80年代开始，发达国家央行的货币政策由关注货币供应量转向以利率规则为基础。其理论源头与威克塞尔的利率思想有关。威克塞尔曾指出，中央银行应将贷款利率调整为自然利率（当投资和储蓄处于充分均衡状态时的利率水平）（威克塞尔，1907）。如果银行利率过低，通货膨胀会随之而来，在金本位制下将导致黄金外流，同时增加了市场对银行利率的压力。他对自然利率与银行利率进行了严格区分。[①] 由此，现代货币政策的基准利率也呼之欲出（古德哈特，1989）。同时，泰勒规则也是在这个时期成熟的。以利率规则为基础的货币政策或泰勒规则认为，相对于自然利率的名义政策利率（美联储基准利率）应该设定为当期通货膨胀率和当期实际产出与潜在产出缺口的线性函数（伍德福德，2010）。所以，在泰勒看来，以规则为基础的货币政策是指以政策工具（美联储基准利率）的系统性变化来应对经济情况的变化，而不能仅仅依靠一个简单的政策规则来决定具体采取什么手段（奥利维尔·布兰查德等，2016）。从20世纪80年代开始到21世纪初，正因为美联储采取了以利率规则为基础（或以目标为基础）的货币政策，设定为以物价稳定及产出稳定为衡量指标，并以基准利率的变化来确定信用扩张的可能性边界，

[①] 后来美联储的中性利率相似于威克塞尔的自然利率，是指实际产出接近其潜在水平且经济处于充分就业和物价稳定状态时的联邦基准利率水平。

从而使这个时期成为美国经济增长稳定、宏观经济表现最好的时期，其通货膨胀率及失业率都降到最低水平，即所谓的大缓和时期（奥利维尔·布兰查德等，2016）。而且在这个时期，美国是这样，其他不少发达国家也是如此（根据权威统计，当时实行以目标或利率规则为基础的货币政策的国家有27个）（阿克洛夫等，2017）。但是，2003—2005年，美联储开始偏离了以利率规则为基础的货币政策并让信贷过度扩张［如2003年通货膨胀率为2%左右，美联储基准利率下降1%；但在1997年，通货膨胀率为2%，美联储基准利率为5.5%；有研究也表明（奥利维尔·布兰查德等，2016），在2003年之前，美联储的基准利率基本上与泰勒规则给出的利率非常接近，但在2003年之后，美联储的基准利率远低于泰勒规则给出的利率］，从而导致投资者过度追求高收益率，涌入高风险资产，吹大了房地产市场泡沫。泰勒认为，这种信用过度扩张也是日后导致2008年美国金融危机和全球性经济萧条发生的关键因素。

在2008年美国金融危机爆发之后，美联储向金融企业贷款和向外国央行进行货币互换，向市场注入了大量的流动性，从而缓解了金融危机对市场及经济的冲击。但所面临的问题是，当美联储的基准利率在可能性边界之外或利率为零之下，用什么货币政策工具来刺激经济恢复与增长？美联储对基准利率和资产购买计划的未来路径进行前瞻性指引。即向市场表明这种高度宽松的货币政策在经济复苏走强后能够持续多久，以此来降低长期利率，推高资产价格，促进消费和就业，增强经济复苏步伐（奥利维尔·布兰查德等，2016）。不过，在泰勒看来，美联储这种量化宽松的货币政策不是一种以规则为基础的政策工具，政策行为没有可预测性，从而也就无法起到很好的效果（奥利维尔·布兰查德等，2016）。即这种信用过度扩张政策没有如美联储预测的那样刺激经济的增长，也没有让美国经济的恢复过程变得更顺利。再加上美联储采取量化宽松的货币政策后，世界不少国家纷纷仿效，各国央行都把背离利率规则当成了一种时尚。这必然导致世界各国央行的货币政策处于一种缺乏战略的混乱无序状态，同时也把不少国家的资产泡沫再次吹得巨大，整个金融市场风险又在增加，新的金融危机随时都可能爆发。

从上面的讨论可以看到，现代货币政策的实质就是通过利率机制来界定信用扩张的可能性边界，无论是信用扩张过度还是信用创造不足，都无法保证实际产出尽可能地接近潜在产出。而货币政策的价格机制直到20世纪80年代后才成熟，之前货币政策无论是建立在错误的真实票据理论基础上还是强调货币供应量而放弃价格机制作用，都无法清楚地确定信用扩张的可能性边界。而真实票据贴现、货币供应量、物价稳定、充分就业等货币政策目标都是测算信用扩张边界的量化工具。但所谓的真实票据本身就是一种信用关系，及货币供应量的多选择性等，这些因素都意味着两者无法成为测算信用扩张可能性边界的量化工具。物价稳定和充分就业之所以成为货币政策可量化的目标，是因为两者的指数化（通货膨胀率及失业率指标的创立），在于按照菲利普斯曲线通货膨胀与失业有一种交替关系（以通货膨胀为代价可长期减少失业）（菲利普斯，1958），尽管近年来菲利普斯曲线在逐渐平坦化，即就业与物价之间的替代关系在减弱，但不少研究者仍然认为失业率是预测未来通货膨胀非常有用的指标（杜尔劳夫和布卢姆，2016）。可见，以利率规则为基础的货币政策，基准利率的变化或对金融市场的预期管理，通货膨胀率（或CPI）是最为核心的观察指标。在这里自然会引申出现代货币政策的两大困惑。一是作为金融市场预期管理的政策工具（基准利率），货币政策当局是把它作为金融品的价格来思考、判断及决策，但主要依赖实质性产品的消费品价格指数（CPI）来调整，甚至不包括金融市场投资品的价格指数在其判断与决策范围内，所以这种货币政策无法对真实的市场活动做出清楚的判断与决策；二是在美国，对于CPI指数，这个指数的创立到现在有近百年的历史，但是对这个指数的争论与质疑从来就没有停止过。因为要保证CPI指数符合现实经济生活或结果公正是非常困难的，再加上这个指数本身就是一种利益分配机制，触及各种各样的利益关系。比如，涉及企业的最低工资水平，居民领取政府福利补贴，债权人及债务人的利益关系等（卡拉贝尔，2015）。所以，对其样本选取、指数权重选择不同，其结果会差别巨大。比如，面对20世纪70年代美国的恶性通货膨胀，当时质疑四起，最后迫使美国劳工统计局提出新公式来计算通货膨胀，其结果相差巨大（卡拉贝尔，2015）。再加上如住房这类商品性质上的两栖性（既可投资又可消费），更是增加对CPI指数测算的困难。如果基准利率依赖于这种十分令人质疑、人为打造的CPI指数作为决策的依据，那么现代货币政策肯定会陷入一系列的严重困惑之中。这样可能导致货币政策的功能弱化或失灵。面对金融市场困境，只能另觅途径来化解，尤其是2008年美国金融危机之后，更是如此。

6.3 宏观审慎政策的内生性及监管套利

尽管"宏观审慎"的思想在19世纪70年代英国经济学家白芝浩的著作中就有阐述（沃尔特·白芝浩，2008），以及"宏观审慎"的概念在1979年国际清算银行（BIS）的文件中就已经出现（张显球，2012），但是直到2008年美国金融危机之后，2009年年初国际清算银行才提出用"宏观审慎性"的概念来概括危机中"大而不倒"、顺周期性、监管不足、标准不高等问题，并在当年G20匹兹堡峰会上的文件中开始正式引用"宏观审慎政策"的提法，之后，各国央行对宏观审慎政策逐渐达成了共识，同时宏观审慎政策也成了学术界十分关注的研究领域（周小川，2013）。因为，一般认为，以CPI为锚的货币政策不能够保证金融稳定及防范系统性风险。所以，引入宏观审慎政策，既可弥补传统货币政策的不足，也是让它成为保证金融稳定、防范系统性风险发生的重要工具。不过，这样的理解还是没有切入到问题的核心。正如前面所分析的，2008年美国金融危机的根源，基本上是信用过度扩张的结果，即2001—2006年美联储偏离了以利率规则为基础的货币政策原则使信贷过度扩张（基准利率由2000年的6.5厘下降至2003年的1厘），或当时美联储的货币政策没有让信贷扩张保持在可能性的边界内，金融市场的系统性风险也就是在这个过程中积累，最后导致金融危机爆发。但是，金融危机爆发之后，各国央行为了挽救经济，把政策利率下降到零的下限，货币政策的价格机制几乎被废其武功。所以，在央行政策名义利率为零（或极度信用扩张）的情况下，如何能够维持金融稳定，防范系统性风险不发生，从而把各国央行目光引向了更为目标导向的宏观审慎政策。

那么，以目标为导向的宏观审慎政策为何能够维持金融稳定及防范系统性风险？这与金融系统性风险的本质特征有关。一般来说，系统性风险是指对金融稳定产生威胁的风险，这种威胁会对金融体系绝大部分运作造成损害，并给整体经济带来严重的负面影响（泽维尔·弗雷克萨斯等，2017）。尽管系统性风险可能由金融体系内个别事件引发，也可能由部分事件引发，但系统性风险无论是由哪种方式引发，它的本质特征都是一种内生性风险而不是外在性风险。系统性风险的内生性是指与金融市场内在的错误的激励机制有关。这是宏观审慎政策的理论基础。一般来说，系统性风险可从两个维度来观察，即时间维度和空间维度。从时间维度来说，即系统性风险的累积以及泡沫破灭后金融部门对实体经济负面冲击，都是信用过度扩张的结果。金融市场的信用过度扩张又与现代金融市场误导性的激励机制有关，比如不少金融产品基本上是一种错误的匿名定价机制（易宪容，2017），国家、企业及个人都希望过度使用现代金融体系，把使用的收益归自己，使用的成本让整个社会来承担。无论是金融机构的委托代理问题、金融创新、放松金融管制，还是金融全球化、货币政策过度宽松等都与此有关。而这些信用过度扩张必然会造成把资产价格泡沫吹大及系统性风险的积累，必然会导致整个金融体系的脆弱性及失衡。还有，信贷、流动性和资产价格的周期变化以及繁荣时期总风险的积聚等常表现为顺周期性，这使整个金融体系更容易受到冲击。这样既提高了金融危机发生的可能性，也在危机来临时增加了系统性成本（泽维尔·弗雷克萨斯等，2017）。从空间维度来说，是指在给定时间点风险在金融体系内的分布，这可能会引起风险传染、资产甩卖及其他溢出效应等，而这些金融风险的溢出效应和传染效应的负向作用将对系统性风险起到推波助澜的作用。不过，尽管金融市场的系统性风险都是内生的和长期积累而成的，但往往都不知道系统性风险会在何时及以什么方式发生，往往都会突然而来。如果没有针对性的应对政策，那么这种金融市场突然事件的出现就可能引发金融危机。所以，系统性风险是否会发生又与相应风险防范制度安排有关。因为，同样一个突如其来的金融市场外部冲击，可能在一个国家引发系统性风险而在另一个国家则不会发生（泽维尔·弗雷克萨斯等，2017）。所以，在货币政策的功能弱化或失灵的情况下，宏观审慎政策对限制系统性风险的累积有事前防御作用及事后管理功能。这也就是为何2008年美国金融危机之后如何设置宏观审慎政策框架成了不少国家央行防范系统性风险、保证金融稳定的关注热点的原因所在。

按照系统性风险的内生性原则，宏观审慎政策可界定为一套政策工具，在这套政策工具下，决策者可以动态地调节监管的参数，以保证防范系统性风险的能力处于合理的水平。也就是说，按照宏观审慎政策的一般性含义，它应该包括三个层面的内容。首先，它是一套政策工具，而不是某种监管政策。这套政策工具主要包括三个方面的主要内容（阿克洛夫等，2017），一是影响银行或金融机构行为的工具，如周期性资本要求、杠杆率、动态准备等；二是影响借款人行为的工具，如设定贷款价值比（LTV）和债务收入比（DTI）的上限等，以此来提高借款人整体的平均质量；三是资本管理工具，如对信贷扩张增幅、外汇敞口风险、流动性资产、贷款组合的行业集中度等限制，以此来改变金融机构资产组合及风险特征。也就是说，通过这套政策工具要求把信用扩张限制在某种可能性的边界内，以此来防范系统性风险。其次，这套政策工具是动态的，而不是静态的。政策工具的动态性不是随时间而变化，而是根据具体情况而变化。因为，金融风险是一个潜在随机过程。在这个随机过程中，不仅可能导致金融机构遭受意想不到的损失，也可能让金融风险迅速传播。所以，当金融体系的稳定性受到威胁时，决策者就得根据情况变化对这些宏观审慎工具进行调整。最后，让防范系统性风险的能力平衡在一个适度的水平。能力过强容易造成防范系统性风险的成本过高，这既不利于金融市场的发展，不利于金融服务于实体经济，也容易导致监管套利。这里的监管套利主要有以下几个方面内容。一是一些金融交易会从受到监管部门较少或没有受到监管部门转移，从而让系统性风险在这个过程中转移和进一步修复。二是过度宏观审慎监管可能增加整个金融体系的风险。三是可能来自政治力量的压力使监管政策不能够真正得以实施。而能力过弱则容易造成信用过度扩张，从而不能够防范系统性金融风险。所以，确定宏观审慎政策的边界也是其重要内涵。

从以上分析中可以看到，宏观审慎政策表现为以下几个特征。一是作为界定信用创造可能性边界的工具，货币政策通过市场价格机制来进行，宏观审慎政策以设定规则方式来达到。货币政策是通过利率变化来控制信用扩张的速度，宏观审慎政策则通过限制借款人和金融机构杠杆来保证信用创造在可能性的边界内，或宏观意义上的政策往往针对的是具体的个体及机构。二是由于货币政策主要是由价格机制在起作用，其变化涉及整个金融体系，不仅范围广泛，也不容易规避。宏观审慎政策则是针对某些具体当事人，不仅每一工具的影响范围有限，也容易规避，容易导致监管套利。三是货币政策运用的数据都是经济生活中公开的信息，所强调的是市场前瞻性的预期管理。而宏观审慎政策的决策者则拥有许多非公开信息，更关注的是市场行为的事后调整。四是央行货币政策具有更多的独立性，而宏观审慎政策则在工具上具有独立性，但在政策目标上往往取决于社会公共决策等。也就是说，宏观审慎政策作为一套具体的政策工具（更多的是传统意义上的政策工具），是否能够适应未来金融市场的发展是不确定的，它需要受到实践的检验。因为这不仅要受监管者对市场的认知及信息获得限制，也受到未来的金融危机是否会以传统的方式发生的不确定性限制。所以，对宏观审慎政策，我们更应该把它看作一种前景及思维方式，并与货币政策相融合，以此来保证金融稳定，防范和化解系统性风险。

6.4 双支柱调控框架的基本内涵和实质

党的十九大报告确立了"健全货币政策和宏观审慎政策双支柱调控框架，深化利率和汇率市场化改革"的基本原则[①]，即双支柱调控框架。这里，所谓的健全货币政策就是指传统央行政策目标，比如，保证价格的稳定及币值的稳定。价格稳定始终是中国央行最为主要的政策目标之一。但是中国央行货币政策除了保证价格稳定之外，还需要兼顾就业与经济增长、国际收支平衡和金融稳定，并且在不同时期货币政策目标的侧重点是不同的。所以，除了坚持常规的价格工具及数量工具市场之外，中国央行还创新了不少货币政策调控工具，以此来提高货币政策的效果（徐忠，2017）。但是，从党的十九大报告的表述来看，这个双支柱调控框架的核心是深化金融市场价格机制的改革，要让价格机制在金融资源配置过程中起决定性的作用。因为由计划经济转轨而来的中国金融市场，利率市场化的价格机制不可一蹴而就，以往央行的货币政策更多的是由数量型工具所主导，并在信贷价格和数量上进行管制。这应该是造成当前中国金融市场效率低、乱象丛生的主要根源。

当前中国利率机制的主要缺陷有，一是到目前为止还是实行的利率"双轨制"，即央行控制着商业银行的存贷款利率，货币市场利率则由市

[①] 习近平：《决胜全面建成小康社会，夺取新时代中国特色社会主义伟大胜利——在中国共产党第十九次全国代表大会上的报告》，《人民日报》2017年10月28日第1版。

场来决定。在这样的利率体系下，央行的基准利率是对商业银行存贷款利率直接定价，这种利率对金融市场其他利率起到决定性的作用。这样自然无法生发出有效的市场利率机制。比如，尽管银行贷款利率在 2013 年 7 月就已经完全放开，2015 年 10 月也完全取消存款利率管制的上限，但商业银行仍然没有完全自主定价权，至今存款利率仍然受窗口指导和市场利率定价自律机制约束。二是具有市场化、基础性及传导性的基准利率体系还没有建立起来。基准利率通过传导机制影响长期利率、股市价格及汇率等金融市场各种价格。基准利率规则更具有利率的前瞻性引导，强调央行的管理预期。企业及居民能够通过央行释放出的信息，前瞻性地改变及调整行为决策。这不仅可强化央行货币政策的意义，也降低了企业及居民在投资与消费的行为决策上的风险及不确定性。在这样的情况下，当前中国基准利率体系确立面临着三个重大的问题要解决（易宪容，2016）。一是新的基准利率的确立（比如采取当前国内货币市场的上海利率或回购利率，还是确立其他新的基准利率）。这是中国利率市场化改革的重要前提。二是如何实现旧的基准利率体系向新的基准利率体系转型。三是如何建立起科学规范的国内金融市场的无风险的国债收益率曲线。这是中国以利率规则为基础的货币政策体系能否形成的关键。所以，利率市场化改革（包括汇率市场化改革）是双支柱调控框架最为核心的内容。只有建立起利率规则为基础的货币政策体系才能保证信用创造在可能性的边界内，保证金融市场稳定及防范系统性风险，并促进实际产出接近潜在产出。

正因为如此，目前中国还是价格管制和数量管制下的货币政策，以利率规则为基础的货币政策体系还没有形成，为了保证金融稳定及防范系统性风险，宏观审慎政策就显得更为重要。这是双支柱调控框架又一层重要意义。对于宏观审慎政策，在中共十七届五中全会的文件中就已经明确提出[①]，2016 年起中国人民银行将差别准备金动态调整机制"升级"为宏观审慎评估（Macro Prudential Assessment，MPA），MPA 成了双

---

① 《中共第十七届中央委员会第五次全体会议公报》，新华网，2010 年 10 月 18 日，http://news.sohu.com/20101018/n275927664.shtml，2017 年 12 月 31 日最后访问。

支柱调控的基本框架。① 该框架从资本和杠杆情况、资产负债情况、流动性情况、定价行为情况、资产质量情况、跨境业务风险情况、信贷政策执行情况七方面对金融机构的行为进行多维度引导,其资本充足率为评估体系的核心。党的十九大报告则是以正式文件的方式把"双支柱"确立为国家金融政策的新框架。

可以看到,党的十九大结束后,中央立即召开了国务院金融稳定和发展委员会会议,全面布置了"健全金融监管体系,守住不发生系统性金融风险的底线"的任务。之后不仅政府各金融监管的职能部门纷纷表态加强严厉监管,而且 2017 年 11 月 17 日央行公布了《中国人民银行、银监会、证监会、保监会、外汇局关于规范金融机构资产管理业务的指导意见(征求意见稿)》②,该文件在广泛征求意见后作了一些修改在 2018 年 4 月 27 日正式公布执行;2017 年 11 月 21 日,互联网金融风险专项整治工作领导小组办公室向各省市整治办下发特急文件《关于立即暂停批设网络小额贷款公司的通知》(以下简称《通知》)加强监管;③ 在 2018 年"两会"结束后,中央对金融监管机构进行重组,金融监管机构的职能重新划分等。可以说,这些组织结构调整及相关文件出台只是党的十九大后一连串防范与控制系统性风险举措的一环,今后可能会有更多更严厉更系统的金融监管政策要出台。其目的就是要从上至大额资本,下至小额网贷,对金融市场行为的监管实现全覆盖,真正落实保证金融体系稳定。

双支柱调控政策也意味着未来中国金融改革及发展路向将会有一些重大调整。比如,对于金融业,党的十八大报告更强调的是推动金融创新,提高金融业的竞争力及加快发展民营金融机构④,但是这些提法在党

---

① 《2016 年第四季度中国货币政策执行报告》,中国人民银行官网,2017 年 2 月 17 日,http://www.pbc.gov.cn/goutongjiaoliu/113456/113469/3254786/index.html,2017 年 12 月 31 日访问。

② 《中国人民银行、银监会、证监会、保监会、外汇局关于规范金融机构资产管理业务的指导意见(征求意见稿)》,中国人民银行官网,2017 年 11 月 17 日,http://www.pbc.gov.cn/goutongjiaoliu/113456/113469/3420451/index.html,2017 年 12 月 31 日最后访问。

③ 《互联网金融风险专项整治工作领导小组办公室发布〈关于立即暂停批设网络小额贷款公司的通知〉》,《北京青年报》2017 年 11 月 23 日,http://www.hnmdtv.com/finance/2017/1123/451.html,2017 年 12 月 31 日最后访问。

④ 《中国共产党十八大报告全文》,《人民日报》2013 年 8 月 1 日,http://www.mj.org.cn/zsjs/wsxy/201211/t20121126_145927.htm,2017 年 12 月 30 日最后访问。

的十九大报告中都不再提及了。因为过去5年，由于过度强调金融创新、提高竞争力、发展民营金融机构，从而导致了金融市场过度繁荣，国内金融机构、金融市场及整个金融业都出现了膨胀式发展，如互联网金融爆炸式增长、理财产品泛滥、混合经营过度扩张、衍生工具没有成熟就发行等，以及中国信用市场的过度扩张，如从2012年年底到2017年年底，M2、社会融资规模、股市总市值、保险资产规模分别由94.1万亿元、91.5万亿元、23.0万亿元、7.4万亿元上升到167.6万亿元、174.6万亿元、56.7万亿元、16.7万亿元。[1] 资产管理的业务到2016年年底达到了102万亿元。[2] 从这些数据可以看到，在不到5年的时间里，中国金融市场出现了过度快速发展。这不仅导致了金融服务与实体经济越来越远，也造成了中国金融体系系统性风险明显增加。银行、证券、保险、基金、信托、互联网金融等各业的风险明显上升。为了防止国内金融再追求过度发展规模与速度，党的十九大报告特别提出了，要保证中国金融体系的稳定，就不能引发任何金融危机，就得守住不发生系统性风险的底线，特别是把主动防范控制系统性金融风险放在更加突出的位置。这应该是当前及未来几年国内金融工作的首要任务，也是双支柱调控框架的主要内容。

对于中国宏观审慎政策体系，除了一般性之外，主要特征表现为以下几个方面。一是广义信贷的规定。即银行广义信贷的范围包括贷款、债券投资、股权及其他投资、买入返售资产以及存放非存款类金融机构款项等资金运用类别（不含存款类金融机构之间的买入返售）。这里的广义信贷就是通常所指的信用。信用就是市场上的任何融资行为，任何信用创造。所以MPA的广义信贷不仅意味着把调控焦点直接指向信用过度扩张这个核心问题，即要把信用创造设定在可能性边界内，也意味着金融监管的全覆盖，试图把金融市场能够观察及统计到的金融行为都纳入监管范围内。这与一般地不把股权融资等包括在内的宏观审慎政策有一定差别（泽维尔·弗雷克萨斯等，2017），更具有金融监管的广泛性。

二是把资产价格也纳入宏观审慎政策的框架内。这种纳入不仅在于

---

[1] 数据来自《2017年中国统计年鉴》和《中国经济景气月报》。
[2] 《中国人民银行有关部门负责人就〈关于规范金融机构资产管理业务的指导意见（征求意见稿）〉答记者问》，中国人民银行官网，2017年11月17日，http://www.pbc.gov.cn/goutongjiaoliu/113456/113469/3420458/index.html，2017年12月30日最后访问。

对房地产市场特别监管，更重要的是关注资产价格波动可能引发的系统性风险，关注物价指数的代表性研究等。而这些问题以往或是剔除在传统的货币政策之外，或是对此很少研究与关注。但实际上，近十多年来不仅资产价格出现快速暴涨，而且其波动性及风险也在增加。但是，这里存在一系列重大理论问题。比如，资产价格如何纳入货币政策调控体系内？资产价格与一般消费品的价格关系如何？当前的物价指数代表性如何，它反映了现实的经济生活吗？如果没有，其偏离度有多大，对中国货币政策造成什么样的影响？等等。

由于对系统性风险的原因及产生机理，目前还处于研究及探讨过程中，因此对于宏观审慎政策框架如何设定，它的基本内涵是什么，世界各国还没有达成完全的共识，这既在于宏观审慎政策目标多元性，也在于目前各国设立的宏观审慎政策体系还没有经受过金融危机的检验，所以当前宏观审慎政策体系设置基本上处于多元化的状态。中国双支柱调控框架效果如何，同样还得经过市场的检验。不过，就目前的现实来看，尽管中国货币政策还存在不足，中国宏观审慎政策还是一个不成熟开放的体系，但是党的十九大报告把"双支柱"放在国家金融稳定核心的地位，不仅说明其制度框架的重要性，也透露出了未来中国金融市场发展之路向，双支柱调控框架的核心既要保证金融稳定，防范系统性风险，保证信用创造在可能性的边界内，也要有利于服务实体经济。但是，要如何达到一个相应的平衡，理论上还得对一些重大问题进行更多的研究。

6.5　小结

党的十九大提出的双支柱调控框架（稳健的货币政策及宏观审慎政策）不仅是未来国家金融政策的新框架及新战略，也是国家金融稳定的准则。但从金融本性来说，金融既是推动社会经济发展与繁荣的三大动力之一，也是金融危机和经济危机的根源。而现代意义上的货币政策体系及宏观审慎政策的安排都是围绕着如何来界定信用创造或信用扩张可能性边界而出现或设计的。

在成熟的市场体制中，货币政策的目的就是通过市场价格机制来维持宏观经济稳定和协调社会经济发展，让居民及企业得以在一个可预期的经济环境下运作，降低消费及投资上的风险，促使实际产出尽可能地与其潜在产出相一致，或实际产出接近潜在产出的期望目标。从信用创造的角度来说，货币政策就是通过市场价格机制来界定信用扩张的可能性边界，因为无论是信用扩张的过度还是不足，都无法达到实际产出尽可能地与潜在产出相一致。这是货币政策的实质。现代意义的货币政策是信用货币体系成熟后的产物。在成熟的市场体系下，以利率规则为基础的货币政策既可维持金融稳定也可促进实体经济增长。当前货币政策面对的两大困惑是金融市场的价格基准依赖于消费品价格变化而调整及对CPI指数代表性的质疑。

对宏观审慎政策的关注，在于央行政策名义利率为零（或极度信用扩张）的情况下，如何能够维持金融稳定，防范系统性风险不发生。它是用规则的方式来界定信用扩张的可能性边界。其核心就是通过一套根据实际情况可调整的政策工具，保证防范系统性风险的能力处于合理的水平。宏观审慎政策既可与货币政策融合和互补，也可起到独有的作用。不过，宏观审慎政策是货币政策弱化下的产物，这套政策是否能够适应未来金融市场的发展是不确定的，它需要实践的检验。因为，这不仅要受监管者对市场的认知及信息获得限制，也受到未来的金融危机是否会以传统的方式发生的不确定性所限制。

从上述的理论分析可以看到，中国的双支柱宏观调控框架，尽管在完善宏观审慎政策方面显得特别重要，中国宏观审慎政策具有丰富的内容，但它仍然是中国的货币政策成熟价格机制没有建立起来的产物。因此，确立双支柱宏观调控框架的重心，应该放在加快金融市场的价格机制（利率及汇率）市场化改革上。而中国利率市场化改革的重点是建立起法定基准利率体系及市场的基准利率体系。这样，以利率规则为基础的货币政策体系才能建立，双支柱宏观调控框架才具有科学性、稳健性及前瞻性，才能够真正保证中国金融体系的稳定。

7 紧缩货币政策对 2008 年中国经济影响[①]

7.1 中国货币政策转向

2007 年 12 月 5 日，中国中央经济工作会议在北京结束。这次会议基本上是以 2007 年 11 月 27 日中国中央政治局会议上的精神为基调，来确定 2008 年经济工作与任务。2008 年经济工作的基调是，坚持稳中求进，保持经济持续平稳较快协调发展，把防止经济增长由偏快转为过热、防止价格由结构性上涨演变为明显通货膨胀，作为宏观调控的首要任务。为了实现上述两项任务，2008 年宏观经济政策将出现显著的变化，就是在实行稳健的财政政策的同时，实行"紧缩的货币政策"，即货币政策将出现重大的转折。

一般来说，货币政策就是一个国家通过中央银行，根据全国的经济情况，调节其全国的货币供给量或利率水平，以达到维持经济稳定与促进经济发展之目标。更具体地说，在短期内，当一国经济出现衰退时，增加货币供应量、降低利率，央行采取扩张的或从宽的货币政策，以便刺激总需求，达到提高就业、增加产出的目标；在经济出现通货膨胀之时，减少货币供应量、提高利率，央行采取紧缩的货币政策，以便抑制总需求，达到稳定物价、避免通货膨胀的发生。长期来看，央行一般会采取稳健的货币政策，维持适度增加的货币供给和适度的利率水平，以便促进实体经济持续稳定地增长。

近十年来，央行一直采取的都是稳健的货币政策，直到 2007 年第二季度才改为"适度从紧的货币政策"。而这次中央经济工作会议，把"适

---

① 该文章发表在台湾《经济前瞻》2009 年第 1 期。

度从紧的货币政策"转为"从紧的货币政策",去掉了"适度"二字。这也意味着,2008年中国的宏观调控政策将发生根本性转向。也就是说,在稳健的财政政策的同时,2008年的货币政策,对国内货币供应不仅会从量上收紧,而且也会从价格上来收紧;不仅会对货币投放在年度上进行总量的控制,而且会对货币投放在季甚至月上进行总量上的控制。比如有消息透露,央行近日发文要求各商业银行按季上报2008年新增贷款目标,并考虑届时向贷款超标银行发行定向央票等惩罚性措施。对商业银行的信贷规模管制,估计也是从紧货币政策的重要方面。同时,人民币升值也是从紧货币政策的一个方面,但这方面的动作不会太大。

我们要问的是,为什么持续多年稳健的货币政策,在2008年会发生巨大的转变?为什么信贷间接调控又会转向直接调控?这种转变可采取的工具有哪些?它对房地产市场意味着什么?等等。这些都是我们必须要思考的问题。

可以说,从2003年开始,国内银行信贷一直处于快速增长的情况。2003—2006年,全国各项贷款分别增加了27703亿元、19201亿元、16493亿元及30657亿元,同比增长分别为21.1%、12.07%、9.26%、15.75%。特别是到2007年,国内银行信贷在2006年快速增长的基础上,其增长速度更是加快。在2007年第一季度,各家商业银行的人民币新增贷款,就达到1.42万亿元,接近2006年银行信贷增长一半水平,到10月银行信贷更是达到3.5万亿元以上,同比增长17.69%,不仅远远超过年初银行信贷增长之目标,而且也是历史上银行信贷总额最高及专家额最多的一年。

7.2 中国金融市场资金泛滥

而银行信贷快速扩张,不仅使金融市场流动性泛滥,而且也使大部分过剩的流动性从银行体系流向资本市场,从而推动股市、楼市资产的价格不断上涨。统计显示,自2007年以来,中国国内上海股票综合指数由2006年年底的2675点,上涨到10月底的5954点,上涨幅度达到一倍以上。有资料显示,由于2007年国内股市快速上涨,从而可能使大量的银行信贷资金流入股市。银行资金大量流入股市,不仅不断地吹大股市的泡沫，而且也在酝酿着银行的巨大风险。

银行资金在大量流入股市的同时，也大量流入房地产市场，从而使国内房价快速飙升。中国国家统计局公布显示，2007年房价指数节节攀升，特别是到10月房屋销售价格上涨9.5%。尤其是深圳第三季度房价上涨达20.2%，而北京、宁波和杭州上涨幅度也都超过了10%。而资产价格的上涨反过来又拉动了房地产贷款的快速增长，9月末，全国商业性房地产贷款余额4.62万亿元，特别是居民购房贷款余额2.86万亿元，比年初增加5924亿元。也就是说，从国家公布的资料来看，2007年中国房价是历史以来上涨最快的年份。如果从居民所感受到的房价上涨情况来看，各地房价上涨可能会比这些公布的数字还要高。

同时，我们也可以看到，大量货币流入金融市场，不仅吹大两大资产价格泡沫，也是2007年以来物价快速上涨的动力所在。2007年6—11月，居民消费价格指数同比分别上涨了4.4%、5.6%、6.5%、6.2%、6.5%、6.9%。在2005—2006年，居民消费价格指数（CPI）分别上涨仅为1.8%、1.5%，而到2007年一下子就上升到6%以上，其通货膨胀的压力自然增加。尽管有人不断地在说，目前中国的通货膨胀是结构性的，但无论是从中国式的通货膨胀的特性（由于中国CPI指数的特殊性，消费价格的上涨只有涨到食品时才能真正反映出来），还是国际价格的变动及国内要素市场改变进一步深入，价格上涨压力会越来越大。因此，稳定物价成了2008年经济工作最为重要的任务，而货币政策从紧也是稳定物价最平常的方式。

7.3　金融市场价格机制遭扭曲

随着CPI上升，2007年以来居民储蓄存款利率一直处于负利率水平上。据计算，2007年8月14日之前，负利率曾高达3.836%，即使到10月，通过央行多次加息及利率税降低，负利率仍然处在2.8235%水平上。即使以全年CPI计算，有机构预测为4.5%，以及假定11—12月的CPI保持在10月的水平，那么2007年居民储蓄存款的负利率也在2%以上。可以说，居民存款的负利率不仅容易扭曲整个金融市场的价格机制（因为一年存款利率是央行基准利率），而且也会造成社会财富分配不公、扭曲市场价格机制、改变市场的行为预期,从而可能增加整个经济的震荡与混乱。

正是在上述背景下,政府提出了从紧的货币政策。而"从紧的货币政策"是近十年来央行第一次提出来的,它也预示着2008年中国的宏观调控政策将发生重大的转向。

可以说,从紧的货币政策主要表现在以下几个方面:一是尽管2008年的货币政策是从紧的,但货币政策的从紧性同样强调的是,通过市场化工具来进行宏观调整,加上稳健的财政政策,那么2008年的宏观调控工具基本上会以市场工具为主,并让以往所谓的行政性宏观调控工具淡出。

二是从紧的货币政策主要工具有存款准备率、公开市场操作、银行票据等数量工具,同时,根据中国的时间情况,已经多年不用的信贷规模管制也可能又会大行其道。有机构预测,2008年银行信贷增长目标估计会降低到13%水平上(即假定GDP增长9%,CPI增长4%)。不过,尽管这样,如果2007年年底银行信贷规模上升到3.7万亿元,那么2008年的银行信贷规模仍然会达到4.18万亿元。也就是说,2008年的银行信贷规模最高量不会大于4.2万亿元。

7.4 宏观调控工具加强

从紧的货币政策还表现在价格工具,即利率和汇率上。可以说,随着CPI上升,利率水平提高应该是2008年最为常用、宏观调控使用最为频繁的工具。因为,如果2007年的CPI为4.8%,那么2007年的居民储蓄存款利率水平大致在-2%水平上。而稳定物价、纠正居民储蓄存款的负利率,是央行的基本职责。因此,如果2008年的CPI保持在2007年的6%的水平(恐怕不容易,除非从紧的货币政策真正到位),要让居民的存款利率为正就得上调利率2%以上。在这样的情况下,如果央行上调利率每一次0.27%,那么至少上调利率7次多(这只是假定2008年的CPI保持在2007年的水平,如果2008年CPI上涨,居民储蓄存款的负利率会更高)。可见,从紧的货币政策在提高利率水平上,有2%以上的发挥余地。

至于汇率问题，估计2008年人民币升值会维持在2007年上涨空间上，特别是2007年的人民币升值最主要的是美元的下跌，而美元的下跌幅度要远远高于人民币升值的幅度。根据国际清算银行的资料，11月人民币实质有效汇率指数为96.87，连续第二个月贬值。也就是说，2007年以来，人民币实际有效汇率共有5个月贬值、6个月升值，实质有效汇率升值幅度也仅为2.867%。如果2008年美元下跌的趋势逆转，美元重新走上升值之路，那么人民币升值压力就会减小。而且，要想通过人民币升值来扭转中国进出口贸易出超根本就不可能，人民币升值的国内市场要素的内化应更为重要。这是减小中国贸易出超的根本所在。所以，人民币汇率不会成为政策从紧的主要工具。如果美元下跌的就是逆转，人民币升值幅度仍然会保持在3%—5%范围内。

7.5 紧缩货币政策对楼市的影响

2008年紧缩的货币政策，无论是量上的从紧还是价格上的从紧都将对房地产市场产生巨大的影响。房地产行业是资金密集型产业，金融支援的程度决定房地产市场的发展程度。可以说，近几年中国房地产市场发展快速，完全是金融支持的结果。因为房地产市场对金融支持依赖的程度，不仅在于房地产开发商要从银行获得大量的信贷资金，而且房地产需求方的投资者对货币政策也十分敏感。可以说，这几年特别是2007年，中国房价快速上涨，与银行信贷大量流入房地产市场有关。特别是个人住房消费信贷快速增长，它是推高中国房价的动力源。

一些大的房地产开发商会认为，随着这几年企业实力增强，对银行信贷依赖程度在减弱，它们有自己的资金实力，特别是当它们能够从股市获得大量的资产时，更是会觉得有恃无恐，但实际上不仅中小房地产开发商对信贷资金依赖程度高，而且大房地产开发商也是如此。对于房地产这个高风险行业，没有一个房地产开发商会用自己的钱豪赌。

更为重要的是，房地产市场的需求方也需要用户信贷资金支持。可以说，这几年房地产市场繁荣，如果没有住房按揭贷款、如果没有便利银行信贷金融，那么房地产市场恶性炒作就不会发生。正如前面所指出的，2007年全中国的房价快速上升，就在于不少房地产投资者利用银行便利的金融进入房地产市场。2007年前10个月，个人住房贷款就达到近7000亿元之多。而从紧货币政策不仅如359档所指出的那样，要严格限制2007年十分流行的转按揭、加按揭，而且要严格限制房地产的投资与炒作。这也是温家宝总理所强调的。

而限制房地产的投资炒作，就是要改变以往房地产投资的享受自住购买住房的信贷优惠政策。也就是说，对于自住房，政府仍然会鼓励，而对于房地产投资就得按照金融市场价格来运作，不能够利用银行信贷优惠政策，这就大大地增加房地产投资炒作的成本。也就是说，有人要从事房地产投资就得以市场价格来进行，房地产投资炒作的利率就会大幅度提高。如果房地产投资成本快速增长，房地产投资者的风险也会大量增加。面对这样的风险，房地产投资者的市场预期就可能改变。如果不少房地产市场的投资者淡出市场，那么中国房地产的需求立即会发生根本性的变化。可以说，目前中国房地产市场的价格之所以能够短期内快速上涨，就在于房地产投资过多、房地产炒作严重所致，而房地产投资及炒作一旦被挤出市场，房地产面对的调整也就出现了。

7.6　2008年中国经济将受货币政策影响

现在不少房地产企业还沉浸在过去的欢乐中，认为房子是如何好卖，房子和土地的溢价是如何高，房地产企业又是如何一夜暴富。但是，就是没有人想过房地产的繁荣是如何吹起来的，它是建立在什么样的基础上的，2007年下半年关于银行信贷政策，对房地产只动一点点真格的，就让不少地方的房地产市场发生巨大的变化，那么2008年整个货币政策的从紧要真落实下来，房地产市场的投资与投机岂敢不闻风而动？而房地产市场变化自然会引起与房地产关联的产业得以调整，整个固定资产投资过热也就得以缓解，稳定物价目标就会实现。

也就是说，从紧的货币政策对房地产市场将产生巨大的影响，无论是信贷规模的紧缩还是利率水平的提高，一招一式都会影响房地产供给与需求。特别是对于房地产的投资者来说，其面临的风险更大。目前有不少房地产投资者尽管早就购买许多房子，觉得自己房子购买好后不会受银行信贷政策的影响，比如第二套住房政策，但是这些房地产投资者购买房子最多，手续办得最好，但如果没有人接手，这些投资者住房的出租收益能够抵上成本吗？如果不能，其风险也只能让这些投资者自己来承担了。当准备进入的房地产投资者理解到从紧货币政策意义时，当从紧货币政策不会为地方政府用行政方式来化解时，那么整个房地产市场的预期就会发生根本转变。

总之，从紧货币政策是 2008 年中国宏观调控的核心，它将对整个中国经济产生巨大的影响。从紧的货币政策可以从银行信贷规模、利率及汇率上来分析，但是利率水平最为核心，如果银行利率水平调整到正利率，加上对银行信贷规模严格管制，那么防止投资过热及稳定物价，挤出两大资产价格之泡沫就能够药到病除了。特别是，中国这一轮的经济增长是以房地产与城市化带动的。而从紧的货币政策将对房地产市场造成巨大的影响，它将改变房地产市场预期与发展方向，从而引起与房地产关联的产业得以调整，从而使整个固定资产投资过热得以缓解，稳定物价目标就会实现。这些都对 2008 年中国经济造成巨大的影响。

8 2010年中国货币政策会收紧吗?[①]

8.1 中国信贷高速增长面临风险

对于中国银行信贷超高速增长,尽管在短期内改变的概率小,但是它不仅不可持续,而且也将给中国银行体系带来巨大的潜在风险。首先是中长期贷款风险。商业银行经营的特征,本来应该是以短期贷款为主,中长期贷款比重不能太高。因为商业银行的资产负债是短期债务多(活期存款多),如果用短期债务做中长期贷款,就会给商业银行带来债务资产结构错配的风险及流动性风险。

美国金融危机的根源之一就是,不少证券化产品用短期融资来支撑长期债务。比方说,1999年,全国银行中长期贷款占贷款总额的比重不到25%,但后来该比重不断攀升,2007年突破50%。到2009年10月,中长期贷款余额已超过22万亿元(占全部贷款的比重为51%以上),而这些贷款相当大的一部分,流向政府主导的基础建设项目与房地产市场。由于这些中长期贷款不少流向政府主导的公共基础设施项目,特别是流向中西部的公共基础设施项目,尽管这些项目的贷款大部分是由各级政府提供显性或隐性的担保,但是这些项目商业化市场程度低,使这些项目的第一还款来源不一定有保证。如果再加上一些地方财政收支状况面临许多不确定,政府担保承诺可能就是一张空头支票。在这种情况下,这些中长期贷款可能面对巨大的信用风险与流动性风险。只不过,这些贷款都是中长期贷款,风险在短期内不会暴露出来。

其次是票据融资风险。在第一季票据融资快速膨胀,只是到第二季

[①] 该文章发表在《经济前瞻》2010年第1期。

才有所收缩。第一季票据融资快速增长，看上去有其合理性，无论是对企业还是对商业银行来说都是如此。但是，我们也应该看到，其蕴藏的巨大风险也不可小觑。如果票据融资没有进入实体经济而是在银行体系内循环并放大票据融资规模，那么这种循环的系统性风险就会逐渐积累起来。同时，当票据融资没有真实贸易作背景时，这种票据融资的交易也可以流入股市及楼市，吹大资产泡沫。2009 年上半年，中国股市与楼市之所以能够在短时间内回暖，与银行信贷资金进入这些资产市场有关，而大量的资金流入各种资产可能与票据融资有关。

8.2 利率市场化的风险

无论是信贷政策的收缩还是扩张，利率工具总是首当其冲，比如美联储货币政策的调整多是使用利率工具，万般无奈到最后才使用量化宽松的货币政策。但是，中国的情况则有所不同。尽管中国商业银行的利率看上去是市场利率，但实际上仍然是央行严格管制下的利率。比方说，美国金融危机全面爆发之后，中国政府为了"保增长、扩内需"，从而对住房消费采取一系列特别的信贷优惠政策。特别是个人住房贷款利率调整，更是优惠得彻底，从而使当前中国个人住房贷款利率要低于美国同类利率（在中国 5 年以上个人住房贷款利率为 4.158%，而美国个人住房贷款利率为 5.3%；中国住房按揭贷款利率对每一个都一样，利率无差异，而美国住房利率则是根据信用不同采取不同的利率，利率是差异化的）。

当然，这种个人住房贷款优惠利率可能降低了个人进入房地产市场购房之成本，有利于个人住房消费，但是它增加商业银行信贷风险。从 2008 年 10 月起，个人住房贷款利率由原来享受 8.5 折优惠利率转变为 7 折优惠利率政策，这就使商业银行同期存款利率与贷款利率曾出现过倒挂，即享受优惠政策的 5 年期以上的个人住房贷款利率低于同期个人存款利率。尽管后来有所调整，但两者的利率水准越缩越小。有人估算过，商业银行的存量贷款有 30% 的比例采用的是基准利率 10% 以上的标准，如果对这些贷款一次性使用 30% 利率优惠幅度的话，会导致总体净利润水准下降 10% 左右，给整个中国商业银行带来较大的经营压力。尽管

2009年国内银行的信贷规模大幅增长，但其利润水准及业绩则全部下降。这就是与政府优惠利率下利差全面收缩有关。

可以看到，2009年上半年，一些银行的利润增长为负，就是与这种利率调整有关。有经济分析师的测算表明，2009年上半年14家上市银行利润水准出现负增长，很大程度与利差水准下降有关。而且这种利率风险还与政府保增长的政治意愿有关。特别是，个人住房按揭贷款作为一种中长期贷款，未来市场不仅不确定而且波动会很大，如果利率市场化参与较多的政府政治意愿，并通过利率来调整个人住房贷款中的利益关系，那么，银行住房贷款的利率风险可能会更大。

根据一些研究报告，这种超高速的信贷增长还蕴含推动资产价格上涨风险、造成大量不良贷款风险、银行职能代替财政职能的风险。而这些风险尽管在短期内不会爆发出来，但是一旦暴露出来，商业银行所面临的问题会很大。特别是当大量的信贷资金进入房地产及股市，把资产的泡沫吹大，商业银行所面临的风险会更大。因此，从近几十年的历史经验来看，资产价格的泡沫最后必然持续引起银行危机及金融危机，尤其是房地产泡沫。

8.3 当前中国货币政策调整

从这次美国金融危机的教训可以看到，20年来美国金融风险为什么会愈演愈烈，直至最近全部暴露出来？最为关键的问题就是，美国政府一直在用一系列的短期行为政策或用新的泡沫掩盖旧泡沫，而这些政策的核心就是货币政策目标单一化。货币政策单一目标的理论基础是20世纪70—80年代的"货币中性论"。

在此理论的影响下，不少发达市场经济国家都纷纷采取通货膨胀目标制的货币政策，并取得一定的效果。因为，在他们看来，这种弹性通货膨胀目标制不仅有效地降低了通货膨胀的波动和稳定了产出，而且克服了货币政策动态非一致性的问题。因此，美联储主席无论是格林斯潘还是柏南克，都完全坚信货币政策通货膨胀目标制的准确性与有效性，从而在货币政策操作上往往会以价格工具作为宏观经济调整最为频繁的方式。

但是，最近二十多年来整个世界经济发生了巨大变化。一是经济全球化，许多产品可以在全世界价格最低的地方生产，使整个世界可贸易品的价格水准全面下移；二是金融全球化，不仅大量资金在全球范围内快速流动，而且许多商品的交易完全金融化及期货化。

在这种情况下，一方面国际市场上许多商品的价格水准越来越低，另一方面大量的资金流入金融市场推高资产价格。在这样的条件下，传统的货币政策并不适应已经发展了的经济形势。如果不改进这种传统的货币政策，那么货币政策操作给金融市场积累的风险，也就越来越大。

也就是说，在现有的经济环境下，央行的货币政策如果不密切关注资产价格的波动，如果不把资产价格波动作为货币考量的重要因素，那么，最后导致金融危机爆发是不可避免的。这就是这次美国金融危机不能够在风险较低时得以调整的根源所在。

当前中国的问题仍然是在这种传统货币政策下观察现实经济生活，来调整宏观经济波动。但是，中国金融市场是一个管制过多的市场，只要货币政策宽松，信贷的超高速增长也是自然。这就是中国银行信贷市场前10个月发生的事情。2009年信贷增长可达10万亿元。

但是，当大量的信贷流出银行体系之后，尽管不少资金是流入实体经济，可是由于以政府为主导的拉动内需政策，不仅让大量资金流入基础设施建设，而且也大量流入过剩的产业，使一些行业的产能过剩越来越严重，比如钢铁、水泥等高耗能、环境污染行业。可以说，对这些产业投入越多，未来产业调整越困难。同时，由于整个世界经济衰退，对产品需求全面减少，这就使不少企业纷纷把资金投入各种资产，特别是房地产及股市。

最近，中国东部地区，特别是四大一线城市，在整个世界经济还在衰退中时，房价突然上涨，就是与大量的资金流入房地产市场有关。

从全国商品房销售情况来看，2009年1—10月，全国商品房销售面积66368万平方米，同比增长48.4%，其中，商品住宅销售面积增长50.1%。1—10月，商品房销售额31529亿元，同比增长79.2%，其中，商品住宅销售额增长84.3%。也就是说，经历2008年住房销售迅速下降的调整，3月开始，全国房地产住房销售又开始快速增长，而且住房销售面积和住房销售金额分别高于2007年同期水准（2007年1—10月分别为44723万平方米和17590亿元的49%和79%）。

也就是说，2009年的房地产住房销售已经超过房地产泡沫巨大的2007年。当然，由于全国房地产市场发展不平衡，2009年住房销售的快速增长主要表现为一二线城市，特别是北京、深圳、广州、上海四大城市。比如1—10月东部地区的住房销售面积为35190万平方米，而中西部地区则为31177万平方米，两者占比分别为53%和47%；住房销售总额东部和中西部地区分别为21798亿元和9737亿元，两者占比分别为69%和31%。如果把成都与重庆加到东部，住房销售面积和销售金额分别为42228万平方米、24280亿元，占比分别为63%和77%。

8.4 中国房地产价格全面上扬

中国房地产的销售与价格上涨，已经不是局部性的而是全面性的。但是，在不少政策部门的人来看，当前房地产市场价格上涨仅是局部性的，因此，不必大惊小怪，央行货币政策对此不必关注过多。可以说，随着这一轮房地产启动，中西部地区住房销售量在增长，但房价则上涨比东部平稳。至于全国三四线城市，房价也在上涨，但上涨的幅度比一二线城市要小。

但是，在北京、上海、江苏、浙江、广东等地方的房价则是在快速飙升。这几个地方1—10月的住房销售面积为21057万平方米，占比约为32%，但住房销售金额为15894亿元，占比为51%。可见，房价上涨的问题出在东部地区。特别是四大一线城市及东部二线城市。而且从4—6月开始，这些城市的住房销售发生了根本性的变化，即住房销售由消费为主导转向投资为主导。这种情况深圳最为严重，深圳居民、国内其他地方的居民、香港居民大量进入房地产市场炒作。同样，北京也从4月开始住房销售主导者是外国居民（华侨占多）、外地居民、拆迁户、投资者等。当房价快速飙升时，央行的货币政策不仅要密切关注，而且也是货币政策可能要调整的关键。

这些地方房价之所以快速上升，是与近几个月来中国金融市场信贷超高速增长有关。当大量的流动性从银行体系流出时，一方面由于信贷政策突然放松，商业银行为了增加其信贷增长的市场份额，就会让其大量的信贷进入房地产开发企业，从根本上缓解房地产企业资金的压力，也为房地产开发商提高房价创造了条件；另一方面，由于实体经济复苏缓慢，再加上出口严重下降及中国不少行业产能严重过剩，在这种情况下，许多企业从银行体系获得流动性之后，是不愿让资金进入实体产品的，而是会把这些流动性进入股市与楼市。尽管监管部门对企业信贷资金流向哪里有严格的要求，但企业要让资金流向房地产是比较容易的。

8.5 资金流入和资产炒作

当各商业银行手上有大量可贷资金时，都会千方百计地争夺信贷市场，降低进入信贷市场的准入。比如，个人信贷市场准入放松，让大量不符合规则的借款者进入房贷市场。拼命突破第二套住房信贷政策限制，让不少城市房地产炒作烽烟四起。

可以推测，如果对商业银行近两个月放出住房贷款进行检查，就可能会有80%以上是违规的。当大量违规者进入房地产市场时（无论是自住还是炒作），如果房价上涨，这些贷款万事大吉，这些贷款也不会有多少风险，贷款者赚钱效应会进一步吸引更多的人进入市场。如果房价下跌，那么所有的问题都会暴露出来。这就如同最近美国金融危机一样，实质上会比美国金融危机更为严重，因为在美国是严格限制房地产炒作的，美国贷款利率针对个人是差异化的（信用差者其利率也高，高利率可以覆盖银行的一些风险），在美国95%以上的居民持有一套住房。但在中国由于大量投资进入，5%以上的城市居民持有两套以上的住房，甚至持有几十套住房，可见中国房地产炒作之严重。

还有，2009年以来房价上涨，与中国股市重新进入上行的通道有关。由于中国股市进入上行的通道，到目前为止，上海综合指数上涨80%以上，而且一些题材股、小盘股上涨幅度更大。在这种情况下，一些股市的投资者在股市赚钱之后，有可能进入房地产市场。加上目前不少媒体在大力宣传通货膨胀的预期，更是促使投资者利用银行金融杠杆涌入房地产市场。可见，最近中国不少地方的房价快速上涨，基本上是银行信贷快速扩张及股市上行的结果。央行如果不对此密切关注，并纳入政策目标，那么等资产价格泡沫破灭再挽救就晚了。

此外，当大量银行信贷涌入市场时，不仅会有资产流入，而且也会改变市场的预期。比方说，尽管10月的CPI和PPI还处于负增长的情况，但是市场早已预期通货膨胀即将到来。如果市场的通货膨胀预期一直在强化，那么越来越多的资金流入资产会更明显。最近，房地产开发商住房销售的一句口号就是：购买住房才会保值，才能够避免通货膨胀到来。在这样的情况下，市场通货膨胀预期同样是央行货币政策要关注的大问题。

8.6 宜收紧个人按揭贷款政策

总之，中国货币政策会不会调整？要不要调整？当然在出口贸易尚未复苏，制造业及就业情况未见改善的情况下，要保持经济平稳发展，继续采取宽松货币政策自然是很重要的。但是，央行的货币政策不可顾此失彼，特别是要跳出传统货币政策理念，重新审视当前经济形势的变化，密切关注资产价格的全面上升，市场对通货膨胀预期的隐忧，并把这些因素纳入货币政策目标考虑范畴内，这样才能够做到取舍适当，才能真正保证经济持续稳定发展。否则顾此失彼，可能会面对更多的问题。而且在当前的情况下，中国房地产市场泡沫四起，完全与央行住房信贷政策有关，如果这种政策不调整，投资者一定会利用央行贷款资金及过高的杠杆率进一步炒高房价，进一步吹大房地产市场泡沫。

无论是美国金融危机与最近发生的迪拜债务危机都表明，房地产泡沫是该危机爆发的导火线或根源。如果不十分警觉地面对房地产泡沫，并采取一定措施，那么中国金融危机也可能爆发。以此，在当前的情况下，利率价格工具的使用可以再观察，但信贷的数量工具可以适度调整，特别是个人住房按揭贷款政策，要全面收紧，严格遏制利用银行金融杠杆的房地产炒作。这是保证中国金融体系安全的底线。因此，2010年中国央行货币政策会全面收缩或明松实紧。

9 2013年中国货币政策走向[①]

9.1 2013年货币政策的总基调

2012年12月16日结束的中央经济工作会议，对2013年的货币政策的总基调就是货币政策的稳健性。这也是中国连续第3年实行稳健的货币政策。所以，2013年的M2增速和社会融资规模基本上会与2012年持平。同时，也应该看到通货膨胀是2013年中国经济平稳健康运行的最大风险，2013年央行的货币政策会把控制通货膨胀作为下一步宏观经济平稳运行的前提；2013年货币政策与往年不同的地方还有一些明确的要求，就是如何降低实体经济发展的融资成本。正如中央经济工作会议公告所强调的那样，"要适当扩大社会融资规模，保持贷款的适度增加，切实降低实体经济发展的融资成本"。

对于国际市场来说，欧美国家及日本所采取的过度量化宽松的货币政策的溢出效应对中国经济影响会越来越大。这里不仅要关注最近日本所采取的过度宽松货币政策的去向及影响，还要关注欧美货币政策可能出现的逆转。中国要保证宏观经济平稳运行还得注意防范国内金融体系的风险，特别是从当前国内金融市场形势来看，一些潜在的金融风险又开始露头。比如地方政府融资平台蠢蠢欲动、影子银行快速扩张、银行不良贷款率上升、一些地方房地产泡沫开始破灭等，都可能引发大范围的金融风险。因此，防范金融风险也是2013年央行货币政策密切关注的大问题。

---

① 该文章发表在《金融与经济》2013年第1期。

9.2 通货膨胀压力上升后的货币政策

我们应该看到，尽管2012年通货膨胀不高，当年国内CPI处于低位，但2012年中国CPI处于低位并非是与实际的物价水平下行有关，而是与中国特色的以猪肉为主导的CPI统计体系、2011年CPI基数较高、从2011年下半年以来住房价格开始向下些许调整而导致相关产业不少商品价格全面下跌有关，因此，只要这几个条件变化，2013年中国CPI就面临着快速上升的压力。所以，2012年12月的CPI由11月的2.0%上升至2.5%也就不足为奇了。

尽管12月的CPI上涨幅度过大，但很大程度上是与食品价格特别是蔬菜价格大幅上涨有关，12月菜价同比上涨14.8%，环比上涨17.5%，菜价上涨成为12月CPI上行的主要因素。但是蔬菜价格上涨更多地体现为季节性，随着天气好转，蔬菜价格将会逐渐缓慢下行。因此，蔬菜价格变化对2013年CPI上涨不会造成多大的影响。

其实，影响2013年CPI上行食品类最为重要的因素是猪肉价格上涨。因为中国CPI是以食品为主导的CPI，而食品类中猪肉价格变化所占的比重又较高。往往猪肉价格上涨与下跌都会对CPI变化造成较大的影响。从2012年12月数据来看，食品价格中的肉类价格出现不同程度的上涨。这可能有节日因素及严寒天气问题，比如牛肉和羊肉价格环比持续上涨，更重要的是猪肉价格由11月的环比下降转为环比上涨，涨幅为3.9%。

而2012年整个CPI之所以处于下行的区间，很大程度就是与国内猪肉价格快速下行有关。2011年6月国内猪肉的价格指数由166.9%下降到2012年7月的76.4%，下降的幅度达90.5%，也正是在国内猪肉价格快速下行过程中，中国的CPI也从2011年6月的6.2%下行到2012年7月的1.8%。但从2012年8月开始，猪肉价格指数开始上行，7月的76.4%上涨到现在12月的86%以上，同时CPI也随之上行。也就是说，猪肉价格的变化，完全反映在2012年的CPI变化中。因此，无论是从猪肉生产周期性来看（半年到一年），还是从最近猪肉价格逐渐上行的情况来看，猪肉价格下行通道基本结束，2013年可能还会逐渐地进入全面上行的通道。如果猪肉价格逐渐上涨，2013年的CPI上涨将成为大概率事件。

CPI 的基数效应的问题（2011 年 CPI 上涨达到 5.4%，最高达到 6.2%），而 2012 年 CPI 上涨为 2.6%，最近为 1.8%。2012 年 CPI 低的基数效应自然会反映到 2013 年的 CPI 指数中，即 2013 年的 CPI 更容易上涨。2010 年以来的住房市场宏观调控，从而使 2011 年开始与住房关联大的一些产业（如钢铁、建筑材料等）产量过剩的问题立即显露出来，这些行业的价格多已出现较大幅度的调整。这就是 2012 年国内 PPI 持续走低的重要因素。而 PPI 作为 CPI 先行指标，自然也逐渐地影响 CPI 持续下行。

可以说，2013 年上述三个条件已经发生很大变化。不仅猪肉的价格开始全面进入上行通道，2012 年国内 CPI 基数较低，而且国内住房价格在 2012 年上半年有些许调整的情况下又开始上涨，从 2012 年 5 月起到 12 月国内房地产市场的价格已经连续上涨 7 个月。到 2013 年 1 月这种上涨幅度更是明显。而房价上涨，不仅带动了居住类价格水平上升，比如 2012 年 12 月国内居住类价格更是大幅上涨 3%，其中，租金上涨了 3.3%，而且带动国内住房投资、住房销售及土地交易全面增长，而住房市场价格上涨很快就会传导到与房地产业相关的产业上去，这些产业的商品价格将可能出现全面上行。可以说，上述三个因素的变化将使 2013 年的 CPI 上行成为一种趋势。

如果再加上国内外货币政策条件、中国劳动力成本上升、资源类产品的市场化、服务业改革幅度加大、国内新一轮的政府投资高潮将启动，及国际大宗商品价格全面上升所面临的输入型通货膨胀等，这些都会对 2013 年国内物价上涨形成压力。

先从 CPI 上涨的货币条件来看，2012 年的国内货币政策看上去是偏紧，但骨子里却是宽松的。其表现为 2012 年 M2 增长保持在 14% 的水平，银行信贷增长达到 8.2 万亿元，为银行信贷增长历史第二高，特别是社会融资总额更是达到 15.7 万亿元，创历史新高。再加上，2012 年以来，无论美国，还是欧洲及日本都在采取过度的量化宽松的货币政策，国际市场的流动性充斥。在这种情况下，如果人民币升值持续（其概率很大，因为随着欧美经济复苏，中国商品出口增长可能超过上一年，贸易顺差同样会增加），不仅国内市场的流动性充足，而且国际市场过多的流动性有可能随着人民币的升值又涌入中国市场。这些都会给国内 CPI 上行增加巨大的压力。

随着前十年国内住房价格飙升，国内整个物价水平早就站在一个较高的平台上并推动整个价格水平上移。在这种背景下，如果许多物品与要素的价格上涨，那么基本上会处于一个长期缓慢上行的趋势中。比如，国内劳动力价格或工资、资源性产品的价格、不少服务品的价格都是如此。而劳动力价格上涨很快就会影响到各类商品价格上来，并由此形成一个逐渐上行的循环态势。可以说，劳动力的工资等全面上行将是影响2013年CPI上行的重要因素。

再就是，国内住房价格在2012年上半年有些许调整的情况下又开始上涨，从而使国内房地产市场的价格已经连续上涨7个月。而房价上涨，立即会带动居住类价格水平上升。比如2012年12月国内居住类价格更是大幅上涨3%，其中，租金上涨了3.3%。租金与房价的持续上行而且上涨的幅度不小，这些因素都会对2013年的CPI上行增加较大压力。

同时，在国内房价连续上涨带动房地产相关的投资增加外，市场密切关注的就是新一任政府上任可能引发地方政府投资高潮。从目前所获得的信息来看，国内地方政府已经准备几十万亿元的投资项目随时准备上马。现在只不过在等待合适的时机而已。如果国内地方政府投资热启动，过强的固定资产需求很可能引发新一轮的PPI重新进入快速上升通道，而其价格上涨最后必然会传导到CPI上来。所以，国内新一任政府投资高潮的启动也将造成2013年CPI上涨的巨大压力。另外，随着美国经济逐渐复苏，欧洲债务危机已经趋缓，日本巨大的量化宽松的货币政策实施，国际市场大宗商品价格也会随之上涨，因此，输入型的通货膨胀对2013年中国CPI上涨的影响同样不可小视。2013年国内CPI全面上行成了大概率事件，而CPI上涨幅度可能达到4%的水平。因此，在这种情况下，国内货币政策何去何从也就显得十分重要了。

可以说，2013年国内货币政策在中央经济工作会议上已经定调，但这里必须考虑三个因素，一是2013年通货膨胀压力正在上升，二是货币政策变动对住房市场之影响（2012年6—7月有十分沉痛的教训），三是最近政策真空期及新政府上任后的政策过渡期。因此，在货币政策的基本原则与三个因素考虑下，2013年中国央行货币政策基本上不会走向欧美和日本信用过度扩张刺激经济增长之路，而是为了控制通货膨胀可能采取稳健偏紧的货币政策。所以，当2012年12月的CPI公布时，反应最快的就是国内股市。市场预期中国央行的货币政策将逐渐收紧而不是如早些时候所预期的那样放松。如果这样，国内稳健的货币政策将为中国经济持续增长创造条件。

9.3 通过改革让资金流入实体经济

可以说，2013年货币政策最有新意的就是"切实降低实体经济发展的融资成本"。这应该是保证有质量的经济增长重要条件。但要实现该目标必须有以下几个方面条件。首先，对实体经济清楚界定。一般来说，实体经济是相对于金融经济而言，两种经济需求的界定也容易区分。但是如住房，既有消费属性又有投资属性。如果不对它清楚地界定及用相应的政策来限制，那么它就会转化为投资性产品而不是实体商品了。

我们可以看到，2008—2012年5年的时间里，社会融资总额达到63万亿元以上（它是1998—2002年信用增长的近10倍）。这个时期的融资成本应该是很低的，但是这些低成本的资金基本上没有流入实体经济，而是流入各种资产，特别是流入以投资为主导的住房市场。因为金融市场过度信用扩张把住房的价格推高后，住房市场完全转化成一个以投资炒作为主导的虚拟经济。在这样的一个市场里，融资成本越低，利用金融市场杠杆进入投资炒作的人就越多，资产价格飙升就越快。这不仅使国内金融体系积聚了巨大的潜在风险，而且也使实体经济根本无法获得低成本的融资。因此，政府要用政策对"实体经济"严格界定，这才是降低"实体经济"融资成本的前提，低成本融资就不会涌入资本市场及增加国内金融体系风险。

其次，低成本的融资要流入实体经济必须要有一个有效的市场机制。如果国内金融市场的价格机制没有形成及金融资源不能有效配置，那么融资成本再低也无法流入融资困难的实体经济。比如近几年来，中国金融市场民间信贷发达、高利贷盛行、炒钱之风狂烈、银行理财产品突飞猛进、信托贷款剧增、影子银行风险巨大、人民币汇率价格不合理等。也就是说，低成本的融资并没有流入实体经济，而是流入各种高风险高收益的市场。目前这种情况并非仅是个案，而是具有普遍性。

再次，在融资渠道多元化的今天，降低实体经济的融资成本的工具是可相互代替及多元化的。就当前国内的融资来说，融资市场格局及融资工具发生了较大变化。比方说，在 2003 年之前，由于银行是企业最为主要的融资渠道（占比达 90% 以上），因此，银行融资成本的高低也就决定实体经济融资成本高低，特别是在利率还没有市场化的情况下更是如此。不过，当前企业的融资渠道发生了较大变化，不仅银行信贷融资占整个融资的比重下降，而且多元化的融资渠道让企业面临更多的选择。因此，从 2012 年上半年开始，随着银行利率市场化程度提升，这就使企业无论是来自银行信贷市场融资还是来自其他市场融资（信托市场、债券市场及股票市场等），其成本的高低并非是通过政府的政策手段来实现，而更多的是取决于企业本身素质、权威性更高的信用评级体系建立及利率市场化的程度。

目前，国内企业股权融资成本较低，不仅企业都想涌入资本市场（目前主板有 800 多家企业准备上市，三板市场有 1 万多家企业准备上市），但是这里不仅有国内股市能否准备好的问题，更有企业上市后是不是把资金投入实体经济的问题。如果这些方面没有准备好，大量企业涌入股市"圈钱"，那么股市将面临巨大的风险。

对于银行信贷融资，在当前半开放及融资多元化的市场下，希望通过货币政策来降低融资成本让资金流入实体经济所起到的作用是十分有限的。2012 年上半年，政府的保增长政策使央行连续下调利率，但是央行货币政策出台之后贷款加权利率不仅没有下降，反而上升；商业银行利率上浮的比重不是减少而是增多。因为，在政府对银行信贷严格的管制条件下，国内商业银行之间的竞争更多的是信贷规模的竞争而不是价格机制的竞争，但利率半开放又提供了商业银行利率上升的动机。

最后，既然企业融资成本的高低更多的是来自市场因素，那么为了降低实体经济的融资成本，政府要做的应该是推进金融体系利率市场化改革，建立起特殊的优惠政策来保证弱势行业或企业能够解决其金融约束的问题，而不是以行政干预的方式来推低利率水平。因为在以政府为主导的金融市场，不仅政府过多的行政干预不能使低成本资金流入实体经济（早几年的情况就是最好证明），而是进入虚拟经济及各种高风险的资产，而且由于金融市场严重的信息不对称，如果过度强调降低融资，这就容易让高风险企业及项目容易把其风险转移到银行体系。金融体系或银行体系潜在风险增加不仅不利于实体经济发展及造成虚拟经济的繁荣，而且虚拟经济繁荣将成为实体经济发展的重大障碍。

所以，在当前的中国金融体制下，低成本的融资是否能够进入实体经济是相当不确定的。这里既有政策对实体经济界定问题，也有金融市场的本性问题，这就需要对当前国内金融体系进行改革来保证。如果没有这些条件，低成本的融资是不容易进入实体经济的，反而增加了这些低成本的资金流入虚拟经济的概率。而且融资成本高低也并非是由政府来主导的，而必须通过市场化方式来完成，否则面临的问题会很多。所以，市场本身规律不需要过度解释国内央行的货币政策。

9.4 放开存款利率浮动上限

最近，央行调查统计司司长盛松成撰文指出，利率市场化的下一步可上调甚至取消部分银行存款利率浮动上限，并通过这种方式来努力推进利率市场化的改革，以此给国内的金融机构松绑，并为由国家主导的银行体系引入更多竞争。应该说，该观点看到当前国内金融改革的实质，放开银行的存款利率浮动上限是利率市场化的关键。如果不从该切入点入手，中国的金融改革将会面临许多问题困扰。

对于中国金融市场改革，大家都知道是要做，而且要加大改革的力度，但是改革的切入点在哪里，则众说纷纭，见仁见智。其实，面对中国金融改革的诸多问题，最为重要的仍然在于金融市场价格机制如何来确定。如果一个金融市场没有价格形成机制，也不存在由资金供求关系来决定市场价格。一个市场连价格都不存在，其市场从哪里来。从目前中国的情况来看，尽管形式上的金融市场已经出现了20多年，但是实际上，中国金融市场的价格仍然主要是由政府管制的。当前金融市场的价格与市场形成的价格仍然相差很远。

比如，中国金融市场的基准利率与欧美发达国家金融市场的基准利率有本质上的区别。欧美发达国家金融市场的基准利率是银行间货币市场的隔夜拆借利率，它对金融机构、金融市场及金融产品的影响与作用都是间接的，或是要通过更多的环节才能传导到具体的金融产品定价上来。但是中国金融市场的基准利率则与此不同。中国金融市场的基准利率是一年期银行存贷款利率。这种利率是给银行存贷款直接的风险定价。如果国内央行基准利率调整实际上就是直接给银行存贷款的风险定价，那么商业银行对存贷款风险就没有定价权。因此，国内银行体系的竞争并非是价格机制的竞争而是信贷规模或数量的竞争。在这种情况下，整个金融市场的价格机制也就无从谈起。中国金融市场的价格就在这个过程中被完全扭曲。

1998年以来，国内央行在严格管制存贷款利率的基础上，开始实行"银行贷款利率下限管理及银行存款利率上限管理"政策，给国内商业银行存贷款风险有些许的定价空间，即2004年取消了银行存款利率下限（可向下浮），同时允许贷款利率较基准利率向下浮10%。2012年，央行决定允许银行的存款利率较基准利率向上浮10%，允许贷款利率向下浮30%，这在一定意义上进一步打开了商业银行存贷款风险定价的空间。

但是，由于央行对存贷款利率仍然是直接管制，由于利率上下限管理放松些许空间，尤其是存款利率仍然为严格的管制下，因此，中国金融市场价格机制扭曲及利率市场化的程度仍然很低。在这种情况下，不仅严重影响了中国金融市场资源的有效配置，也影响了中国金融市场正常运行。可以说，放开或全部取消商业银行存款利率上限，它不仅是中国金融市场利率市场化最为重要的一步，只有迈出这一步，国内金融市场许多重大制度改变才能够启动；而且这也是调整中国金融体系中许多扭曲行为的关键。比如，近几年中国金融市场民间信贷发达、高利贷盛行、炒钱之风狂烈、银行理财产品突飞猛进、信托贷款剧增、影子银行风险巨大、人民币汇率价格不合理等，都与当前国内金融体系价格扭曲有关。如果不能建立国内金融市场有效的价格机制，那么这些问题仅通过事后的监管是无法得到解决的。国内金融市场所面临的风险会越来越大。

如果说部分放开或完全放开商业银行存款利率是2013年金融改革及利率市场化的重点（由职能部门的管理者提出，就意味着利率市场化改革的迹象已经开始显现），那么这种改革将对中国金融体系造成重大的影响。这不仅在于当前国内金融市场内的利益关系会出现重大调整，而且金融市场行为及价格水平都可能出现重大的变化。因此，无论是国内市场还是国外市场，无论是企业及个人投资者还是地方政府等，都得密切关注这种金融改革的动向，绝不可低估这种重大改革对国内外金融市场的重大影响。

9.5 防范金融风险保证货币政策稳健

可以说,国内金融体系风险之隐患又开始冲向了前台。无论是中国影子银行快速扩张,还是地方政府融资平台冲动、国内商业银行资产不良率上升、房地产等资产价格全面上升等,这些现象都表明国内金融体系潜在的风险正在放大并暴露出来。

比如,无论如何界定,许多研究都表明国内影子银行的规模达到了30万亿元以上。对这个数据有力的佐证就有两个。一是从央行最近公布的融资情况来看,2012年银行贷款增加8.2万亿元(为历史第二纪录),社会融资总额达15.7万亿元(历史最高)。从历史数据来看,中国银行贷款占整个融资的比重由2002年的超过92%到现在下降到了不足52%。银行融资的比重下降不仅说明了融资多元化的程度也说明国内金融体系脱媒程度。二是国内信托资产由2007年不到1万亿元到现在已经上升到7万亿元,信托资产成了仅次于银行资产持有最多的金融机构。更为甚者,面对国内影子银行的风险,2012年8月监管部门紧急叫停了银信合作。但是不到半年时间,银证合作又进入发展的高潮。比如,2011年年底券商管理的理财资产不足3000亿元,但到2012年年底大概半年的时间上升到了近万亿元。可以说,中国式的影子银行正在野蛮生长,中国银行影子风险也在逐渐积累与放大。

更为重要的是,绝大多数人对"影子银行"的理解仅是把银行贷款转化为各种信用产品,通过这些信用产品获得信贷资金或对信贷进行无限扩张,这样就可以把传统的银行信贷关系演变为隐藏在各种信用产品中的信贷关系。这种信贷关系看上去像是传统银行来运行但仅是行使传统银行的功能而没有传统银行的组织机构,即类似一个影子银行体系的存在。所以,人们一般所理解的"影子银行"就是指游离于银行体系之外,从事类似于传统银行业务的非银行机构。如欧美国家以证券化方式引发的投资银行、对冲基金、私募股权基金、货币市场基金、债券保险公司、结构性投资工具等非银行金融机构的行为。而在中国,由于中国金融市场不成熟、不规范,中国影子银行不仅包括上述所指的非银行金融机构,还包括财务公司、信托公司、小额贷款公司、典当行、各类私募基金、民间金融以及各类金融机构理财等表外业务，即把影子银行只是看作银行之外非银行金融体系的不同行为。

但是实际上，影子银行的实质是银行体系之外信用杠杆化及期限转换的金融中介活动。如果从这样的角度来理解，影子银行的范围应该包括金融体系与实体经济之间的非银行信用行为；金融体系内部的银行与非银行金融机构之间的非银行信用行为；及银行内部的非银行活动行为（所谓的表外业务）。如果把影子银行范围界定延伸到此，那么国内金融体系仅是影子银行所带来的金融风险可能比正常所统计的数据要大得多。

那么，国内金融体系信用扩张的风险为何会如此之大？中国影子银行及金融体系其他隐藏风险又为何会如此之高？最大的问题就是以政府主导的经济当事人，每一方都希望通过过度信用扩张来达到其目的。比如，政府希望通过信用过度扩张来化解民生及经济问题（比如政府采取量化宽松货币政策来化解金融危机、增加社会就业等）；投资者及企业希望信用过度扩张来增加利润及获得最大利益；个人希望利用金融杠杆让自己财富快速增长等。再加上，一般投资者的贪婪本性；绝大多数人对金融知识、金融产品不理解、不熟悉；金融投资成本与收益的分析未来性；金融监管制度不完全性等。这就必然使市场各方的当事人都在千方百计地过度利用现有的金融体系，无论是地方政府融资平台冲击、银行不良贷款率上升还是国内影子银行的盛行等都与此有关。

可以说，对于中国金融市场，无论是地方政府融资平台风险增加，还是影子银行盛行、商业银行不良贷款率上升及国内房地产企业境外负债增长等，都预示着国内金融市场的风险暗流汹涌。因为，对于国内监管者及金融机构来说，对当前中国金融市场风险评估往往是建立在以下两个前提的基础上，即住房价格只会上涨而不会下跌、人民币仍然处于升值空间及欧美国家的量化宽松货币政策得以持续。

可以说，地方政府之所以敢绕道银行表外即成为影子银行继续大规模高成本地融资，并以城投债、信托等理财产品形式进行融资，这不仅在于这些产品有政府的隐性担保，有地方政府业绩的冲动，而且更有借贷双方都预期住房价格上涨而推高土地价格，使土地出让金收益增长的动机。尽管当前银行体系对房地产业的贷款占比只有 20% 左右，但是国内银行体系 60 万亿元贷款与住房按揭、住房抵押及土地抵押等相关的贷款占比在 60% 以上。

我们可以看到，中国房地产市场发展繁荣了十多年。这十年来，不仅中国新房的建造占全世界总建造住房一半以上，中国成了世界历史上绝无仅有的大建筑工地；而且中国住房市场的价格也飚升，尤其是中国一些一线城市房价上涨达10倍以上。因此，中国房地产市场早就形成了一个巨大泡沫（无论是用房价收入比、租金房价比及居民住房贷款债务承受度等指标来计算都是如此）。尽管当前中国这个巨大房地产泡沫只有少数地方在破灭（如温州、鄂尔多斯、海南等），国内房地产泡沫破灭也仅是在小范围内发生，但是近十年来的中国房地产市场的价格从来就没有出现过一次周期性调整。可以说，只要房价不下跌，当前国内金融体系的风险（无论是正规金融还是非正规金融）就不会轻易显示出来，监管部门就可用历史及当前数据来表明国内金融体系的风险在可控的范围内。但是，如果国内房价下跌，国内金融市场潜在风险就会暴露出来。

美国经济学家福德怀雷（F. E. Foldvary）的研究发现，自1818年以来美国有200多年的历史中，每一次金融危机及经济衰退尤其是大萧条，都与房地产的周期性变化或房地产泡沫破灭有关，200年来几乎没有例外。在过去200年里，美国房地产发展的实周期大约在18年，之后肯定跟着一个大经济衰退。同时，近年来日本、中国香港、欧洲一些国家或地区所出现的情况也是如此。难道中国房地产发展可超越该规律吗？如果不能够超越，如果中国房地产泡沫破灭及价格出现重大的调整，那么国内金融体系的潜在风险也就会随房地产泡沫破灭而暴露无遗。如果这种情况出现，那么中国金融体系又会发生什么？而且这种系统性风险如何爆发、什么时候爆发我们能够预期到吗？实际上，这是不可能的，也没有人能够预期到。

还有，人民币的升值不会逆转吗？这当然要看中国实体经济的发展，也得看欧美国家量化宽松的货币政策在什么时候结束。如果欧美量化宽松的货币政策结束，整个国际市场汇率价格就会出现较大的调整，人民币升值也可能在这种调整过程中出现逆转。一旦人民币贬值，不仅可能导致企业外债的融资成本突然上升、房地产泡沫破灭、大量的外资流出、国内资产价格全面下行等一系列的连锁反应，中国金融危机也会随着这种反应而爆发。1994年的墨西哥和1997年的泰国就是最好的案例。

当前国内金融监管所看到的可控数据，往往是各银行及金融机构所操控的数据。比如，为了粉饰其资产负债表，一些银行通常在设计理财产品时会将到期时间恰好设定在其季报公布前不久，从而将这部分客户资金记录为当季存款，然后再在下一个季度开始时将其转回高收益率的理财产品。所以，国内银行业的资产负债表数据在一定程度上高估了银行真实的存款基数，隐藏了向不透明融资和投资结构的转变。比方说，在2012年12月当月新增存款1.4万亿元，当月最后一天新增存款5000亿元。这些都可能与银行操纵资产负债表有关。可以说，当上述风险爆发时，国内金融体系所面临的问题都来了。

总之，任何金融体系的系统性风险都是不可预测的。它的发生往往是一连串潜在风险积累的结果。目前国内的金融体系风险的隐患不可谓不严重。无论是地方融资平台，还是影子银行、以房地产为主导的资产价格泡沫吹大及银行不良贷款等方面都是如此。只不过这些事是建立在两个不成立的假定基础上（房价只涨不跌及QE不会停止），如果这两个假定条件变化，那么国内金融体系潜在风险都暴露出来。如果这样，中国金融危机也发生了！

9.6　小结

2013年是新政府上任的第一年，稳健性成了央行货币政策的基调。但是针对实体经济的变化，要保证经济运行的稳健，既要关注全年通货膨胀的压力，也要防范国内金融体系所面临的巨大风险，并要通过加大改革开放的力度来化解当前国内金融市场矛盾与问题。因此，如果上半年CPI平稳上行，央行货币政策动用的工具不多；如果下半年通货膨胀的压力加大，央行货币政策会逐渐地在稳健中趋紧，利率、汇率、存款准备金率等都是频繁使用的工具。特别是新政府上任，金融监管各部门的主事人对金融的理念会与以往有很大不同，而这种不同对2013年央行货币政策及整个金融改革可能会有较大程度的影响，市场面临的不确定性也很多。特别是面对通货膨胀压力及金融改革力度加强，都会对2013年国内金融市场造成重大的影响，这些都是市场必须密切关注的问题。

10 "去杠杆化"是央行当前货币政策主基调[①]

10.1 央行降息并不意味当前货币政策的加杠杆

近期，一连公布的经济数据不太理想，比如 PMI 指数持续走低，第三季度的 GDP 增长只有 7.3%，2014 年 10 月的 CPI 处于 1.6% 的低位，PPI 连续 33 个月负增长等，从而使国内经济增长下行压力不仅没有放缓，反之加大。再加上沪港通的开启不如政策预期，政府出台了一系列救楼市政策并没有让房地产市场走出困境。因此，中国经济下行压力增加。面对这种情况，外资银行都认为，目前该是中国政府重新采取经济刺激政策的时候了，央行货币政策应该进行重大转向，全面地降准降息或加杠杆。甚至有人预测，2015 年，中国央行将会降准多少次、降息多少。也就是说，市场要求央行货币政策进行重大调整的呼声十分强烈。特别是在 2014 年 11 月 21 日央行突然宣布降息之后，市场更是认为央行货币政策已经出现了重大转向，中国已经进入新一轮的降息周期或中国货币政策将进入加杠杆的周期。

比如，这些外资银行认为，如果中国的经济增长在第四季度低于 7%，那么中国的债务违约、企业破产、就业岗位流失的情况将会恶化，国内金融市场的风险进一步增加。在这种情况下，中国领导人将会改变党的十八大以来所坚持的"微刺激"的经济政策取向，对当前的经济政策特别是货币政策进行重大调整。而央行降息就意味着中国央行已经把关注的重点转向更广泛的刺激政策，中国货币政策进入加杠杆的周期或降息周期。

不过，习近平总书记在 2014 年 11 月 APEC 峰会指出，当前中国经济

[①] 该文章发表在《新金融》2015 年第 1 期。

放缓趋势是中国经济的"新常态"。这种经济的"新常态"包括经济高速增长转向中高速增长。中国经济的"新常态"将为中国带来新发展机遇，虽然经济增长放缓，但实际增量仍然可观，即使增长7%左右，无论是速度还是体量，在全球仍名列前茅，经济增长更为平稳，增长动力更多元化。也就是说，对于当前央行的货币政策，"新常态"论其实透露出一个重要的信息，即当前中国的经济增长的速度与方式正在全面转型，当前经济增长速度下行并非不可容忍，央行不需要出台强刺激政策来保经济高速增长，当前央行的货币政策也不需要重大转向。

因此，外资银行认为中国已经进入降息周期或加杠杆周期是不成立的，因为当前中国没有需求进入降息周期。在这里，我们得先来看什么是周期？从字面上来理解，事物在运动变化过程中，某些特征多次重复出现，其连续两次出现所经过的时间叫"周期"。也就是说，如果央行再降息一次，就可称为降息周期了。但实际上，如果降息的幅度只有0.25厘，央行再降息一次对降低社会融资成本起不了多少作用，那么这种降息周期的意义应该不会太大。而外资银行一直在炒作的，估计并非是降息多少次的问题（至少是两次以上），而是央行货币政策出现重大转向的问题，并以此来影响市场预期。

对于中国不需要进入加杠杆周期，央行网站上的公告也讲得十分清楚。该公告指出，这次央行突然降息的目的就在于发挥基准利率的引导作用，以此来降低社会融资成本，解决当前金融市场"融资贵、融资难"的问题。同时也指出，此次利率调整是属于中性操作（既不是加杠杆也不是去杠杆），并不代表货币政策取向发生变化。因为当前中国经济运行保持在合理区间，不需要对经济采取强刺激措施，稳健货币政策取向不会改变。

那么，央行降息是为了解决当前中国金融市场的融资难与融资贵的问题吗？其实也不是。对于国内中小企业，特别是小微企业的"融资难、融资贵"的问题并非是一个突发性问题，而是长期以来就存在的问题，不需要突然降息来解决。还有，为了解决这个问题，2014年以来中国央行推出了一系列措施，特别是定向型降准降息更具有针对性。比如4月，下调农商行及农村合作银行的存款准备金率，释放资金近1000亿元；6月针对"三农"及小微企业，降准的范围扩大到城市商业银行等，释放资金达900亿元；向国家开发银行投放10000亿元人民币；9—10月两个月采取中期货币借贷工具（MLF）向市场注入近7700亿元人民币等。仅后两项就相当于美联储 QE 退出前三个月购债规模；又或相当于日本央行加码量化宽松后合计 5 个月注资金额。但是，已有的数据显示，与 6 月相比，9 月贷款加权平均利率和一般贷款加权平均利率分别上升了 0.01 个和 0.07 个百分点。也就是说，针对性具体定向政策对降低整个社会融资成本效果也不佳，那么通过央行采取降息来解决这个问题更是作用有限。所以，这次央行降息的实质并不在这里。

因为，中小企业"融资难、融资贵"的问题，既是一个长期的问题，也是一个世界性普遍问题，央行是无法通过突然降息来化解这个问题的。尤其是当前国内的金融体系，有效的价格机制没有形成，市场价格扭曲，央行基准利率降得最低，不仅很难让整个市场的融资成本降低，也无法让低成本的资金流向中小企业。因此，从当前国内外经济形势及央行降息的方式来看，央行突然降息的目的既有救国内楼市和激活国内股市的意义，更重要的在于深化利率市场化改革。深化利率市场化改革则是这次央行突然降息的核心所在。

10.2 央行突然降息的实质意义

这次央行的突然降息，外资银行以他们的角度看到央行在救经济、救楼市、激活股市，但实际上最为重要的是推动中国金融市场利率市场化的改革。因为，当前国内经济形势恶化及金融市场融资难与融资贵，并非是对银行体系注入流动性及降低银行贷款利率就可以解决的，而是与金融市场价格机制扭曲，有效的市场价格机制无法形成，利率市场化改革滞后有关。在当前的市场条件下，一方面银行要与货币基金争夺存款，使银行的融资成本全面上升；另一方面，面对经济全面下行，面对着房地产市场的风险增加，银行也不愿意放出贷款，导致国内银行的金融中介功能丧失，其他社会融资市场泛滥，如影子银行盛行。在这种情况下，自然会提高整个社会融资成本，减弱企业投资的欲望，并导致经济增长恶化。因此，要解决这些问题，深化利率市场化改革就显得特别重要了。

而 11 月 21 日央行突然降息，其实质不在于加杠杆，而是深化当前国内金融市场的利率市场化改革。先从这次央行降息的特点来看，这次降息与以往有很大不同。其特点有三个：不对称降息、存款利率浮动上限进一步打开、利率期限档次简化。而这三大特点基本上都是围绕着利率市场化改革而展开。一是从不对称降息的特点来看，看上去主要目的是缩小贷款利率与存款利率的利差空间，降低社会的融资成本，但在贷款利率基本上放开的情况下，这种贷款利率基准降低实际上意义不是太大。因为，在实际操作中，银行贷款利率的弹性空间比这大得多。更重要的是为存款利率市场化创造条件。二是利率期限档次简化本身改变持续了几十年的传统利率结构体系就是利率市场化的改革，还有利率期限档次简化不仅有利于增加银行的自主定价空间和提高银行风险定价能力，也能为存款利率市场化改革创造条件。三是存款利率浮动上限扩展到1.2倍，它是向国内利率市场化迈出了一大步。因为党的十八届三中全会之后，深化利率市场化改革成了当前国内金融市场改革最为艰巨的两大任务之一（另一是人民币汇率形成机制的市场化改革）。在国内银行贷款利率下限已经完全放开的情况下，利率市场化改革剩下的是存款利率的市场化。而存款利率的市场又体现为存款利率逐渐放开及基准利率体系转型是最为主要的两个方面。而存款利率逐渐市场化显得更为重要。只有存款利率逐渐市场化，基准利率体系才能在这个过程中转型。可见，这次央行突然降息的实质就是推进存款利率市场化。这次央行降息的三大特点就是围绕着存款利率市场化改革而展开，而把存款利率浮动上限由1.1倍扩展到1.2倍则是这种展开的焦点。这一展开不仅将改变国内银行的生态，也会全面提升国内银行竞争力及服务水平。据报道，大部分商业银行已将存款利率浮动到顶，上浮20%。一年期存款利息不缩水，三年期利息不降反升。

由于当前银行贷款利率基本上完全放开，由于国内的基准利率是银行一年期存贷款利率（成熟市场经济的基准利率不是这种利率，多是货币市场隔夜拆借利率），如果存款利率没有市场化，贷款利率完全放开，那么贷款利率下降的幅度最大，实际上意义不会太大。因为，贷款利率是银行的收益，而存款是银行的成本。如果利率市场化只是银行收益方面放开，银行对贷款利率有完全的定价权时，那么银行不仅会把贷款利率定到客户最高愿意出价的水平，过度的信用扩张也在所难免。在这种情况下，银行定价越高、信用扩张越是过度，其获得的收益就可能越高。如果这样，不仅会让银行推高融资成本，也可能让这些高成本的资金流入高风险资产,从而推高各种资产之价格。早些时候,国内融资成本高的问题无法解决,与这种贷款利率单边放开也会有很大关系。

而这次央行降息,既把贷款利率基准降低也把存款利率浮动上限进一步扩大。这当然可以增加商业银行自主风险定价的空间,但也强化了银行经营的成本约束。因为,在国内融资需求旺盛、管制下的贷款规模决定银行竞争力大小、存款决定贷款情况下,各银行基本上会把存款利率全面上浮直到1.2倍,否则无法获得更多的存款,减弱银行的竞争力。而存款利率作为贷款的成本约束,存款利率上升自然会增加银行贷款的成本。在这种条件下,不仅要求商业银行增强自主风险定价能力,也要求银行加快经营模式转型并提高金融服务水平,全面提升银行经营效率。如果能够这样,金融市场有效的定价机制才能逐渐完善,基准利率体系也会在这个过程中转型。可以说,目前国内金融体系的一系列问题,都与市场价格机制扭曲,有效的市场价格机制无法形成,利率市场化改革滞后有关。而存款利率浮动上限拓展1.2倍则是向利率市场化迈出了最为重要的一步。

也就是说,这次央行突然降息,既是希望下调贷款利率利用基准利率这个价格杠杆来降低市场的融资成本,引导资金流向实体经济,以此来缓解国内经济增长之压力,但实际上是要激活国内股市及救房地产市场,更为重要的是深化利率市场化的改革。利率市场化改革滞后,才是金融市场各种问题的根源所在。所以,这次央行降息核心问题就是存款利率的浮动上限由1.1倍扩展到1.2倍,就是在贷款利率下调的情况下,给出银行更多增加其运行成本约束的空间。这不仅通过政策性方式把银行的利润空间全面压缩,也强化了银行之间的竞争及银行经营模式的转变。这将使国内银行业的生态发生重大的改变。可见,这次央行突然降息,其实质是要推进金融市场利率市场化的改革,而不是货币政策重大转身或货币政策进入加杠杆周期。

10.3 去杠杆化是货币政策的主基调

2008年美国金融危机之后,美联储采取连续多轮的量化宽松的货币政策,尽管这些政策没有让美国经济走入20世纪30年代的大萧条,但美国量化宽松政策的效果到现在还是令学术界十分质疑。同样，日本与欧洲也试图用量化宽松政策来化解本国经济衰退的问题，由于日本与欧洲所面临的问题与美国完全不同，比如日本的国内经济体制高度失能，欧元区的金融体系脆弱不堪，那么日本及欧洲央行希望采取过度的量化宽松走出经济的困境同样是不可能的。比如，日本是采取量化宽松的鼻祖，已经实施量化宽松政策20年了，但这不仅没有让日本经济走出困境，反之让日本经济停滞了20年。所以，外资银行希望中国政策也用过度量化宽松的货币政策来刺激中国经济增长，让中国经济走出当前的困境同样是不可能的。

因为，当前中国的经济问题与欧美及日本更是不同，政府希望更为过度宽松的货币政策或降息降准或加杠杆来解决问题更是不可能。比如，当前中国经济增长为何会持续下行及严重产能过剩？仅是社会融资成本高的问题吗？根本就不是。问题在于依靠过度信贷扩张的经济"房地产化"或过度投资增长，在于整个社会都依靠过高的金融杠杆来把住房作为炒作赚钱的工具。而这种"房地产化"经济肯定是不可持续的，它的周期性调整必然会引发整个社会及经济生活中的一系列严重问题。比如GDP的增长下行、产能严重过剩、银行不良贷款增加、金融体系风险暴露、官场腐败盛行、社会矛盾冲突等。在这种超周期的调整中，如果政府的货币政策不是通过"去杠杆化"的方式来化解，而是用信贷扩张加杠杆的方式来强化经济的"房地产化"，那么中国的问题可能会越来越严重。或从"新常态"论来看，当前央行的货币政策应该是处于去杠杆化的超级周期中，而不是进入加杠杆化的周期。在此，我们先来看看当前国内金融市场的总态势。

首先，就目前的情况来看，中国的货币总量在全球是最大的，而近些年货币总量的扩张速度也远超过欧美、日本。在这种情况下，中国也推出欧美类的量化宽松政策实际效果很难确定。比如，到2014年6月末，中国货币总量（M2）已经达到120.96万亿元，同比增长14.7%，相当于1999年年末11.99万亿元的10倍以上，成为21世纪以来主要经济体中货币增长最快的国家，也是目前全球货币总量最大的国家。如果按照6月底人民币兑换美元的汇价6.15计算，那么中国6月末的货币总量达19.67万亿美元，而当前美国货币总量只有11.21万亿美元，不过，中国的GDP不足美国GDP的60%。在这种情况下，中国的货币再过度扩张会有效吗?

中国的货币总量不仅巨大,而且其增长的方式与欧美发达市场经济国家有很大不同。欧美国家及日本货币总量的扩张,主要是通过降低基准利率及购买债券加大基础货币投放。中国则不是这样,购买外汇则是近几年央行投放基础货币的主要渠道。央行购买外汇投放的基础货币表现为央行"外汇占款"。1999年年末,央行外汇占款为1.40万亿元,到2013年年末,就增加到26.43万亿元,增长了将近19倍。外汇占款占央行总资产的83.3%。这成了中国央行资产结构与其他国家央行最不同的地方。

而外汇占款都会转化为企业及个人在银行的存款。存款又是商业银行的贷款,贷款又转化为银行新的存款,货币投放及信用创造就在这个过程中发生与延展。在外汇占款快速增长的情况下,国内货币总量也得到快速增长。为了控制货币总量快速增长,央行不得不提高存款银行的存款准备金率。这也是目前国内存款准备金率之所以畸高的主要根源。存款准备金率的调整则成了这一时期央行重要的货币政策工具。存款准备金占央行总负债中的比例达60%,这与其他国家央行的负债结构完全不同。

既然外汇占款是基础货币投放的主要方式,既然存款准备金率调整主要来自外汇占款增长或减少,那么当前国内降准并非取决金融市场流动性测算,取决于CPI的高低等数据,而最为重要的是外汇占款的增长速度。如果说,目前外汇占款仍然为基础货币投放的主要渠道,或外汇占款增长仍然很快,那么央行降低存款准备金率的概率就会降低。否则反之。而外汇占款增长快慢很大程度又与人民币汇率变化有关。前些年,央行外汇占款增长过快根本上就在于人民币汇率持续单边升值。如果这种态势不改变,降准从何而来?可见,全面降准重点应该放在央行过高的外汇占款处置及改变人民币汇率单边升值的态势上,而不是以当前一般性的经济数据变化为依据。

其次,2008年下半年美国金融危机之后,中国及英美等国都采取了过度扩张的量化宽松的货币政策,从而使各国央行资产负债规模急剧扩张。比如美国及英国,2013年年末与2007年年末相比,美联储资产负债规模扩大了4.5倍,而英国央行扩大了5.2%。但美英两国央行资产负债急剧增加,主要是用弥补去杠杆化所造成的货币总量缺口或流动性突然中断，而不是货币乘数急剧膨胀，因此，也就没有造成严重的通货膨胀威胁。但中国情况与之不同，2008年美国金融危机之后，中国迅速推出一系列过度刺激经济的政策，大规模扩大投资，推动全社会（政府、企业、个人、金融机构等）快速提高杠杆率或负债率。在这种情况下，尽管中国的资产负债规模扩张速度远低于英美，但是中国货币总量扩张远超出英美。以2013年年末与2007年年末相比，中国央行资产负债规模扩大了1.88倍，而货币总量却增长了174%（英国为30%，美国为48%），中国货币总量年均增长超过18%（英国不足5%，美国不足7%）。

从上述情况可以看到，同样是采取量化宽松政策，由于市场条件不一样，所使用的货币政策工具不同，达到的目的不一样，所以最近的结果也完全不同。比如英美国家的量化宽松政策主要是救市，以价格及数量工具来化解市场流动性突然中断，采取的是去杠杆化的方式，并通过完全的市场方式进行；但中国采取的是经济刺激政策，重点加大政府主导的项目投资，采取的是整个社会加杠杆的方式，市场机制很难在资源配置中起到作用。这当然可以在金融危机之后让中国经济很快止跌回升，但这容易导致经济增长的低效率或无效率，削弱经济增长之潜力，扭曲整个社会收入分配关系，经济增长不可持续及增加国内金融体系的风险。这些都是当前中国经济增长下行的原因所在。

可见，由于市场条件不同、货币政策工具不同，应对的方式不同，中国式的量化宽松政策也会不一样。2014年央行的全面量化宽松政策已经启动，其相关的措施，甚至比2008年下半年金融危机那次政府出招注入流动性还要多，政策出台更为频繁。只不过所出招的方式不同，所使用的工具也不同。所以，中国式的量化宽松是否需要加杠杆是令人质疑的。至于当前中国式的量化宽松如何扩张，应该把重点放在深化利率市场化及汇率市场化改革上，放在央行过高的外汇占款处置及改变人民币汇率单边升值的态势上，这是化解当前中国金融市场许多问题的核心所在。

特别应该注意，无论是从中国自身2008年下半年以来的经验，还是从美国及日本的量化宽松政策的经验来看，尽管通过过度信贷扩张能够短期内缓解经济下行之压力，甚至带动经济的短期繁荣，但它是否能够把国家经济带向持续繁荣增长之路是不确定的。尤其是中国加杠杆化的量化宽松与欧美国家减杠杆化的量化宽松有很大差别。因此，就目前中国的情况而言，去杠杆化仍然是当前央行货币政策的主基调。如果央行对此权衡失误，有可能成为中国金融体系系统性风险产生的根源。对此，国内央行一定要从长计议。

10.4 增加人民币汇率弹性

货币政策的作用不仅在于保就业、保物价稳定，也在于保证币值稳定。人民币汇率变化同样是去杠杆化的重要一环。就2014年下半年国内外形势来看，已经发生巨大变化，这对人民币汇率造成不小的影响。比如，先有美联储10月底宣布退出量化宽松政策（QE），后有日本央行随即加码QE。这不仅导致了美元汇率快速上升，美元综合汇率指数上升88的水平，也导致日元快速贬值，及非美元货币大幅贬值。人民币则成为2014年美元强势过程中唯一对美元升值的主要货币，但是，随着非美货币大幅贬值（欧元与日元2014年前11个月分别贬值了9.3%和12%），人民币走弱的态势也将显现。因此，人民币汇率贬值还是升值就在于央行如何权衡。

最近有迹象表明，国际市场的热钱又开始大量地流向中国。这可能与最近日本量化宽松的货币政策进一步加码有关。因为日本新的量化宽松政策实施，以日元为主导的利差交易会进一步盛行。而这些通过利差交易从日元体系流出的资金，由于看好人民币未来的升值，有可能会涌入中国市场，至少会流入香港市场。

比如最近野村发表报告显示，中国公布9月对香港出口总额，较香港公布从国内进口额高出135亿美元。这种差距是前8个月月均差距水准的近两倍。而这种差异表明以虚假贸易为工具的非法跨境套利交易十分猖狂。还有，中国出口到香港的珠宝和贵金属比上半年同期急剧增加678%，达94亿美元。这种情况的出现很可能与这类商品非常容易虚开发票价格、让资金流入国内套利投机有关。也就是说，随着2014年6月以来的人民币持续升值，市场对人民币升值的预期又在强化，从而使国际上的大量热钱又开始流入中国。

当然，国际市场预期人民币升值的因素还有，比如中国政府正在全方位地推进人民币国际化的进程。如建立北美、欧美、拉美、新加坡、伦敦等人民币离岸中心；与中加、中俄等签订货币互换协定；要求中国的进出口贸易结算中人民币结算的比重提高等。而人民币的国际化，市场肯定会预期人民币仍然会强势或升值，否则他国企业及个人是不会愿意持有弱势的人民币的。更为重要的是中央政府宣布香港与上海市场之间的股票交易即"沪港通"在11月17日正式启动，同时放开香港居民兑换人民币的各种限制。而"沪港通"不仅迈出人民币国际化最为重要的一步，从而使人民币国际化进程中简单地作为结算货币转型为投资货币（这是一种质的飞跃），而且也会让香港市场对人民币的需求大幅增加。对市场来说，这也可能意味着突然快速增加人民币需求而让人民币升值成为一种趋势。

不过，人民币汇率的升值或贬值，不仅是一把"双面刃"，也是一种重大的利益关系调整。如果人民币又走上持续升值之路，不仅涉及不同的国家之间的利益重新分配，涉及央行货币政策的调整及企业的激励取向，也涉及人民币有没有这种持续升值的能力问题。

因为与黄金本位的一价机制不同，目前以信用货币美元为主导的国际货币体系，它要用一种标准或一种经济学的计量模型来确定一种货币与另一种货币的价格关系是完全不可能的。即使两种完全可自由兑换的货币都是如此，更何况人民币与其他货币仍然是不可完全自由兑换的。在这种情况下，人民币的升值或贬值完全取决于国家利益考量，而不仅是市场所看到的一种表象。

所以，现在的问题就转向，人民币持续升值是不是对中国最为有利？特别是，在美元持续强势而非美元货币全面贬值的情况下，人民币持续升值对中国是不是最为有利？如果人民币持续升值，对中国有利，那么这种升值还会持续；如果不是最有利，那么人民币的持续升值就可能中断。

我们可以看到，2014年以来，随着美国QE退出，美元强势成了一种趋势，而且这种美元强势越来越被强化。而美元的强势必然导致全球非美元货币全面弱势。无论是新兴市场的货币，还是欧元、日元及加元都出现全面下跌。在美元的强势过程中，人民币则成了2014年对美元唯一升值的货币。也就是说，对非美元来说，人民币比美元还强势。

在这种情况下，当然有利于加快推出人民币国际化的进程，从而使国际市场对人民币的认受程度提高。但是，人民币的强势会削弱中国出口产品的竞争力，严重影响中国产品对非美元货币国家的出口。可以看到，最近中国出口贸易增长放缓，贸易顺差减少，都可能与人民币的强势有关。更为重要的是，人民币的强势必然会导致大量的国际热钱流入中国市场。而国际热钱涌入中国市场，不仅可能中断中国正在转型中的经济调整，打乱中国经济的战略部署，重新吹大中国房地产市场泡沫，而且也会严重干扰中国央行货币政策。因为，早几年中国货币规模总量之大、增长速度之快，很大程度上都是与大量国际热钱涌入中国有关，从而使国内央行只能被动地应对快速增长的外汇占款。

尤其在2008年美国金融危机爆发之后，随着人民币持续单边升值，外汇占款对国内基础货币投放的干扰越来越大，央行只能通过不断地提高存款准备金率来应对，从而使国内量化宽松政策远不及美英，但整个货币总量过度扩张的速度远大于美英央行。还有，外汇占款快速增加意味着国际热钱涌入中国，并通过这种方式炒高中国资产牟取暴利，严重增加国内金融体系之风险。也就是说，无论是从国际市场美元走强、非美元货币全面贬值的大势来看，还是从国际热钱涌入中国炒作人民币单边升值牟取暴利，及干扰央行货币政策影响中国经济持续稳定发展来看，当前人民币持续升值或特别是持续单边升值对中国来讲都是弊大于利。它也将成为国内货币政策的加杠杆过程。因此，在这种情况不会持续太长时间（最近央行降息改变这种态势），估计央行如2014年上半年那样在适当时点上改变这种趋势。

也就是说，在当前的国内外形势下，人民币会顺势而为，即非美元货币全面贬值，人民币也随之而安，应该是一种好的选择，而不让人民币成为一种比美元更为强势的货币。更何况，在中国经济增长方式转型、经济增长下行的压力增加的情况下，人民币已经没有前几年那种持续升值的能力了。但是，如果人民币贬值或央行降息导致人民币贬值，这可为央行主动降准创造条件，但人民币的大幅贬值不仅容易增加国际贸易摩擦、触发大量资金流出中国，也不利于人民币的国际化。对此，人民币是升值还是贬值，央行应该有更多的权衡，最重要的是绝不会让人民币仅成为国际热钱炒作谋利的工具。而增加人民币汇率弹性，减少热钱流入，同样是货币政策去杠杆化的过程。

第三编　金融风险防范

11 关于金融风险防控的重大理论问题[①]

11.1 防控中国金融体系风险的重要性

要防范与控制当前中国金融市场的风险，并非仅是用一些简单指标可衡量的，而是要从风险所产生的根源及本质入手。信用过度扩张是金融风险及金融危机的根源。2008年美国金融危机后，中国进入一个信用过度扩张的高涨期，它是中国金融风险的根源。中国信用过度扩张载体是存在一个暴利的房地产市场。防范与控制中国金融风险，就得全面去金融杠杆，挤出房地产泡沫，这样才能降低中国金融危机爆发风险的概率，及把防控当前金融可能造成的损失降到最低程度。

在2015年中共十八届五中全会上，习近平总书记就指出，"今后5年，可能是我国发展面临的各方面风险不断积累甚至集中显露的时期"。"我们必须把防风险摆在突出位置，'图之于未萌，虑之于未有'，力争不出现重大风险。""要加强对各种风险源的调查研判，提高动态监测、实时预警能力，推进风险防控工作科学化、精细化"。所以，从2016年中央经济工件会议以来，如何有效地防范及控制中国金融体系的风险，成了2017年经济工作中最为重要的任务。比如，中央经济工作会议的公告指出，要把防控金融风险放到更加重要的位置，下决心处置一批风险点，着力防控资产泡沫，提高和改进监管能力，确保不发生系统性金融风险。在2017年《政府工作报告》中，同样对防范与控制中国金融体系的风险做了进一步的强调。2017年4月25日中央政治局集体学习，更是把这个问题提升到绝对的高度。在这次会议上，习近平总书记再次就

[①] 该文章发表在《浙江社会科学》2018年第7期。

防范与控制中国金融体系风险、加强金融监管发表了重要讲话。而全国金融工作会议上习近平总书记更是把防控金融风险提到前所未有的高度。习近平总书记认为，金融是国家重要的核心竞争力，金融安全是国家安全的重要组成部分，防止发生系统性金融风险是金融工作的永恒主题。要防控中国金融市场的风险，守住中国不发生系统性风险的底线，不仅在于如何引导金融为实体经济服务，还得有预防、识别、防控金融风险的能力。

可以看到，中央政府把防范与控制中国金融体系的风险提升到如此绝对的高度，一方面在于当前经济形势使然，国内外金融市场的风险越来越高；另一方面促使研究者对中国金融体系的风险有更多的研究与分析，以便增加国人对中国金融体系风险的防范意识及在政策上达成更多的共识。可以说，2008年美国金融危机爆发以来，尽管对金融危机产生的原因及防范方式的研究，其文献较多，但是对于金融风险产生之原因、其实质及运行机理、处理之方式等问题认识同样是人云亦云，莫衷一是，理论上更无法达成共识。比如，现代经济学理论或金融理论为何不能够预测到2008年美国金融危机的爆发？是理论上的问题，还是现实市场发生了根本性的变化？金融危机的爆发的原因到底是什么？是个体金融机构的违约事件，还是整体金融市场信用过度扩张？如果是金融市场的信用过度扩张，为何金融危机爆发之后，无论是各国的政府，还是相应企业及个人，对信用过度扩张不仅没有减弱反之在强化，全球主要经济体的央行掀起了一场货币政策量化宽松的高潮？现实金融市场的激励机制又是什么？金融结构的不同，对金融风险高低有关系吗？如果关系不大，为何中国政府对此会情有独钟？当前中国金融体系的风险点在哪里？是在金融市场之内还在金融市场之外？何也？等等。这些都是当前防控中国金融风险最为重要的一些重大理论问题。如果在这些问题的重大理论上没有梳理清楚，政府要达到防控中国金融风险的目标是不容易的。

也就是说，从中央政府当前防控中国金融体系风险的目标来看，主要有两个方面的问题。一是如何来防范未来中国金融体系的风险，二是如何来控制当前中国金融体系的风险。如何来防范金融体系的风险就意味着要探讨中国金融市场风险产生的根源、原因、实质是什么？以及是通过什么方式形成及表现的？只有从理论上梳理清楚，把握问题的实质，才是防控中国金融体系风险未然的前提。对此，就需要我们在理论上进行深刻的反思。对于如何来控制当前中国金融体系的风险，就得建立起适合中国金融体系的风险度测量方法或指数体系，以此来准确地判断当前中国金融市场风险有多大？其风险点又在哪里？资产泡沫是什么？这些泡沫又在哪里？并测算这些资产泡沫破灭是否会引发更大的风险？等等。只有这样，才能有效地控制中国金融风险可能突然暴露或资产泡沫破灭可能引发的金融危机或系统性风险发生。不过，对于这些问题，同样需要理论上进行梳理及论证，仅是以技术的角度来设计一些预警指标，同样无法找到有效地防范与控制中国金融体系风险的方式及途径。

本文试图对防控中国金融体系风险的一些重大理论问题进行深入讨论与分析，比如什么是导致现代金融危机的根源及本质特征；现代社会为何对过度地使用现代金融体系具有强烈动机；中国金融市场的信用过度扩张的本质特征及风险防控等。

11.2 金融市场风险的根源

无论是现代宏观经济学，还是现代金融理论，它们对 2008 年美国金融危机预测基本上是失败的。而这些理论预测失败的核心就在于希望用有限的信息建立一门如自然科学一样的可量化科学，忽略了金融市场当事人的行为方式及制度因素，从而也就不能够对金融危机做出更切合现实的解释，也不能揭示出导致金融风险及金融危机的原因、方式、机理及本质特征，从而自然也无法找到化解金融风险及金融危机的有效方式。因此，我们只能在此基础上另辟蹊径，重构新的理论及分析框架。

一般来说，金融危机或金融风险既不会发生在以物易物的交易活动中，不会发生在农业社会，也不会发生在计划经济体制中，它完全是金融市场出现后的产物。一部金融市场发展史其实就是一部金融危机发生史，只不过每一次金融危机所表现的形式不一样而已，如银行危机、股市危机、汇市危机等。不过，正如莱因哈特和罗格夫（Reinhart & Rogoff, 2008）对几百年来世界各国的金融危机史所做的研究指出的那样，尽管每一次金融危机所表现的形式不一样，但实质上显示在资产价格、信用、通货膨胀等指标的内容则是相同的。苏拉瑞克和泰勒（Schularick & Taylor，2012）通过对美国的数据研究与分析更是指出，在"二战"之后的信用过度扩张是预测金融危机的最有力指标。也就是说，信用过度扩张是金融风险存在及金融危机爆发的重要根源。

对于信用过度扩张与金融危机的关系，维克塞尔等奥地利学派早已提及，但他没有具体分析其产生机理；后来费雪及明斯基对此有进一步的讨论，但这些讨论更多的是关注信用过度扩张的过程及对市场之影响；伯南克在这些研究的基础上强调了信用机制在持续而严重的萧条中的关键性作用，并指出这是引发债务危机和银行危机最为重要的根源；瞿强也试图在此基础建构一个"货币—信用—金融资产"新的分析框架，讨论了信用过度扩张为资产泡沫和金融危机产生的原因及机理（瞿强，2005），并讨论了信用扩张与资产价格泡沫之间的关系，但瞿强所讲的信用过度扩张的内在不稳定，主要是指跨期金融资产交易价值实现的不确定性，而没有触及信用自身的本质特征等。

在此，我们从金融和信用本质入手来讨论信用过度扩张为何是金融风险及金融危机的根源（易宪容，2014）。在本文看来，金融是指人们在不确定性的条件下通过特定媒介对资源的跨时空配置。从此金融的定义出发，也就意味着金融交易与一般商品（或实质性商品）市场交易有本质上的差别。①金融交易都是面对未来。比如，一般商品交易表现为即时性，即一手交钱一手交货，而任何一种金融交易都是跨时空交易，其支付更多地表现为未来性。②既然是面对未来，金融交易价值一般都是不确定的。由于一般商品的市场交易基本上都是即时的，因此交易当时就能够根据双方的对价来进行成本与收益分析，但由于金融交易是跨时空和面向未来的，其交易的成本与收益是无法事先确定的，具有更多的不确定性。③由于金融交易支付的未来性及不确定性，充满着随机性，这就决定了金融交易必须通过一种特定媒介或合约方式来完成或保证。所以，任何金融交易都是合约的连接（易宪容，2015）。

正因为如此，任何金融交易都必须通过合约方式来完成，而合约既是当事人（两人以上）在地位平等、意志自由的前提下各方为改进自己的经济状况（至少是理性预期）而在交易过程中确立的一种权利流转关系（易宪容，2005），也是一种组织、个人、企业、政府的承诺或信用。金融就是交易当事人之间信用关系。由于每一个人的生存环境、文化背景、认知水平、知识结构、心理素质、需求偏好等方面具有较大的差异性，每个当事人的信用总是千差万别的。所以，信用又可分为人格化的信用及非人格化的信用。这就意味着在金融交易过程中不同信用所具有风险是不一样的，因此，金融又可定义为对信用的风险定价。不同的信用形成不同的金融市场，创造出不同的金融产品，表现出不同的金融市场结构。比如，一般来说，货币是政府担保下的信用关系，而银行则是贷者与借者之间的信用关系等。

那么信用又是什么？信用可分为信用本身及信用担保。信用本身就是不同的当事人的承诺。而当事人的承诺仅是个人本身的意愿，是一种非物质的意识状态或非物质性产品。信用担保则可以是物的东西，也可是制度规则及之外的信用等。一方面，当信用作为一种跨时空资源配置的工具时，这也意味着信用这种非物质性的意识状态将转化为实质性商品的交换价格及增加财富的工具（或无中生有），即信用用于实体经济循环时，信用创造成了推动实际经济增长和经济繁荣的动力。比如，它将化解企业融资约束，促进企业科技创新[1]，把死的财富转化为资本，让未来收入流在现在使用[2]等，显现出巨大的神奇功能。另一方面，作为高度个性化的信用，如果信用扩张不是在合理的边界内或服务于实体经济，而是信用过度扩张并用于金融体系内循环，这不仅会推高资产的价格，增加金融市场之风险，也将使整个金融体系变得较为脆弱，任何小的外部冲击都将可能导致严重的金融危机。正是从这个意义上说，金融风险的高低取决于信用扩张的程度，信用过度扩张既是金融危机的本质特征，也是导致金融危机的根源。

11.3 现代社会对信用过度扩张具有强烈动机

从上一节的分析中可以看到，所有的金融风险和金融危机，其根源都在于信用过度扩张，无论是世界各国股市、银行、信托、影子银行等危机，还是近期中国出现的互联金融危机都是如此。只要存在信用过度

---

[1] 比如美国近几十年来的科技创新和技术革命很大程度上是与纳斯达克市场的金融创新有关的。

[2] 比如住房按揭贷款是现代不少国家经济繁荣及房地产市场繁荣最大的动力。

扩张，金融风险无论如何防范，所聚集的金融风险到最后没有不爆发金融危机的。2008年的美国金融危机和20世纪90年代日本的房地产泡沫等都是如此。而中国前几十年之所以没有金融危机爆发，就在于计划经济下不是信用经济，也不存在信用过度扩张。在这种情况下，当然没有金融风险也不会爆发金融危机，但是从1978年中国改革开放之后，中国开始走上市场化经济之路，信用也开始进入经济生活。2003年之后，中国的信用扩张出现了加速度趋势，其信用过度扩张的程度很快超过了发达国家的水平。也就是说，信用过度扩张已经成了当前中国的政府、企业及家庭最大的偏好，每一个人都希望过度使用当前中国的金融市场来谋取利益，而且政府则正在推出各种有利于信用过度扩张的政策。即使目前中国政府实行严厉的金融监管，但这种信用过度扩张的态势根本上就没有改变，只是所使用的方式不同罢了。如果中国政府对此没有清楚的思路，不能够真正采取制度安排来约束这种过度信用扩张，那么要防控中国金融体系的风险是不可能的。

现在的问题是，信用经济出现以来，为何全球各国无论是国家还是企业及个人都有信用过度扩张的强烈动机，并能够让这种信用过度扩张得以实现？这既与现代金融市场基本特性、风险定价机制及政府政策取向有关，也与现代人的过度趋利性的行为方式有关。首先，从现代金融市场的基本特性来看，任何一个单个金融机构（特别是大型的金融机构）所采取的行动都会产生巨大溢出效应或存在经济行为的外在性，这种外在性会影响其他金融机构的利益。在这种情况下，金融体系稳定性便具有公共产品的性质。它与其他公共品一样，当市场失灵时，往往会导致公共产品的供给缺乏效率。在这种情况下，每一个金融机构行为看上去都是合理正常的，但实际可能导致整个金融市场的无效率。这就和美国生态学家哈丁（Hardin, 1968）所指出的"公地悲剧"的问题一样。既然现代金融市场体系是一种公共品，那么金融市场的每一个当事人都有可能过度地使用这个金融体系的资源，直至这个金融体系的资源耗尽为止，因为在这种情况下，使用者可把使用的收益归自己而使用的成本让整个社会来承担。

其次，以现代金融理论衍生出的数量化的风险管理模式，看上去是科学、客观的，但实际上是一种客观依据不足、错误的匿名定价机制。这种定价机制不仅无法显示未来不确定性的风险，反之是在把现有的金融风险转移给他人。即所谓的风险分散，实际上则是每一个当事人都希望设计一种金融产品让该产品的风险让他人来承担。因为这种匿名定价机制通过所谓的金融产品创新把个人身份与责任从个人的行为中分离开，然后对这些金融产品进行风险定价，从而形成了一系列链条过长的委托代理关系，这自然容易催生出严重的道德风险，即代理人严重滥用委托人的权利而不对这种行为负责。在这种情况下，代理人一定会过度地使用金融市场，达到其利益最大化，信用过度扩张也就不可避免了。比如，当前金融市场上的不少金融衍生品，尤其是美国次级贷款的证券化都是一个个鲜活的例子（陈志武，2015）。比如，按揭贷款公司把款贷出之时，根本不会考虑借款人的信用好坏、今后还款能力如何，因为这些贷款公司贷款之后，只赚取一定服务费而把贷款合同卖给投资公司，后者又再把贷款打包以证券化卖给投资者等。这样，委托代理链上的每一方都可以不负责任，所有的风险都由最终投资者来承担。而这些最终的投资者又和前面的直接放贷者、投资公司隔着几层委托代理关系，没法行使太多的监管。不仅每一个环节代理人都会信用过度扩张，而且金融风险及金融危机也会在这个过程中日积月累。现代金融创新的许多产品，其动作机理都是如此。同时，我们也会看到，不仅企业及个人的信用无限扩张或过度使用金融体系则成为这些市场主体行为常态，而且这也是现代政府用来调整社会分配等关系的主要手段。因为，过度使用现有的金融体系不仅方式与工具多元化，而且使用十分便利。因为，就金融产品的本性来说，金融投资收益是当时性及显性化的，而成本及风险则是未来性及潜在性，甚至隐蔽性的。这不仅为现代政府过度使用现有金融体系提供了便利，也降低了来自社会各方的阻力。表面上看，这种政府过度信用扩张的方式可以通过政府政策来拉平不同的企业之间、不同群体之间、不同阶层之间等财富与收入关系，但事实上它则可能成为成本最高的再分配方式。这不仅危及了接受者的利益，也牺牲了纳税人的利益。因为这种过度使用金融体系的风险最后还得要整个社会来承担。比如，美国次贷危机通过信用过度扩张让低收入甚至没有支付能力的居民购买住房，表面上化解了居民居住困难的问题，促进了当时美国的经济繁荣，但也造成证券化市场过度繁荣，最后导致美国金融危机爆发及整个金融体系的崩塌，其成本则是让整个社会来承担。同样，在2008年美国金融危机之后，主要发达国家的量化宽松的货币政策，及中国式的量化宽松货币政策都是过度信用扩张的不同方式。

同时，中国金融体系信用过度扩张的表现，不仅会显示出主要发达体市场的一般特征，更是显示出中国金融市场的特殊性。这与中国金融市场没有真正走上市场化之路、政府对金融市场的过度参与和主导有关。比如，由于中国金融市场是由计划经济转轨而来，市场化的信用无法立即生成，所以中国金融市场的信用只能由政府完全的显性或隐性担保。由于中国金融市场的信用是由政府完全担保，这就使中国金融市场的当事人都有信用过度扩张或过度使用现有的金融市场的强烈动机。因为在这种情况下，中国金融市场当事人可以把信用使用的收益归于自己，而把信用使用的成本让整个社会来承担。特别是当过度使用信用的风险越高，其所获得的收益越大时，其金融市场当事人信用过度扩张的动机则越强烈。这就是为何中国金融市场过度的高杠杆和投机炒作盛行的根源所在。

既然中国金融市场的信用完全由政府担保，政府对金融市场过度参与及完全主导也是必然。在这种情况下，政府的权力不仅会成为寻租设租的工具，也成了信用过度扩张的动力。这时，一些与政府权力较近者就容易突破现有的制度规则进行信用过度扩张以便套利，甚至相关监管部门为这种投资者设立制度安排来套利。现有的法律法规在这些投资者那里都会形同虚设。比方说，当前中国银行理财产品盛行和影子银行泛滥，都是政府对银行利率过度管制的结果。如果没有政府对银行利率过度管制，完全是由市场来确定利率，商业银行就不需要用理财产品来规避这种管制的风险。可以说，如果不减弱政府对金融市场主导与管制，金融市场的信用过度扩张就会无所不在。

又如，这些年来中国股市之所以一直无法走好，走出与中国经济持续快速增长相配比的行情，这既与中国政府对股市过度参与有关，也与中国政府金融改革的大思路有关。最近，无论是近期中央各种文件，还是金融业相关的职能部门，基本上都认为当前中国金融市场之风险，最大的问题就是金融市场结构不合理，就是以银行为主导的间接融资比重过高，及以证券市场为主导的直接融资比重过低，而不是如美国的金融市场那样以直接融资为主。这样的融资结构必然会造成国内所有的企业债务比重高、融资成本高，及中小企业的融资困难。所以，以超越式的速度来发展直接融资或中国股市，让更多的企业上市成为国家金融市场发展的一项重大的战略选择。

但是，一个国家的金融市场结构如何，不仅取决于这个国家的信用体系，也取决于这个国家金融市场的基础性制度（比如公平公正的交易平台、有效的市场定价机制及中小投资者权益保护机制等）。如果中国股市的基础性制度没有准备好，即使中国股市所需要的信用体系与美国的一样，中国股市要想发展起来也是不可能的。更何况，当前中国的信用体系与美国截然不同，仍然是由政府隐性担保的制度安排，那么在这种情况下要快速发展中国股市是根本不可能的。如果要超越式发展，中国股市的风险一定大增，而股市超越式的发展同样是一种信用过度扩张的方式。

比如，自 2014 年 11 月起，政府曾经希望以政策性因素来推进中国股市的发展与繁荣，结果导致 2015 年中国股市的暴涨暴跌，以股市危机爆发收场。而 2015 年以来，中国监管层又希望中国股市能够超越式发展，只不过所表现的方式为上市公司 IPO 的"大跃进"。这种上市公司 IPO 的"大跃进"，表面上是要疏导上市公司 IPO 的堰塞湖，为企业融资打开方便之门，降低企业的融资成本。但是，为何中国企业会涌入 A 股市场 IPO，甚至不少在欧美及香港已经上市的企业都在千方百计地回归 A 股市场？何也？因为，国内股市不规范对上市公司最有利，甚至上市公司可借助中国股市的 IPO 一夜暴富。而当前中国股市是一个零和博弈的市场，大量的公司 IPO，当然受到伤害的肯定是中小投资者。在这种情况下，中小投资者岂能不用脚来投票退出市场？这些都是政府对股市信用过度扩张的结果。可以说，由于政府对金融市场信用完全隐性担保及政府对金融市场的主导，金融市场的当事人对信用过度扩张都具有强烈的动机，从而使当前中国金融市场的信用过度扩张无所不在，经济的金融化更是无可复加，银行、股市、保险、信托、影子银行等都是如此。

可见，信用创造或扩张既是促进经济增长、科技创造的动力，也是金融风险及金融危机产生的根源。这是信用创造和金融交易的本性。如果这种信用扩张不能够界定在合理的边界内，如果这种信用扩张不能够通过法律制度来保证，或对这些行为进行有效的激励与约束，那么任何一个金融市场的当事人都有信用过度扩张的强烈动机。因为在这种情况下，这些金融市场的当事人能够把信用过度扩张的收益归自己，把其成本则让整个社会或他人来承担。如果信用扩张能够限定在合理的边界内，当事人信用扩张的成本与收益分配就能够归结在使用者身上,当事人行为就会变得谨慎从事。经过几百年,欧美国家的金融市场形成一套对信用过度扩张的激励和约束的法律制度,但金融危机仍然不可避免。而中国金融市场是由计划经济转轨而来,所面临的信用过度扩张的风险肯定会更高。可以说,如何来确立信用扩张合理边界是当前全球金融市场面临的最为重要的金融理论问题,也应该是未来中国金融制度改革的基点与重点。因此,2015 年全国金融工作会议要求中国金融回归本源,回归服务于实体经济,并要求对中国金融市场重新定位,其意义就在于要求信用创造及信用扩张建立在合理边界内。就此而言,对未来中国金融市场发展具有重大的理论意义与实践意义。

11.4 中国金融市场信用过度扩张的本质

中国金融市场的风险有多高?信用过度扩张的程度又如何?这些年来对此的讨论从来都没有停止过,而且争论得越来越激烈。比如 2017 年 2 月 21 日国外财经网站市场观察大宗商品专栏作者 Ivan Martchev(2017)撰文警告,中国债务与国内生产总值(GDP)比率高达近 400%,2017 年中国将面临信贷危机爆发的巨大风险。还有,在 2016 年年底,国际清算银行发布的季度报告显示(国际清算银行,2016),根据信贷、房价与 GDP 的比重,以及预期利率上调,中国等一些国家已经出现金融危机的初步警告性征兆。2017 年 4 月 24 日国际评级机构穆迪 28 年来第一次调低中国主权信用评级(台湾经济日报社评,2017),其理据就是 2008 年美国金融危机以来,中国债务暴增,信贷总余额占国内 GDP 比率从 2008 年的 160% 升至 2016 年年底的 260% 左右,信用扩张的幅度与速度堪称历来数一数二。事实上,2008 年美国金融危机以来,发达国家经济体是在去杠杆,而以亚洲为主的新兴经济体是在加杠杆(朱民,2017)。美国金融总资产占 GDP 比重由 2002 年的 509% 下降到 2015 年的 456%,美国银行业更是由 2002 年的 221% 下降到 2015 年的 109%。而包括中国在内亚洲新兴国家,金融总资产占 GDP 比重由 2002 年的 216% 上升到 2015 年的 328%,杠杆率增速达 50%。也就是说,中国经济的金融化的程度越来越高。不过,李扬的研究则表明(李扬,2015),中国债务风险主要在企业，中国的政府及个人的负债水平都很低。按照他们的测算，当前中国的金融风险是可控的。同样，摩根士丹利经济学家阿赫亚（Chetan Ahya，2017）的研究指出，尽管近年来中国债务与GDP的比重快速上升，但从当前中国金融体系及经济市场形势来看，在一定时期内中国是不会爆发金融危机的。

现在的问题是，对于中国金融体系风险评估，为何会存在如此之大的差异？换句话说，为何还是在20年前就有海外媒体分析中国金融体系将崩溃，以及历年来都有这种分析及言论出来，但20年过去了，中国金融体系不仅没有崩溃，反之中国金融市场规模是越来越大？何也？其实最为核心的问题是中国金融市场与欧美发达国家金融市场所交易的信用是完全不一样的。欧美发达国家金融市场所交易的信用是由市场演进而来的非人格化的信用，而中国金融市场所交易的信用是由政府完全显性及隐性担保的人格化的信用。前者创立了一系列的民商法律制度来保证，及采取"用者自付"的原则；后者是由政府确立和主导，不仅不采取"用者自付"的原则，而且其成本和收益可以通过权力的方式来转移。

而且这种人格化信用过度扩张的形式、载体及运行机理也有很大差别。比如2008年美国的金融危机前，其信用过度扩张的主要方式是资产证券化，其载体是一系列的金融衍生工具。而中国当前信用过度扩张的主要方式是银行信贷、外汇占款、影子银行等，载体是泡沫巨大的房地产市场。所以，如果用现代金融学的风险管理模式来预期中国金融体系的风险，本来这种理论模式就存在缺陷，再加上所获得信息的差别性及中国信用过度扩张的方式和载体不同，那么对中国信用过度扩张的研究与分析，只能是人云亦云，很难获得共识。但我们只要回到金融学基本常识，就知道中国金融体系信用过度扩张的程度及风险已明显地显示出来并且已经到了无以复加的程度。

比如，从中国央行的2014年资产负债总规模来看，中国央行资产负债表的绝对和相对规模都比美联储的要大（戴道华，2015），中国央行则通过购入外汇方式进行的信用扩张，这种中国式的量化宽松的货币政策比美联储的量化宽松货币政策有过之而无不及。还有，从M2增长情况来看，中国M2余额由2000年年底的13.4万亿元上升到2016年年底的160.2万亿元，增长了12倍。而此期间中国的GDP增长从9.9万亿元上升到 74.4 万亿元，增长仅 7.5 倍。[①] 可以说，在此期间，无论中国信用过度扩张是采取何种方式（比如外汇占款、银行信贷、影子银行等），中国的信用过度扩张速度则越来越快，整个经济的货币化、金融化及信用化的程度越来越高。比如，从 2007—2017 年，中国的银行业的资产规模由 50 万亿元上升到 236 万亿元，增长了 4.4 倍，而同期的 GDP 增长只有 1 倍多；保险业从不足 3 万亿元上升到 16 万亿元；信托资产从 2010 年的不足 3 万亿元上升到 2016 年年底的 20 万亿元；证券公司的资产管理规模从 2011 年的 3000 亿元上升到 2016 年年底的近 18 万亿元等（姜超和梁中华，2017）。这些数据不仅意味着中国经济金融化的程度非常高，也意味着中国影子银行十分盛行及非常庞大，如最近穆迪估计目前中国的影子银行规模达到近 64.5 万亿元等。

2008 年美国金融危机之后，中国进入一个夸张式的信用过度扩张时期。比如，在央行基准利率及银行存款准备金率大幅下调的情况下，从而银行体系在短期内释放了大量流动性，致使货币信用巨额增加。比如，2009 年银行的本外币贷款当年猛增 10.5 万亿元，增长幅度达到了 33％！而这些行为反映在货币供应量上，2009 年我国广义货币 M2 猛增 27.7％，狭义货币 M1 更是剧增 32.4％；而 2009 年社会融资总规模几乎比 2008 年翻了一番，增长 99.3％，全年达到 13.9 万亿元。[②] 从此，中国的信用过度扩张就一发不可收拾。截至 2016 年年末，中国广义货币 M2 达到 155 万多亿元，是 2007 年国际金融危机发生前的 3.8 倍；狭义货币 M1 则达到 48.7 万亿元，是 2007 年的近 3.2 倍。银行境内本外币贷款由 2007 年的 27.8 万亿元增加到 2016 年年末的 112 万亿元，同期也增长 4 倍以上。而巨额的流动性都涌入房地产市场。比如，房地产信贷规模由 2007 年年末的 4.8 万亿元增加到 2016 年年末的 26.7 万亿元，同期增长近 5.6 倍；房地产信贷占全部贷款的比重由 2007 年的 18.3％上升为 2016 年之后的 25％以上。特别是住房按揭贷款 2009 年时增长 2 万亿元，到 2016 年上升到新增 5.7 万亿元，占当年新增贷款总额的比重分别由 2009 年的 20.9％

---

① 《中国统计年鉴（2016）》，中国统计出版社 2016 年；《中国经济景气月报》，中国统计出版社 2017 年版。

② 《2009 年央行第四季度货币政策报告》，中国人民银行官网，2010 年 2 月 11 日，http://www.pbc.gov.cn/zhengcehuobisi/125207/125209/125211/28440 29/index.html，2016 年 12 月 30 日最后访问。

上升到 2016 年的 45.2% 以上；而且这种趋势在 2017 年还在继续（2017 年 1—6 月中国居民银行贷款增加 3.1 万亿元）。① 也正是这个时期中国房地产市场的价格出现了疯狂上涨。

也就是说，整个经济的货币化、金融化及信贷化的程度快速上升，这些钱基本上流入房地产市场，欧美国家是这样，中国更是如此。可以看到，在 2008 年美国金融危机爆发之前 20 年，美国及欧洲一些国家也曾出现过信用过度扩张，但其流出来的资金没有投入实体经济增加投资，而是购买现存资产（主要是房地产），并由此最终引发一次又一次的金融危机（特纳，2016）。而 2009 年以来中国更是通过信用过度扩张让大量的资金涌入房地产市场。② 十几年来，中国的经济完全成了一种"房地产化"经济，一切都依赖于房地产的繁荣与发展。③ 从国家统计局的数据可以看到，中国商品销售总额从 2000 年的 3935 亿元，上升到 2016 年的 11.8 万亿元，增长幅度是 29.89 倍；商品销售面积从 2000 年的 1.86 亿平方米上升到 2016 年的 15.8 亿平方米，增长幅度为 8.49 倍。④ 而房地产的繁荣又完全是由信贷过度扩张所导致的房价快速上涨所拉动。有数据显示，2004—2014 年 10 年时间里，北京、上海、广州、深圳的房价分别上涨了 374%、346%、505%、420%（朱刚，2016）。如果加上 2015—2016 年，这些城市的房价涨幅已经超过 10 倍以上了。

信用过度扩张已经成了中国经济中的一种常态，而且越来越严重。正如上面所分析的，金融危机的根源就在于信用的过度扩张，无论是股市、银行、信托、影子银行还是互联网金融等都是如此。只要存在过度的信用扩张，无论如何防范，金融风险聚积到最后没有不爆发金融危机的。2008 年的美国金融危机和 20 世纪 90 年代日本的房地产泡沫等都是如此。而中国前几十年之所以没有金融危机爆发，就在于计划经济下信用都限制在一定的范围内，不存在信用的过度扩张。在这种情况下，当

---

① 《中国统计年鉴（2016）》，中国统计出版社 2016 年版；《中国经济景气月报》，中国统计出版社 2017 年版。

② 另一渠道还包括国有的僵尸企业。

③ 2016 年房地产业对经济增长的贡献率达 36%，参见姜超、梁中华《繁荣过度，物极必反？——金融、地产繁荣背后的隐忧》，《姜超宏观债券研究》2017 年 5 月 18 日，https://mp.weixin.qq.com/s/7mAqW_6_PqCXjfdVpOt05w，2017 年 12 月 30 日最后访问。

④ 《中国统计年鉴（2016）》，中国统计出版社 2016 年版；《中国经济景气月报（3）》，中国统计出版社 2017 年版。

然不会有金融危机，但是自 2009 年以来，中国的信用扩张程度已经超过了发达国家。过度的信用扩张不仅成了当前国内的政府、企业及家庭最大的偏好，每一个人都希望过度使用当前中国的金融市场，而且政府也在采取各种不同的方式采取信用过度扩张的政策。

那么，当前中国金融市场的信用过度扩张为何没有引发金融危机？一是因为中国金融市场完全是由政府主导下的市场，所交易的信用与欧美国家不同。在这个金融市场中，金融市场的资源会根据中国政府的不同的政策指向流向不同的地方。当政府发现某个地方可能面临金融风险时，政府也能够利用其可见之手把金融市场的风险向其他地方转移。尽管这样做，金融市场的风险并没有消失，但是这种转移可以让金融市场危机爆发不断延迟，用时间换空间。比如国有企业的风险向股市及银行转移，地方政府债务向债券市场转移，房地产泡沫风险向家庭个人转移等。试想，中国这样大的一个 14 亿人口的经济体，可容纳的金融风险同样也是巨大的，更何况有政府之手在引导。

二是当前中国的信用过度扩张，其资金基本上流入房地产市场及把房价水平全面推高，房地产市场是承载这种信用过度扩张的主体。中国金融危机是否爆发，完全取决于中国各城市的房价是否会暴跌，而中国各城市房价上涨是离散性的，那么其房价下跌也是离散性的。特别是在中国房地产市场从来就没有经历过周期性调整的阵痛的情况下，在政府现行的房地产政策下，中国房地产市场的巨大泡沫只能会由一个城市向另一个城市蔓延，这个房地产泡沫不到吹无可吹时，政府是不愿意放弃的。只有当中国各城市的房地产泡沫吹无可吹时，房地产价格水平轨迹线全面下移，或房地产泡沫真正破灭，这时中国金融危机也就爆发了。到了这个时候，谁都无法救得了中国的房地产市场及中国金融体系。

总之，要防范与控制当前中国金融市场的风险，并非仅是用一些简单指标可衡量的，而是要从中国金融市场风险产生的根源入手，从其本质入手，了解到这十几年来中国金融市场信用过度扩张是各种风险的根源。十几年来，中国金融市场为何一直在进行这种信用过度扩张，最为关键的是有一个暴利的房地产市场存在。有了这个暴利的房地产市场不仅成了国内金融市场信用过度扩张的动力，也成了国内各种信用工具创新及发展的源泉。而这个暴利的房地产市场，一旦通过信用过度扩张把其价格推高到天花板上，其泡沫随时都有破灭之危险。而中国房地产市场泡沫破灭的主要标志就得看房地产价格水平轨迹线是否全面下移。如果房地产泡沫的破灭则可能成为中国金融市场系统性风险爆发的导火索。对此政府希望永远托市下去不让中国这个巨大的房地产泡沫破灭几乎是不可能的。只有逐渐去金融市场杠杆，逐渐挤出中国的房地产市场泡沫，才能让中国金融危机爆发后可能造成的损失降到最低程度。

12 关于有效防控中国金融风险的理论反思[①]

12.1 有效防控金融风险是2017年工作的主要任务

有效地防控中国金融风险是2017年政府金融工作的三大主要任务之一，要达其目标，就得认清中国金融风险根源与实质。一般来说，金融风险或金融危机的根源是信用过度扩张，但每一次的表现方式都会不一样。中国金融风险的根源同样是信用过度扩张。通过政府、企业、家庭的信用过度扩张，让大量的资金涌入不同资产并让资产价格快速膨胀，而不是实体经济。这不仅导致了金融市场乱象丛生，也增加了金融风险。而资金涌入房地产，推高资产价格，是当前中国最大的金融风险。因为，如果房价下跌，所潜藏的金融风险都会暴露出来，并可能由此引发金融市场危机。所以，有效地防控中国金融风险，逐渐地挤出房地产市场泡沫，是化解当前中国金融风险的关键所在。

从2016年中央经济工件会议以来，如何有效地防控金融风险，成了中国政府金融工作中的主要任务之一。比如，2016年中央经济工作会议公告指出，要把防控金融风险放到更加重要的位置。中央在2017年4月25日专门进行了中央政治局第40次集体学习。在这次会议上，就如何防控金融风险，习近平总书记做了重要讲话。在2017年7月14—15日召开的全国金融工作会议上，习近平总书记再次强调[②]，防止发生系统性金融

[①] 该文章发表在《南京社会科学》2017年第8期。
[②] 符仲明：《从全国金融工作会议看金融发展新动向》，新华网，2017年7月16日，http://www.ce.cn/xwzx/gnsz/gdxw/201707/16/t20170716_24238347.shtml，2017年12月31日最后访问。

风险是金融工作的永恒主题。

现在的问题是，为何 2017 年以来中国政府对有效地防控金融风险加强金融市场监管看得如此重要？当前中国金融体系风险到底有多大？当前中国金融市场的风险点又在哪里？如何来判断？当前中国金融市场的资产泡沫是什么？又在哪里？其产生的根源是什么？在当前的市场条件下，引爆当前中国金融市场的风险点或挤出资产泡沫会引发金融危机吗？如果会引发中国金融危机，那么政府又该如何来应对？等等。如果我们能够对这些问题在理论上进行深入反思，就更能够找到有效地防控金融风险路径和方式，确实地守住中国不发生系统性金融风险的底线。否则，要达其目标是不容易的。同时，我们也应该看到，由于中国金融市场生发的初始条件、市场结构、市场运作机制等方面与发达国家有很大不同，因此，要找到一种一般性理论模型及治理方式并非容易，所以我们只有对中国金融市场的问题具体研究及深刻的反思，才能够揭示其问题的实质和机理，找到问题所产生的根源。

12.2 金融危机爆发为何没有被预测到？

2008 年"百年一遇"的美国金融危机的爆发，从而引发了 1929 年大萧条以来最严重的全球经济大衰退。这场金融危机已经过去了 8 年，但这场金融危机引发的全球经济大衰退似乎还没有走到尽头。而 2008 年美国金融危机的爆发不仅让全世界的经济学家，特别是宏观经济学家始料未及，也让政府及市场对不能够预测这场金融危机爆发的经济学家产生严重质疑（瞿强、王磊，2012）。所以瞿强和王磊（2012）的分析认为，当时的宏观经济学理论模式对 2008 年金融危机在预测上无能，在治疗上也没有良方，主要在于当时宏观经济理论对金融体系尤其是对银行体系的忽视，这是导致现代经济学这次失败的主要原因。

所以，在 2008 年美国金融危机之后，宏观经济学研究关于金融危机发生原因研究的文献大量涌现，不少研究者纷纷把金融因素尤其是信用和货币因素引入宏观经济学一般均衡模型框架。2016 年美国经济学会把 2016 年克拉克奖（40 岁以下最有前途的美国经济学家）授予了普林斯顿大学经济学教授桑涅科沃（2012），就在于他在 2012 年发表了《引入金融部门的宏观经济模型》一文，把金融因素纳入宏观经济学的模型。这篇论文也成了宏观经济学模型的新的经典论文。

但是，如果把货币、信用及金融机构的行为纳入宏观经济学的一般均衡模型框架或现代金融理论，同样是不能够准确地预测经济危机或金融危机的发生的。实际上，现代金融理论及把金融因素纳入的一般均衡模型也是无法预测金融危机的发生，同样也是当金融危机发生时无法提供可行的、持续性的化解该危机的有效方案。因为，现代金融学理论或宏观经济学的一般均衡模型都是在试图成为一门如自然科学一样的定量科学，而都忽视其中人的行为因素及社会制度的复杂性，并把其理论建立在一系列不成立的或错误假定基础之上的（乔安妮·凯勒曼等，2016）。

这就意味着这些现代金融风险管理模型要对金融风险进行有效监管与控制、要对金融危机准确预测与了解同样是不可能的（乔安妮·凯勒曼等，2016）。特别是当前这一代金融政策的制定者和金融从业人士多受这套金融理论严格训练，多被这套"精巧的"理论所捕获时，结果更是如此。所以，对于当前金融政策的制定者及金融业的从业人员来说，金融业作为一种"拜物教"，不仅能够提升财富水平，也能推动经济增长，从而过度地使用现有的金融市场及各种金融工具成了常态，而且他们还认为通过金融量化的风险管理模型能够实现最优化的政策选择，即把金融风险调整到可控的范围内。在他们那里，金融风险总是可控的。尤其是像中国这种由计划经济向市场经济转轨的发展起来的金融市场，这种现象更是明显和严重。也正因如此，一般均衡的宏观经济理论模型及现代金融理论存在严重的缺陷及不确定性，那么用这样的金融理论来评估中国是否会发生金融危机只能是人云亦云；用这些理论来探讨金融危机所导致的原因及内在机理更是轩轾相异，难以达成共识。在这种思路下，要有效地防控中国金融风险是不可能的。

同时，我们应该看到，无论是从一般性的理论（信贷扩张过度），还是特殊性的案例（特殊的国际金融危机案例）来看都是无法得出中国是否会爆发金融危机的结论的。因为，从一般的理论来看，只要信贷增长过度扩张，金融危机爆发是必然的，可以说，这是金融危机之所以爆发的根本原因所在。但是一般性的金融危机理论为何无法应用到中国。问题就在于，一是中国经济是从计划经济转轨而来，这种非完全市场化的经济是无法用纯粹的市场经济理论来分析的，更何况这些理论本身就存在严重的缺陷,完全是定量化模型来测算的。二是中国金融市场完全是由政府主导下的市场。在这种金融市场中,金融市场的资源会根据不同的政策倾向流向政府所需要的地方。特别是当政府发现某个地方可能面临金融风险时,政府又能够利用其可见之手把金融市场的风险向其他地方转移。尽管这样做,金融市场的风险没有消失,但是这种转移可以让金融市场危机爆发的时间不断延迟,用空间换时间。比如国有企业的债务风险向股市及银行转移,地方政府及企业的债务向债券市场转移,房地产泡沫的风险向家庭个人转移等。中国这样的一个近14亿人口的经济体,可容纳的金融风险同样也是巨大的,更何况有政府之手在引导。

12.3 信用过度扩张是导致金融危机的根源

一般来说,金融交易的实质就是信用创造。而信用创造既是现代经济发展与繁荣的三大动力之一(分别为工业革命、技术创新及金融创新),同样也可能是金融危机的根源所在(阿代尔·特纳,2016)。因为信用作为企业、个人、机构及政府的一种承诺,它是一种精神状态或非实质性产品(易宪容,2015)。不过,尽管信用是一种非实质性产品,但它能够成为交换价值和增加财富的工具。因为信用能够为实体经济发展创造各种条件(比如让企业解决融资的约束),并能让非实质性产品转化为实质性产品,及为经济发展与繁荣提供巨大的动力。同样,由于信用创造是一种由非实质性产品转化为实质性产品的工具,如果信用创造是过度扩张,或金融交易不是流入实体经济,而仅是在金融体系内循环,那么这种金融交易或是其价格远远偏离实质产品的价值,或是其运作机制会出现扭曲、中断等,而金融危机就可能在这个过程中孕育及产生。所以,在全国金融工作会议上,习近平总书记把金融回归到实体经济作为金融工作的第一原则。[①]

也就是说,由于信用创造具有内在不稳定性,及投资者具有严重驱

---

① 符仲明:《从全国金融工作会议看金融发展新动向》,新华网,2017年7月16日,http://www.ce.cn/xwzx/gnsz/gdxw/201707/16/t20170716_24238347.shtml,2017年12月31日最后访问。

利性动机，如果没有好的制度安排约束，信用的过度扩张或信用扩张超过合理边界往往容易成为一种常态，这是导致金融市场内在不稳定的根源。金融危机也就可能在这个过程中生发。或者说，"金融危机"就是信用过度扩张突然超过了合理边界而不能够服务实体经济，从而导致信用行为出现根本性的逆转，而这种信用行为的逆转是理性无法预料的，也是不希望它出现的。信用行为根本性逆转的表现方式是多方面及多样性的。比如，信用扩张突然收缩、市场流动性突然减少或中断、信用交易的承诺不履行或违约、市场信心的丧失或恐慌等。这就是每一次金融危机都不一样的原因所在。由于信用取决于个体的生存环境、文化背景、认知水平、知识结构、心理素质等方面因素，要对信用行为清楚界定，要对信用扩张的合理边界清楚定义并非易事（易宪容，2015）。这就是为何对"金融危机"就如"美女"一样难以定义与认识的原因所在。

由上述理论说明，中国的金融危机是否会爆发仅是从简单的表象或一些历史数据或抽象的理论模型是无法得出明确结论的。最为核心的问题就在于，无论是金融机构，还是政府、企业及家庭是否存在信用过度扩张的问题。信用过度扩张是所有的经济危机及金融危机的根源。而这里的信用过度扩张，不仅有银行的信贷过度扩张，也有股市、债市、信托、保险等金融工具的信用过度扩张。如果整个社会及市场都进行信用的过度扩张，政府要有效地防控金融风险和保证金融安全，仅是把注意力放在对金融机构及市场的监管是不够的，因为无论是金融市场的杠杆率高企、企业的负债率高、影子银行泛滥、地方政府融资平台风险高，还是大量的流动性在金融体系内循环等，这些都只是结果，并不是原因。只有去除信用过度扩张的根源，这才是有效地防范及控制金融风险和保障金融安全的核心所在。所以，讨论有效地防范和控制中国金融市场风险问题，我们先得分析中国金融市场信用过度扩张的程度。

首先，从中国央行的 2014 年资产负债总规模来看，中国央行资产负债表的绝对和相对规模都比美联储的要大（戴道华，2015）。到 2014 年年底，中国央行资产负债表总规模为 33.8 万亿元人民币，以当时汇价（1 美元兑 6.2052 元）换算为 5.4 万亿美元，相当于 2014 年 GDP 的 53%，是 2006 年中国央行资产负债表总规模的 2.6 倍。

其次，从 M2 增长情况来看，2000 年年底、2016 年年底中国 M2 余额分别为 13.4 万亿元、160.2 万亿元，2016 年是 2000 年的 12.0 倍。在此期间，2000年、2016年的GDP增长分别是9.9万亿元、74.4万亿元，2016年分别是2000年的7.5倍。[①] 也就是说，中国式的量化宽松货币政策让中国货币供应量快速增长，其信贷过度扩张的速度明显加快。也就是说，在此期间，无论信用过度扩张是何种方式（比如外汇占款、银行信贷、影子银行等），中国的信用过度扩张速度都越来越快，整个经济的货币化、金融化及信用化的程度越来越严重。

现在的问题是，如果整个经济的货币化、金融化及信用化的程度越来越严重，那么这些钱又流向了哪里？可以看到，在2008年美国金融危机之前20年，美国及欧洲一些国家也曾出现过金融化和信贷化的快速提升，但其流出来资金没有投入实体经济增加投资，而是购买现存的资产（主要是房地产），并由此最终引发一次又一次的金融危机（阿尔代·特纳，2016）。而中国近十几年的情况也是如此，特别是2009年以来通过信用的过度扩张让大量的资金涌入房地产市场。十几年来，中国的经济完全就是一个"房地产化"经济，一切都依赖于房地产繁荣与发展。特别是在2009年之后，中国经济的繁荣完全是由房地产市场在驱动，而房地产繁荣依靠银行的信用过度扩张，由银行体系及其他融资工具信用的过度扩张让大量的资金涌入房地产市场。房地产市场的繁荣又很大程度是以房价快速上涨为特征。有数据显示，2004—2014年10年时间里，北京、上海、广州、深圳的房价分别上涨了374%、346%、505%、420%（朱宁，2016）。如果加上2015—2016年，其涨幅肯定超过10倍以上。

不过，面对2016年中国一些城市房地产市场价格上涨的疯狂，中国政府出台了一系列的房地产调控政策[②]，尤其2017年"3·17"之后，其出台房地产市场调控政策的城市更多，但是政府同时也认为房地产调控政策不仅要遏制房价疯狂上涨，也要保证房地产市场稳定，不能让这些城市的房价大起大落，否则容易引发金融市场风险。所以这些城市的房地产市场调控政策出台之后，房地产价格疯狂上涨有所收敛，这些城市的住房销售也开始下降，但由于这些城市的政府不希望因为住房销售下降让房价大幅下跌，所以不少城市住房市场在调控出台之后，基本上处

[①] 《中国统计年鉴（2016）》，中国统计出版社2016年版；《中国经济景气月报》，中国统计出版社2017年版。

[②] 从2016年"9·30"调控政策开始，到2017年"3·17"调控政策，国内有40多个城市出台一系列的房地产调控政策。如住房的限购、限贷、限制交易等。

于停滞的状态。实际上，当前中国政府这种既要挤出房地产泡沫，又要让房价不下跌，让两个完全冲突目标同时实现是不太容易的。如果这样要防控金融风险同样并非易事。

12.4　有效地防控中国金融体系的风险

对于中国的金融体系来说，如何有效地防控金融风险，应该把重点放在挤出房地产泡沫上，这是首要的任务。因为，当前中国一二线城市的房地产市场不仅泡沫巨大，更重要的是少数人过度信用扩张，其杠杆高到了无可复加的地步，它已经成了当前金融市场乱象的根源。要挤出这些房地产泡沫，不仅要以市场的方式让房价逐渐回归理性，要采取更为和缓渐进的方式，把其可能暴露的风险降到最低程度。而房价逐渐地下跌，也会让金融体系的风险不断地暴露出来，经济增长可能要付出一定的代价，但这是有效防控中国金融体系风险最为重要的方式。

其次，到目前为止，中国的金融市场还没有走上市场化之路，政府对金融市场的主导一直没有改变。如果中国金融市场是以政府为主导，政府的权力就会成为寻租、设租的工具。在这种情况下，一些与政府权力较近者就容易突破现有的制度规则与安排而进行监管套利，甚至于相关监管部门为这种投资者设立制度安排来套利。现有的法律法规在这些投资者那里会形同虚设。所以，如何减弱政府对金融市场主导与管制，是减少监管套利及防控金融风险的重要方面。

最后，当前中国的金融市场总是想学习国外金融市场的东西，总是认为国外金融市场已经有产品能够在中国发展，并此来促进中国金融市场的发展与繁荣。比如发展证券化市场及衍生品市场等都是如此。但这些金融产品及市场本身都是国外投资者所创造出来监管套利的工具，那么这些金融工具与产品引进中国更是会变本加厉。在这种情况下，政府监管要破除其监管套利的利益驱动是根本不可能的。所以，对这些问题只有深入研究与反思，才能找到好的答案，才能让中国金融市场监管套利有所收敛。

总之，如何来防控当前中国金融风险，就得对当前中国金融市场环境、法律制度、市场运行方式等方面进行深刻反思，揭示其问题的实质与根源，而挤出房地产市场泡沫，让金融服务回归本源，则是当前金融工作的主要任务。只有这样才能找到防控中国金融风险的有效途径与方式，保证中国金融市场的稳定与发展。

13 中国金融体系脆弱性及未来改革方向[①]

13.1 前言：脆弱性是金融的内在本性

国际货币基金组织（IMF）2011年11月14日公布的对中国金融部门进行的首次正式评估中指出，中国的金融体系总体稳健，但脆弱性在逐渐增加。该报告指出，中国金融部门近期面临几大风险：快速的信贷扩张导致贷款质量恶化；影子银行和表外活动导致银行脱媒现象加剧；房价下跌；全球经济形势不明朗。该报告指出，中国的多数银行似乎有能力抵御"单独出现的冲击"，比如资产质量大幅恶化（包括房地产市场的调整）、收益率曲线的移动及汇率的变化，但如果几个风险同时发生，银行体系可能受到"严重影响"。不过，在央行看来，该评估报告在信贷及利率等方面对中国的评价并不够客观。因此，国内金融体系脆弱性风险可能没有那样高。

现在我们要问的是，中国金融体系的脆弱性到底在哪里？这种金融体系的脆弱性能否导致系统性风险发生？如果系统性风险发生，其时间的节点又在哪里？如果中国爆发金融体系系统性风险，监管部门是否有所准备？如果没有准备对中国经济又意味着什么？

对于金融体系的脆弱性，这是现代社会一直在关注的大问题。因为这不仅在于随着金融全球化的深入发展全球的金融危机发生越来越频繁及严重，而且在于金融危机对实体经济影响与冲击也越来越大。金融危机已经成了国际经济生活的常态。因此，没有哪个国家会认为自己的金融体系是如何健全及该国一定不会发生金融危机。对中国来说也是如此。

那么，现代金融体系为何会如此脆弱？这就与金融体系的本性及信

[①] 该文章发表在《21世纪》2012年第6期。

用扩张程度有关。因为金融本性就是对信用的风险定价。如果信用风险定价不合理，它就容易导致过度的信用扩张。可以说世界上的任何金融危机都是与信用扩张过度有关。只不过，不同的市场、不同的国家及地区，信用过度扩张的方式不同罢了。2008年的美国金融危机主要是由银行信贷过度扩张吹大房地产泡沫，并通过金融衍生工具的杠杆化又把这种过度扩张的信贷无限放大，让信用过度扩张达到极致；欧洲主权债务危机则是债务信用过度扩张的结果。

自2003年以来，过度信用扩张也成了中国经济增长的基本工具。2003—2007年银行信贷增长14.7万亿元，2008—2012年6月底国内银行信贷的增长达到35万亿元，是1998—2002年的7倍多；而社会融资总额也达到56万亿元。尽管这几年的国内银行信贷过度扩张还没有引发中国的金融危机，但这种信用的无限扩张所带来的问题与风险也是无可复加了。比如，房地产泡沫吹大、商业银行不良贷款增加、地方融资平台的风险、民间信贷市场的"炒钱"风险等都是一个个可能引发国内金融危机的导火线。可以说，近十年来，无论是政府还是企业或个人每一个市场主体无不希望过度使用现有金融体系或过度的信用扩张。比如经营城市、资本运作、杠杆化投资等都是如此。因为，现有的政策鼓励这些行为主体，谁使用现有的信用体系或谁过度使用信用体系，谁就占便宜，谁就可以把使用信用体系的收益归自己，风险则让整个社会来承担。IFM所指出的中国所面临的金融风险很大程度上都是与不同的行为主体过度使用现有的信用有关。可以说，全民都希望过度地使用现有的信用体系则是当前中国金融体系脆弱性根本所在。这也是当前中国金融市场最大的风险。

还好，中央高层对此有清醒的认识。王岐山副总理一些讲话原则就是针对当前国内信用过度扩张而发的。在他看来，防风险是金融业永恒的主题；要避免金融机构及金融市场片面无限的信用扩张；对于各类金融风险的处置，要坚持"谁的孩子谁抱"等。也就是说，无论是谁都不可过度使用现有的金融体系，谁使用谁就得负责，从而把使用金融体系的成本与收益归结到当事人身上，并以此来界定信用扩张的合理边界。可以说，这个观念是现代金融市场的核心所在，也是防范国内金融市场风险的原则。关键是这些原则如何转化为可执行的金融政策及金融监管措施。在这些方面，中国金融体系的脆弱性仍然存在。

其次，目前我们对中国金融风险的关注往往会放在个别金融事件理解上，比如政府融资平台的风险、房地产价格急剧下跌的银行风险、信托融资违约事件导致普遍的赎回、民间高利贷的爆煲、政府难以抵制呼吁政策放松而为金融风险进一步放大等。不过，这些个体事件对金融危机爆发的概率是存在的，但不是最主要的原因。而绝大多数金融危机爆发往往是与系统性风险出现有关。而系统性风险的重要根源是与宏观环境的定价基准变化有关。因为，在现代金融体系中，各金融市场、金融组织、金融行为主体之间并非简单的线性关系，而是通过各种错综复杂的关系联结在一起。不同金融机构之间可能具有相同的商业盈利模式、相同的会计处理方法及紧密的债权债务关系。这就决定了当市场流动性枯竭、信用违约等风险能够通过共同风险因素、债权债务关系在金融体系内传染。从表面上看，某次金融危机爆发往往是个别性事件引诱的结果，但实际上可以是决定现有商业模式、资产价值、债务债权关系等金融定价的一般性基准定价发生根本性逆转的结果。这就是系统性风险会突然发生，无论是学术界还是业界都无法预测到系统性风险发生的关键所在。在中国，金融定价的一般性基准定价是什么？它是如何运行的，对此了解的人不多。这也是中国金融体系的脆弱性所在。

不过，在本文看来，当前国内金融定价的一般性基准定价很大程度上与中国经济的"房地产化"有关。房地产业不仅决定了早几年国内GDP的增长，而且也是国内绝大多数商品的定价基础。当国内房地产通过过度扩张的信贷把其价格飚升，同时也带动国内整个经济不同商品价格快速上涨及金融产品价格全面上移。因此，当国内房地产市场泡沫突然破灭而导致价格急剧下跌时，并非仅是影响到商业银行增加不良贷款的问题或不良贷款率上升的问题，而可能导致整个金融市场一般性基准定价发生重大逆转。因此，早些时候监管部门要求银行对住房价格下跌压力测试仅是一种表象，它根本就无法把这种基准定价发生重大逆转给金融体系带来的风险计算在内。也就是说，这也是当前中国金融体系脆弱性的根本所在。因此，要避免这种系统性风险发生，就得坚决当前房地产宏观调控不放松，挤出当前房地产泡沫，去除中国经济"房地产化"及赚钱效应，让国内住房价格回归理性的水平。

当然，对当前中国金融体系脆弱性所表现的方面还很多，比如政府对金融市场管制与垄断、对国有金融机构政策性资源注入、诚信体系没有建立等，这些都是值得认真探讨的问题。

13.2 当前中国金融体系的最大风险

2012年8月15日中国银监会公布的数据，2012年年末，国内商业银行不良贷款余额4565亿元，比第一季度末增加了182亿元。不良贷款率为0.9%，与第一季度末持平。第二季度实现利润达3356亿元，比第一季度增长2.94%。也就是说，从这些数据来看，当前国内银行整个经营是稳健的，根本不存在多少风险问题，更不存在由于银行危机导致的金融市场的系统性风险。但实际上金融市场的系统性风险并没有显山露水，许多巨大风险是潜藏的，什么时候爆发出来只是时间问题，但不是不爆发出来。

首先，从国内银行体系的不良贷款情况来看，报表上显示的数据当然是乐观的，但实际上存在很多问题。首先，近两年来，中国银行业拨备覆盖率已从2010年第四季度的217.7%，大幅度提高到2012年第二季度的290.2%。这说明了什么？说明了中国银行业拨备覆盖率快速增长，国内银行对潜在不良贷款风险在做提前准备，但更重要的是，它意味着国内银行实际的不良贷款增加正处于一个上升周期。特别是，当国内房地产泡沫破灭时，这种风险更容易显示出来。

比如，率先公布业绩的招商银行上半年的数据显示，3个月以下逾期贷款急增63%或41亿元占贷款组合的1.06%，高达新增不良贷款余额7.3亿元的5.6倍（招行是经营管理好的银行都如此，其他小银行问题肯定比这要大）。最近暴露出来巨大贷款风险的江西赛维及江苏熔盛重工就是银行不良贷款率上升最好佐证。有机构估计，占全国银行体系贷款8.4%的浙江省，不良贷款率可能上升2.5倍至2.9%（其中温州的情况十分突出）。如果这种情况出现并在全国蔓延，国内银行不良贷款率更可能快速上升。

当前国内银行业的数据为何会那样亮丽，许多巨大的潜在风险为何没有暴露出来？很大程度是与国内房价仍然处于上升情况有关。可以说，国内住房市场经过两年的调整，尽管曾经出现了近两年"量跌价滞"僵持局面，许多住房市场的销售全面下降，但住房的价格却下跌很少。可以说，只要房价的泡沫不挤出及房价不快速下跌，那么过高杠杆的住房投机炒作的风险就不会暴露出来。最近温州银行不良率快速上升，很大程度上与温州的房价快速下跌有关。但国内不少城市的房地产泡沫不仅没能挤出，反之还在继续吹大。而这些城市吹大房地产泡沫必然要破灭，只不过是时间问题。当国内房地产泡沫破灭时，中国银行体系风险也就暴露出来了。

其次，当前国内一个巨大的影子银行体系正在快速形成，尽管中国的影子银行体系与导致美国 2008 年金融危机爆发的影子体系有很大不同。比如，2003 年以前国内企业融资 90% 以上来自银行贷款，但是 2011 年这个比例下降到 58%，即银行信贷在社会融资总额比重快速下降，而银行之外的委托贷款及信贷贷款等则快速增长。我们可以看到，在信贷规模及利率管制的情况下，银行正规渠道的贷款利率 6% 左右，而且民间信贷市场利率达到 20% 以上，巨大的利润空间，也就促使了大量的正式或非正式贷款中介公司出现，也激励了银行业务"表外化"。2011 年中国银行发行的理财产品规模高达 18 万亿元之多。还有 2012 年上半年，中国 76 家获准开展资产管理业务的证券公司，受托管理资金本金总额已从此前的 2819 亿元大幅增加到 4802 亿元，增幅达 70%，而这其中绝大多数资产是银行业表内业务"表外化"所致。由此可见，由于国内影子银行体系基本上处于监管真空之下，它受高额利润驱使，不仅规模快速膨胀，而且无孔不入（正规渠道及非正规渠道都是这样）。如果任随发展，潜在风险有多大，是根本无法预测的。

最后，过度使用现有的金融体系成了政府政策及国人的一种时尚。可以说，对于一个新兴国家来说，金融体系不成熟要发展是自然的事情。不过，如果这种金融体系的发展演化到了过度使用它所面临风险就会极高。比如，近几年国内经济快速增长，很大程度上就是建立在过度使用现有的金融市场基础上的。2008—2012 年 6 月末，银行信贷增长达到近 35 万亿元（而朱镕基总理任上 5 年的银行信贷增长只有 6.7 万亿元），社会融资总额达到 56 万亿元。信用无限扩张发展到极致。可以说，这种过度融资加速了国内经济发展，加快了国内许多重大的城市基础设施的建设。但由于房地产政策误导，也吹起了一个巨大的房地产泡沫。这几年国内不少城市房地产泡沫吹得巨大，很大原因就是这种过度融资、过度杠杆化的结果。但是，到目前为止，政府部门对此问题的严重性仍没有清醒认识，总是以为通过宽松的货币政策可降低企业的融资成本并鼓励企业增加投资，但实际上银行流出的资金最多、企业获得资金的融资成本最低，就看这些资金流向哪里。如果这些资金不流入实体经济而流入房地产炒作，那么信贷政策宽松没有多大意义。因为从这几年的情况来看，许多从事实体经济的企业所获得的利润不及房地产获得的利润的九牛一毛。比如，国美是全国家电零售业最大的巨头，其开发的第一个房地产项目，这个项目的利润就远大于当年国美前15年利润的总和。有一家在广东的企业就告诉我，他炒作一套住房，就比其企业一年的总利润还高。在这样的情况下，企业岂有动机把资金流入做实体经济？当前企业的资金都流入各种资产时，不仅很容易炒作高资产之价格，而且也给整个金融体系带来了巨大的潜在风险。

而过度使用或滥用现有的金融体系，国内企业、个人及地方政府是这样，中央政府也是如此。比如最近中央政府批准设立许多所谓区域性的金融改革试验区。这些区域性的金融改革试验区，除了少数一两个地方之外，多是没有多少实质性的新内容或真正的金融创新。因为国内金融市场作为一个统一性市场，如果不对这个市场进行重大制度改革（比如坚决去除政府对金融市场的主导性，而各地所谓的金融改革试验区都得通过批准的方式进入不是减弱这种主导性而是强化这种主导性），这些金融改革试验区可作为的东西不多。正因为这些金融改革试验区可作为的东西不多，不少资本就盯着如何能够进入正规的银行体系。比如最近泉州也在制订《国家金融服务实体经济综合改革试验区》方案，希望得到政府批准。其核心就是如何让更多的民间资本进入正规的金融体系。许多民营企业家都说，他们的目标都想做银行。因为就当前的情况来看，经营银行不仅风险低而且可获得高利润。可以说，如果中国的金融改革只是要建立更多的小银行，那么这种过度使用现有的金融体系的风险很快就显示出来。美国18世纪下半叶银行业的战国时代最后导致金融危机爆发就是最好的借鉴。

可以说，以不同的方式过度使用现有金融体系是国人一种共识，无论是政府，还是企业与个人都是如此。但这背后潜在的巨大风险国人就是不去关注，政府政策也是如此。这可能就是国内金融体系所面临的最大金融风险，也是中国金融体系脆弱性的根本所在。

13.3 国内银行资产质量恶化

最近,国内上市银行2012年中期报表陆续公布,从总体来看,国内银行业的不良贷款率基本上处于一个较低的水平,但这些信息也披露一个十分有趣的现象,即就个别地方来看,这些地方的银行不良贷款率飙升。比如兴业、华夏、平安、浦发、招商和建行等银行不良贷款率都在上升。而不良贷款上升的地方集中在浙江的温州及杭州等。比如建行的中期报表就显示,建行浙江分行的不良贷款率最高,由2011年年底的1.33%急升至1.78%,建行上半年资产减值损失大增148%至71.58亿元。同时,在东北地区,建行的资产减值损失大增539%至7.28亿元等。

这里有几个值得讨论的问题。一是国内银行不良贷款率快速上升为何是地区性的?其原因是什么?二是这种银行不良贷款快速上升现象会不会向全国蔓延?如果蔓延是否会引致国内金融市场的系统性风险?三是当前国内监管体系的银行体系的流动性压力测试及加强资本充足率比率等监管办法能否事先预测到这种风险等?

可以说,国内银行不良贷款飙升的区域性很大程度上是与房地产泡沫破灭与挤出有关。因为,对于浙江的温州地区来说,在房价一路飙升时,这些地区的银行贷款是质量较好的,不仅不良贷款率远低于全国平均水平,而且贷款规模庞大银行利润水平也最好。而且这种情况根本就不在于银行大小、经营管理性的水平如何。在这些地区,银行业的业绩普遍都好。而最近特别是2012年上半年以来,这些地区的整个银行业的不良贷款快速上升,主要是与当前的房地产泡沫破灭有关。

我们可以看到,在早几年全国各地房价飙升的过程中,浙江的温州等地是全国一波又一波的住房炒作始作俑者。他们转战全国,战无不胜。而房地产暴利不仅使当地居民涌入住房市场即当地全民炒房,也诱导这里地方企业涌入住房市场。有调查报告显示,在温州300家企业中,126家企业涉足房地产(大企业进入住房市场建造房子,小企业购买住房炒作),投资总额6.93亿元,占总营业务以外投资总额的69.2%。相关统计还表明,全市企业参与房地产投资总额超过5000亿元。

这样,他们不仅把全国许多地方房地产市场炒翻了天,也把温州当前的房价炒到天上去了。2010年温州这些地区的住房价格为全国最高。当房价上涨时，这些企业与个人个个都炒得暴利四溢。当在房地产宏观调控下温州的住房市场价格快速下跌时（最大跌幅达到30%以上），这些过度杠杆化住房市场投机炒作的风险很快就暴露了出来，引发了2011年的温州金融市场危机。

面对这种危机，中央政府及地方政府采取一定的救市政策，但是温州金融市场危机并没有随着各种救市政策有所缓和，反之随着温州房地产市场调整，其危机也在深化与蔓延。有数据显示，截至2012年4月末，温州社会融资规模约9800亿元，比2011年8月末减少约760亿元，银行表外融资、民间借贷市场均大幅萎缩，分别比2011年8月萎缩20.49%和11.82%。银行利润减少，不良贷款增加。与此同时，温州企业减产停产现象增多，全市3998家规模以上工业企业中，60.43%的企业减产停产等。这种情况很快就反映到银行。比如不良贷款率上升，银行惜贷及企业借不到银行钱等，温州的金融危机进一步加深。

现在的问题是，温州这场金融危机是不是会向全国蔓延？对于这个问题，其实又有两个方面的问题。一方面是温州金融危机的深度在哪里？是不是比我们所看到的还要严重？另一方面，国内房地产市场泡沫究竟有多大？对于前者，这里不再讨论。对于后者，国人对此认识的歧义很大。其实，国内一线城市如北京与上海等地，其房地产泡沫肯定会比温州要大。这种房地产泡沫巨大不仅在其价格涨幅而且在于其规模庞大。比如说，十年来，北京不少楼盘的房价至少上涨了8倍以上。北京是这样，上海与深圳也是如此。十年内房价如此过快地上涨，岂能不积聚巨大的泡沫与风险？只不过这些地方巨大的房地产泡沫被房价还在上涨及中国房地产市场巨大和存在严重差别性所掩盖。

2011年监管部门不停地就房地产泡沫为国内银行体系进行压力测试，以为通过这种压力测试可估算出国内银行房地产泡沫风险。但实际上以历史与静态数据是无法估算流动性水平的变化，也无法评估企业及个人的偿还贷款能力是否真实。因为，这里不仅有资产价格突然下跌流动性短缺的问题，还有"流动性停滞"或"流动性停顿"的问题，而后一个方面是不可能测试到的。

所谓的"流动性停滞"，是法国著名的经济学家梯若尔最近创造的一个概念。它是指企业不可"动用的流动性"不是流动性，因为这种流动性丧失了偿还能力的功能与意义。比如金融法规限制、资产价格下跌时劣质资产充斥而持有手上不出售、资产价格下跌时资金充足者拒绝购买价贱求售的资产、大众化的投资市场散户实力不足导致市场交易萎缩等。可以说，这些现象的诸多方面是无法通过量化压力测试的模型来评估金融危机引发的风险高低的。

也就是说，就当前国内银行的房地产泡沫风险来看，尽管房地产占银行贷款比重只有20%，国内一线房地产泡沫立即破灭还不现实，但一则与房地产关联的银行贷款所占的比重会有相当大（其比重会超过60%）的关系，二则国内房地产泡沫破灭是迟早的事情，只不过在什么时候及采取什么方式而已。上述两种情况，无论是哪一种情况，要想测试两种态势情景下的流动性状态是不容易的。如果再加上"流动性停滞"之影响，那么国内房地产泡沫一旦破灭，所有的潜在风险都会暴露出来。国内金融市场的系统性风险也许就会在这种状态下生成。为何国外许多研究机构与组织一直都在说，目前中国经济处于金融危机爆发的危机边缘，可能道理就在这里。

也就是说，当前国内银行体系资产质量快速下降，看上去是区域性的，看上去这种区域性事件对全国不会有太大的影响，而且从监管部门的压力测试来看，也不会有多高的风险。但中国房地产泡沫吹得巨大是全国性的，只不过不同的地区泡沫的大小程度可能会不一样。如果说一些地方的房地产泡沫可以在十年上涨8倍以上，那么这些地方的房地产泡沫也不小。而吹大了房地产泡沫不一定会同时破灭，但是吹大了的房地产泡沫破灭是必然。可以说，只是房地产泡沫破灭，银行的风险也就会随之暴露出来。我们对此绝不可掉以轻心。只要当前国内这个巨大的房地产泡沫不破灭，中国随时都有可能面对金融体系系统性危机爆发的风险！

13.4 中国民间信贷风险正在增加

尽管从2011年下半年开始，民间信贷有所收敛，但在早几年，可以说国内民间信贷之活跃与泛滥到了无可复加的地步。个人与个人之间进行贷款、企业与企业之间进行贷款、企业与个人之间进行贷款，甚至大量的上市公司从市场融到钱后也纷纷进入放贷的民间金融市场。也就是说，全民放贷已经成了当前国内非正规金融市场十分普遍的现象。

国内民间信贷规模有多大，央行的调查统计表明，到2010年3月末，民间借贷余额为2.4万亿元。8月，招商证券的罗毅、肖立强的报告《流动性不平均下的民间融资盛宴》，估计全国民间融资规模为6万亿—7万亿元，差不多接近这两年7万亿—8万亿元的年度信贷规模。中金公司估计为4万亿元左右。而银监会估计大约有3万亿元信贷资金流入民间借贷市场。有统计显示，截至2011年第一季度末，全国共有小额贷款公司3027家，其中400多家是2011年新开业的。分布在全国的各类担保公司、典当公司数量高达上万家。在我国东南沿海和江浙一带，地下钱庄和标会更是如雨后春笋般蓬勃发展。另外，据央行温州中心支行2011年上半年进行的一次调查显示，温州民间借贷市场规模达到1100亿元，有89%的家庭或个人、59.67%的企业参与民间信贷。可以说，这次民间信贷泛滥，不仅在温州盛行，而且广泛蔓延到全国各地。比如除浙江外江苏、福建、河南、内蒙古等地的民间高利贷也在泛滥。

国内民间的信贷为何会如此发达或活跃？这与当前国内的经济环境、金融市场制度及金融市场价格机制有关，也与房地产暴利及民众暴富心态等方面因素有关。因此，对国内民间信贷市场的泛滥问题，我们不能够仅是看到投资者逐利心态与动机，更重要的要从这种现象产生的制度根源及社会文化背景等方面入手，否则是无法把握到当前国内民间信贷市场会如此泛滥的根源，也无法找到化解该问题的办法，更无法让国内民间信贷纳入有效监管与治理之路，反之有可能进一步引发国内金融体系的风险。

可以说，当前国内民间信贷高利贷泛滥，首先很大程度上是与国内金融体系的缺陷有关。当前国内以银行为主导的金融体系，尽管看上去市场化的程度不低，但实际上整个信贷运作很大程度上是在政府严格管制下进行的。无论是信贷规模的管制还是利率管制都是如此。而管制下的金融市场一定会产生一个与之相对应的非正规金融或民间金融市场。还有，民间信贷之所以能够如此泛滥，民间信贷利率水平为何能够达到50%以上，还在于有相应的载体企业来承担。如果企业的投资项目的收益率只是10%，那么这些企业是不可能进入民间信贷市场融资的。这几年国内股市十分低迷，进入证券市场不仅收益低，甚至多数投资者都是负收益。在这样的情况下,民间市场的资金也不可能会进入国内证券市场。通过承担这样高的利率只能是当前暴利的房地产业。市场知道,国内房地产业经过近十年暴利后,房地产泡沫越吹越大,信贷风险也越来越高。因此,近年来政府开始对银行信贷大规模流入房地产市场有所限制。作为资金密集型的房地产业,当银行信贷流入房地产开始收紧,其资金链就可能面临紧张。于是,暴利的房地产开发企业纷纷进入民间信贷市场融资。以便让推高的房价一直顶在天花板上,及让其房地产开发企业资金链不断裂。这不仅迅速推高了民间信贷市场的利率,而且也造就了民间信贷的高利贷泛滥。有研究表明,当前民间高利贷80%以上的资金是进入房地产市场。如果政府不采取有效的政策遏制民间信贷高利贷的泛滥,那么它将可能增加中国金融市场的风险,甚至导致国内金融市场的危机。

可以说,暴利的房地产业不仅能够支撑民间信贷的高利贷,也成了改变当前国内投资者的价值取向。因为,近十年来,随着政府错误的房地产信贷政策及税收政策推行,国内房地产市场早就成了一个投机炒作赚钱的工具。在过去的十年里,随着各地房价飚升,从而使进入住房市场投资者个个都获得暴利。凡是进行住房投资者,没有不赚钱的。由于住房市场暴利赚钱效应,不仅使中国产业结构越来越房地产化,许多企业纷纷放弃实业而进入房地产,而且使国内不少民众的暴富心态不断在强化。但是,从2010年开始,政府出台了一系列对房地产投机炒作进行限制的政策,房地产投资所面临的风险增加。在这种情况下,这些暴富心态的投资投机者纷纷转向民间高利贷市场。在民间信贷市场,受房地产暴富效应之影响,这些暴富心态的投机炒作者越是风险高越是涌入,只要高收益就可以。在这种情况下,很快就把国内民间信贷市场的高利贷泛滥推到极端。

但是当房地产泡沫一旦破灭,民间信贷所面临的风险都暴露出来。比如,这不仅导致温州与鄂尔多斯等民间信贷危机爆发,也逼迫这些持有暴富心态的投机炒作者或是"割肉还债",或是还不了债务而逃跑。比如向来以房地产炒作闻名的温州投资者,为了归还高利贷所带来的沉重债务,纷纷在全国各地抛售住房。也就是说,面对资金链断裂,温州投资者近期都会在全国各地找资金回笼套现。而鄂尔多斯的民间信贷市场所导致的问题同样十分严重。它不仅直接影响到银行体系资产质量下降,也导致当地社会许多矛盾与冲突。如果说全国房地产泡沫全面破灭，那么所面临风险会更高。因为，过度泛滥的民间高利贷，早已经形成了历史经典的庞氏骗局，一旦这个骗局被拆穿或借款人无力还款，银行将收紧信贷，贷款个体抵押的资产遭到银行变卖，银行资产严重恶化，那么整个金融体系将受到巨大冲击，其巨大风险也自然而来。因此，国内民间信贷高利贷款的严重风险不得不密切关注。

13.5　中国股市发展失衡

近几年来，中国股市令中小投资者失望到了极点。国民经济快速增长，而中国股市则持续下跌。特别2012年这种情况更是明显。股市的下跌使中小投资者纷纷离开市场。近几年中国股市持续下跌，跌得中小投资对股市没有一点信心。多数人都在寻找是什么原因导致国内股市这样下跌的。有人会说，有多少有利之政策，又有多少不利因素之影响。不过，任何政策都是短期的，它对市场的影响同样短期。但是短期政策为何会成为一个较长时间的行为呢？

当然，也有人会认为是外部因素使然，比如国内经济增长下行，公布的数据远逊于市场预期；欧洲债券危机加剧及美国经济复苏缓慢，金砖几国的经济也不看好等，从而使国内股市水泥、煤炭、金融、地产等权重股快速下跌。可以说，就国内外经济形势来说，外部实体经济形势不好，估计这会是一个很长时期的事情（5—7年）。如果国内股市真的与实体经济关联性很大，那么由此推测国内股市至少要很长的时间都无法翻身了。可是，美国股市不是很快就恢复到2008年金融危机之前的水平了吗？

也有人认为股市改革的滞后，使中小投资者利益得不到保护等。但是2012年以来，郭树清上任后，对国内股市进行了一系列的重大改革。无论是股市的进口（价格形成机制），还是出口（退市制度），及股市运行阶段等都出台不少政策，而且取得了一定的成绩，但市场就是无法提振起信心。反之，中小投资者对股市的信心越来越不足。不仅中小投资者纷纷退出股市或远离股市，而且还有相关比例的基金经理也退出基金公司，另谋高就。

那么，投资者为何会对国内股市如此缺乏信心？中国股市的困惑在哪里？我一向都强调，中国股市最大的问题就在于股市的源头上，就在于中国股市建立的宗旨。而股市建立之宗旨不仅决定了国内股市的整个运作机制，也决定股市的利益分配关系。我们应该知道，对于任何一个市场来说，尽管外在的形式可以与其他市场是一模一样的，但是其初始条件不同，确定的宗旨不同，那么这个市场最后就会成为我们现在这个样子。

我们知道任何金融交易都是信用交易，都是对信用风险的定价，都是对未来收入流风险的预期定价，都是以合约的方式来连接。股票也作为一种金融合约，也是对未来收入流风险的预期定价，但与一般金融合约又有不同，一是股市作为一种标准化的合约，可以在任何人之间流通，具有一般性交易价值，其流通性仅差于货币（有市场限制）；二是交易双方可以在完全陌生的人之间进行。既然股票的价格取决于未来收入流的定价，这不仅为投资提供了无穷无尽的想象空间，也为投机炒作欺骗掠夺提供了广阔的空间。在股市，如果出现不法行为不仅容易让投资者上当受骗，而且其深度与广度是其他金融交易不可比拟的。因此，股市对合约执行和权益保护的要求远比一般金融交易要高，法治的要求也是要高的。

从中国股市的情况来看，从新中国股市出生的第一天开始，其股市发展的目的就是国有企业脱困解融资。先是国有中小企业圈钱脱困，以股票发行份额分配方式进行；然后，绝大多数大型国有企业纷纷进入市场。最后才是分给中小民营企业一点点残羹冷炙。在这样的情况下，政府不仅对股市信用进行完全的担保，而且主导了整个股市的分配运作过程，主导着股市的利益分配关系。

由于中国股市的目的就是为解决国有企业困境而帮助它们融资，出于这个目的，政府就得对股市整个运作过程全面完全主导。在这种情况下，国内股市政策不仅决定了哪家公司能够上市、上市的价格及融资额，而且也决定了公司上市的方式，从而使股市行情的好坏、股票指数的高低完全取决于政府的股市政策；而且这种股市不仅是上市公司圈投资者钱的工具，也是内部人内幕交易牟取暴利的地方及建制内精英利用社会资源即社会大众资金扩大自己权力与影响力以谋取利益的地方。股市的利益关系就是在这样的市场政策的分配。

由于整个股市运行由政府权力主导，它不仅决定整个市场利益，同时必须对整个股市的运作作隐性担保。在这种情况下，市场当事人的收益或利益肯定是与其政治权力远近相关，市场当事人与政治权力越近，政治权力越大，其获得利益就越大，离政治权力越远，其获得利益的机会就越小。甚至最后发展为与政治权力没有关系者，个人只能是血本无归。从这几年的情况就可以看到，尽管国内股市指数跌得越来越离谱，但是上市公司的大股东同时可圈到大量的钱。创业板同样可以让许多人"一夜暴富"等。

在这种情况下，不仅信用无法通过市场方式建立，相关的法律制度司法制度也无法确立。政府权力成为市场中的绝对力量。正因为国内股市信用不是通过市场方式来建立与生成，不是通过有效的法律来保证和保护而是由政府隐性担保。市场中的当事人进入高风险的投资激励十分强烈。因为，在这种市场中，投资当事人可把投资的过高风险转嫁给他人或整个社会来承担，而收益归自己。我们可以看到，国内股市投机炒作为何会如此疯狂，很大程度上是与政府对股市的信用隐性担保与健全的法律制度无法确立有关。

而且这些东西一旦形成制度，一定会形成严重的制度路径相依。即整个股市的文化、市场体制、市场运作方式都朝这个方面发展，而且越来越严重。一旦市场走上了这种路径相依，希望通过一些技术性改进来使国内股市走向健康之路是不容易的。可以说，2012年以来对国内股市进行了一系列的技术性改进，但为何所取得效果不好，问题就在这里。在这种情况下，国内股市的信用会进一步丧失。

所以，要走出当前国内股市的困境，恢复当前国内股市之信心，现在是要进行重大的制度改革的时候了。而这种制度改革的第一步就是如何通过公共决策的方式来决定改革的议题，并用同样的方式来完成改革之制度建立，否则只是希望一些技术性改进让国内股市走上健康之路基本上是不可能。而且股市的重大制度改革，同样不只是股市制度改革的问题，还涉及挤出房地产泡沫问题，重新建立新的金融体系的问题等，这些都是国内金融体系脆弱性的不同方面。

13.6 小结

我们可以看到，中国金融体系的脆弱性是十分严重的，只不过许多风险根本就没有暴露出来。首先，全国自上到下，无论是政府还是企业及民众，无不希望过度使用现有的金融体系，无不希望让这种过度使用现有金融体系的风险让他人来承担而收益归自己。在这一激励模式下，中国金融体系的风险无处不在。也就是说，如果信用扩张不能设定在合理的边界内或实体经济发展的要求内，那么金融体系的脆弱性会更加放大，所面对的风险也就会更高。设定信用扩张合理边界是未来中国金融改革的重要方面。

中国金融体系的脆弱性还表现为政府权力对市场主导及管制上。政府对金融市场管制根源就在于中国金融市场信用完全是建立在政府隐性担保基础上的。由于政府对金融市场隐性担保，这不仅给政府权力进入市场干预市场提供了条件，也为金融市场当事人过度进入高风险资产创造了条件。因此，弱化与减少政府金融市场参与干预是当前国内金融改革最为重要的方面，也是保证中国金融体系稳健性的关键。

第四编　银行改革及风险

14 国有商业银行改革的政治经济分析[①]

14.1 前言

中国国有商业银行的真正改革是从 2001 年 12 月中国加入 WTO 开始的（易宪容，2004）。由于中国加入 WTO，该事件成了能够向国内决策者提供对经济制度采取重大改革的动机，因此，WTO 作为国内金融改革的一个外部制度锚。[②] 可以说，中国加入 WTO 不仅促使了国内银行业的全面开放，也加快了国有商业银行的全面改革及制度质量的全面提高。但是，这些开放、改革及新制度规则的确立都是建立在国有商业银行既有的条件基础上的，都得面对国有商业银行改革的初始条件。

也就是说，尽管以 WTO 为一个参考系、一个标准，它是近几年来国有商业银行改革的动力，也是促进国有商业银行成长与繁荣的重要一步。也正是这一步使国有商业银行改革 WTO 以来成绩斐然，如国有商业银行的不良贷款率迅速下降、银行资本充足率的提高、三大国有商业银行股份制改革完成及成功上市、外国战略投资者的引入、国有商业银行公司治理结构的改善、银行内部风险机制逐渐建立等（易宪容，2006）。

但是这些成绩与现代开放条件下的现代商业银行体系，与发达市场下健康的金融体系相比仍然面对着一系列的制度瓶颈或制度障碍（易宪容，2006）。如果国有商业银行不能够突破这些制度"瓶颈"或制度障碍，那么，早些时候的国有商业银行改革解决了一些表象问题而掩盖了

[①] 该文章发表在《江苏社会科学》2008 年第 3 期。

[②] 所谓的外部制度锚就是 WTO 对中国金融业的改革规定了一个正式承诺机制及中国政府将实行一系列明确的立法及改革。比如欧洲一些国家加入欧盟就是一个外部制度锚成功的经典案例。参见 Europesn Union，Copenhagen Critetia，1993。

更为深层次的问题。正如我一向指出的那样，在加入 WTO 以来的 5 年过渡期，尽管在 WTO 为制度锚的情况下，给国有商业银行的改革与开放带来了巨大的动力、给国有商业银行制度转轨质量的改进做出了具体规定，从而促进了国有商业银行治理结构及体质的改善，也提高了国有商业银行的竞争力。但也正如我多次撰文指出的，国有商业银行改革可以引入国外所有的规章制度、法律规则、产品与市场，但是让国有商业银行的内在机制、银行文化及银行价值观的改变并非是件容易的事情（易宪容，2006）。而没有后者的变化，国有商业银行要想真正走向现代化与国际化是根本不可能的。也就是说，国有商业银行要达到"形似"与"神似"内在一致并不是一件容易的事情，它是一个相当长的过程。

特别是从中国银行业的基础性制度来看，目前国有商业银行体系仍然与一个健全完善的、优质制度结构现代商业银行体系相差很远。因为，在一个良好的金融制度框架中，这种制度安排不会让少数人或阶层对一个具体行业或活动实行垄断，也不会让少数人对自然资源享有特殊权利而获益，所以这样的制度安排能够调动所有利益相关人积极性和创造性，并以此来推动该行业的发展，并让所有的利益相关者都能够使其要素对产出之贡献获得相应的利益（Acemoglu，D. et al.，2003）；还有，与这样的制度安排相伴随，还有好的政治制度。在这种制度安排下，政治权力不仅能够被广泛地分享，而且受到严格的制衡，即基本上没有掌握政治权力的人可以为个人获取利益的空间。

也就是说，以优质金融制度框架来关照目前国有商业银行的改革，我们就会发现，目前国内的国有商业银行体系，它的组织结构、财务报表、金融产品的推出、市场方式的安排等可能会惟妙惟肖，但是其运作内在机制、企业的基本价值观及文化并没有根本性的改变，特别是当这种国有商业银行的商业化、现代化及市场化与政府对金融资源的主导性、聚集性等相结合时，这种国有商业银行体系不仅容易聚集整个社会的金融资源，并按照政府愿意把金融资源流向政府所要发展的产业或行业，而且也有利于既有国有商业银行利益集团把其运作成本让整个社会来承担而把其运作收益单位化或个人化。本文就是从政治经济的角度来分析目前国有商业银行改革现状及问题的，以便寻找国有商业银行进一步深化改革之途径。

在本文中，我们将系统地回答以下几个问题：中国加入 WTO 后，国有商业银行改革取得哪些成绩？这些成绩取得的主要原因何在？应该如何来评估这几年来的国有商业银行改革所取得的成绩，同时如何来评估国有商业银行改革所面临的制度障碍，以及这些制度障碍的实质是什么？我们可能通过什么样的方式来化解？如果这些制度障碍不能清楚地认识到并化解，它将对国内银行业发展产生什么样的负面影响？等等。可以说，只有对这些问题有一个清楚的认识，才能真正地看清国有商业银行的问题所在、才能在此基础上进一步深化国有商业银行改革。

本文的结构安排如下：第二部分描述了近几年来国有商业银行改革现状，指出其取得成绩及面临的问题；第三部分先提出一个国有商业银行改革分析的理论框架，并从这个视角来分析国有商业银行改革所面临困境之原因与实质；第四部分讨论了国有商业银行改革范式上的革命，并在既有条件下对国有商业银行改革及未来发展提出了相关的政策建议。

14.2 国有商业银行改革所面临的问题

可以说，改革开放30多年来，国内银行改革从来就没有停止过，但是国有商业银行业改革取得重大的进展则是近几年的事情。早在1998年以前，中国的四大国有商业银行不仅经营绩效差，而且巨大不良贷款缠身。[①] Credit Lyonnais Securities Asia (CLSA) 在2002年对中国银行业的研究报告中指出，该公司曾用CAMEL测试中国的四大国有商业银行，在资本充足率、资产质量、管理效率、盈利能力和流动性方面，除了流动性指标外，其他指标得分都非常低（顾晓敏，2005）。但是，从1997年开始，政府通过发行金融债券、剥离不良贷款、注资上市等方式对四大国有商业银行进行了大刀阔斧的改革。通过这些改革，四大国有商业银行取得了突破性进展，特别是从2003年年底开始，三大国有商业银行通过

[①] 比方说，1998年四大国有商业银行的资产回报率为0.2%，而香港银行业则为2.29%，韩国银行业为0.85%，与国际银行业相差甚远；还有1998年美林公司估计四大国有商业银行的不良贷款的平均比率为29%，JP摩根估计为36%，IMF估计为25%。也就是说，如果按照通行会计标准，当时四大国有商业银行早应破产。参见易宪容《金融市场的合约分析》，中国城市出版社2001年版。同时，四大国有商业银行的不良贷款经过1999—2000年剥离之后，仍然处在高位。如2003年各行不良贷款率分别是工行为21.24%、农行为30.07%、中行为16.29%、建行为9.12%，而花旗与汇丰则分别为2.69%和2.77%。参见《银行家》2004年第7期。

注资、财务重组、引入外国投资者及股份制改造，中国建行、中国银行以及工商银行三大国有商业银行最终成功上市。而这些国有商业银行上市成功，不仅成了当年国际资本市场而且成了整个国内金融业的突出亮点，而且这些国有商业银行很快就成为世界市值最高十大银行之一。再加上中国农业银行股改业已启动，四大国有商业银行改革已经取得初步的成绩。下面我们就四大国有商业银行近几年来资产、存贷款余额、利润水平、资产收益率及资产收益率、不良贷款率、资本充足率等几个指标来看其所取得的成绩及目前所面临的问题。比如，这几年来，无论国有商业银行的资产、存贷款余额及利润都得到快速增长。比如资产的增长2006年是1999年的1.12倍，年均增长为14%，比同期的GDP增长高4个多百分点；净利润的增长，2005年为1999年的9倍，税前利润的增长是空前的。

已有的信息表明，四大国有商业银行2007年税前利润合计约为3000亿元，超过了所有中资银行的50%以上，其中，工行以超1000亿元排名第一，建行以超900亿元排名第二，中行、农行分别以超800亿元、300亿元排名第三、第四。以增幅来算，四大行中，增幅最大的为农行，高达180%，另一超过成倍增幅的为工行。

但是从四大国有商业银行的盈利状况来看，又有许多令人担忧的地方（曹凤岐，2006）。近几年来，尽管四大国有商业银行的资本收益率和资产收益率都在逐渐改善，特别是资本收益率更是增长得很快，而且在2003年政府给建行、中行注资，2005年给工行注资，其增长幅度更是明显。而资产收益率增长，说明了四大国有商业银行的资产质量有所改善，盈利能力得到提高。

与美国商业银行相比，股改后三大国有商业银行的盈利水平仍然存在很大的差距。比如，1997—2003年美国商业银行的资产收益率在1.2%左右，资本收益率在14%左右，远远高于三大国有商业银行的盈利水平（顾晓敏，2005）。这也表明，近段时间三大上市的国有商业银行股价快速上涨，特别是工行的市值更是名列前茅，但这并不是三大国有商业银行盈利水平提高的结果。而四大国有商业银行盈利水平不高，既有历史之包袱，也有银行信用风险管理能力不足的原因。还有，经过股改后的三大国有商业银行与没有经过股改后的农行相比，其盈利水平存在明显的差距。这里既表明了历史的原因对国有商业银行盈利水平的影响，也表明政府政策倾向对它们盈利水平的影响。如果剔除政府的政策因素，三大国有商业银行要取得目前的成绩并非是件容易的事情。

资本是银行抵御风险的最后一道屏障，也是巴塞尔协议中银行控制风险的第一支柱。它往往是用银行的资本充足率来表示（如新老巴塞尔协议都把8%资本充足率作为银行风险控制第一支柱），因此，资本充足率通常被认为是衡量一家银行稳健性和抵御风险能力的重要指标。对于四大国有商业银行的资本充足率，在股改之前，除中行以外，其资本充足率都低于巴塞尔协议所规定的8%要求。这里既有银行效率低下和不良贷款所造成，也与政府注资不及时有关。但经过2003年年底政府向中行及建行注资、2005年向工行注资后，情况则有很大改善。而农行资本充足率不足，可能与其股改没有完成有关。但是，即使是股改后的中行、建行、工行的资本充足率与国际性商业银行相比，同样有很大的差距。

还有，从银行监管机构公布的数据看，国内商业银行业的不良贷款率，从1994—2003年一直很高，基本上高于中国银监会监管标准要求15%，更高于国际警戒线的10%（易宪容，2004）。这说明当时国有商业银行的风险控制能力遭到了破坏和限制。其主要原因一方面在于银行贷款呆账准备过低、核销不良贷款非常困难，导致商业银行自身处置不良贷款的能力有限；另一方面是由于政府的干预，为了支持国有企业改革，国有商业银行承担了不应承担的大部分坏账，导致银行不良贷款的积累严重。同时，从1999年开始实施的各项改革措施，效果还不是很明显。

但自2002年起，国有商业银行不良贷款开始出现"双降"，即不良贷款额和不良贷款率都开始下降。截至2007年12月末，国有商业银行不良贷款余额11149.5亿元，比年初增加614亿元，不良贷款率从1999年的39%降至8.05%，比年初下降了1.07个百分点。因此，与1997年银行业改革以前相比，国有商业银行的不良贷款状况已经有了根本性的改观，所以存量不良贷款风险才显著降低。

从以上的几项指标来看，近几年来国有商业银行改革已经取得明显成效。如初步建立了相对规范的公司治理架构，内部管理和风险控制能力不断增强，财务状况明显好转，资本充足率、资产质量和盈利能力等指标显著改进。但是这些成绩的取得更多地注重规模及数量上的扩张，强调的是财务报表上的改善，而不是从根本上来改革传统的国有商业银行运作制度。也就是说，早几年国有商业银行改革所取得的成就注重是组织机构重组、制度规则的引进，而没有让国有商业银行转轨为真正的现代商业银行，从而使国有商业银行体系沉重的历史包袱仍然需要在改革中化解，同时又得面对新涌现出的问题需要在改革中调整。比如，国有商业银行改革在强调市场效率的同时，金融资源在产业和区域间的配置呈现持续集中趋势，国有商业银行原有大银行的垄断格局进一步强化，资本金的大规模筹集将造成新一轮信贷扩张等。从 2007 年信贷规模快速扩张中就能够看出其问题所在。

14.3 国有商业银行改革的困境

从上面的分析可以看到，尽管近几年来的国有商业银行改革取得不少成绩，但仍然是问题频发，最大的问题仍然是经营效率低下。也就是说，由于改革后国有商业银行的运作机制没有根本上改变，国有商业银行的弊端也不能够得到根本性改变。[①] 目前的国有商业银行改革可以引进有形的制度与法律，引进有形风险管理技术，为了上市制作稳定的财务报表，但无法引起支持这些法律与制度的企业文化、运作机制及道德诚信等，因此国有商业银行的这种改革有制度上的"形"，而没有制度上的"神"，即国有商业银行的改革往往是"形"似而"神"不似（易宪容，2006）。其问题严重性要比这复杂得多。

那么，国有商业银行改革为什么会出现如此复杂之情况。已有的不少转轨经济的研究成果表明，任何制度转轨都是一个十分复杂的过程。它既与制度转轨的初始条件有关（Qian Yingyi，2003），也存在制度的路径相依（North Douglass C.，1991），而且也对制度转轨的外部因素起到很大的作用（European Union，1993）。更为重要的是，市场制度一定要在一整套非市场化的政治制度中存在并发挥作用（世界银行，2006）。在这样的制度结构下，当权力集中在少数人手中或集中在社会精英阶层时，社会将出现并保持不公平制度。掌握权力的精英们会千方百计地以制度化的方式来保护他们个人利益，而社会大多数人的利益可能处在不确定的状态中。这时，在个别的精英面前法律是平等的，但对大多数人而言

---

① 即过度追求信贷规模的扩张、过度追求经营费用、过度膨胀的城市分支机构等。

法律则不公平。因为，制度设定规则、程序既没有公开性也没有透明性。这时，政府政策也会偏向这些精英，为他们提供了寻租和垄断机会，但绝大多数人将被排除在种种有利可图的行业之外。也就是说，任何制度转轨都是在既定非市场化的政治制度下来进行的。这种政治制度既决定了制度转轨中的权力结构，也决定制度转轨中的利益分配格局及金融体系的千差万别。

Haber、Stephen H.（2001）的研究表明，1789 年美国宪法正式生效时，美国银行系统与稍后的墨西哥的银行相差无几。但是，在这个时期的美国政治制度下政治权力是向想进入信贷市场的所有人们开放的，结果是，人们迫使地方政府同意向银行系统的自由准入。而墨西哥则不同，其间 40 多年的专制统治，使中央政府赋予了银行绝对垄断权力，而银行垄断的合法化当然可能给中央政府提高财政收入，但也成为政治支持者重新分配利益的一条有效途径，其结果是让墨西哥的银行制度演进走向一条逆向发展之途。可见，在初始条件一样，但内在政治制度不同，银行体系演进的结果则迥然不同。在这里，也有银行制度的实体及程序两方面的问题。前者为制度质量，即在现有的条件下确立好的制度安排，后者为一种好的制度通过什么方式获得（易宪容，2006）。

以上述理论来看国有商业银行改革，我们就会发现，国有商业银行改革既有外部的压力也有其内在需要，但其改革也是在既有政治制度框下由一个庞大的金融官僚集团在主导和支配（何顺文、李元莎，2006）。这个庞大的金融官僚集团内部由于复杂交互的人事链，形成了盘根错节的关系网，掌握了金融领域几乎所有的权力资源。在其主导下的金融领域的改革，包括银行改革都将最大限度地维护既得利益，从而形成现代公司治理机制有效建立的实际障碍。金融官僚集团作为一个特定的利益集团具有共同的价值观和行为准则，主流意识仍是精英统治和官僚思维，更擅长政治技巧，而不是市场思维和运用现代管理技术。它们共同的利益取向消融了现代商业银行公司管治中核心的权力分散和制衡机制。也正是这样的一种改革机制与改革利益结构，使国有商业银行正在推进的改革并没有解决国有商业银行深层次的机制问题。

首先，我们可以看到，近几年来的国有商业银行的改革一直在强化国有商业银行的垄断性及对社会金融资源的聚集性。因为，就中国金融体系的特征而言，它是以国有商业银行为主导的间接融资体系，无论是计划体制下还是改革开放后的转轨经济都如此（易宪容，2006）。这种金融体系优势在于容易聚集与动员社会资源，但这些资源的运作基本上是由政府为主导。而以政府为主导的金融体系往往又会实施金融抑制策略，即尽可能地限制直接融资，让居民储蓄等社会经济资源无可奈何地进入国有商业银行体系，并在绝大多数的情况下通过国有商业银行信贷配给的方式，让这些聚集的金融资源进入国家所希望的投资领域，如国企、重工业、基础设施建设等，以实施政府所确定的经济增长目标。

在这样的金融体系下，政府通过控制全社会的资源配给，实施国家治理，居民储蓄只能是被动反应；而银行作为国有商业银行，一方面以国家信用为担保，享受国家任何优先发展政策，轻而易举地获得垄断利润与政策利益，另一方面又得按照政府指令来为政府各种目标服务。从而，国有商业银行、高储蓄、高投资则成了中国国家治理的基本工具。可以说，这几年来的国有商业银行改革，国有商业银行的资产在急速上升，国有商业银行信贷扩张的规模在加大，从而使国有商业银行的垄断性特征不仅没有弱化，反之进一步得到了强化。

其次，这几年的国有商业银行改革，尽管取得了一定的成绩，但这些成绩基本上是政府政策倾向性的结果。比如，从1998年开始，四大国有商业银行先通过行政的方式把巨大的不良贷款剥离，然后经过了财务报表的转型、财务重组（完成不良贷款处置、资本化改造和上市的过程）、内部运作机制完善（重新设计业务规划和战略、对组织结构框架和业务流程进行重组，以及改善银行公司治理结构）等，在政府主导下让建设银行、中国银行、工商银行一一上市。也就是说，这些国有商业银行不仅会受到来自各层次行政干预而导致积累大量不良贷款，而且这些不良贷款可以集中到中央政府来埋单，从而容易导致国有商业银行经营极高的道德风险。而且这种现象没有随着国有商业银行改革彻底解决，反之在城市化快速进程中，这种情况可能会更加严重，只不过，贷款结构的中长期化把这些潜在风险掩盖了。

最后，在国有商业银行改革成本的承担上，国有商业银行又会千方百计成本社会化。这既表现为国家为国有商业银行巨大的不良贷款埋单，也表现为国有商业银行盈利的政策依赖性由被动政策扶持转向主动要求政府政策的倾斜。比如，近几年来国有商业银行利润快速增长，更大程度上是政府通过政策方式直接或间接地让社会财富向国有商业银行转移。

我们可以看到，近几年来，政府所采取的低利率政策是与中国经济高速增长与繁荣不相符合的。为什么这样？最为重要的是央行通过扩大利差的方式让国有商业银行业轻易地获得利润。比如，按照国际惯例，商业银行利差水平一般在2%左右，但国内银行加权利差水平4%左右。[①] 由于国内银行的利差水平过大，不仅强化国有商业银行信贷规模数量上的扩张，也让外国银行进入中国之后不注重中间业务而更加注重信贷业务扩张。很简单，银行利差只要缩小2个百分点，那么四大国有商业银行税前利润就得减少2000亿元。试想四大国有商业银行整个利润能够高于这个量吗？

正因为如此，国有商业银行的改革与制度安排是国内有权力的金融官僚集团来设计与主导，其改革的动力更多的是如何来维护既得利益集团之利益，特别是容易借助于保护国家利益之名来维持既得利益集团之利[②]，从而也就不可能就深化国有商业银行改革建立有效的市场制度。这样，在国有商业银行过程中，现代商业银行所具有的各种外在制度形式是应有尽有，如现代银行公司治理结构、扁平化管理、操作流程的设计、银行风险管理与控制等制度与规则都一一进入国有商业银行体系。但是，这些制度与规则并没有真正融入国有商业银行体系的运作中。反之，借助国有商业银行的改革，国有商业银行的运作机制出现了收益市场化、成本社会化及政府化的倾向。即从改革后的国有商业银行来看，由于它的股份化、由于它成为公众公司，因此，国有商业银行在商业化的过程中，完全放弃了其公共性、国有性的性质，一切以商业化的原则为主导。如以政府任命的银行高层管理者的薪资水平要与国际商业银行的高层管理者的薪资水平看齐，采取什么高层管理期权激励等。即对于国有商业银行的高层管理者来说，一方面要享受中央政府行政级别待遇，如部长级，在政府机构中相互调任；另一方面，他们又希望国际银行家薪资的待遇，希望在国有商业银行工作期间获得高薪资。他们既要做政府官员也要做银行家。银行的高层管理者是这样，银行中其他管理者及员工也都东施效颦。

综上所述，目前国有商业银行改革是以一个庞大的金融既得利益集

[①] 由于国内银行存短贷长，其利差权数比名义利差要大。
[②] 比如自2005年以来的外国战略投资者进入国有商业银行之争，就是一个明显的例证。

团来推动、主导及制度设计的，因此为了维护利益集团之利益，他们会进一步来强化以政府为主导国有商业银行体系来聚集社会金融资源，并以银行信贷配给把金融资源分配到政府所希望进入的行业或产业，而这种以国家信用担保的国有商业银行体系能够让国有商业银行运用的利益市场化或个人化而让国有商业银行运作成本的社会化。在这种情况下，改革后的国有商业银行要想建立起一个真正的现代商业银行体系是十分困难的；反之，它们可能成为政府对金融资源主导与聚集的新方式。

14.4　国有商业银行改革从范式入手

从上面的分析可以看到，国有商业银行改革的根本缺陷是"形似"而"神不似"，即国有商业银行改革可以让外国银行的组织、机构、产品、市场及制度纷纷移植到中国，但却无法移植外国银行业的内在精神、价值观及运作机理，从而使国有商业银行在制度缺陷下不能够从根本上来检讨与化解。

那么，国有商业银行改革为什么会是这样？为什么国有商业银行改革没有走出一条中国特有之路？这仅仅是国有商业银行改革的路径相依而无法跳出其制度的窠臼吗？其实，从近几年国有商业银行改革所走过的路来看，最根本的一点就在于设计国有商业银行改革的精英集团在思路及范式上的陈旧。即这么多年来的国有商业银行改革往往只在传统的思维与观念上变动，往往是围绕着金融机构改变为核心。如央行分拆与银监会成立、资产管理公司建立、金融工委的建立与撤销、汇金成立与变更、国有商业银行重组等，国有商业银行改革的起点到终点，都是机构的建立与撤销，人事的安排调整。

正因为国有商业银行改革围绕着机构的建立与变更为核心，从而就使国有商业银行改革更多的是考虑不同的人事安排、不同部门之间的利益关系调整与平衡，以及既得利益集团之间的利益如何安排，而不是从银行业本身出发如何来满足已经变化了的市场金融服务的需要，即从金融功能角度来确定国有商业银行的使命、目标、权利与义务关系，从银行业内在规定性来建立起有效的激励与约束机制等。

现代金融理论告诉我们，金融学是研究人们在不确定的环境中如何进行资源的时间配置的学科。它有两个特点，一是金融决策的成本和收益在时间上的分配，即强调资源配置的时间性；二是决策制定者或当事人通常事先不知道，即强调决策的预先性和当事人行为的事后性。对于金融体系来说，它包括市场、中介、服务公司和其他用于实现家庭、企业及政府的金融决策的机构。而金融的功能是以以下两个前提为基础的，一是金融功能比金融机构更为稳定，即金融市场、金融机构及金融组织等可以千差万别，但其功能万变不离其宗；二是金融机构的形式会随着功能而变化，也就是说，任何金融创新都在于如何更有效地来实现金融功能。在上述前提下，Bodie, Z. 和 Merton, R. C (1998) 将金融功能分解为：①金融体系提供清算和支付结算的途径，以完成商品、服务和资产的交易；②金融体系在不同的时间、地区和行业之间提供经济资源转移的途径；③金融体系提供管理风险及分散风险的方法；④金融体系能够储备资源和分割股份；⑤金融体系也能够提供价格信息（如利率、股价、汇率），帮助协调市场中不同经济当事人之间的分散化决策；⑥为交易当事人提供有效的激励约束机制。

而正是从金融体系的功能出发，我们可以看到，在不同的时期、不同的国家或地区、不同的文化背景或经济环境下，金融体系的基本功能变化是很小的。但是，对金融机构来说，为了有效地发挥金融体系各项功能，它能够根据不同的技术条件、不同的经济环境、不同的文化背景，在不同的时空中根据具体情况变化发展的，即金融机构或金融组织根据金融体系功能的需要而变化与适应。因此，从金融体系功能的观点看，中国金融业的改革，并不是把现有金融体制、金融机构、金融市场的经营方式及金融产品看作既定的前提，并不仅仅是对现行的金融制度、金融法规、金融机构等方面的缺陷与不足进行修补与改善，而是要从根本上来检讨其功能的发挥与效率，并通过金融机构、金融工具、金融产品等方面的创新来有效地实现金融体系的各种功能，保证金融体系资源的有效配置。

而对于现代商业银行来说，一般会把它看作经营货币的特殊企业，在资金的剩余者与不足者之间提供一个金融中介服务（马丁·迈耶，2000）。但是，这只是传统的观念，现代商业银行的本质特征是经营或管理风险。它承担风险、转化风险并且将风险植入其金融产品的服务中再加工风险（陈小宪，2004）。也就是说，商业银行的基本功能是风险管理或风险定价（陈小宪，2004）。一般来说，商业银行的产品或风险管理工具可以随着市场经营环境变化而变化，但是商业银行风险管理的基本功能却不会改变。

因为对现代商业银行来说，风险既是银行获利的手段，也是银行亏损的原因。问题就在于银行如何来经营风险或管理风险。而要管理好风险，银行就得做到有效识别风险、量化风险、控制风险和化解风险。因为我们知道，风险是什么？风险就是银行经营过程中多种不确定性因素对赢利造成的影响。从不确定性导致风险的根源来看，金融活动的多样性也决定了银行风险的多样性。同时，银行风险不仅与收益相随，而且还表现为多源性、唯一性、隐蔽性及滞后性特征。而银行风险的多样性及基本特性，也说明银行风险管理复杂性与困难。如何对商业银行的风险管理与风险定价是现代商业银行改革的核心。因此，国有商业银行改革就得来一次范式上的革命，从围绕着机构变化、产品改进调整转移到改变或实现基本的现代商业银行基本功能入手。

可以说，近几十年现代商业银行的发展突出表现在三大进步上，如风险计量的进步、资本管理的进步、组织体制扁平化和专业化的进步，基本上就是从完善银行的基本功能入手。也正是这几方面的进步，现代商业银行才能够以较低的成本不断地推出有竞争力的产品，才能在不确定性市场中寻找到风险与收益的平衡关系，才能实现整个银行业资源的有效配置，才能保证银行企业长期稳定的成长并为股东创造价值。但是，从国有商业银行改革与现状来看，与现代商业银行业差距实在太远。

首先，国有商业银行改革的计划经济观念仍然大行其道，追求信贷规模扩张而对资产质量及风险管理的重要性考虑不多。我们可以看到，早几年，政府对四大国有商业银行下达每年下降3%—5%不良贷款率的指标，看上去计划指标是完成了，但是却造成了2002—2007年银行业的信贷严重失控（易宪容，2004）。各大银行为了完成这些指标，拼命竞争在短期内会发生不良贷款个人住房信贷业务及政府城市基础建设贷款。在此期间，无论是任何人只要去购房，没有人不能够从银行贷到款的，甚至有些银行为了让个人做成这笔住房信贷业务而帮助个人造假证明。这样做是让银行的贷款规模上去了，银行的不良贷款率也迅速下降了（因为不良贷款的分母扩大但分子不变），但银行的信贷却失控性地迅速扩张，有些地方的房价通过这种银行的金融杠杆而飚升，房地产泡沫出现。

目前国有商业银行过分注重规模扩张，轻视资产质量是一种普遍现象（陆磊，2007）。不少银行的业绩考核往往是看该银行的扩张规模、扩张速度、贷款条件，从而使一些无利可图甚至危害银行长期发展有巨大潜在风险的业务大行其道。如果这些方面不改进，仅仅是以"束轮效应"的方式来过分地扩张规模，那么国内银行新一轮的不良贷款又会出现了。而不良贷款不仅会吞食银行的账面利润，也会严重削弱国有商业银行的竞争力，限制国有商业银行的发展。

其次，是对银行资本必须覆盖风险的认识不足。可以说，自银监会成立以来，对银行资本充足性的认识已经放在一个十分重要的高度。其含义有，一是银行资本充足率的程度在一定意义上决定了一家银行安全性，二是银行资本的主要功能是要覆盖银行业务发展中的风险敞口，三是银行资本覆盖业务风险敞口又是有限的。任何商业银行的规模扩张都不是随心所欲和无限的。因此，在监管机构看到，最低资本充足率是现代商业银行得以生存的基本条件。近几年，四大国有商业银行正在朝这方面迈出大步，如汇金向中行、建行、工行等银行的注资。但是，我们也应该看到，四大国有商业银行为了满足最低资本充足率，相互持有次级债这应该是一种十分形式化的事情。

也就是说，国有商业银行对资本必须覆盖风险的认识，如果仅是停留在形式上和能够达到上市标准上，而不是从根本上来改善银行的资本充足率状况，那么国内银行仍然没有认识到银行资本必须覆盖风险的意义。从目前的情况来看，国际上的一些大银行资本充足率都达到10%以上，而国有商业银行则与此差距很大。

最后，在银行的风险管理、量化与控制方式上，尽管监督机构一直在出台相关的规定与文件，如最近银监会通过了《商业银行市场风险监管手册》，希望对国有商业银行的市场风险管理具体细化，如对银行市场各个风险点设计相应的检查方法和程序，促进提高监管人员对市场风险监管的专业水平和现场检查的有效性，及时了解掌握和评估商业银行市场风险管理的真实情况和风险状况，引领商业银行尽快提高市场风险管理性的水平等。但是，在实际过程中，基层银行工作人员不仅相应的知识与观念少，而且要达到银监会所规定的操作要求还存在很大的差距。可以说，如对银行操作风险的量化与管理，尽管国际银行业有不少经验可遵循，但国内银行业仅是开始。因为，就目前国内银行业改革的情况来看，尽管规避银行信用风险（如降低不良贷款率）和市场风险是国内银行业管理最为重要的方面，但是就目前国内银行所发生的一系列事件来看，操作风险所导致的银行巨大损失已经是十分严重的问题了。如近几年来国内银行业发生不少大案要案，都是操作风险控制缺陷的结果。因此，如何把操作风险的观念与方法融入国内银行业改革之中，已经成了国内银行业改革能够成功的关键。这就是四大国有商业银行目前正在不断地推出规避操作风险种种制度与规则的现实选择。

当然，从国有商业银行改革情况来看，国内银行风险管理基本上处于刚开始的阶段，无论是制度规则的制定还是量化方式的引进，无论是银行的风险意识还是风险文化等方面离现代商业银行的风险管理的要求都相去甚远，这就使国有商业银行改革所面临的困难与问题不少。因此，国有商业银行改革，就得从银行风险观念确立、风险管理体制建立及引入现代风险管理技术全面入手。

当然，更为严重的是银行制度规则的设立往往缺乏公开性、透明性及程序化，从而使不少制度规则不是维护市场秩序的公平公正，而是成了行业及部门的谋利工具。这不仅不利于国有商业银行形成有效的竞争力，加快国有商业银行市场化的进程，而且成了国有商业银行社会诟病的根源所在。总之，就目前国有商业银行改革情况来看，为什么存在许多问题与困难，最根本点就在于国有商业银行改革仍然停留在传统的机构改革范围与观念上，而国有商业银行改革的核心就是如何建立起一套满足于市场的金融功能服务体系。只有这样才能切入国有商业银行改革的核心，才能真正地深化中国的国有商业银行改革。因此，国有商业银行改革应该掀起一场范式上的革命！

15 加入 WTO 和国有银行体制改革[①]

15.1 目前国有银行体制所面临的困境

银行不良贷款或坏账既是 1997 年 7 月以来摧毁东南亚金融体制、导致东南亚金融危机的诱因，也是 20 世纪 90 年代以来日本经济长期衰退的根源。对中国来说，国有银行的巨额不良贷款同样是随时可能爆发的定时炸弹。根据标准普尔 1997 年早期的估计，中国国有银行的不良贷款达 2000 亿美元或 16000 亿元人民币，相当于其未偿还贷款（outstanding loans）的 25%，以及 1996 年 GDP 的 25%。有人研究则认为，中国国有银行的不良贷款比率可高达 40%。不过，无论其比率大小，一般都认为，如果按照市场经济的原则，中国的国有银行早已资不抵债，在技术上早已破产了。只不过依靠以国家信用担保的居民存款，才使国有银行保持流动性和维持偿付能力而正常运行。但只要国家信用一旦弱化，必然会引发严重的金融危机。

其次，从 1998 年年底国有银行所公布的盈利状况来看，尽管没有出现 1995 年那种全行业亏损的情况，但 1998 年国有银行的经营困难重重，效益相当差。1998 年四家国有银行的资产回报率不到 0.2%，远低于国际标准。不仅与香港银行的资产回报率 2.29% 相去甚远，甚至还不如问题丛生的韩国银行，其 1998 年资产回报率为 0.85%。

国有银行所面临的困境还表现在金融组织过度扩张和大量金融资源低效配置上。武捷思曾经对 1987 年世界前十大商业银行与 1994 年中国四大国有银行的规模进行比较，结果发现，即使在中国四大国有银行中情

[①] 该文章发表在《金融研究》2000 年第 1 期。

况较好的中国银行,其从业人数为世界十大商业银行之首的美国花旗银行的2.11倍,中国工商银行的从业人数是日本第一劝业银行的28.06倍。从分支机构数来看,中国工商银行、中国农业银行、中国银行和中国建设银行分别是日本第一劝业银行的99倍、142倍、34倍和91倍。人均存款花旗银行是中国国有银行的5倍等,如表1所示。

表1　　　　　　　　中国国有银行组织的过度扩张

	从业人数（人）	分支机构（个）	存款总额（亿美元）	人均存款（万美元）	每个机构存款（亿美元）
中国工商银行	561887	37079	1500	27	0.0405
中国农业银行	552709	63816	680	12	0.0107
中国银行	187074	12630	813	43	0.0644
中国建设银行	342855	33979	721	21	0.0212
国有银行平均数	411131	36866	929	26	0.0342
世界十大银行平均数	30716	753	1483	1293	3.9025

资料来源：张杰：《中国金融制度的结构与变迁》,山西经济出版社1998年版。

从表1可见,中国国有银行完全是在低效水平上运作,这种运作体系在计划经济下或国家垄断的情况下,还有生存的空间,因为可以通过权力的方式来攫取社会的资源。当它面对市场经济时,其脆弱性就会暴露无遗,并且金融危机随时都可能被引爆。因此,以往形成的既得利益集团会千方百计地来掩饰其脆弱性,控制其权力,阻碍国有银行金融体制改革。这就是国有银行商业化步履艰难的关键,也是中国金融体制改革所面临的最大困境。

15.2　国有银行体系改革的严重滞后

可以说,中国国有银行目前所面临的一系列困境,是其改革严重滞后的结果。改革开放20年来,中国大多数行业基本上逐渐走向市场化,即使是某些国有企业也要面对国内外市场的竞争,并在竞争中提升企业的竞争力。比如中国电器行业,不仅满足了国内的需求,而且在国际市场上有较强的竞争力。但是,对于中国国有银行来说,其改革严重滞后。

可以说，目前中国的金融体制十分落后，根本就无法适应中国经济发展的需要。

首先，中国的国有银行体系仍然是在计划体制下运作。直到1998年以前信贷资金基本上是由政府计划分配和控制，但1998年以后这种状况并没有完全改善。在这种体制下，银行资金并不是按照市场运作原则来配置，不是遵循资金流动性、安全性、效益性原则，而是由政府意志和行政干预所左右。国有银行巨额的不良贷款存在，完全是政府对银行干预及国有银行利用其机制谋己之利的结果。

其次，国家通过限制居民的金融资产选择及国有金融组织无限扩张的方式完全垄断社会金融，使中国的银行体制缺乏竞争，服务质量差，金融效率低下。造成大量资金体外循环、金融舞弊成风、金融风险剧增从而使中国信用瓦解和经济秩序混乱。同时，在中国的金融市场完全为国有银行垄断的情况下，由于国有银行的垄断利润赚得盆满钵满，任何市场化的改革都有损它们的利益，因此国有银行不仅没有改革的动力，而且各国有银行往往会达成某种默契形成对市场化改革的联合抵制。

再就是在垄断的国有银行体制下，金融监督系统严重落后。在这种情况下，一方面导致国有银行本身的资源无效配置、非法占用及化公产为私产；另一方面，也不能有效地监督社会资金有效运作，大大地增加企业逃税的机会，使税务负担主要集中在难以逃税的国有大中型企业和诚实的交税者，从而造成了一种逆向选择淘汰机制。也就是说，在没有好的金融监督的情况下，政府越是用行政方式加强宏观控制和征税，资金体外循环越会盛行，好的企业越易被不良企业拖垮，形成恶性循环。

总之，中国政府希望通过选择风险小、波动小的方式来改革中国的金融体制，其代价是中国金融业的长期落后、效率低下和缺乏竞争力，从而严重阻碍了中国经济发展的进程。

15.3 国有银行贷款质量继续恶化

自1997年亚洲金融危机以来，防范和化解金融风险一直是中国经济改革的重中之重，尤其是1998年，中国政府加大了金融改革的力度，出台了一系列金融改革项目。如取消了对国有商业银行的贷款规模控制，扩大了国有商业银行全年余额贷款比例，改革和调整了存款准备金制度，同时中央银行也开始建立起严格的银行监督机制，颁布了《金融违法行为处罚办法》等条例。1998年中国政府为了提高国有银行资产质量，向国有银行注入2700亿元人民币的资本金，成立银行不良资产管理公司，对一些造成不良资产相关的官员进行严肃的处理。这说明，中国政府在金融风险逐步引爆的同时，试图通过强有力的反风险的举措来使真正的危机消除于"未然"。但是，冰冻三尺非一日之寒，由旧体制遗留下来的沉疴痼疾，并不容易挥之即去。金融改革的效应也往往为旧体制的弊病所抵消。

尽管中国国有商业银行目前存在巨额不良贷款是前几年银行信贷规模无限扩大滞后反应的结果，近年来中国人民银行试图采取有效的措施来遏制国有银行不良资产上升的势头，但实际上收效甚微。据有关资料表明，1998年银行贷款余额的增长率与银根很紧的1997年并没有什么提高，仅达0.3%，而与1996年和1995年相比分别低于4.2%和7.1%。如果扣除1998年大量增加的对国家基础设施投资项目的9000多亿元贷款，1998年的贷款总额的增长率可以说是下降的。也就是说，尽管中国中央货币当局的政策是"放松信贷"，但其结果是"信贷萎缩"。国内不少非国有中小企业纷纷抱怨，1998年他们到银行更难获得贷款。这也就是为什么非国有中小企业的投资在1998年出现了1978年以来的第一次零增长。

在"信贷萎缩"的情况下，国有银行的绝大部分贷款依然流向了效益低下的国有企业。据中国工商银行的资料表明，1998年1月至6月末，中国工商银行对国有企业的流动资金贷款额1.28万亿元人民币，占其贷款总额的82.54%，而非国有企业贷款为2790.21亿元人民币，占其贷款总额的17.44%。但中国工商银行国有企业的不良贷款占不良贷款总额的74.98%以上，占其贷款额的近50%；非国有企业不良贷款占不良贷款总额的25.02%。但是，根据最近国家计委报告，1998年国有工业企业实现利润总额比1997年下降了17%，亏损企业的亏损额增长22.1%，而国有工业企业的亏损面达到了34%。也就是说，1998年中国金融资源的配置继续大大地扭曲，只生产30%产值、资产质量极差的国有企业却占用70%以上的信贷，而生产70%以上产值、资产质量较好的非国有企业贷款一直极为困难。由于国有企业效率低下，必然一贷款就成为坏账，坏了再贷，不仅国有企业本身负债累累，国有银行的不良资产也随之上升。

也就是说，尽管中央银行试图采取种种举措来提高国有银行贷款资产的质量，以防范和化解国有银行存在巨额不良贷款的风险，但是，由于国有银行的运作机制转换严重滞后，其实际收效甚微，国有银行贷款质量还在恶化。因此，中国政府应该对现行的金融改革多加反省，重新调整旧有观念，不是仅从宏观经济调控的角度来对金融体制有所选择，而是从开放金融市场，改变国有银行的运作机制、提高国有银行竞争力着手。正如《信报》有一社论标题所指出的那样，中国"金融改革非难事，端赖决心与开放"。最近朱镕基访问美国为中国加入WTO与美国达成一系列开放市场的协议，其中一个重要方面就是将开放中国的金融市场。可以说，中国加入WTO，尽管会给中国银行体制带来一些冲击，但更多的是给中国落后的金融体制带来全面改革的契机。

15.4　加入WTO对国有银行的冲击

中国改革开放20年来，为什么中国国有银行改革举步维艰？问题在于中国政府一直不愿开放中国的金融市场，试图用保护主义的方式来维持中国银行业的发展。面对着20世纪90年代以来的世界金融一体化，中国政府反而关起门来"养小孩"。现实与历史都表明，这种做法不仅代价昂贵，而且"小孩"永远养不大，一旦让温室中长大的"孩子"到真正的市场竞争中去就会不堪一击。而在竞争中成长起来的体制，则可以扛住暴风雨。

也就是说，金融体制改革并不是难事，只要政府肯下决心，定下改革发展的蓝图并开放市场，不出几年，一定会大见成效。例如，20世纪80年代香港的金融体系一片混乱，市场更是一塌糊涂，一旦出现经济危机，就乱象丛生。后来在英国专家的帮助下，对香港金融体制进行了全面的改革，不出几年就形成了亚洲最健全的金融体制。香港的金融体制顶住了亚洲金融风暴以来的多次冲击，其成绩实在傲人。再如韩国，遭受这次金融风暴猛烈冲击的主要原因，就在于韩国的金融体制封闭、金融问题丛生。亚洲金融风暴后，韩国接受了国际货币基金组织的条件，对金融体制进行了彻底的改革，开放了韩国的金融市场，建立起了健全的现代金融体系。到 1999 年年初，韩国经济就开始有起色。1999 年第一季度的经济增长率达 3.1%，股票价格也恢复到 1997 年 7 月初的 90% 的水平，韩元的汇价也由 1998 年年初的 1 美元兑 1600 韩元，上升到目前的 1200 韩元。可见，只要政府肯下决心并开放市场，金融改革并不困难。中国加入 WTO，要求中国开放金融市场自然给中国金融体制带来全面改革的契机。

不过，中国加入 WTO，开放金融业对中国国有银行肯定会带来不小冲击。首先，在国际业务方面，外国银行可以凭自身优势，抢占市场份额。以 1993 年外贸银行在进出口的结算为例，进出口结算量约占 50%。由于国际业务等中间费用的流失，国内银业的利润会减少，而且外汇的存贷款竞争也会给国内银行带来较大的冲击。

其次，由于外资银行多以实力雄厚、操作规范、管理先进，并依托于外国企业或投资者的地缘关系及长期建立的银企关系，对中国的三资企业和外向型企业有更大的吸引力，更容易争揽这类企业的银行业务。例如，美、日、英、香港等既是在中国开办外资银行的国家和地区，也是中国三资企业的主要资金来源地和中国的主要贸易伙伴。在以往几年，外资银行受到限制，不能经营人民币业务。一旦金融市场放开，外资银行可以经营人民币业务，光"三资"企业及外向型企业的银行业务上对国内银行的大冲击自然不可避免。

尽管中国加入 WTO 后，金融市场开放不会一步到位，外资银行在某些业务方面仍然会有所限制，但是其获得的优惠条件也不会即刻改变，这会使国内银行的竞争处于不利的地位。例如在税收方面，目前外资银行原综合税率为 30%，在经济特区为 15%，而国内银行则高达 55%。又如外资银行的经营业务尽管受到一定的限制，但业务种类很全，甚至超过了国内银行，如国内银行不像外资银行那样可以经营外币业务。因此，国内银行业呼吁政府取消对外资银行的优惠条件，以便实行公平竞争。

冲击最大的可能是中国金融业人才的竞争。在中国，由于历史的原因，现代金融业人才，尤其是高级金融业人才特别短缺。随着金融市场的开放，外资银行可以凭借优越的工资待遇、工作条件及选送出国等条件，把大量的优秀人才吸引去。这不仅会使中国金融业人才短缺的现象雪上加霜，而且会严重地削弱国内金融业的竞争力。其冲击与影响是相当深远的。

当然，尽管中国的金融市场开放会给国内金融业带来不小的冲击，但是面对着困难重重、举步维艰的国有银行，开放与改革才是它们摆脱困境的唯一出路。中国加入WTO，开放中国的金融市场给中国的国有银行重现活力提供了契机。

改革开放以来，中国政府逐渐地批准了一些外国银行到中国设立分支机构或代表处，到1997年为止，中国有营业性的外资金融机构173个，代表处544家。但是由于金融市场不开放，其业务量占整个国民经济中的比重十分微小，如1996年年底外资银行的贷款余额为194亿美元，存款余额为39亿美元。而且基本上是面对"三资"企业和外向型经济企业。随着中国加入WTO，开放金融市场，这种局面一定会从根本上改变。

首先，人们所熟知的"鲶鱼效应"表明，竞争出效率，竞争出活力。传统计划体制下的国有银行体系就像是一个船舱，大量缺乏活力的国有银行就像是众多的沙丁鱼，沙丁鱼习惯在船舱中悠然自得地游动，而国有银行也早已习惯在竞争程度很低的环境中逐渐衰落。当中国金融市场开放时，外资银行就像鲶鱼一样，它们会冲击着中国旧的金融体制，并在这种冲击中不断地发展壮大自己，以致挤垮一些国有银行之后，国有银行就会意识到危机，并开始拼命力争来发展自己。20多年来中国改革开放的道路也有力地证明了这一点。

其次，开放中国的金融市场不仅有利于形成竞争性金融市场机制，而且能引进先进的银行制度、银行技术、新的金融产品、外国资金以及所需要的金融人才。例如，目前中国金融改革最主要的问题是如何减少不良贷款并让银行贷款变成优良贷款。对于这点，由于各种原因，过去国有银行失误多，而且留下的历史包袱沉重。如果开放中国的金融市场，让外资银行开展贷款业务，就容易使整个金融市场搞活，使贷款成为良性贷款。因为，外国银行不仅资本金充足、经营业务经验丰富、操作规范、管理严格，而且其资金为自己所有，错误的决策由自己承担责任，因此它们不敢随意地贷款，会根据商业原则小心从事业务，这样不良贷款自然就会减少。

最后，开放中国的金融市场，让外资银行进入，不仅会给国有银行起示范作用，而且还会通过本地员工的学习培训，加快中国金融人才的培养，推进中国金融改革的进程。

总之，中国加入WTO，开放中国金融市场，尽管会给中国金融业带来一些冲击,但更多的是给中国金融体制改革带来了新的契机。只要政府下定决心,正确引导,一定能建立起具有国际竞争力的中国金融体系。在强国林立的今天,中国已没有时间来等待,只有尽快地开放市场,提高自身的竞争力,才能走出目前中国金融体系所面临的困境。

16 银行加息对抑制投资过热的有效性分析[①]

16.1 中国投资过热源头是房地产

中国投资过热的源头是高速增长的房地产投资产业,房地产的投资过热拉动了钢铁、水泥、电解铝等下游行业的迅速扩张,从而形成了我国固定资产投资整体过热的趋势。传统的中央银行的信贷收缩货币政策无法从根源上解决投资过热问题。有效遏制投资快速增长应该有新思维:严格房地产行业的市场准入条件与规则,从源头上减少房地产市场的有效需求,同时抑制政府自身的投资冲动,严格控制土地的供应。

中国经济过热与否,早已成为人们争论不休的主题,但自2004年以来,随着第一季度数据的公布(如GDP增长9.7%,全社会固定资产投资增长43%,全国居民消费价格总水平同比上涨2.8%。一季度末全部金融机构本外币各项贷款额为17.9亿元,同比增长20.7%,人民币各项贷款余额16.7万亿元,同比增长20.1%),人们(无论是学界还是媒体)对我国经济过热基本上有了共识。2003年8月央行就试图通过提高存款准备金率的办法来削减商业银行对部分行业的过度投资;在2004年年初政府也对三大过热行业的投资进行了一定的限制,同时,央行在3月推出了差别存款准备金率制度,但效果都不显著。

在2003年增速翻番的基础上,2004年前两个月钢铁业投资增速仍达到172.6%,水泥行业目前在建项目计划总投资786亿元,同比增长133%。第一季度固定资产投资增加43%,前两个月房地产开发投资增长达50.2%,增幅比去年同期加快了12.8个百分点,而且这种房地产开发

[①] 该文章发表在《财经理论与实践》2004年第4期。

投资快速增长已经传导到中国西部地区，如前两个月中部地区房地产投资和商品房销售分别增长68.3%和98.4%。消费物价指数2004年第一季度上涨2.8%。面对这一堆数据，国内外不少人一定会感到愕然，中国经济为何会如此之热，以致国务院最近召开常务会议要全面有效地遏制投资过快增长，央行也提出要提高存款准备率0.5个百分点。

然而，为什么政府三令五申、央行出台一个又一个的货币政策，对遏制投资过快增长就是不见成效？是宏观经济政策失灵，还是现实经济环境有了新变化？用传统的、老的思维方式能够理解目前中国投资过热的问题吗？仅仅通过央行的货币政策能够把这次过热的投资遏制下来吗？如果不能，新的办法与思路又在哪里？

其实，这次中国投资快速增长，主要是房地产快速增长拉动的结果。可以说，近两年来，中国的固定资产投资的迅速增长、信贷的超高速增长、个人消费的增长都得益于房地产市场的增长。看看2003年，尽管上半年的SARS对中国经济造成了巨大的冲击，但是到年底结算，GDP增长则是几年来的新高。这都是房地产投资销售快速增长的结果。如2003年前两个季度的GDP比上年同期增长8.2%，商品房的销售比上年同期增长43.9%，占GDP的比重由上年同期的3.9%增长到5.1%。有研究表明，在中国，当城镇住宅消费需求增长1%时，GDP将增长0.137%。2001年和2002年城镇住宅消费需求按可比价格计算分别增长了17.37%和20.32%，相应地，这两年城镇住宅消费需求对GDP的拉动分别为2.38%和2.78%。估计2003年与2004年会更高。

我国房地产业高速增长是以下几个方面合力的结果：一是随着民众生活水平的提高，其消费结构也发生了巨大变化，住房、汽车成了民众最为重要的消费品。而中国住房商品化只有几十年积累的住房补助资金的释放，以及金融创新工具的推出，这些都满足了民众购买住房的需求，从而使民众住房需求立即释放了出来。二是中国的房地产市场是一个完全垄断性的暴力市场（近两年来已有资料表明，在中国前100名富人中有一半以上的人从事房地产业，而在国际上这一比例仅为6%），驱使各类资金纷纷进入房地产市场。三是加速发展房地产业，不仅使政府通过卖地增加其财政收入，而且房地产的发展能拉动当地整个GDP的增长，政府官员能在短期内出业绩，可谓"一箭双雕、一石二鸟"。四是房地产的发展也为银行及各种金融中介机构开辟了一条风险小、收益高的获利途径。因为随着这几年中国银行业的改革，以及中国加入 WTO，追求利润、发展自身也成了银行的主要任务，而房地产的发展不仅扩大了银行的业务空间，快速扩张了银行信贷规模，而且住房信贷成了银行资产质量最好的资产。因此，对房地产信贷扩张的竞争成了中国银行业的最大竞争。

16.2 房地产拉动相关产业快速增长

房地产的快速增长必然会拉动上下游产业的快速增长，如钢铁（房地产消耗了 60% 以上的钢铁产量）、水泥、电解铝等势必快速增长，而钢铁、水泥、电解铝等的增长又会造成电力、燃料、运输等方面的紧张，势必要求这些行业的投资迅速增长。正是这种快速扩大的需求，增加了相关企业的发展与利润空间，从而导致这些行业迅速扩张。有研究表明，2003 年中国钢铁行业的 36 家上市公司（占市场份额的 90% 以上）中，到 2004 年 4 月 7 日止，行业平均主营业务收入同比增长 44%，行业平均利润总额同比增长 61%，行业平均利润达到 12%（最高达到 22%）。试想，在这样的情况下，对钢铁业的投资会停止吗？

尽管中央三令五申要它们逐渐缩减投资，但是，在巨大利益诱惑面前谈何容易。暴利或过多的利益是这些行业投资扩张的最大动力。因此，只有使这些行业产品需求减少，产品价格下降，利润下降，特别是低于社会平均利润率水平时，其投资才会降下来。而且，在以地方政府为主导，金融资源十分丰富的情况下，要想在短期内收缩投资是不可能的。

目前有预测显示，钢铁、水泥、电解铝等行业的生产能力过剩，但市场的价格信号表明，这些行业的产品价格一直在上涨，需求一直在增加。早在几年前，政府部门曾预测过中国电力将会出现过剩，要求几年内不要投资兴建电厂，但实际上，今天的电力普遍出现了紧缺，电力紧缺已经成了中国经济发展的最大"瓶颈"。因此，对这些产业如何收缩，企业其实比政府部门更为清楚。如果政府部门对这些快速增长行业强行抑制，可能会达到政府有效遏制投资过快增长的目标，但对实体经济的打击也是不可避免的。

这次长达一年多的投资快速增长，是两个方面作用的结果。一是各地政府的投资冲动。党的十六大以后，各地新一届的政府成立，新的地方政府上任后为了快出业绩、多出业绩，就会寻找那些短平快的经济增长点，如房地产与城市基础设施建设就成了其最好的选择。于是，一时间各种房地产项目的上马、各种开发区的建立、地铁的筹建（全国正在建设与筹建的有83条）等项目蜂拥而上。这样，政府不仅通过卖地增加其财政收入，而且通过这些项目的出台拉动当地GDP和税收的增长。而房地产、城市基础设施及项目的建设很快又拉动了上游产品投资快速增长。这时政府的业绩也就显现出来了。二是银行的投资冲动。如果仅有企业的要求、地方政府的投资冲动，没有银行在融资上出手，这种投资需求也是不可能转化为现实的。而中国银行特别是四大国有银行正满足了他们的要求，因为近年来，国有银行改革正在如火如荼地进行，国有银行从以往的传统体制中转换出来，建立现代公司制度，需要寻找投资风险低、收益为盈利的项目，而扩大信贷规模对金融产品单一的中国银行业来说是最好的方式。

由于房地产等行业的快速扩张使银行信贷也迅速地增长。2003年用于房地产开发的贷款增长了49.10%，用于个人住房贷款增长了47.25%。也就是说，尽管2003年出台了关于住房信贷紧缩的121号文件，但由于受房地产开发商的抵制与银行获利驱使，其作用不大。可以预见，这次提高银行存款准备金率0.5个百分点的决定，对银行信贷会有一些影响，但影响不会太大。

16.3 有效遏制投资快速增长要有新思维

房地产业投资要通过政府政策来控制它并非易事，尽管房地产是一种资金密集型的产业，但货币政策对该产业的反应要通过多种间接的方式才能传导到房地产业上来。同时，即使货币政策机制传导到房地产业上来，也有一个相当长时间的滞后性。比如一个大的房地产项目，它会有1—2年的周期，有些会有更长的周期。如果货币政策在项目后期发生，可能对该项目影响不大；如果出台的货币政策对房地产业没有什么影响或冲击，要想让其他产业收缩与控制是不可能的。而对房地产的控制主要应该放在需求上，严格准入规则与条件，这样，既可以减少房地产的需求，也可以防止银行今后面临的风险。

减弱政府投资冲动是有效遏制投资快速增长的最为重要的方面。由于房地产及城市基础设施建立对 GDP 增长的比重是那样高，而且周期短、见效快，这就成了各地方政府追求业绩、发展经济的最好方式。因此，政府不仅要减少对投资的冲动（如对城市基础设施建设的过度投资），还要通过采取对土地的供应严格调控的方式（如通过对土地批租价格）控制房地产商过高的利润，促使房地产价格下落。房地产商的利润一减少，不少开发商就会退出该行业。只要房地产一降温，三大过热产业的投资也就降下来了，当这三大行业的投资一下降，其他关联产业的投资过热也会缓和。

此外，对房地产市场投资的遏制，还要从房地产市场的有效需求入手。所谓有效需求，就是愿意支付商品自然价值的人的需求，或愿意支付使用商品而必须支付的租金、劳动及利润的全部价值的人的需求。目前的房地产市场，民众的购房需求很难说是一种有效的需求。开发商建筑的房子越来越大、越来越豪华，这就迫使购房者所要购买的房子也越来越大。试想两三口人的家庭需要那样大的房子吗？即使他们需要，他们有这样的购买能力吗？这些问题都是开发商应该想想的。

因此，可以说这次的投资过热与以往的投资过热是不同的，它主要是房地产业快速扩张的结果。在房地产快速扩张的过程中，既有地方政府与银行的推波助澜，也有民众住房消费的迅速增长。现在不仅仅是要遏制这种过热的经济，而是要通过研究这种过热经济产生的原因，了解民众需求的合理性。如果能够从这样的角度入手，不仅能够找到目前中国经济过热之症结，或许也能够找到解决该问题的方法。目前，中央银行仅仅在货币政策上对银行的流动性货币做一点紧缩，可能达到的效果是十分有限的，也可能对持续增长的经济造成一些负面影响。

16.4 加息是否能够解决投资过热问题？

中央银行在很短时期内接连三次提高银行存款准备金率，希望通过存款准备金率这一货币政策利器来有效地遏制投资快速增长，防止中国经济过热，但效果并不明显。

那么，这种数量型的货币政策工具对遏制信贷过热有效吗？从 2003

年8月存款准备金率提高以来,到最近,无论是差别存款准备金率,还是这次普遍地提高准备金率0.5个百分点,估计其效果都不会很明显。因为这次存款准备金率的调整力度小,对整个信贷流动性的影响不会太大。国有银行流动性的紧缩不会平均分配给每一个行业,同样具有趋利行为的银行为了增加利润、减少风险,更愿贷款给那些收益率高、贷款期限长的行业或企业;而流动性收缩首当其冲的应该是那些收益不好、竞争激烈、发展前景不太乐观的行业,如农业等。于是,随着这几个季度CPI的增长、市面上负利率的讨论,有不少学者认为,加息可以成为遏制整个经济过热的最为重要的利器。

事实上,央行采取加息的方式来遏制目前快速增长的投资是有一定困难的。按照经济学理论,利息是资金的价格,它反映了资金的供求关系,也可以调节资金供求关系。但是,在政府的管制下,这一利器的功效尽废,即资金价格被扭曲,自然也就无法调节对资金供求关系了。正如最近周小川所指出的那样,长期以来,中国的货币政策选择较偏重于使用数量型工具,而不相信价格调节。即当遇到通货膨胀压力时,政府会倾向于采用收缩流动性等数量型工具,而价格型工具的选择在后。因为利息高低是与整个社会投资回报率相关的,社会投资回报率高,利息就会高;社会投资回报率低,利息就会低。但目前的情况与这种理论相差很远。近几年来,我国一直处于低利率状态下,而实体经济中一些热门行业的投资回报则要高于利率好几倍。如钢铁,2003年的平均投资回报率达12%,高的则有22%,房地产投资回报率更高,但一年期存款利率不到2个百分点。由于利息低,企业使用贷款的成本就会低,企业就会有扩张投资规模的冲动。不少行业的投资过热与资金的价格完全被扭曲是有关的,这也是近年来投资快速增长、难以遏制的原因。

按理说,调整利息不仅可以把这种扭曲的资金价格得以纠正,而且能够对快速增长的投资遏制起到重要作用。但是,央行为什么难以推动这一政策?其主要原因有以下几个方面。

首先,加息能够对经济产生较大的影响,其前提条件是资金的实际价格水平处于均衡水平上。价格弹性大,使用价格型工具的调节效果就会明显;反之,如果资金的实际价格偏离实际均衡水平太大,则利率的价格弹性就会小,价格型工具所起到的作用就不大。实际上,在金融市场价格基本上被扭曲的情况下,银行利息的调整所产生的效果不会太明显。因为在国有银行股份制改造没有完成之前，国有银行无法建立起利润最大化的机制，国有企业也有不还贷的意愿。在这种情况下，利率的变化对它们的行为没有起到激励与约束的作用。

其次，加息对房地产业会产生很大影响。目前，房地产的资金70%以上来自银行的贷款，一方面，加息会提高开发商的利润空间。在房价提高及利息增加所导致购房成本上升的情况下，消费者购房欲望减弱、需求减少，房子的空置率上升，房价必然会下跌。另一方面，房价下跌又会降低开发商的利润空间，消费者会对降价出售的房子质量产生怀疑，从而陷入买涨不买跌、"价格越低房子越卖不出去"的恶性循环。

对消费者来说，加息会增加成本。一方面，对已购房者来说，加息增加了他们每月支付的购房成本，挤占他们的日常消费；另一方面，对潜在的购房者来说，购房成本的增长，又会减弱他们进入市场的欲望。特别是由于我国信贷消费才刚开始，购房者从没有体验过利息波动对个人消费的影响，如果利息的波动，尤其是利息上升幅度较大时，消费者购房支出陡然上升，会导致潜在消费者对购房欲望的减弱甚至停滞（早几年的香港就是这样），从而导致房地产业的萧条，使整个经济增长放缓。从这几年情况来看，中国经济持续高速的增长，完全是房地产业迅速发展的结果。

再次，央行目前难以实施加息政策，也与国有银行改革有关。应该说，四大国有银行得以生存至今，基本上是政府利息管制的结果。因为目前银行的利息除了存款利率之外，其他的基本上已经放开。在贷款利率已经可以上下浮动的情况下，如果存款加息，就会缩小银行存贷款利差，增加了四大国有银行的营运成本，挤压其利润。从四大国有银行2002年的营业收入来看，其利差收入高达83%（1566亿元），中间业务收入仅为6.6%（124亿元）。2003年四大国有银行经营业绩大增，基本上是这种信贷规模及利差扩大的结果。如果存款利率不动，又想收紧银根，在不缩减基础货币投放的情况下，仅提高贷款利率，利差就会扩大，这将直接刺激银行放大贷款，收紧银根的政策效应也会相应地减弱。因此，为了国有银行改革顺利进行，央行难以实施加息政策。

此外，从国际环境看，目前本币存款利率平均高于外币的存款利率，这就为外币进入中国市场进行无风险套利提供了机会。如果再次提高本币的存款利息，在现行的汇率制度下，会进一步刺激国际热钱流入和套利。因此，潜在的套利压力约束了本币利率水平的调整。

所以，央行加息或不加息，面临着种种抉择，所考虑的利益关系也十分复杂，如何在这些利益关系之间寻找一个利益均衡点，并不只是我国的利益传导机制是否通畅的问题，而是平衡相关部门、相关个人的利益关系问题。只有这些利益关系都得到适当调整，加息才能成为遏制中国投资过热的利器；否则，将达不到应有的效果。正如周小川行长所指出的那样，近期央行无意加息，但会侧重于利率市场化机制的形成。

17　国内银行业改革的进展与问题[①]

17.1　国内银行业改革的新进展

近年来，随着中国加入 WTO，国内银行业正在发生翻天覆地的变化，这些变化将给中国银行业带来重大的变革。这些变化主要表现在银行业的对外开放、金融市场的重构、银行组织的重造、金融产品的推陈出新、金融制度和法规重新厘定与设立等方面。可以说，目前国内的银行业存在这样或那样的问题，银行业一系列改革将迎来国内金融的重大变革。

首先，央行组织结构的重大调整，迈出了几大步。先有银监会的设立，几年下来成绩斐然。后有 2005 年 8 月 10 日中国人民银行上海总部正式挂牌。可以说，央行上海总部设立，人民银行的决策与执行职能将适度分离，有关货币政策的制定等决策将归北京总部，有关市场运作、业务拓展等执行职能将移师上海。尽管这个模式与美国联邦储备局有点相似，货币政策由联储局决定，执行由联储纽约分局负责。这不仅更有利于打造上海为中国的资金、资本、证券、同业拆借、外汇、期货、黄金、产权等市场的中心，建构比较健全的全国性金融市场体系，而且也让央行更加接近于走向市场，更有利于货币政策的判断与决策。

其次，对整个国内银行体系的重造，特别是四大国有银行重造。可以说，中国的银行业是国内计划经济的最后一个堡垒，它不仅为国家严格的管制、为国家垄断程度最高的行业之一，如国内银行业基本上是以国有银行为主导，国家大多数金融资源基本掌握在 4 家国有独资商业银

[①]　该文章发表在《河南金融管理干部学院学报》2005 年第 6 期。

行、3家政策性银行和11家股份制商业银行手中。这种以银行为主导的金融体系不仅银行业的市场化程度低、不少金融资源配置的无效率，而且容易把整个银行业的风险都集中在国家身上。

因此，四大国有银行改革成了这次银行业改革的重中之重。对于四大国有银行的改革，先是剥离与降低巨大的银行不良贷款，如在1998年通过财政发行2700亿元特种国债补充国有商业银行资本金、1999年通过设立四家资产管理公司剥离1万多亿元不良资产后，2003年年末成立中央汇金投资公司的新机构，对四大国有银行进行全面的股份改造及资产重组。汇金已经将600亿美元的外汇储备注入中国银行、中国建设银行和中国工商银行。从2003年开始，政府又花费大量资金对农村信用社进行改革，批准组建城市商业银行等。

随着四大国有银行资产重组的完成，外国投资者进入国内银行业成为目前国内银行业的主旋律。比如先有美国银行宣布以25亿美元购买中国建设银行9%股份；新加坡的淡马锡控股以31亿美元购买中国银行10%股权，苏格兰皇家银行投资31亿美元购入中国银行10%股份；中国工商银行则把10%股份，以约31亿美元的价格，出售给高盛集团旗下的投资基金、安联集团和美国运通公司；而农业银行也不甘落后，也在与意大利和法国的银行谈判，并以此引入战略投资者。此外，股份制银行，如华夏银行、兴业银行、民生银行、上海银行及一些地方商业银行等都引入战略投资者也正在热火朝天中。

可以说，国内金融业全面地向世界开放，引进海外的战略投资者，不仅在于改变目前中国银行业的公司治理结构、机制、内部审计、信贷文化及风险评估技术与观念，而根本上在于改变目前国内银行业基本格局，形成有效的金融市场竞争。因为外国战略投资者的引进，不仅能够优化国内银行业机构的股权结构，改变国家股"一股独大"的僵化局面；还可以带来先进的管理经验、技术和产品，可以增强金融机构的市场竞争力；同时，引入国际知名的股东，能提升国内银行在国际上的市场形象，有利于国内银行海外市场的发展与融资。这些仅从一般的方面来说。

但是，实际上，国内银行引入外国战略投资者，由于各家银行的情况不同，它们的问题会根据自身需要选择不同的外国投资者进入模式，特别是国内各家银行自己的核心需要分别在体制、管理、业务和资金等不同方面来引入不同的战略投资者，因此，其选择模式是千差万别的。

有人把这归纳为存量重组型、增量扩张型、风险化解型和投资转让型等。也就是说，国内银行引入外国的战略投资者并不是一卖了之，而是通过部分卖的方式来增强银行的体质，来增强各自银行的竞争力。

对于国内银行业大量地引入战略投资者，目前市场流传着一种误解，一是认为外国银行对国内的快速扩张会不会危及国内银行业的未来发展，二是大量地向战略投资者出让股权是不是廉价出售国有资产。其实，这里有一个基本的问题要弄清楚，就是国内银行业现有的体质与经过改造变化了的情况。可以说，没有经过股份制改造过的国内银行业的脆弱性早就是不争的事实。而国内银行业脆弱性的根源是什么？就是产权界定不清晰，就是股权结构单一性，而这样的股权结构不仅导致整个国内银行业运作机制无效率，也导致了风险极高的以银行为主导的银行业融资格局。因此，国有银行的股份制改造、国有银行的股权结构的调整、引入战略投资者是国内银行改革最为重要的一步。如果这一步不能够迈出，国内银行业既无发展之机会，也不可能为上市创造条件卖一个好价钱。可以说，对于股改前脆弱的国内银行体系来说，早就从技术上处于破产之状态，许多国内银行值无所值，如何来卖？只有对国内银行业进行根本性改造，引入战略投资者来增强国内银行业的体质，改进其治理结构及经营方式，才能为国有银行上市及卖一个好价钱创造条件。国有银行上市，并非万能，但毫无疑问，经过股份制改造后的国内银行业将给国内银行业带来深刻的变革。事实上，从四大国有银行近期的一系列变化就说明了这点。

近期国内金融市场的利率调整及人民币的升值，它带给市场的冲击与影响怎么也不可低估。因为利率与汇率作为金融市场的资金的价格，在有效的市场体系下，市场的信息都会自动地集中到资金的价格上，并成为有效配置资源的机制；但在完全管制的条件下，利率与汇率只能成为政府管制经济的"婢女"。但近一年来，无论是央行利率的调整还是汇率的变化，它将影响到政府在货币政策上做出重大改变。比如，在一年以前，中国的货币政策还由固定汇率支配，利率在2004年10月前连续九年不变，这样政府只能通过行政指导和信贷管制来控制银行的信贷。但是，近期的利率市场化必然会使央行依赖利率来调整其货币政策，利用资本价格而不是政治考量来影响企业的投资决策。同时，对于商业银行来说，就得通过利率市场化来学会风险定价，就得改变银行以往的经济行为。可以说，汇率机制的改变，同样也会对央行、商业银行、企业及消费者如何分配金融资源产生重大的影响。

从金融产品与金融工具推出的情况来看，它们对国内金融市场所产生的影响同样是重大的。如自2005年8月9日起，中国人民银行将扩大外汇指定银行远期结售汇业务，并开办人民币与外币掉期业务；人民币利率掉期业务与资产证券化产品也即将推出；特别是中国人民银行于5月发布的《短期融资券管理办法》，允许符合条件的企业在银行间债券市场向机构投资者发行短期融资券，它预示着中国公司债市场的启动。

正如有研究者所表明的那样，中国短期融资债券市场的启动，尽管没有引起大多数企业及媒体的密切关注，但是它却对中国的银行业和资本市场带来革命性的冲击与影响。因为，短期融资债券的发行不仅让传统条件下的不少银行的优质客户纷纷进入债券市场（因为其融资成本要低于银行信贷市场），也大大地降低了这些企业的融资成本。而更为重要的是，短期融资债券市场的发展，不仅可以调整目前国内金融市场直接融资与间接融资比例严重失调，改变目前这种完全依赖银行为主导的融资模式，而且也降低了整个社会的金融风险。从美国金融市场企业债券的发达与繁荣，就应该看到国内短期融资债券市场发展的巨大冲击性。

对于外汇与利率等金融工具的创新，它不仅预示着中国金融市场开始进入一个新的成熟发展期，而且它也为国内金融市场利率市场化、为人民币汇率市场机制形成造就良好的条件。而当利率市场化程度提高及深入、人民币有效汇率机制形成时，它将改变国内金融市场、金融主体、金融机构等行为方式，从而使整个金融市场的变革悄然而至。

17.2 如何评估国内银行业改革新进展？

可以说，尽管近年国内银行业改革取得了一系列的重大进展，但是有几个突出的问题不得不引起业界与学界密切关注。一是近几年来国有银行包括股份制银行改革上面热火朝天，下面基层则感觉差得多。我到基层访问，有些人认为国有银行改革仅是上面的事情，下面基层银行的改革好像闻风不动，甚至根本没有多少变化；二是不少人十分关注2006年年底中国金融业全面完全开放后，如何面临外国银行业的竞争。

当时，我给他们的回答是，近几年来，国内银行业的改革，特别是四大国有银行的改革，无论是从改革的规模、速度还是深度等方面来说，都是前所未有的。如无论是不良贷款率的下降、银行利润的增长、银行组织形式及运作规则的变化还是银行的股份制改造等，都是有目共睹的。但是，我们也应该看到在改革的过程中，特别是在改革的短期过程中，银行的企业文化、银行管理层及职工的思维观念在短期内要得到完全的改革是不可能的。特别是这种改革必然是一个利益关系的大调整，在使某些人的利益受损或某些人的利益不能够得到改善时，银行改革过程中的困难与问题也就自然呈现了。

2006年年底，国内银行业基本开放后，国内银行业如何来应对外国银行竞争的冲击。对于这点，我认为有以下几个方面的理由不用太担心。一是中国的银行业市场经过十多年来的竞争，市场份额基本上为不同的银行所占有，尽管目前国有银行所占的比重较大，但它们所占有的市场基本上也是竞争之结果，在这样的条件下，外国银行想借开放之力要进入国内银行并非易事。早几年深圳所发生的事情已经表明，不少外国银行在深圳经营没有几年，纷纷打道回府，其原因就在于国内银行业市场并非那样容易进入。

也就是说，国内银行的全面开放，外国银行业并非会采取抢占市场份额的方式来占领国内银行业市场，而是会以本土化的方式参股国内不同的商业银行，并通过这种方式来传输该银行的经营理念、管理经验及种种风险管理控制技术技能。可以说，在未来一个较长的时期内，国内银行业的竞争肯定会成为国内商业银行之间、国内商业银行与外资银行之间，及外资银行之间的竞争。如果说，这种竞争格局一旦形成，国内银行业自然会走向良性发展之轨道。

二是尽管国内银行业的体质等方面与国际先进的银行业相比时差距较大，但是也应该看到这几年的银行业改革，让国内银行业体质得到长足的发展。这不仅表现为不少国内银行财务重组、组织结构的重造上，也表现为银行业运作机制改变、银行经营理念的变化及银行用人机制的更新。可以说，从所公布的数据来说，近几年是国内银行业改革步伐迈得最大、经营业绩最好、银行成长最快的几年。也正是因为国内银行业的快速成长自然缩小了与国际银行业的差距。

三是有人担心整个银行业开放后，在高端服务上，国内银行业肯定不是国外银行业的竞争对手。对于这点，我想担心的人会有些夸张。尽管外国银行业在高端银行业务方面是有不少优势，但几年来发展的情况可以看到，无论国外银行推出什么新产品与新服务，国内银行在短期就能够模仿。而且目前国内高等教育迅速发展，大量受到良好教育的金融人士纷纷进入国内银行业，这种学习与模仿更是便利。近几年来，国内银行业的信用卡业务的发展、个人理财业务的发展等方面都是这种快速模仿之结果。

四是 2006 年年底之后，国内银行的全面开放，并不是说 WTO 的规则可以网罗国内银行业中所有的经济行为，对 WTO 规则的调整与完善，对国内银行业制度的创立与调整，肯定是一个持续漫长的过程。当制度规则的设定权仍然是自己掌握时，国内谁也不会制定新规则来给自己的行为设立障碍而有利于他人发展。只要制度设立权为自己掌握，国内银行业就不惧银行业完全开放与竞争了。

不过，从以上讨论的两个问题来看，尽管设问不同，所回答的角度也迥然有异，但问题实质不外乎一点，就是如何来看待目前国内银行业的状况、如何来评估近几年国内银行改革的成效、如何来理解国内银行特别是四大国有银行的体质。

对于这一点，我曾经在与外国朋友交谈时，谈到了自己的一个基本观点，就是不管目前国内银行业存在这样或那样的问题，不管国内银行业与国际银行业相比差距有多大，但是我们首先要纵向对比，看看我国银行业这几年来改进了没有，进步了没有。如果进步了，它又表现在哪些方面。在此，我们只要查看一下国内银行业所公布的数字（当然这些数字有人或许会认为不是那样准确），如银行的不良贷款率、利润率，其业绩是斐然的。同时，我们只要看看这几年央行及银监会所公布的一系列法律法规，我们也会看到国内银行业是如何在长足进步。可以说，正是这几年国内银行业的重大改革（如市场、产品、机制、制度安排等），才保证了国内经济几年来持续稳定增长，才避免了不同的金融危机没有在中国发生。

不过，我们可以看到，近几十年现代商业银行的发展突出表现在三大进步上，如风险计量的进步、资本管理的进步、组织体制扁平化和专业化的进步。也正是这几方面的进步，现代商业银行才能够以较低的成本不断地推出有竞争力的产品，才能在不确定性市场中寻找到风险与收益的平衡关系，才能实现整个银行业资源的有效配置，才能保证银行企业长期稳定的成长并为股东创造价值。但是，从国内银行业的改革与现状来看，它与现代商业银行业差距实在太远。而且，国内银行业改革的滞后仍然是国内经济发展的最大"瓶颈"，而国内银行业改革的滞后主要又表现为以下几个方面。

首先，银行业的计划经济观念仍然大行其道，追求规模扩张而对资产质量及风险规避的重要性考虑不多。我们可以看到早几年，政府对四大国有银行下达每年下降3%—5%不良贷款率的指标，看上去计划指标是完成了，但是却造成了2002—2004年银行业的信贷严重失控。各大银行为了完成这些指标，拼命竞争在短期内不会发生不良贷款个人住房信贷业务。在此期间，无论是任何人只要去购房，没有人不能从银行贷到款的，甚至有些银行为了让个人做成这笔住房信贷业务而帮助个人造假证明。这样做是让银行的贷款规模上去了，银行的不良贷款率也迅速下降了（因为不良贷款的分母扩大但分子不变），但银行的信贷却失控性地迅速扩张，有些地方的房价通过这种银行的金融杠杆而飚升，房地产泡沫出现。

即使在目前，不断地从媒体传来消息，国内的一些地方银行看到今年以来的个人住房消费信贷急速地下降，正准备如何来改变目前这种状况，否则就无法完成上面所下达的计划指标。其实，在这里有几个问题对这些银行来说没有弄明白，一是该银行要完成的计划是在以往信贷失控基础上形成的，而以这种计划为银行的经营目标，只能导致进一步信贷失控。二是以信贷失控为基数的计划，是在严重违规操作情况下达成的，如上海竟然有一人贷款7800万元，购买128套房子。如果这些银行要完成其计划，同样也只能是违规操作了。三是数量性的银行信贷盲目扩张，在房地产周期性上升时期，其风险可能不大，但这种贷款一般都是在十年、二十年甚至三十年以上，那么从长期来看，房地产周期性下降同样必然。一旦房地产周期性下降，那么个人住房消费信贷的质量就得严重质疑了。

可以说，目前国内银行业过分注重规模扩张，轻视资产质量是一种普遍现象。不少银行的业绩考核往往是看该银行的扩张规模、扩张速度、贷款条件低，从而使一些无利可图甚至危害银行长期发展有巨大潜在风险的业务大行其道。如果这些方面不改进，仅仅是以"束轮效应"的方式来过分规模扩张,那么国内银行新一轮的不良贷款又会出现了。而不良贷款不仅会吞食银行的账面利润,也会严重削弱银行业的竞争力,限制银行的发展。

其次,对银行资本必须覆盖风险的认识不足。可以说,银监会自成立以来,对银行资本充足性的认识已经放在一个十分重要的高度。其含义有,一是银行资本充足率的程度在一定意义上决定了一家银行的安全性,二是银行资本的主要功能是要覆盖银行业务发展中的风险敞口,三是银行资本覆盖业务风险敞口又是有限的。任何商业银行的规模扩张都不是随心所欲和无限的。因此,在监管机构看到,最低资本充足率是现代商业银行得以生存的基本条件。近几年,国内银行业,特别是四大国有银行,正在朝这方面迈出大步。如汇金向中行、建行、工行等银行的注资。但是,我们也应该看到,四大国有银行为了满足最低资本充足率,相互持有次级债这应该是一个十分形式化的事情。

也就是说,国内银行业对资本必须覆盖风险的认识,如果仅是停留在形式和能够达到上市标准上,而不是从根本上来改善银行的资本充足率状况,那么国内银行仍然没有认识到银行资本必须覆盖风险的意义。从目前的情况来看,国际上的一些大银行资本充足率都达到10%以上,而国内银行则与此差距很小。在这种情况下,如果国内银行全面开放,国内银行业如何来应对国际银行业的竞争是令人质疑的。

最后,在银行的风险管理、量化与控制方式上,尽管监督机构一直在出台相关的规定与文件,如最近银监会通过了《商业银行市场风险监管手册》,希望对国内银行业的市场管理具体细化,如对银行市场各风险点设计相应的检查方法和程序,促进提高监管人员对市场风险监管的专业水平和现场检查的有效性,及时了解掌握和评估商业银行市场风险管理的真实情况和风险状况,引领商业银行尽快地提高市场风险管理性的水平等。但是,在实际过程中,基层银行工作人员不仅相应的知识与观念少,而且要达到银监会所规定的操作要求还存在很大的差距。

比如对银行操作风险的量化与管理,尽管国际银行业有不少经验可遵循,但国内银行业仅是开始。就目前国内银行业改革的情况来看,尽管规避银行信用风险(如降低不良贷款率)和市场风险是国内银行业管理最为重要的方面,但是就目前国内银行所发生的一系列事件来看,操作风险所导致的银行巨大损失已经是十分严重的问题了。如最近国内银行业发生不少大案要案，都是操作风险控制缺陷的结果。因此，如何把操作风险的观念与方法融入国内银行业改革之中，已经成了国内银行业改革能够成功的关键。这就是四大国有银行目前正在不断地推出规避操作风险种种制度与规则的现实选择。

当然，从转轨中的国内商业银行改革情况来看，国内银行操作风险的管理基本上处于刚开始的阶段，无论是制度规则的制定还是量化方式的引进，无论是银行的风险意识还是风险文化等方面与现代商业银行的操作风险管理的要求都相去甚远，因此，国内银行业改革所面临的困难与问题肯定不少。为了化解这些困难与问题，推进国内银行改革的发展，有效地进行国内银行的操作风险管理是不可回避的事情。

如何来评估目前国内银行业的改革与现状，我们当然看到所取得的成绩不小，但国内银行业所面临的问题也很大，它与国际银行业的差距仍然很大，特别是一些银行企业文化及观念要有更大转变，以此来建立起真正意义的现代商业银行制度，否则，国内银行业是无法面对国际银行业的竞争的。

17.3 建行在香港上市的机会与挑战

2005年9月22日，建行上市聆讯已获港交所通过，计划集资额可能达到77亿美元。此次建行上市有望打破香港联交所的IPO（首次上市发行）纪录，并刷新2005年以来全球上市筹资额，它也是亚洲7年里最大的IPO。外电引述消息人士称，建行的招股初步推介已经开始，如果进展顺利建行的整个招股活动于10月完成。可以说，随着建行在香港上市的顺利完成，它将成为四大国有银行改革重大的里程碑。

自20世纪80年代中期以来，四大国有银行改革一直是国内金融改革的重中之重，特别是在1997年亚洲金融危机之后，不仅显示出这种改革的迫切与重要性，也显示出这种改革是国内银行业走向现代化最为重要的一步。如果四大国有银行改革不能够成功，不仅关系国内银行业的发展，也关系国内经济持续发展能否得以顺利进行。因为中国银行业的基本特征是银行主导性，而中国银行业又是由四大国有银行为主导的。特别是当这几年国内证券市场发展遇到困难时，国内银行业的主导性更是处于绝对地位（就目前的情况来说，国内融资市场90%以上的融资来自银行）。正是从这个意义上说，近几年来政府一直把四大国有银行改革看作金融改革最为重要的事情。

但是，作为计划经济的最后堡垒，四大国有银行改革如何进行，既没有他山之石，也没有自身之经验。特别是不少制度上的缺陷更使四大国有银行改革面临着许多困难与问题。早几年，四大国有银行的改革重点放在银行不良资产的剥离上，但实际上，如果生成不良贷款的机制不改变，银行不良贷款再剥离也无济于事。直到这几年管理层才真正感觉到增强四大国有银行体质的重要性。因此，借助于这几年国内银行业发展的大好时机，四大国有银行改革找到了借助于政府帮助的财务重组、组织重构、机制重塑、公开上市的大思路。可以说，从2003年年底汇金注资后，建行经过近两年的努力，建行体质至少比以往得到很大的改善。建行上市也就水到渠成。当建行的改革由后台走到前台，由国内走到国际时，或建行向国际金融市场IPO时，这不仅给建行的发展提供了一个全新的机会，同时也让建行面对许多挑战。

首先，建行在香港上市表现出国内最大的金融机构完全为国家垄断的格局基本打破、表现为四大国有银行的产权结构将出现重大的调整，由国家垄断单一银行改变为一家公众银行。在以往的传统国有独资银行中，它为什么无法建立起现代企业制度及公司治理结构，最大的根源就在于产权缺位或产权不清晰。这种产权缺位使政府对银行的经营活动干预太多、使不少银行成为当地政府落实政策的工具，从而导致大量的银行不良贷款产生。在这种情况下，银行管理者既不需要追求银行成长之效率，也能够把其工作之不足归咎于政府来承担。因此，这样的银行体制肯定是低效率或无效率的，肯定无法承担快速发展的经济增长的需要。

而要上市的建行，它要上市就得通过股份制改革满足上市的基本标准，无论是建行的财务重组、股权结构的改变，还是战略投资者引入及银行公司治理结构的建立，基本上为了达到这个标准而为，否则建行要上市是不可能的。也就是说，建行上市就是给定它一个达到某种标准的硬约束，就是给定了建行达到什么体质的一个硬约束。也正是建行这种股权结构根本性的改变，自然也就能够保证建行的产权明晰，保证建立一个全面反映并真正代表所有权的董事会，并通过董事会来控制管理层的行为，来削弱、隔断地方分行和地方政府千丝万缕的联系，从而打破以往国内银行无法商业化的格局。

其次，建行上市也表现为四大国有银行的市场化、国际化的程度提高。我们可以看到，建行上市就引进大量的外国战略投资者，就得把建行转变为一家公众公司。引进外国战略投资者开始时并不是着眼于拓展海外市场，并不仅为战略者带来的管理经验、技术、产品开发能力、资金等，更重要的是整个银行运作机制的改变，是把整个国有银行置于国内与国际投资者的监督之下。

就目前的国内银行业情况来看，最大的问题是国内信用体系的缺乏，是我们的银行对信贷风险评估、风险量化能力的不足。而这些在于近十几年国际商业银行取得突飞猛进的成果。比如，1997—2003年香港经济曾出现过前所未有的困难时期，香港经济也从高度繁荣进入严重的不景气，但在不景气周期中，香港银行并没有因为经济出现周期性变化而显示出银行的巨大风险；反之，银行的稳健经营成了近年来香港经济重新奋起的中流砥柱。何也？就在于香港银行真正能够商业化，能够用现代化的风险量化工具来管理风险及控制风险。而对不少国内银行来说，有效的风险管理能力、工具及市场仍然没有建立起来。而建行能够通过引进与学习现代商业银行的运作机制、风险管理、风险量化及控制的工具来改变这种状况，从而为建行的发展提供了良好的机会。

同时，建行上市不仅让企业经过业务、人员、资产等重组而脱胎换骨，而且必须把自身置于市场的完全监督之下。在市场完全监督下，不仅要把银行的运作方式及信息透明化，还得把银行所有的运作方式、公司治理结构、财务业绩、未来的整体盈利水平等与国际标准比较，这样既有压力也能形成动力，从而来提升银行市场价值，得到投资者的认同。如果没有这道上市的大坎，建行的市场价值到底是多少不知道，建行也不能产生提升自己市场价值的动力。比如，目前国内出现了一些产品过剩，一些行业出现周期性结构的变化，有些银行就希望信贷紧缩一了百了。但从现代商业银行来看，就得对这些企业或行业的信贷关系实行银行全面的风险管理，即用风险来调整资本收益率，在风险与收益之间寻找平衡。而且这种平衡就得在长期与短期、不同行业、不同行业周期性之间寻找一个点。在这种情况下，国内银行就会有动力去改变传统那种一看某个行业产品过剩就收紧银行信贷，一看到眼前某种行业现时繁荣就一拥而上的短期性，找到银行风险与收益的平衡点。

以上都是建行上市后发展之机会，同时建行上市后也会面临着一系列的挑战。曾有人认为国有银行上市并非万能，本文也认为，建行上市并不能够解决建行本身存在的所有的一切问题，它同样有可能与一些国有企业改制上市"圈钱"那样只是徒有其表，但是四大国有银行如果不能够迈出这一大步，那么它们要通过其他的方式想改革成功会问题更多、改革的成本会更大。不过，我们也应该看到，对于一家现代商业企业来说，它得以生成的条件是不可能一天造成的，无论是国有银行内部还是外部的生成条件都是如此。

建行为了上市，在短时间内完成整个银行重组，并以国际市场所要求的标准或更高的水平上完成了改制，并在新机制的基础上提高了银行的业绩水平与盈利能力，这些为建行上市价值最大化创造了条件。但是，这样一些新的制度安排、运作机制能够为建行的内部及外部环境所消化吗？如果不能够消化，或者说新的制度安排、运作机制的初始条件不满足，那么建行改制要达到所设想的结果是不可能的。

比如，我国银行利率市场化的改革，在2005年1月1日就进行了存贷款的上下限管理，即贷款放开上限、存款放开下限。但实际结果表明，尽管这项政策对国内商业银行是一项十分利好的政策，但国内商业银行在贷款上限放开上则动作十分谨慎。何也？尽管原因可以是多方面的，但最为重要的原因应该是国内银行无法适应经营观念上的转变。

同时，我们也应该看到，建行以大踏步的改革、以高标准的要求完成了改制，这自然会激化银行内部原有的问题与矛盾。如果这些问题与矛盾不能够在一定的时间内化解，它对建行的未来肯定是有影响的。比如，最近我就接到某地方建行员工写给我的信及寄给我的材料，反映他们在改制过程中如何受到不公平的对待。对于这些问题到底如何，我当然不可贸下结论，但有一点可以肯定，目前四大国有银行在改制的过程中一定会有不少遗留问题。

另外，目前银行体制改革中两大问题仍然是进展缓慢。一是社会信用体系及信用文化建立问题，二是国内银行运作的市场化问题。前者是整个银行业发展的生态环境，后者是国内银行业发展成长的内在前提。而这些方面，仅仅由一家银行改革、一家银行上市是无法解决问题的。比如，对一些国内股份制银行来说，它们所建立的现代银行制度是迈出国内上市的那一步，但这些初始条件没有满足，上市后同样不能够建立起真正的现代商业银行，如深圳发展银行。

建行上市，仅是其发展之开始。上市后，投资者就有理由监督公司是否在努力经营，是否能够满足投资者预期目标。当一家公司的行为都在市场的阳光之下时，如果不为投资者努力经营，投资者随时"用脚投票"弃公司而去。已有的经验可以看到，国内不少上市公司也曾抱着侥幸的心理试图用以往国内证券市场的方式来香港应对国际投资者，但最后被抛弃的只能是自己，如欧亚农业等。因此，无论是从制度安排上说还是从历史经验来看，建行香港上市一定要走出国内公司上市 A 股化的阴影。

对于建行来说，我们有没有必要担心它 A 股化，关键要看建行是否能成为一家成长性银行。一家好的上市银行，市值的高低不仅在于是否为一家成长性银行，也在于该银行本身的素质如何，在于建行改革得到投资者的认可程度。因此，建行上市之后，如何成为一家如汇丰那样的成长性银行，现在与以后要做的事情肯定会更多，也肯定会面对种种挑战。无论如何，建行上市是国内银行改革的一件大事，也是四大国有银行改革的里程碑。这是值得肯定的事情，但它仅是国有银行改革的开始，建行上市之后要成为一家成长性的银行，就得以好的业绩来回报投资者，就得在此机会上来应对更多的挑战。

17.4　国内银行控制与管理风险的能力

最近，随着国内一些产品的过剩，如手机过剩、纺织品过剩、鞋过剩、汽车过剩，不仅有人在说国内的通货紧缩，中国要防止经济过冷的到来，而且这一连串产能过剩的"警报"让国内银行信贷变得谨慎。如有些银行正在调整《贷款行业结构季度报表》，对钢铁、机械等制造业授信额度有所收缩。甚至从有关部门对制造业的调研显示，由于企业产能过剩，库存大增，经济效益明显滑坡，企业亏损面扩大。这更是加大了一些银行对同期性波动较大的制造业的戒心。

其实，这里有几个问题必须要看明白，首先，产品过剩是市场经济的一种常态，产品短缺才是计划经济的事情。如果我们一看到出现某种产品的过剩就认为即将出现通货紧缩，那么这有点杞人忧天。因为，只有通过产品的过剩才能让市场竞争把不适应市场的产品或企业通过优胜劣汰的方式淘汰出去，否则市场产品永远处于一种短缺的状态，那么市场如何可以把不好的产品、无效率的企业淘汰掉？既然产品过剩是市场的一种常态，那就会出现企业的生生灭灭，也会出现行业周而复始，这些都是经济生活中的基本现象。既然行业的周期性发展是现实中的一个基本现象，那么对于国内银行业来说，不是因为行业的周期性发展敬而远之，而是要真正去认识这种现象，并从中找到如何规避风险的方式。

其次，有专家预测，2005年是中国制造业产能扩张的拐点。2005年制造业盈利能力下降趋势明显，其中交通运输设备制造业利润前8个月同比下滑35.4%；而商务部公布的数据则显示，今年前5个月，39个工业行业产成品库存同比大增19%。对于这样一种现象，国内银行业如何来理解，仅仅是看着它为行业周期性变化吗？仅仅看着中国制造业同期性向下行吗？我想，如果这样理解是简单化。其实，国内制造业出现这种现象，不仅在于这些产业本身过度地盲目扩张，而且在于国内银行早几年短期行为之结果。如果国内银行业早几年不是那种短期行为而导致国内银行信贷失控，目前这种结果是不会出现的。

即使是现在，国内银行对行业风险仍然在起推波助澜的作用。如在国内银行看来，由于个人住房按揭贷款不良率低，因此断言个人住房按揭贷款是商业银行的黄金资产。但实际上这个结论是建立在以下几个前提下的。一是房地产市场没有周期性，房价只升不跌；二是个人住房按揭贷款短期性的表现（该贷款的风险一般要在7—8年后才显现），长期也是如此。但实际的情况并不是如此。因为目前个人住房按揭贷款启动只有几年，而这种个人住房贷贷款时间一般都在十年、二十年甚至三十年以上，其不良率及风险短期内根本无法反映出来。特别是中国房地产市场及市场经济才刚刚起步，到目前为止也没有走出过一个像样的周期。如果中国经济出现周期性的变化，不仅国内房地产市场必然会出现周期性变化，而且民众就业、民众的可支配收入等都可能出现周期性的变化。到那时候个人住房按揭贷款风险如何是不确定的。如果国内不能够把这种风险考虑进去，并对现行的房地产市场推波助澜，那么房地产市场一逆转，银行的信贷风险也就浮出水面了。看看美国20世纪80年代的房地产信贷风险，就是一面最好的明镜。

再次，国内银行为什么看到经济形势发生某点变化就草木皆兵，反之在某产业看似一片繁荣时则丧失风险管理意识？这里也应该有以下几个方面的原因。一是国内不少银行尽管经过股份制改造，商业化有一定程度的提高，但观念的计划性阴影仍然大行其道。据我所知，目前银行的基层部门基本上都处于双重压力之下。一方面如何完成总行下达的种种指标，其业务行为完全以下达指标达到为目的，如果有悖，其业务就会收缩，反之亦然。另一方面，其业务活动又受到当地政府政策之影响，否则该银行难以生存。也正是这种双重压力，使国内银行迈出计划经济的阴影十分艰难。

二是国内银行风险识别、风险量化、风险管理的能力，工具及市场还没有真正培养起来。看看香港近十几年走过的路，尽管香港经济曾出现大起大落及前所未有的困难时期，但在经济计划不景气时，香港银行并没有因为经济出现周期性变化而显示出银行的巨大风险；反之，银行的稳健经营成了近年来香港经济重新奋起的中流砥柱。最为重要的原因就在于香港银行真正能够商业化，能够用现代银行的风险量化工具来管理与控制风险。而对不少国内银行来说，这些方面则差距很大。特别是20世纪90年代以来，伴随着经济全球化、金融市场一体化、竞争加剧及金融管制的放松，金融创新及衍生金融产品获得了空前的发展，而金融产品及金融市场蓬勃发展，不仅使金融风险的度量更困难，而且金融风险更具有隐蔽性及危害性，加上中国的金融制度及信用制度的缺陷，这就更是增加了度量国内金融风险的困难。一则缺乏量化金融风险的知识与工具，二则金融风险度量困难性、金融风险隐蔽性及危害性，这就使国内不少银行宁可不做业务也得逃避风险。而这种现象，于己于人只能是有害无利。

因此，对于目前国内一些产品过剩，一些行业结构之调整，并非仅仅是信贷紧缩就可一了百了的事情，而是实行国内银行全面的风险管理，即用风险来调整资本收益率，在风险与收益之间寻找平衡。

但是，国内一些银行为了完成上级下达的指标，则对个人住房消费贷款及房地产开发贷款要大开绿灯。可以说，在2004年上半年，央行与银监会是采取了一系列的信贷紧缩的政策，如提升利率、调高银行存款准备率、要求房地产企业自有资金的比例提高等。但是，当时政府为什么要采取信贷紧缩的政策，就在于当时过热固定资产，过高的房地产投资，并由这些投资过高而导致不少上游产业的"瓶颈"。可以说，当时政府不是果断地采取宏观调控之政策，那么中国经济过热的结果是不堪设想的。

目前不少房地产为什么说银行要松绑，就在于 2004 年 3 月以前，国内房地产开发贷款增长速度在 40% 以上，而从 2004 年下半年开始，房地产开发贷款增长速度明显放缓，2004 年年底增速降到 17.3%，2005 年第一季度增速进一步下降到 15%。特别是早些时候一些房地产超高速增长的城市，在房地产调控后，其个人住房信贷增长急速下降，因此不放松不少银行今年计划可能不能完成，这些人认为应该放松银行信贷政策，让个人消费住房信贷恢复到以前"繁荣"时的水平。

如果国内的银行真的这样做的话，那么不仅与七部委的"房地产新政"政策相悖，而且使内银行面对的风险更大了。为什么会有七部委的房地产新政，就是因为国内房地产市场投资过热，就是在于国内房地产市场的房价过高，就是通过新政对过热的投资降温，就是要遏制房地产市场的过度投机。如果让现在的房地产信贷放松，这必然会让国内房地产投资又回到以前的"繁荣"上去。

还有，早几年的银行信贷"繁荣"主要表现是银行的信贷失控。那时，不少银行为了完成上级下达的下降银行不良贷款率的指标，拼命地扩大信贷规模，拼命把信贷时期做长。但是，尽管信贷规模上去了，不良贷款率也下降了，但一系列怪状也出现了。不少地方用国内银行的钱把房价炒上了天。而且在那段时间里，无论什么人购房，没有人不能从银行借到钱的。就是这样怪状，如果要恢复，不是又让国内银行重新踏入信贷失控的轨道上去了吗？

从这些现象来看，尽管国内银行业经过了一系列的改革，也取得了不小成绩，但是仍然与现代商业银行的要求相去甚远，特别是对风险识别、量化、管理及控制方面更是差距很大，如或是不能从风险中寻找银行发展的生长点，或是不能够观察到风险存在的长期性。

17.5　从海南金融生态看国内银行的困境

最近有报道指出，作为经济发展的第一动力金融，在海南沉没了。也就是说，海南金融生态的恶化，不仅使海南企业的融资困难、贷款难，而且导致了海南经济的严重滑坡。如2005年第一季度，全国GDP增长为9.4%，而海南只增长7.8%，低于全国1.6个百分点。海南银行业的"两个99%"，三个层次"贷款挤出效应"更是国内金融市场的一大奇观。

一个99%是2004年新增中长期贷款占全省金融机构新增贷款总量的99%；另一个99%是海口与三亚地区新增贷款占全省金融机构新增贷款总量的99%。这就使海南银行的贷款从海南大城市以外的地区、从省内企业、广大中小企业三个层次上被挤出。比如，海南目前有中小企业20万余家，但每年能够通过银行年审办到"贷款证"仅有4000多家，占全部中小企业总数的1/50。而2004年海南中小企业新增银行贷款只有1.42亿元，仅占海南各银行贷款总额的0.2%。

而且海南银行业的陆沉还表现为金融主体严重不足、金融服务不断缺失、金融资源流失、金融功能逐渐弱化等方面。比如，1998年海南的银行业遭受重创之后，出现了整个金融体系的收缩。如后来没有一家外资银行、没有一家城市商业银行、没有一家信托公司经营业务，即使是股份制银行也只有光大和深发展两家。至于金融信托公司、金融租赁公司、再保险公司、农村合作银行等都处于空白之中。

可以说，近几年国内其他地方金融体系、金融市场、金融机构、金融产品、金融工具等都在突飞猛进地发展、迅速繁荣，但海南为什么会出现这种倒行逆施的局面？全国同样的市场、同样的政策、同样的制度安排，其他地方的金融市场则随着经济持续发展而迅速繁荣起来，但海南银行业却走向回头路，何也？

有人认为，海南金融市场出现这种怪状，是因为在海南建省初期金融超极限发展而导致当地金融生态严重破坏之结果。在海南建省初期，不少人或机构以为政府在借政策之优势准备打造中国的"第二个深圳"，因此，当时大量的人力、物力、财力都涌向海南。当大量的金融资源都涌向海南时，不仅造就了海南银行业的辉煌，也吹起了海南房地产市场的泡沫。1993年国家宏观政策一出台，不仅把海南的房地产泡沫击得粉碎，也把海南的许多金融机构打得人仰马翻。一家家的金融机构资不抵债濒临破产，一家家的金融机构被迫停业整顿。如海南城市信用社、海南发展银行等相继被关闭或停业整顿，海南也成了区域性金融危机的重灾区。从媒体的分析来看，海南建省初期金融市场的超高速发展的直接结果是严重破坏了海南的金融生态,如导致金融资产价格扭曲,造成虚假供求关系,金融市场的发育不健全,损伤市场对金融资源的配置效率,中小企业恶意逃废金融机构债务等。

其实,这种讨论只看到问题的一面,即只看到1993年海南金融危机之后,金融主体需求方行为方式变化,而没有讨论金融主体的供给方在其他原因下其行为方式的改变。可以说,1993年海南金融危机之后,大量的中小企业逃废银行债务,或大量的中小企业恶意逃避银行债务,这不仅使整个海南中小企业信用关系的断裂、银行信用基础的沉陷,而且严重挫伤了海南商业银行信贷投放的积极性,其问题的严重性可见一斑。

但是,我们应该看到,这种现象的出现,也是整个国有银行改革使然,是国有银行改革过程中制度安排上的缺失使然。同时,这也表明了海南市场化程度高于其他地方,这并非金融生态恶化,问题是如何来调整金融市场供求之间的关系,问题是各金融主体在风险与收益之间寻找到一个双赢的均衡点。

可以说,海南建省后的改革,尽管没有走上开始设想时的那条路,但海南的市场化之改革在许多方面走在全国之前面是不争之事实。比如燃油税的改革就开了中国风气之先。只要到海南的人,看到海南道路的畅通,收费站全部撤销,这样不知要节约多少时间。也正是海南市场化的程度比其他地方高,海南各商业银行经营自主性才能真正得以落实。我也曾到其他一些边远省份,当地不少地方从事银行工作的同志告诉我,他们在当地银行信贷经营,往往处于两面夹击的处境下。

一方面,地方政府总是以种种理由要求商业银行从事一些他们不愿意经营的项目,甚至有些地方政府还会用非市场的方式来诱使商业银行就范;另一方面,又要遵守上级总行指令,完成下达的种种指标。如不良贷款率下降多少、利润率完成多少,并对信贷管理采取严格的考核办法,比如对新增贷款风险加大处罚力度,实行银行贷款责任终身制,从而使信贷人员根本无法越出"三难一怕"(收贷款难、收息难、资产保全难、怕失去工作)的困难。再加上,不少商业银行经营管理权及财务管理权的上收,从而使商业银行的经营策略发生了巨大的变化。如国内绝大部分的金融资源向大中城市、大中型企业、优势地区、优势行业、优势企业集中。海南的各商业银行能够走出地方政府双重夹击,面对市场化应该是国内银行改革成功的具体表现,但关键是如何让银行真正的市场化。

一般来说，从现代商业银行的基本法则来看，商业银行经营的就是风险，就是对风险如何定价。在日常的经营中，银行不仅要面对种种风险，还需要接受承担风险和加工转化风险，这样银行才能够找到其获利的途径。但是，风险又是一把难以对付的"双面刃"，如果管理得当，则可以获得利润；如果管理得不好，风险不仅会给银行带来损失，甚至导致银行破产倒闭，在损害银行自身的同时，还会危及存款人的资金安全，最终将给社会带来巨大的金融危机或灾难。海南金融市场发生的事件说明，在过去，由于根本上对风险不能进行有效的管理，从而吹起了房地产市场及金融市场的泡沫，引发了海南区域性的金融危机。但是在这场金融危机之后，海南银行业的风险从一个极端走向另一个极端，即希望把银行风险完全剔除于外。这样，不仅让各商业银行丧失了获利的机会，也造成了海南银行业的边缘化与陆沉。

其实，一家优秀的银行管理团队，就是如何在风险与收益之间寻找合适的平衡点。从现代银行风险管理的思想来说，近20年来已经发展出一套严格有效的风险量化工具与技术。而就是通过这种风险的量化可以把各银行风险降到一个合适的水平，从而寻找到一个银行风险与收益合适的平衡点。

比如，现代银行风险量化理论针对风险可能产生损失的可测量程度不同，将风险带来的损失划分为预期损失、非预期损失和极端损失。对于预期损失，它是在统计学正态分布下的平均损失，因此，这种损失是可以预见的，这类损失可以通过银行拨备来吸收消化，其成本可以通过银行的风险定价转移给客户来承担；而非预期损失在一定条件下的最大损失，它只能靠资本来抵御吸收，银行的资本金就如银行的一道防洪堤坝。而极端损失是在异常情况下（如"9·11"事件）银行所发生的损失。这种损失不可能彻底回避，只能通过资本金的大小将其控制在一定的、可接受的范围之内。

那么，对于一家商业银行来说，什么是一定的条件及可控的范围呢？这就好像是为了抵御洪水要在一条河上建一座防洪堤坝。对于这座堤坝究竟要建多高，我们得先从历史资料中找根据。如果在过去的1000年里，曾出现过超过50米的洪水于千年一次，超过40米的洪水于百年一次，超过30米的洪水于十年一次。根据这些数据，如果建筑50米的堤坝，那么抵御洪水可能万无一失；如果要达到百年一遇安全标准，就得建筑40米的堤坝；如果只想达到十年一遇安全标准，建立30米堤坝就可以了。在这些选择方案中，如果选择建筑50米的堤坝不仅成本会十分昂贵，甚至会高得根本无能力修建；如果修建30米堤坝，自然会成本较低，但是可能容易受到洪水之侵害。这样，建立一座40米堤坝成本也可以接受，安全也不会有太大问题。

把这个例子应用到现代银行风险管理中来，就是要求银行风险管理既要考虑资本盈利的要求，也要考虑银行风险控制的要求，并风险与收益之间寻找一个较为合适的均衡点。比方说，银监会对资本充足率的要求就是对银行资本覆盖水平的一个最低要求。

由此，我们又得回到海南银行业与金融市场的现状上来。海南的银行业为什么会陷入这种恶性循环的金融生态环境中，一方面，这些中小企业的信贷者信用不好，而且越是信用不好违约度就越高，这就必然会造成各商业银行对海南中小企业信贷的抗拒性；另一方面，各商业银行在这种先入之见下，不能够从其经营活动中寻找现实的生长点，即如何在银行风险与收益之间寻找平衡。这里既有现行银行改革所设定的制度安排使银行工作人员个人行为短期化，也有个人风险识别与风险定价能力不足而出现的行为自保。比方说，一家现金流稳定在1000万元以上、业绩良好的企业不能获得贷款，就是这样的制度安排与行为方式的结果。可以说，海南的金融沉陷，如果不是从这两方面入手进行改革，仅是强调所谓金融生态环境，那么，它只能是两败俱伤的结果。

最近，银监会发布了《银行开展小企业贷款业务指导意见》（以下简称《指导意见》）。这个《指导意见》出台后，已经在全国金融圈引起巨大的反响。因此，按照《指导意见》规定的操作流程，符合条件的小企业申请贷款通常经过信贷员评估、审核员审核和分管领导批准即可放贷。在《指导意见》中，还针对信贷员要求削减额度和不予展期的贷款，银行必须在两周内就贷款申请做出回复，但在操作中，很多银行则要求在一周甚至3天内对申报的贷款申请给予回复。也就是说，监管层看到早几年来所出台的银行改革的制度安排已经不适应变化的市场形势了，如果不在这些方面有所改变，那么国内银行业的竞争力会受到严重影响。

总之，近年来，国内银行业的改革取得很大进展，无论是大部分商业银行的资产质量提高、银行盈利水平增长、银行资本充足率好转，还是风险管理与控制能力增强等,这些成绩都是有目共睹的,但是,国内银行业与现代商业银行的要求仍然差距很大,特别是基础性制度不足,还需要政府职能部门对现代银行规章制度作全面检讨与反思,并找出适应国情的国内银行发展之路。

18 2009年中国银行业发展趋势与风险[①]

18.1 前言

2008年可能是历史以来世界银行业受到重创最为严重的一年，美国不少商业银行倒闭，花旗银行及汇丰银行的资产严重缩水，欧洲不少商业银行面临极大的危机等，不过，对中国银行业来说，由于中国金融业开放程度低，由于中国独特的银行制度体系，则是另外一番风景。

根据银监会报告，2008年，本外币各项贷款同比增长17.95%，国内银行业不良贷款继续保持"双降"，风险抵补能力进一步加强。2008年年末，国有商业银行和股份制银行资本充足率全部达标；总体看商业银行已经不存在贷款损失专项准备金缺口，贷款损失准备充足。还有，2008年前三季度，中国14家上市银行共获得净利润3344.70亿元，比2007年同期增长50.35%。再看中国工商银行的报表，到2008年9月末，工商银行总资产达到9.4万亿元人民币，前9个月实现了税后利润930亿元人民币，同比增长了45.3%。中国工商银行到9月末的总市值是2100亿美元，是全世界市值最大的银行。2008年三季度末，工商银行平均的权益回报率和平均的资产回报率达到了21.8%和1.37%，达到了国际银行的优秀水平。也就是说，尽管美国次贷危机对国际银行业造成巨大的影响与冲击，但对中国银行业的影响并没有那样大；反之，由于其他国际大银行受到重创，反而显现了中国银行业的快速成长及竞争性。无论是从资产规模、盈利水平、抗击风险能力还是现金流等指标来看，中国银行业与不少国际大银行相比开始遥遥领先。比方说，中国的三大国有银行

---

① 该文章发表在《中国金融家》2009年第4期。

是目前世界现金流最充足的金融机构。

不过,最近几大国有银行股票遭到境外战略投资者"大量减持",市场一片哗然。有人认为这是战略者本身的财务原因而减持,有人认为这是不看好2009年中国银行业。比如,标普评级公司将中国银行业的展望由"谨慎正面"调整为"稳定"等一系列事件,使国内银行业再度成为国际金融市场十分关注的焦点。毫无疑问,2009年,受美国金融危机的冲击及全球衰退的影响,中国经济将面临更大不确定性及下行风险,比如有国际投行就预测2009年中国经济增长将下跌到5.4%,因此,在不确定性及艰难的年份里,国内银行业普遍面临着许多困难和挑战,因此,如何理性地看待2009年银行业的盈利和风险自然是十分重要的,规避这种风险也是常理。但是,2009年,中国银行业的盈利情况如何改变,其面临风险有多高,我们必须分析中国银行业最近得以发展的基本条件,以及这些条件在2009年的变化。通过这些分析,我们就能够看到中国银行业2009年发展之前景及风险所在。

可以说,从2003年起,中国银行业经历了股份制的改造、引进战略投资者、银行上市等重大改革。通过这些改革,上市银行初步建立起比较规范的公司治理制度和风险内控机制,国内银行的经营管理、业务结构等方面均有显著改善,风险管理的能力也大大增强,从而使国内银行的资本充足率大幅提高、不良资产持续下降、盈利水平稳定上升。特别是改制后的国内商业银行借助上一轮的国内经济增长、中国特殊的金融结构、完全倾向性的金融政策,基本成了一架轻易盈利的机器。可以说,在早几年,凡是能够进入银行业,无论是什么人或机构都能够轻易盈利。在2008年,国内外经济如此震荡、全球资产价格大缩水,但国内银行仍然保持盈利高增长,主要有以下几个原因。

一是尽管2008年国内经济面临着一系列重大的不利国内经济发展因素,中国经济下半年开始严重下行,但这种风险与下行只是相对于2007年来说,如何以中国2008年经济实际增长率(9%以上)来说,特别与世界各国的经济表现来说,2008年中国经济增长不仅不是问题,反之则是处于好的增长期。正因为有中国经济增长,国内银行业就有了实体经济支撑,这是中国银行业得以发展的基础。而且,2009年中国经济尽管在上半年有些风险,但中国经济增长的基本格局不会改变。

二是中国特殊的金融结构使然。对于中国融资体制,早些时候一直为人诟病的是间接融资比重过高,直接融资发展过慢。因此,在美国次贷危机之前,国家金融发展战略一直在把调整中国的融资结构作为发展之重点。但实际上,在这次美国次贷危机中,以银行为主导的融资体系更是显示出对抗危机的优越性,中国和日本也是。在中国,国有银行在融资体系中具有绝对主导地位,特别是2008年中国股市不景气更是让银行主导作用突出。而这种单一的融资结构当然会加大整个金融体系的风险,同时也为国内商业银行提供盈利的机会。

比方说,在现行的融资体系下,商业银行对融资市场有绝对话语权,信贷规模的扩张往往成了它们最好的盈利模式,2008年,看上去政府采取的是信贷紧缩的货币政策,但信贷规模增长则达到4.91万亿元,同比增长35%以上。信贷规模扩张,商业银行盈利自然增长。商业银行还能够通过影响政策制定的方式使政府出台有利于银行业的政策。几大国有银行的主事者不仅有人进入央行货币政策委员会,而且纷纷都进入中国最有权力的共产党中央委员会。即使是一些地方性商业银行,其主事人也多进入地方政府权力中心。在这种情况下,商业银行主事人比一般企业及居民对政府决策具有更多的话语权,从而使政府更容易出台对商业银行有利的倾向性政策(比如经济高速增长时的低利率政策)。

比如,2008年的货币紧缩政策,央行是希望从价格及数量上收缩货币供应量,尽管这种政策让国内商业银行的信贷规模扩张有所收缩,但是却找到另外一条增长其利润的途径。比如,在中国现行的利率体系下,货币政策宽松,由于商业银行的竞争,一般来说,各商业银行的贷款利率都会采取下行的方式,以此来增加各商业银行的市场份额。2007年第一季度央行货币政策报告显示,各档次贷款加权平均利率都低于上个季度的水平。但是,2008年货币政策收紧,2008年第一季度央行货币政策报告显示,2008年3月,国内商业6—12个月人民币贷款加权利率为8.72%,比2007年第四季度上升1.5个多百分点(7.25%),上浮利率占贷款比重上升2个百分点。也就是说,尽管2008年紧缩的货币政策表面对国内商业银行信贷扩张有一定限制,但也为商业银行利润扩张创造了条件。因为,如果没有信贷规模管制,商业银行贷款利率在竞争中只能呈现下行的趋势。可见,一方面看上去信贷紧缩使商业银行有了上浮贷款利率机会,另一方面实际上商业银行信贷规模扩张不仅没有紧缩反之信贷大幅扩张。而且在2009年这种格局会更加明显,如果按照目前央行部署，商业银行信贷增长为16%，那么2009年新增信贷总量可达到5.7万亿元左右人民币，和2007年相比增长了57%以上。

从以上的分析中可以看到，与世界不少的商业银行所面临的困难与风险比较，2009年国内商业银行得以发展的基本条件没有多少改变。比方说，中国经济上半年下行的风险对商业银行信贷增长有一定的抑制作用，但其作用则十分有限。特别是随着政府四万亿元投资计划进一步落实，2009年信贷规模只会快速增长而不会减少。还有，随着货币政策宽松，各商业银行可贷资金进一步增加，从而加大商业银行信贷规模扩张的弹性空间。现在的问题是，在经济面临巨大的不确定性，企业盈利水平下降，国际金融市场没有企稳的情况下，商业银行有没有意愿进行快速信贷规模扩张。再就是，早几年，部分"体外"（或非正规金融）的资金需求将通过商业银行体系获得。从2008年第三季度开始，在政府政策引导下，商业银行加大对"三农"和中小企业支持的力度，这将促进商业银行相应贷款稳步增长。而资本实力、资产质量和抗风险能力大幅提高，都为国内商业银行走出2009年困境创造了条件。

同时，整个国内外经济市场环境改变，也让国内商业银行面临着经营上的困难及风险。首先，前面已经说到，商业银行经过股份制后，尽管在报表上看国内商业银行资产质量有所提高，抗风险的能力增强，但由于早几年经济上行期信贷扩张过快，在经济下行时，这些信贷资产质量受到严峻的考验。因为，经济的下行必将导致企业盈利水平下降和平共处五项原则偿债能力降低，而银行的资产质量变化与经济增长回落相比有一个滞后期，因此，银行信贷快速扩张的潜在风险都可能在之后显现出来，商业银行不良贷款率上升。特别是，国内商业银行资产质量所面临的最大不确定性在于房地产价格的走势。2009年国内房地产价格将出现全面的一定程度下跌，在这种情况下，商业银行房地产经营性贷款及抵押性贷款将给商业银行资产质量造成不小的冲击。还好，从2008年第二季度开始调整，国内商业银行增加当季拨备支出在收入中的占比，这在一定程度上可缓解经济下行时银行资产质量变动对银行的冲击。

其次，随着货币政策转变，利差收窄速度可能加快。为阻止经济进一步下滑，美国联邦储备委员会于2008年12月16日决定将联邦基金利率降到历史最低点，从目前的1%下调到0%—0.25%。日本央行也随后跟进。这意味着美国和日本都已经进入"零利率"时代。为防止金融危机失控、刺激经济增长，2009年世界主要国家仍将集体处于"降息"周期。在这个过程中中国也采取相应的降息政策。在很短的时间里连续5次降低存贷款利率。尽管目前一年期存款基准利率距离历史最低水平只有一步之遥，一年期存款基准利率2.25%仅高于历史最低水平（1.98%）0.27个百分点，一年期贷款基准利率5.31%则已处于历史最低水平（5.31%），但与其他各国的利率水平相比，2009年存贷款基准利率仍将多次下调，中国2009年将迎来"超低利率"时代。而利率快速下降，使商业银行的利差快速收窄。比方说，住房按揭贷款政策性优惠利率降低，政府利率政策取向的改变、居民存款的长期化等。而净利差水平收窄将对商业银行的利润产生严重的负面影响。

受降息等货币政策放松影响，央票、国债收益率不断下行，而银行体系的流动性又总体上日渐充裕，加之贷款短期内高增长的可能性不是很大，银行大量资金将涌入货币市场，导致资金运营压力加大。再就是，近几年商业银行中间业务收入超高速持续增长，从而使中间业务在整个银行业务中的比重逐渐上升。但是，2009年国内外金融市场的变化，使国内商业银行中间业务将面临减速的压力。最后，虽然目前国内银行受金融危机的直接损失较小，但由于国际金融市场再度恶化的可能性存在，在2009年第一季度，各上市公司2008年报密集出炉期可能是一个非常敏感的时间窗口，商业银行境外资产尤其是债券资产的风险需要密切关注。如果金融危机进一步恶化，国内银行还要面临阶段性的流动性风险。

最新有国外媒体指出，在"保增长"的前提下，"中国监管部门准备容忍更多不良贷款、放松监管"。对此，国内银行监管部门不认可这种报道。但是，我们也应该看到，在中央政府保增长指导的思想下，信贷增长的大跃进有可能出现，特别是一些中小股份制银行，它们为扩大其规模，短期内增加市场份额，可能会借助政府投资快速增长，进行信贷快速扩张。比如，已有存量房的按揭贷款利息优惠问题，本来该业务在现有的政策规定下盈利很小，但不少中小股份制银行为了扩大其市场份额，明知道是低收益业务也以按揭的方式抢占业务。这样做自然加大了国内商业银行该项业务的风险。可以说，2009年，如何在保增长与控风险之间实现平衡也是国内商业银行所面临的巨大挑战。

总之，2009年国内商业银行的发展与风险应该一半对一半，既有快速发展之机会，也存在整体利润增速下降、资产质量下降的风险，问题还在于国内监管部门如何来认识，在于各商业银行如何来应对这种快速变化的环境与条件。在现有的政策方向不做大规模调整的情况下，2009年，国内银行业仍然有可能保持和2008年相同的利润水平或业绩。

18.2 超常规的银行信贷进展

当次贷危机导致全球信贷突然紧缩，国际上的商业银行不愿把钱贷出去，企业也不愿从银行获得贷款的时候，中国银行体系的信贷规模出现了前所未有的快速扩张。这既得益于中国特殊的银行金融体系，也得益于中国银行体系的开放度低。我们可以看到，同样是以银行为主导的日本金融体系，受2008年金融海啸的冲击，同样是股价倒地，并没有比海啸中心的美国银行好。如果以2008年的最高股价和2009年第一个交易日股价作比较，美国四大银行股价下跌幅度为花旗（80%）、美银（70%）、摩通（38%）、富国（26%），平均跌幅为54%。而日本三大银行平均下跌为59%，即三菱UFJ（55%）、瑞穗（60%）、三井住友（61%）。也就是说，在这次次贷危机中，早些时候不少人的看法是，以银行为主导的金融体系可能受到伤害会小一些，而以市场为主导的金融体系一定会受到重创。但实际上，从日本的情况来看，并非如此，一国金融体系在这次次贷危机中受到重创关键是要看该金融机构开放度及融资模式转型程度。而这些在早些时候是评价一种金融体系质量的重要指标，现在则成为逃过次贷危机伤害的关键。中国银行体系之所以能够在这次次贷危机受到伤害最小，就在于中国金融体系是以银行业为主导、在于开放度低、在于股权结构国有化程度高、在于商业化及市场化的程度低等，而这些都是对国有银行诟病的东西，现在好像成了国内商业银行挡住次贷风险的防火墙。本文对当前中国银行业的态势分析，既要站在这个基点上来看问题，也得思考以国有化为主导的中国银行体系真的是挡住这次次贷危机的防火墙吗？

先来看国内商业银行的定价机制。我们可以看到，次贷危机爆发以来，特别是2008年9月以来，全球各国利率一降再降，美国和日本已经趋向于零利率，加拿大与英国利率为1%等。在全球一片低利率或零利率的潮流中,中国也没有袖手旁观,在同一时间,央行也连续5次降低国内商业银行的存贷款利率。而且随着国内 CPI 回落,国内不少人的意见认为国内银行的利率仍然偏高,商业银行的利率仍然有很大下降空间。但实际上,全球各国金融市场的利率与中国商业银行的利率不是同一种利率。前者是货币市场隔夜拆借利率,是金融市场的批发利率,而这种利率也是正在形成的上海拆借市场的利率(以下简称上海利率)。如果都以批发利率来看,其相差很小,上海利率已经在0.8%左右了。而商业银行的存贷款利率是零售利率。所以,由于两种利率的性质不同,其差别自然不小。如果国内商业银行存贷款与美国商业银行同样利率比较,应该差距不会太大。由于上海利率才刚刚起步,因此,目前国内金融市场更主要的是以一年期商业银行存贷利率作为基准利率。我们对中国金融市场定价机制的讨论往往就是在此基础上的。

近几年来,中国商业银行的存贷款利率不断地在向市场化方向走,但从目前的情况来看,它仍然是一种央行管制下的利率。这种利率的市场化就在于央行不断根据市场的变化来调整存贷款基准利率,在于商业银行的利率实行存款利率上限管理,贷款利率的下限管理(存款利率规定一个上限,商业银行在这个上限下可以浮动,但不可突破这个上限;而对于贷款利率,则规定一个下限,商业在这个下限上可以自由浮动,但不可突破这个下限)。在这种情况下,尽管商业银行通过竞争让存贷款利率上下浮动,但这种浮动只能是笼子里的浮动,而这种利率最为核心的地方则是严格管制。而正是这种政府对利率最严格的管制,形成了国内商业银行不同的利益格局及行为激励机制。

2008年下半年,由于受到美国次贷危机的严重冲击,央行货币政策出现重大转变,由从紧的货币政策改变为适度宽松的货币政策,随之央行连续5次降低存贷款利率,并出台房地产信贷优惠的7折利率。比方说,活期存款利率由0.72%下降到0.36%,降幅达一倍;一年期存款利率由4.14%下降到2.25%,下降幅度达84%;一年期贷款利率由7.20%下降到5.31%,下降幅度为36%;5年以上的按揭贷款利率由6.579%(8.5折)下降到4.158%(7折),下降幅度达58%以上。上述的数字可以看到以下几个方面的含义,一是由于这次利率是央行调整商业银行零售利率,央行通过直接价格干预以倾向性方式来调整存款人、商业银行、贷款人及按揭贷款人的利益关系。二是这几次利率调整存款利率下降幅度明显大于贷款利率下降幅度，特别是活期存款利率下降的幅度达一倍。这种情况出现，其实是在政府价格管制下，通过政府管制让存款人的利益向贷款人转移，特别是在目前中国存款活期化的情况下（活期存款所占存款比重为35%）这种利益转移机制更是明显。三是这几次利率的调整，其实是央行如何在国务院的政策与商业银行利益之间寻求平衡。比如，个人住房按揭贷款的7折利率优惠，政府的政策目的是鼓励更多的居民进入房地产市场，扩大内需，但这样的利率政策对商业银行是不利的，使商业银行的盈利水平迅速下降。在这种情况下，央行只好牺牲存款人的利益来实现这种平衡。这就是为什么存款利率调整幅度要大于贷款利率的原因所在。最近，有些部门也在计划，为了扩大企业贷款，降低企业贷款成本，也希望对某些部门及行业采取7折的优惠政策。可见，利率政策不是根据市场资金供求关系来定，而可能成为不同部门、不同经济行为主体的利益转移及分配机制。

在这样的利率机制下，国内商业银行行为激励也很特别。比如，在2008年上半年，由于政府采取信贷紧缩的政策，商业银行贷款在一种严格规模的管制下，这就使很多商业银行借助这种严格信贷规模管制，贷款利率上浮比例逐渐增加，从而使在2008年前三个季度，在全国经济出现某种程度下行的情况下，各商业银行的利润水平则快速上升。而在当前，由于货币政策巨大的转向，随着信贷规模的放松、商业银行存款准备金的下调，各商业银行可贷资金也迅速地增加。在这种情况下，由于定价机制基本上是由央行管制，加上各国内商业银行总部负责制，各商业银行的基层分行在信贷定价弹性比较小的情况下，更注重的是信贷规模的快速扩张。

可以说，国内货币政策一放松，国内银行信贷立即出现了迅速增长的态势。央行统计数据显示，2008年11月非金融性公司及其他部门贷款增加4561亿元，12月人民币贷款增加7718亿元，从而使2008年商业银行信贷达4.9万亿元之多，比2007年的3.63万亿元多了1.6万亿元。如果加上快速增长的外资贷款以及不少商业银行把个人理财产品希望以不同的信托方式在表外流出，2008年的信贷增长应该是极高的。也就是说，2008年紧缩的货币政策，对国内商业银行来说，实际效果十分有限。还有，有人估计，2008年1月的新增贷款约为1.2万亿元，可能比2008年同期多增4000多亿元。强势增长的信贷数据在业内也为之惊讶。不过，从各商业银行的贷款结构来看，票据融资极有可能创下月度历史增长纪录，占比可能高达新增贷款规模的30%甚至更高。

从央行公布的数据来看，2008年11月非金融性公司及其他部门贷款增加4561亿元，其中票据融资增加2105亿元，占据半壁江山。12月人民币贷款增加7718亿元，同样，票据融资跃居2000亿元以上。而2008年1月的情况也是如此。比如，来自商业银行的数据显示，截至2008年1月31日，某国有银行人民币新增贷款规模约为2500亿元，这个数字大致相当于其去年全年贷款计划的80%以上，信贷增长之迅猛。票据融资占据该行当月新增贷款规模约45%，占比甚高。

而商业银行这种融资结构的重大调整，应该是整个国内外经济发生巨大变化，货币政策出现重大调整情况各商业银行应对这种政策变化的结果。一方面，为了配合中央扩大内需，央行以宽松的货币政策鼓励各商业银行增加信贷支持保持经济增长。为了达到决策层和监管层的要求，"冲高贷款规模"成为商业银行的一项"重要工程"，但是，经过股份制改造后的国内商业银行，又得注意到整个经济大变化其信贷的风险。因此，在"慎贷与惜贷"心理之下，为了既满足信贷规模扩张又控制信贷风险，不少商业银行选择了风险相对较低且操作快捷的银行承兑汇票，从而导致了国内所有的银行都加入了"抢票大战"。在各家商业银行疯狂的"票战"之下，票据贴现利率暴跌，甚至跌破了银行的资金成本价。贴现利率从9月的年率3.5%，降到10月的3%，到11月初则降为2.5%，11月底降为1.7%，12月初已经降为1.5%。另外，这种融资结构的变化也反映了企业对融资方式需求的改变。

在信贷规模管制取消的情况下，商业银行为何会如此钟情于收益远低于贷款的票据，并成就了中国信贷史上票据激增的新纪录？在此还可以做更为详细的分析。一是在2008年国内货币政策出现逆转的同时，商业银行的存贷款利率开始进入降息通道，而商业银行在存贷款利率快速下降的同时，对住房按揭贷款采取7折优惠政策，尽管央行在几次存贷款利率下降中希望加大存款利率下降幅度来平衡这种利益关系，但由于存贷款利率的调控步伐不同及按揭贷款优惠下降幅度过大，从而使存贷款息差明显收窄。依据不同商业银行的资金成本，其息差收窄可达50—60个基点。如果以这些政策调整前的商业银行加权后息差3.3%计算，那么商业银行的息差的收益就收窄近18%。这致使不少商业银行在2008年仅能维持"零利润增长"。为了平抑息差收窄的影响,各商业银行必须做大贷款规模来对冲对利润的影响,而票据增加是贷款规模最好的方式。

二是最近不仅央行货币政策做出巨大的调整而且国内外经济形势也发生了巨大的变化,在这种情况下,国内企业的融资需求也发生了变化,贷款票据化成为一个鲜明的趋势。比方说,早几年,由于贷款和票据利率并没有太大差距,企业更愿意取得贷款,而随着票据大战的展开,票据融资成本和贷款利率差距拉大。目前,6个月的贷款利率月息约为4.05‰,而票据贴现利率月息则为1.6‰—1.8‰。在这种情况下,从2008年年底开始,不少企业申请提前还贷,转为滚动的短期票据融资。还有,在2008年信贷规模严格管制下,不少商业银行将表内的信贷业务以理财产品的形式转为表外业务,通过信托产品流向企业,但是从2008年11月信贷规模放松后,商业银行则反向操作了。在企业提前还贷的情况下,将理财产品提前结清,然后以新增贷款的形式发放给企业,以此来增加信贷规模。而在这个过程中,不少企业更是通过短期票据来融资。

三是受次贷危机的影响,国内商业银行刚刚发展起来的中间业务收入受到重创。无论是理财收益、贷款承诺费还是财务顾问费等这些中间业务都可能在2009年大幅减少。在这种情况下,信贷扩张仍然是国内商业银行最为重要的唯一的利润来源。因此,信贷的快速扩张仍然是国内各商业银行盈利的主要途径,而票据增加则是这种信贷扩张最为重要的一方面。

四是最近各股份制银行密集发债,根据有关资料,商业银行近期发债达2200亿元。据了解,这些商业银行发债不是为了提高资本充足率,而是为了2009年的信贷扩张做准备。因为,当前债市的利率较低,比吸收存款成本还要低,在股市增发融资困难的情况下,不少商业银行就通过发债来为信贷扩张做准备。按照现行的资本充足率要求计算,2200亿元债券增加可贷资金27500亿元。再加上,央行近期一直在下调存款准备金后,银行的流动性大为增加,资金运用成为主要压力。因此,增持票据也成为银行资金配置的一种方式。

五是国内商业银行在经过股改之后,其风险管理和内部控制水平有了长足进步,不仅使商业银行风险管理意识有明显的加强,而且商业银行也有能力在发展贷款业务的同时控制风险,不大可能重现1993—1994年的贷款乱象。因此,最近商业银行信贷结构的变化即做大票据规模,也与商业银行的风险控制意识密不可分。因为，在全球经济出现衰退时，给中国经济带来影响与冲击也是不可避免的。在这种情况下，如果国内商业银行看不准经济形势和一些企业的市场变化，在风险加大的情况下，商业银行一定会产生"慎贷"和"惧贷"心理。而银行承兑汇票由于有银行的信用做担保，风险相对较低，是银行乐于接受的重要原因。

最后央行和银监会号召各家银行加大信贷支持保增长，商业银行为了满足要求，不得不采用各种方式做大规模。而票据相对于贷款审批，程序简单、快捷得多，且周期极短，可以迅速冲高贷款规模。正是上述各种各样的因素从而导致最近国内商业银行信贷的新态势。

在上述的信贷态势下，由于2009年实行适度宽松的货币政策，M2增长率计划达到17%，那么2009年新增贷款预计会接近6万亿元。而这种信贷增长除了出现上面的新情况外，基本上会围绕中央政府的"保增长、扩内需、调结构"的目标，加大相应的对铁路交通、技术改造、城市设施、环境保护、电网改造、居民住房等投资的银行信贷。同时，在急剧的信贷规模扩张的过程中，信贷资金使用会分布不均，"贷大、贷垄断"现象更加突出。上海银监局的一份统计显示，截至去年12月末，5000万元以上授信或贷款的大客户贷款余额占比达到70%，比年初上升1.34个百分点，全年增量占比达到80.82%。贷款集中度和集团企业、关联企业的风险在增大，也可能是今年银行信贷增长的主要特征。

总之，国内外经济形势的重大变化，货币政策的重大调整，加上中国特有的银行体系，2009年中国银行信贷市场将会出现许多特有的现象，我们对此要密切关注。

18.3　1月信贷增长的特征

2009年2月12日，央行公布了2009年1月的金融数据。该数据一公布，立即引起市场密切的关注。无论是国内还是国外，无论是政府监管部门还是市场分析员，尽管大家都知道1月的信贷会出现快速态势，但谁也没有预测到银行的信贷增长会如此之快，银行信贷市场变化会如此之大。

从央行公布的数据来看，2009年1月末，广义货币供应量（M2）同比增长 18.79%，这是 1997 年以来增长最快的数据；但是，狭义货币供应量（M1）增速回落至 1997 年有统计数据以来的最低水平，当月同比增长 6.68%，增幅比上年末低 2.38 个百分点。1 月末，人民币各项贷款，同比增长 21.33%，仅低于 1993—1996 年的水平。当月人民币贷款增加 1.62 万亿元，同比多增加 8141 亿元。分部门情况看：居民户贷款增加 1214 亿元，其中，短期贷款增加 621 亿元，中长期贷款增加 593 亿元；非金融性公司及其他部门贷款增加 1.5 万亿元，其中，短期贷款增加 3404 亿元，票据融资增加 6239 亿元，中长期贷款增加 5229 亿元。当月人民币各项存款增加 1.51 万亿元，同比多增加 1.28 万亿元。其中，居民户存款增加 1.53 万亿元，非金融性公司及其他部门存款减少 919 亿元，财政存款增加 488 亿元。

从这些数据来看，最让市场惊奇的人民币贷款创历史纪录快速增长达 1.62 万亿元，较上月增加 7700 多亿元。如果以 2007 年的信贷规模 3.63 万亿元，已经差不多达到当年规则的一半；如果从 2008 年的信贷规模 4.9 万亿元来看，也达到了当年的 1/3 规模，而这两年都是银行信贷快速增长的年份。这里我们先不谈信贷规模扩张的结构，仅就增长总规模来说是创历史纪录的。为什么会这样？

数据中可以透露出以下的信息。首先，尽管中国改革开放已经有 30 多年了，但金融业特别是银行业仍然是计划经济的最后堡垒。由于银行信贷是计划经济的最后堡垒，因此，在这里市场化程度最低，政府对银行信贷的调控更多的是采用数量工具而不是价格。因此，货币政策由紧缩到放松，正好满足了商业银行这种信贷规则数量上的扩张要求，信贷快速增长也就随之而来。其次，目前，商业银行基本上都是采取总行负责制的组织结构。在这种情况下，风险定价权限基本上集中在总行，基层分行的业绩往往在于其信贷规模的程度。当信贷规模的管制一放松，基层分行为了取得较好的业绩往往会以最快的速度进行信贷规模扩张。因此，货币政策一放，信贷快速增长也就自然而然。再次，商业银行信贷过分增长还与目前银行业绩考核与计算方式有关。因此，中国的会计结算以公历年为界限，如果是一年期以内的短期贷款，在年初贷款出去，那么其业绩在当年就会体现出来。在这样的一种结算时间安排下，一般来说，年初的信贷规模扩张会快于年末，这样商业银行当年放贷算当年产生的业绩。最后，与国内商业银行仍然是以国有制主导有关。在以国有为主导的商业银行体制下，由于商业银行的信用基本上是国家担保，因此，一般商业银行的从业人员往往会借助这种特殊的商业银行体制让其行为的收益短期化及让其行为的成本长期化。这样，商业银行的从业人员就容易把其收益归自己获得把成本让整个社会来承担。在这种情况下，以最短期的方式获得业绩也是国内银行行为动机。这就是为什么大量银行信贷进入国有及政府垄断或主导的大型项目的原因所在？因为这样做信贷风险可以让整个社会来承担。

不过，在国内银行股份制改造后，其运作机制有所改善，如何规避商业银行的短期风险也是商业银行从业人员密切关注的大问题。因为如果在信贷规模快速扩张过程中短期内出现不良贷款的上升，或短期内业绩出现问题，当事人一般都要承担一定的责任。我们从2009年1月贷款的结构变化特征就能够了解到。

从央行公布的数据来看，其中各个数据所呈现引起市场密切关注的结构性问题。M2快速增长的同时，M1的急速回落并超出市场的预料。自1991年以来的经验数据来看，M2与M1增长基本上平衡，两者增长从来也没有出现过两位的差距，而1月则相差12个百分点。也就是说，M2同比高速增长，但与股市以及实体经济活跃度关系更为密切的M1同比增速却比上月出现了明显下滑。这说明新增贷款中的很大一部分并未转化为企业活期存款，而是通过票据套利的形式进入了定期存款，或商业银行及企业在用一种新方式来应对最近政府货币政策。如果大量的银行信贷没有进入实体经济而留在银行体系内，则意味着银行的流动性并未完全投放到实体经济中去，银行信贷投放的效果将大打折扣。有研究者认为，这种情况出现或是居民存款增长较快或是企业存款增长过快并定期化。从上面公布的数据可以看到，1月居民及企业的存款都增长不低，而且定期化的程度提高。不过，无论是居民还是企业所表现的存款定期化倾向，它对银行来说是一把"双刃剑"，即一方面让银行有了更大的资金运用压力；另一方面让银行的贷存款利差收窄，利润受压。同时，对企业来说，存款的定期化倾向表明了企业在减少支出、缩减投资和压缩生产，企业处于观望状态。对居民来说，在金融市场风险较高，投资渠道不畅的情况下，他们让剩余的资金进入银行体系，既没有进入投资市场也没有进入消费。

从商业银行贷款结构来看，1月银行中长期贷款达到5200多亿元。

也就是说，银行信贷的快速扩张很大程度与政府财政扩张政策有关，不少贷款流入政府资助的大项目、大工程。同时，在急剧的信贷规模扩张过程中，信贷资金使用会分布不均，"贷大、贷垄断"现象更加突出。但是，对于居民个人贷款所占有比重则迅速下降，1月个人贷款所占的比重仅为7.5%。而且居民个人贷款估计有一半作为流动资金流入居民家庭或中小企业，而近一半进入了房地产按揭市场或其他个人消费信贷市场。在全国银行信贷快速扩张中，个人住房按揭贷款不仅没有增加反而快速减少，这可能与目前国内房地产市场销售萎缩有关。当大量银行信贷资金只流入大中型企业、大型的工程项目时，那么早几年政府一直在关注的中小企业融资难的问题并没有随着银行信贷快速扩张而缓解，有可能所面临的融资困难会更大。再加上居民个人所获得的信贷资金所占的比重减少，这就使居民的最终消费无法释放出来。

再就是，银行信贷快速扩张主要表现在票据融资速度的增长上。所谓票据融资就是指银行承兑汇票。一家信用好而且有信用额度的企业，到银行出示商业合同并支付一定比例保证金后，可以开出承兑汇票，用于支付供货商的货款。企业的供货商也可能背书给他的下家，到期后这个供货商或他的下家也可以凭承兑汇票到银行拿到钱。而在汇票到期前，供货商也可能提前到银行贴现。2009年1月票据融资达到6239亿元就是指这种银行承兑汇票。它在1月占人民币贷款比例达38%以上。而票据融资快速增长，一方面，可以配合中央扩大内需、提振经济的目的，实施央行宽松的货币政策；另一方面，在经济下行风险增加的情况下，商业银行既要保持快速信贷扩张，又要"慎贷、惜贷及惧贷"而降低风险。这就是不少商业银行为什么选择风险相对较低且操作快捷的银行票据的原因所在。但是，这些票据融资流向了哪里？有人认为可能流向股市，有人认为不少融资票据在套利，而没有流向实体经济。而票据融资加上短期贷款约占整个1月信贷投放的1/3，其显现了在这次银行信贷飚升中银行与企业的融资行为取向。

自2008年10月底央行宣布取消商业银行的信贷规模管制以来，票据融资之风四起。因为，2007年第四季度中央货币政策紧缩时，受到冲击最大的是票据融资业务。2008年4月，票据融资总额比一年前的最高点下降36%。但是，10月货币政策逆转、存款准备金率及利率大幅下调，票据融资比例占整个贷款份额的比例又出现了惊人的快速增长。2008年上半年全国票据融资增量仅为50亿元，而三季度则激增至1600亿元，在央行放开信贷规模控制后，10月、11月、12月票据融资规模分别猛增至608亿元、2105亿元和2147亿元，其中11月、12月票据融资逐渐增长到当月对公信贷投放资金的46.15%和29.99%。今年1月，票据融资增加6239亿元，在对公贷款中占比高达41.6%，在全部1.62万亿元的人民币贷款增量中，占比达到38.5%。但这个月票据融资飚升，立即引起监管高层对防范银行体系风险的意识，也给"政策＋流动性资金"推动的牛市带来了隐忧，因为银行贷款短期内急速增加，票据贴现融资快速放大，历来与股票市场运行趋向呈正相关关系，尤其票据融资的资金部分流入股市，将不断地推动股市上涨，如果股市下跌，企业没有足够资金兑付，银行就会产生风险，从而促进管理层立即增加对票据融资的检查，看看票据融资为什么会增长这样快？这些资金又流向哪里？可以看到，当1月的数据出来之后，银监会对票据融资飚升问题对商业银行进行调研。其目的一是对信贷增长的真实数量进行核实，并检查到底有多少已经进入实体经济的活动中；二是检查贷款是否符合监管规则，是否符合相关政策，严防可能出现的风险。

从最近披露的信息来看，尽管目前票据融资飚升增加商业银行的风险，但票据融资的资金或是进入存款套利，或是企业在调整融资方式，实际上进入股市的资金不会太多。但是，由于商业银行票据融资的项目主要是与政府投资相关的贷款，涉农中小企业贷款的占比很小，因此，票据贴现未惠及"三农"和中小企业。虽然央行曾经给各地分支行系统下发了对"三农"和中小企业贷款的再贴现额度任务。同时，票据融资快速增长可能有虚增的现象。因为，票据资产很容易产生乘数效应。银行签发汇票的保证金比例为10%—100%，如果企业以30%的保证金拿到100%金额的票据，收款企业贴现后再去银行以100%的保证金比例申请更大金额的票据额度，如此循环，票据融资的规模就很容易"虚增"，并不一定能真实地反映宏观经济的回暖情况。

商业银行极易发生操作风险和信用风险。首先从签发银行看，如果银行对企业提供的商品交易合同或增值税发票未加以严格审查，就为其签发无贸易背景的银行承兑汇票；或在实际操作中有章不循，随意放大银行信用，超规定限额签发银行承兑汇票；甚至擅自放宽保证金的收取比例或放松抵押担保的条件，为一些资信度不符合规定的企业签发汇票，则会造成极大的操作风险。再从企业看，票据融资一般是中短期贷款，很容易发生企业利用虚假合同套取票据额度的情况。而且，在当前股市行情转暖的情况下，巨额的融资性票据在贴现后可能回流向股市或期市。这些对于商业银行来说，又将会构成信用风险。正因为票据融资容易引起这些问题与风险，从而也引起了监管层密切的关注。

从上述的分析可以看到，1月的信贷快速增长完全表现出不同的特征与方式。它既是政府货币政策放松的结果，也是商业银行面对政府货币政策改变的一种选择，从而导致与以往完全不同的信贷结构。那么我们要问的是，巨量商业银行信贷增长能否支撑起2009年中国经济增长及股市的上升？当然，金融市场流动性充足既有利于国内股市的上行也有利于企业投资增长。但是，当大量资金通过票据融资又以定期化的方式进入银行的定期存款时，情况则不如我们估计的那样乐观了。因为，在这种情况下，不仅大量的资金没有通过银行体系进入实体经济，而且也看到企业与个人对当前经济观望之态度而不愿意投资或消费。这些就会使巨量的信贷资金增长所要达到的效果大打折扣。

对于未来商业银行的信贷增长，只要宽松的货币政策不改变，商业银行信贷快速增长的局面就不会变化，只不过这些信贷增长会以不同的结构与方式来应对。特别是只要金融危机没有完全平息下来，这种态势就不会改变，大量票据融资的局面也不会改变。在这样的情况下，2009年的商业银行信贷扩张可能会比我们预想的要快，可能会出现许多市场始料不及的情况，我们要密切关注。

18.4　国内银行信贷快速增长机理

自从紧的货币政策调整以来，国内银行信贷立即出现了翻天覆地的变化，超快速增长已经有4个多月了。特别是2009年1—2月，其增长的速度更是惊人。两个月银行信贷增长达到2.69万亿元人民币。有监管机构认为，这种增长是在增加规模与控制风险之间寻求平衡。因此，这种信贷超快速增长是合理的，而且是可持续的。但是，我们要问的是，这种现象是一种短期行为，还是一种长期考量的结果？国内银行信贷的超高速增长能够持续吗？如果不能够持续，其结果又是什么？我们只有通过这种信贷超快速增长的条件及机理的分析,才能够看到这种现象的本质,才能预期到这种现象可能导致的后果。

我们先来看看中美两国金融海啸后,两国政府都十分关注金融市场的流动性紧缩,但美国政府采取的方法是向银行体系注资,是采取定量化宽松的货币政策增加市场的流动性;而中国政府仅是把从紧的货币政策改变为适度宽松的货币政策,下调各种利率等。尽管两国的政策采取方式看上去有点相同,但是实际的结果则迥然相异。先从美国的情况来看,据美联储的数据,2008年9月的基础货币是8000多亿美元,而2009年1月基础货币已经提高到1.7万亿美元,但银行业的货币乘数反而从9倍左右下降到5倍不到。也就是说,尽管美联储已经为银行业注入了大量的流动性,但美国银行业的放贷量始终没有增加。而商业银行信贷无法解冻,让美国的企业都陷入资金紧缺的状态,这反过来又使企业贷款违约率上升,商业银行更是惜贷,美国整个经济及金融市场陷入一个"死循环"的恶性怪圈。

中国的情况则不是这样,央行的货币政策一改变,银行利率一下降,商业银行的信贷立即快速增加,而且这种商业银行信贷迅速增加还出现超常规的态势。从2008年11月开始到2009年2月,中国商业银行信贷增加了39402亿元。商业银行信贷快速增长,不仅让整个投资快速增长,而且也让一些大中型企业获得了大量的信贷资金。从现有的一些数据来看,到2009年2月底为止,2008年下半年整个经济迅速下行的风险也在减弱。

那么我们要问的是,为什么同样是采取宽松的货币政策,两国会出现截然不同的局面与结果?这就在于两国的经济体不同及金融市场的条件不一样。我们知道,近几十年来,美国发展成为一个以服务业为主导的经济,而且美国服务业又是以金融业为主导。由于这次美国金融危机是从金融业开始,然后蔓延到实体经济的。因此,对于美国以金融业为主导的经济体来说,其受到的伤害是十分严重的。在美国,银行业产权基础明晰,各银行的风险完全需要自己来承担。当美国不少大型银行在金融危机受到重创之后(比如持有大量的MBS、CDO等有毒资产),投资损失造成核心资本金严重受损,所以不得不减少放贷额度,以减少核心资本的风险。而且在美国不少大银行收紧贷款的同时,不少银行发放出去的贷款质量开始急剧下降,不少中小银行更是受到急剧坏账上的打击。因此，不少银行根本不敢向企业放款。还有，美国金融危机为什么给美国银行业及金融体系带来如此严重的伤害？最为关键的问题是美国金融危机摧毁了美国金融市场的信用基础及以证券化为主导的运作模式，因此，美国金融危机的化解并非仅是注资的问题，也不是如何让金融机构国有化的问题，而是如何重建美国金融市场的信用基础问题。如果美国金融市场的信用基础无法确立或重建，那么美国金融市场的功能要得以恢复是不可能的。目前美国银行业所面对的问题，就是这种信用基础缺乏，银行不敢把贷款放出去，企业又不敢向银行借钱。

同样是应对美国金融危机的冲击，而中国的情况与美国则全然不同。因为中国是以实体经济特别是以制造业为主导的经济发展模式。美国金融危机的冲击对中国的影响自然是很大，特别是由于欧美经济衰退而导致中国订单迅速减少，从而使中国出口在这几个月迅速下降，特别是2009年2月下降25%以上。但是，美国金融危机对中国金融体系的冲击是十分有限的。这里既有中国的金融市场开放有限，比如，中国资本项目下没有完全开放，也与中国金融体系是以国有银行为主导的和与政府对金融业的管制有关。

以国有银行为主导的中国金融体系，尽管它的产权基础、市场化程度、运作模式及监管制度等存在很多不尽如人意的地方，特别是这种金融体系的缺陷导致的低效率随处都可以见到，但是同样，它在应对美国金融危机上，却因祸得福，即这次国有银行的劣势则成为中国金融业规避风险的一种方式。因此，对于政府管制过多的中国银行业，在这次美国金融危机中所受到的外在冲击不是太大。比方说，中国银行业购买美国的证券化资产的比重就不多，中国银行在美国业务量很小，这些都成为中国银行规避风险的方式。正是在这样一种金融体系下，它的信用基础没有改变，只要政府管理与政策一放松，信贷的扩张也就成为各商业银行最好的盈利模式，信贷快速扩张也是自然。特别是在这种信用模式下，由于商业银行的信用仍然是由国家隐性担保，加上银行体系的盈利工具单一，因此，只要信贷管制一放松，商业银行最有动力以较快方式信贷规模的扩张。

从已有数据来看，2008年11月至2009年2月，国内商业银行信贷投放超高速增长，分别为4770亿元、7718亿元、16214亿元、10700亿元，货币政策调整后的4个月银行信贷增长达到39402亿元。这是一个什么样的概念。如果我们以2006—2008年银行信贷增长的情况来同比，它们分别增长了3.18万亿元、3.63万亿元和4.91万亿元。也就是说，货币政策转向后的4个月，其信贷增长就超过2006—2007年全年的信贷增长，也快于剔除11—12的2008年前10个月信贷增长。可是，这几年是经济快速增长、市场流动性过剩及资产价格快速上升的几年。而经济快速增长自然与信贷快速增长有关。

因此，我们现在要思考的是，国内商业银行信贷如此超高速的增长，这些信贷流向哪里？是不是流向了实体经济？如果流向实体经济，主要流向的企业及产业是哪些？如果没有流向实体经济会不会重新泛起流动性过剩，会不会由于流动性过剩导致资产价格的泡沫？等等。

从2008年11月至2009年2月的新增短期贷款、中长期贷款及票据融资的数据来看，新增短期贷款分别为558亿元、2251亿元、3404亿元、1885亿元，合计为8098亿元，占比为20%；新增中长期贷款分别为1603亿元、2849亿元、5229亿元、3815亿元，合计为13496亿元，占比为35%；票据融资分别为2105亿元、2145亿元、6239亿元、4870亿元，合计为15359亿元，占比为39%；4个月居民贷款为2449亿元，占比为6%。而2月个人中长期信贷增长为137亿元。

从上述数据可以看到，票据融资比重占比过高，这既有可能是大量的信贷在银行体系内循环，也可能是企业在货币政策调整后随着市场资金价格的变化而重新选择的融资方式与渠道。至于到底是哪些因素在起主导作用，还得通过进一步的数据变化来观察。不过，要注意的一点是，随着票据融资的增长，存款上升的幅度也很快。2009年1—2月新增存款分别达到1.51万亿元及1.65万亿元。也就是说，票据融资快速增长是不是与企业的套利行为有关，而不是让这些信贷进入实体经济。

其次，中长期贷款比重较高。它基本上与十项扩大内需的政策及十大产业规划的政策相吻合，大量的中长期贷款通过五大国有银行进入效益较好和信用较好的大中型企业，以及重要的公共基础设施项目。这样当然有利于商业银行降低在经济下行情况出现的信贷风险，但由于大量的资金流入大中型企业，而商业银行不愿向下游加工制造业企业及中小企业贷款，从而使中小企业资金紧张的局面无法改变。也就是说，信贷资金的不平衡分布，也容易导致实体经济发展失衡。

更为严重的问题是，由于房地产开始进入周期性调整阶段，以及国内房地产市场购买对象以消费者为主导，从而使个人住房按揭贷款迅速下降，2009年1—2月个人中长期贷款仅有440亿元，2月个人中长期贷款仅137亿元，而其中进入住房按揭贷款比重更是会少。可以说，目前国内最大的个人信贷消费需求是住房，它也是居民最大的最终消费需求。如果住房最终需求不能够快速增长，政府要扩大内需可能面对许多困难。就目前的情况而言，住房最终消费需求的增长，主要在于两个方面，一是住房的价格水平对住房消费有没有吸引力，他们有没有支付能力进入房地产市场。如果政府管理部门没有看到这一点，那么住房消费需求要快速增长是不可能的。二是居民住房按揭贷的增长。对于住房按揭贷款的增长，既不能够降低住房消费信贷的市场准入标准（因为在这点上中国的标准较低），也不可以不考虑商业银行的信贷风险。就目前住房按揭的优惠政策及市场准入来看，再放松底线就没有了。而2月137亿元长期贷款从中看到问题会更多。如果这种局面不打破，或个人住房消费信贷增长过慢，那么国内房地产市场要走出困境是不可能的。房地产居住消费不增长，居民最终信贷消费如何来增加，扩大内需也就不容易了。而问题又在哪里，估计最为关键的是国内房地产价格水平与绝大多数居民的购买能力相差比较大。因此，个人住房按揭贷款的增长如果不在房价水平下功夫，政府希望以其他方式来活跃房地产的消费需求是不可能的。对此，政府要有清醒的头脑。

在《政府工作报告》中，提供2009年增加商业银行信贷5万亿元的目标。尽管该目标的弹性很大，但是如果以2009年1—2月信贷增长的实际情况来看，全年的商业信贷增长会达到10万亿元以上。当然这个数字只是一种类推，但是这种类推的理由不一定成立。不过，从这个类推中，也应该看到2009年信贷超增长性。对此无论如何也绝不可低估这种类推的合理性。比方说，2008年商业银行的信贷增长，年初确定的目标是增长12%、4万亿元以下，但实际结果却达到4.91万亿元。与年初目标相关很大。而这还是在紧缩的货币政策下所出现的结果。如果如今年一样完全采取宽松的货币政策，那么商业银行的信贷扩张可能会比我们估计的要快得多。因为这是由目前中国这种金融体系的制度结构所决定的。

可以说，从目前中国的经济形势与信贷增长态势来看，只要政府的货币政策不调整，这种超高速的信贷就不会改变，只不过在中长期贷款、短期、票据融资之间的比重上会有所变化。特别是在政府一系列刺激经济政策得到进一步落实的情况下,商业银行中长期贷款快速增长更是不会停止。而且银行信贷增长是一个动态的过程,收回与放出往复,从而在这种制度下把信贷增长的风险向后延伸。在这种情况下,商业银行信贷增长激励会进一步强化。现在的问题是,进入实体的经济快速增长信贷其风险在多长的时间内显示出来,大量的流动性涌出真正能够通过有效的监管方式不流入股市及房地产炒作吗?如果这样的事情出现,政府新一轮的宏观调控是不是又开始了。

总之,在当前的特殊环境下,银行信贷的超高速增长,它是中国特殊的金融体系下的产物。对于这种现象,既要看到应对金融危机的有利方面,也要看到其所面临的潜在风险,特别是当这种潜在风险并不容易在短期内显现出来时,更是应该从制度安排上来规避其潜在风险,不要等到问题完全暴露出来后才意识到。如果这样,等到金融体系的风险全部暴露出来时,这种融资体系也就崩塌了。这就是最近美国金融危机一个十分沉重的教训。

18.5 银行信贷超高速增长能否持续?

在一季度经济运行数据中,可能最为突出的现象是银行体系流动性十分充裕及银行信贷快速增长。2009年3月末,M2达到53多亿元,同比增长25.5%,为1996年11月以来最高水平。也就是说,货币快速增长几乎与以前高通货膨胀年份不相上下。贷款余额近35万亿元,同比增长29.8%,为1994年以来最高水平。3月新增贷款1.89万亿元,继1月之后再创历史新高,同比多增加1.61万亿元。一季度新增贷款4.58万亿元,同比多增加3.25万亿元。这个数据与2009年《政府工作报告》所设立的增长目标5万亿元非常接近。有报道说,4月贷款增长估计会达到1万亿元。也就是说,1—4月贷款增长早就超过政府报告所设定的计划了。如果按照一季度这样一种信贷增长速度,那么,只要当前的适度宽松的货币政策不改变,2009年的银行信贷增长可能达到10万亿元以上了。如果这种情况出现,2009年的信贷增长就会出现所谓的天文数字了。

对于这种货币与信贷高速增长的突出现象,我们如何来看。在央行的观点来看,在特殊的经济环境下,货币与信贷高速增长利大于弊。因为，它有利于改变通货紧缩预期；有利于稳定资产市场的价格；有利于企业存货周期的调整；更有利于增强公众对于中国经济保持平稳较快增长的信心。与此同时，也要考虑信贷快速增长的可持续性问题和可能带来的负面影响。这种解释与评估当然是较为中性的，现实的经济生活与此不会差很远。估计这不仅是央行的观点，也是国务院对当前信贷快速增长的基调。正是这样一个基调，2009年的信贷超高速增长才不会停下来。

因为，在现实的经济生活中，当前信贷超高速增长不仅是一个经济问题，可能还是一个相当重要的政治问题。其情况之复杂，外人无法知道很多。当然，市场也能够从其他很多角度来看到这种现象所面临的风险与不确定性，来看到这种现象所面临的问题与困境。在此，我们不必把其问题复杂化，我们可以把这些复杂的问题简化为三个简单问题。比如，为什么货币政策的调整，国内银行信贷会如此迅速地释放出来？这种货币及信贷高速增长能否可持续？以及涌流出来的银行信贷流向了哪里？银行信贷高速流向这些地方，商业银行风险有多高？特别是从长期看，商业银行的信贷风险有多高？等等。

我们可以看到，同样是通过央行货币政策调整来增加银行体系的流动性，但是，欧美国家特别是美国，政府是对银行注入流动性可不少，但就是启动不了美国商业银行的信贷增长的热情。银行同样惜贷，企业同样不敢借钱。因为，就目前的情况而言，美国的金融体系出现了问题，如果美国的金融体系不进行重大改变，这种局面有根本转变是不容易的。但是，中国则是央行还没有给国内银行体系注入什么流动性，只是货币政策调整，银行的信贷则迅速增长。何也？就在于两种金融体系完全不同，美国是以"影子银行"为主导的金融体系，它的信贷资金来源于证券市场。当这种"影子银行"任何一个环节出现问题时，一定会导致整个金融体系的崩塌。因此，如果美国金融体系不能够重建，其信贷市场要正常运行则是困难的。

中国则不同，中国仍然是以传统银行为主导的金融体系，而且这种传统银行又是以国有银行为主导。在这样的金融体系中，它最根本的特征是政府对金融市场全面的管制，比如利率管制、金融机构市场准入管制、信贷规模的管制等，因此，只要管制一放松，整个市场就会发生巨大的变化。比方说，这次银行信贷快速增长就在于央行政策的大逆转，由从紧的货币政策改变为适度宽松的货币政策。整个银行信贷增长局面就发生了巨大的变化。

这里有以下几个方面的原因，在国有银行为主导的银行体系，信贷政策放松不仅是一种经济行为，也是一种政治行为。因为信贷政策放松为了是让政府4万亿元扩大内需的政策得以落实。因此，国有银行的领导人（这些都是党的组织部门任命，都既有经济组织职务如行长，也有政治职务如中央委员）首先要把银行信贷增长作为一种政治任务来完成。有基层银行的工作人员说，今年各银行总行领导多次召集分行行长会议，要求各分行加快银行信贷速度。同时，尽管许多国内银行基本上与各地方政府在业务上脱离关系，但是各地方政府同样对各银行的分行设定考核指标，通过这种指标要求当地各银行分行增加对当地企业贷款。

同样，加速放贷作为一种经济任务，中国金融体系也有一种特殊的激励约束机制。因为在现行的货币政策下，以国有银行为主导的银行体系，基本上实行的是信贷风险总部负责制，即银行的风险信贷管理及风险定价基本上是由总部负责，因此，基层分行利率水平高低、风险如何控制考虑就不会太多，他们的业绩考察往往就会放在信贷规模扩张的大小上。这样，只要信贷规模放开，各基层分行为争取最好业绩，就会千方百计地扩张信贷规模。特别是这种信贷规模的扩张对其短期风险管理影响不大时，基层分行更有信贷快速扩张冲动（由于信贷规模快速扩张，不少基层分行负责人的薪资飚升早已不是什么秘密了）。不少基层分行的主事人，其薪资水平开始接近总部管理者。这就是最近银行信贷规模快速增长的主要动力所在。

有人认为，银行信贷投放一直存在年初增长快、年末增长慢的规律性，加上2008年实行从紧货币政策，因此，最近银行信贷快速增长的现象并非不正常。但是，这种现象仅是在货币政策比较从紧时的结果，在现行货币政策适度宽松时是否也是如此则不一定。可以说，在目前银行监管部门没有改变现行的货币政策，甚至一直强化这种适度宽松的货币政策的情况下，上述所认为的规律性一定会被打破。一是从信贷资金流向来看，信贷快速增长并没有完全普惠整个经济，许多企业特别是中小企业资金缺口仍然较大；二是如果现行金融体系不改变，商业银行等金融机构的基层分行信贷规模快速扩张的冲动就不会改变。只要信贷政策宽松，他们一定会千方百计地加快信贷规模扩张步伐。所以，下半年商业银行信贷规模扩张可能比当前情况更为突出。

现在我们所要关注的是，这样高速的信贷规模扩张能否持续？从信贷结构来看，票据融资增长迅猛，一季度票据融资增加 1.48 万亿元，占各项贷款的比重为 32.3%；中长期贷款增加 1.86 万亿元，同比多增加 1.07 万亿元。主要投向交通运输、仓储和邮政业，水利、环境和公共设施管理业等行业；主要用于住房的个人中长期消费贷款增加 984 亿元。也就是说，信贷增长主要是流向两个方面，一是票据融资；二是流向与 4 万亿元扩张内需相关的大型公共基础设施。但也有分析人士认为，新增的企业贷款中并没有全部流入实体经济，而是以不同的方式流入股市与房地产。如果快速增长的信贷资金流入股市，不仅容易让股市的价格在短期内迅速升高，而且也容易把股市的风险迅速放大，到时候这种风险就容易转化为银行风险。估计这也是最近银监会加强对贷后资金流向检查的原因所在。如果这些信贷资金大量地通过不同的方式流入房地产，不仅会重新推高刚出现调整的房价，阻碍房地产市场全面调整及房地产价格理性回归，而且也会阻碍居民住房需求释放出来从而推迟中国经济复苏。如果这种情况出现，银行信贷的快速增长可持续性是不可能的。

目前中国经济最大的问题是需求不足，无论是房地产市场还是其他产品市场都是如此。房地产市场的需求不足在于房地产市场调整缓慢，过高的房价无法让绝大多数居民有支付能力进入房地产市场。其他产品市场的需求不足，主要表现为产能过剩。即不少部门或行业生产的产品卖不出去。因此，用合适的政策或落实当前的信贷政策保证房地产市场的价格全面调整或回归理性，既可以消化相关行业一些过多的产能，也是保证信贷快速增长持续的重要方面。因此，当前一些地方希望放开第二套住房的信贷政策来增加住房消费及推高房价所带来的长期的负面影响是十分严重的。对于产能过剩，由于受外部冲击严重，希望通过拉动内需来弥补并非易事，目前最为核心的问题是如何引导货币信贷总量适度增长和信贷结构优化，如何让信贷的风险定价更为合理。

当然也有数据显示，一季度快速增长的信贷大部分投向了地方的基础设施项目和地方投融资平台。有人估计，这部分贷款流向可能占整个新增贷款的 70%。如果是这样，也就有可能减轻我们上面所指出的担心。一是担心大量的流动性进入股市与楼市，如果这样当然会在短期内推高资产的价格，新泡沫就会出现。二是当大量流动性资产进入产能过剩的行业或企业，会进一步加深这种产能过剩。如果说大量流动性进入地方政府项目，这两种担心自然减弱。但是，这又面临着另外一个问题，就是当前不少地方政府的融资平台负债率极高，而且这种举债速度还在加快，在当前地方政府财政实力有限、经济下行财政收入锐减、房地产市场面向下行导致土地财政大减、未来经济面临较大不确定与风险的情况下，地方政府大量向银行举债，是否会像1999年"债转股"一样出现大量的不良贷款？这些贷款所面临的风险是极高的。

总之，国际金融危机还在扩散蔓延，它对中国经济的负面影响怎么也不可低估，当前采取适度宽松的货币政策也无可厚非，但是，监管部门则要全面跟踪这种银行信贷快速增长可能给中国经济带来的负面影响，并要采取相应的措施来降低这种影响及风险，否则这种超高速的银行信贷增长是不可持续的。反之，它可能会使刚刚走上正轨的国内银行体系在未来发展中又重新面对困境。

下一阶段，要继续以应对国际金融危机、促进经济平稳较快发展为主线，统筹兼顾，突出重点，全面实施和落实促进经济平稳较快发展的"一揽子"计划。中国人民银行将按照党中央、国务院的统一部署，坚定不移地落实适度宽松的货币政策，保持政策的连续性和稳定性，在引导信贷结构优化的基础上，采取灵活、有力的措施加大金融支持经济发展的力度，保证货币信贷总量满足经济发展的需要。

一是继续保持银行体系流动性充裕，引导金融机构合理增加信贷投放。科学安排公开市场工具组合、期限结构和操作力度，灵活适度管理银行体系流动性，继续保持我国银行体系流动性充裕，维持货币市场利率平稳运行。进一步观察经济金融形势发展和政策效应，灵活运用多种货币政策工具，调节市场资金供求，保证货币信贷总量满足经济发展的需要。

二是引导金融机构优化信贷结构，提高信贷支持经济发展的质量。加强对金融机构信贷投向的指导，保证符合条件的中央投资项目配套贷款及时落实到位，认真做好"三农"、就业、助学、灾后重建等改善民生类信贷支持工作，大力发展消费信贷，落实好房地产信贷政策，加大对中小企业、自主创新、兼并重组、产业转移、区域经济协调发展的融资支持；严格控制对高耗能、高污染和产能过剩行业企业的贷款；引导金融机构创新和改进金融服务，加大金融支持经济发展的力度，同时有效防范和控制信贷风险。

三是继续推进利率市场化改革,完善人民币汇率形成机制。加快货币市场基准利率体系建设,努力提高金融机构风险定价能力和水平。按照主动性、可控性和渐进性原则,进一步完善人民币汇率形成机制,增强汇率弹性,保持人民币汇率在合理均衡水平上的基本稳定。继续深化外汇管理改革,大力推动外汇市场发展,为企业提供更丰富的汇率风险管理工具。

四是继续推进金融体制改革,提高金融机构竞争力和金融市场资源配置效率。通过深化金融企业改革和加大金融创新力度,提高金融机构竞争力和金融市场资源配置效率。发展多层次直接融资体系,扩大债券发行规模,大力发展短期融资券、中期票据等债务融资工具,稳步推进和创新资产证券化,引导民间融资健康发展。

应当看到,在发挥好需求管理政策熨平经济波动作用的同时,更重要的是加快经济调整、创新和改革步伐,增强经济的内在活力。中国经济在2002年后摆脱通货紧缩影响、进入持续上升周期,与亚洲金融危机后我国加快国有企业调整与改革、开拓房地产、汽车等新兴消费市场以及扩大开放、加入世界贸易组织等一系列重大调整和改革举措密切相关。作为一个发展中国家和转轨经济体,我国可以释放的发展潜力巨大,有待改革和调整的空间还很广阔,在保持经济平稳较快发展的同时,应努力实现扩内需、调结构、抓改革和惠民生的有机结合。

19 中国银行信贷超高速增长可持续吗？[①]

19.1 前言

当美国股市及金融市场逐渐好转，美国经济开始好转之际，因为担心通货膨胀到来，美联储正计划退出"量化宽松"的货币政策。尽管这种退出时间及方式是不确定的或仅是计划，但是市场对此计划有所反映。在中国，尽管货币政策加上"适度"两字，看上去中国的货币政策是较为有约束的，但实际上，上半年银行信贷快速投放，是前所未有的，不是什么"适度"宽松而是"极度"宽松。即在半年的时间里，银行贷款达 7.37 万亿元。按照 2009 年上半年这样的信贷增长速度，预计 2009 年底国内银行信贷增长可能达到 10 万亿元以上，即全年的信贷增长要高于 2007 年几倍。但 2007 年可是房地产泡沫、股市泡沫最为严重的一年。

但是，面对这种现象，政府又该如何理解？首先当然是从当前国内经济形势分析。对于当前的经济形势，尽管国家统计局统计的数据比市场预期的要好，市场共识是国内经济走出下行风险的困境，但政府的理解是未来经济发展的基础仍然不稳定，面对的不确定性还不少。因此，在这样的判断下，政府认为下半年的宏观经济政策基本不要改变。因此，最近央行举行工作会议表示，下半年货币政策方针，继续保持适度宽松的货币政策，但央行将会密切关注通货膨胀的市场预期。对此，有市场分析员认为，央行发行定向票据，已揭示收紧银行资金，相信货币当局将"看紧"商业银行放贷，但下半年加息抗通胀的机会不大。

现在我们要问的是，下半年的货币政策会不会调整？需不需要调整？

[①] 该文章发表在《区域金融研究》2009 年第 8 期。

美国及日本都在计划退出"量化宽松"的货币政策了,如果国内央行仍然坚持现行的货币政策,这种货币政策能否持续下去?它对整个经济将造成什么样的结果?现在政府的目标一直盯在"保八"上,但实际上这种"保八"的意义何在?它对中国经济未来持续稳定发展将会造成什么影响?

在回答这些问题之前,我们先得分析当前银行信贷市场的形势,银行信贷超高速增长的原因及机理、面临的风险及效果,如此才能找到问题的答案。

19.2 上半年银行信贷市场基本形势

从已公布的数据来看,2008年11月至2009年6月,国内商业银行信贷投放超高速增长,货币政策调整后的8个月银行信贷增长达到8.6万亿元。因此,我们现在要思考的是,国内商业银行信贷如此超高速的增长,这些信贷会流向哪里?是不是流向了实体经济?如果流向实体经济,主要流向哪些企业及产业?如果没有流向实体经济会不会重新泛起流动性过剩,会不会由于流动性过剩导致资产价格的泡沫?等等。

从2009年1—6月的新增短期贷款、中长期贷款及票据融资的数据来看,6月末,金融机构人民币各项贷款余额37.74万亿元,同比增长34.44%,增幅比上年末增加15.71%。上半年人民币各项贷款增加7.37万亿元,同比多增加4.92万亿元。从分部门情况看:居民户贷款增加10607亿元,同比多增加5990亿元,其中,短期贷款增加4652亿元;中长期贷款增加5955亿元。非金融性公司及其他部门贷款增加63096亿元,同比多增加43189亿元,其中,短期贷款增加13193亿元;中长期贷款增加31771亿元;票据融资增加17065亿元。

从上述数据可以看到,票据融资比重占比尽管比第一季度时有所下降,但仍然不低,所占的比例为23%。这既有可能是大量的银行信贷在银行体系内循环,也可能是企业在货币政策调整后随着市场资金价格的变化而重新选择的融资方式与渠道。至于到底是哪些因素在起主导作用,还得通过进一步的数据变化来观察。不过,要注意的一点是,随着票据融资的增长,存款上升的幅度也很快。2009年1—6月新增存款达到5万亿元。也就是说,票据融资快速增长是不是与企业的套利行为有关,而不是让这些信贷进入实体经济。

其次，中长期贷款比重较高，达43%。它基本上与十项扩大内需的政策及十大产业规划的政策相吻合，大量的中长期贷款通过五大国有银行进入效益较好和信用较好的大中型企业，以及重要的公共基础设施项目。这样当然有利于商业银行降低在经济下行情况出现的信贷风险，但由于大量的资金流入大中型企业，而商业银行不愿向下游加工制造业企业及中小企业贷款，从而使中小企业资金紧张的局面无法改变。也就是说，信贷资金的不平衡分布，也容易导致实体经济发展的失衡。比方说，有些大型的国有企业从银行获得便宜的资金之后，纷纷进入房地产市场购买土地。这样，不仅推高了土地的价格，也导致了经济结构失衡加剧。

就目前中国的经济形势与信贷增长态势来看，只要政府的货币政策不调整，这种超高速的银行信贷就不会改变，只不过在中长期贷款、短期、票据融资之间的比重上会有所变化。从已有的资料来看，2009年第二季度以来，大型商业银行、股份制银行以及城商行的新增信贷投放所占的比例与第一季度相比较出现了明显的变化。数据显示，工农中建四家国有大型银行，5月的新增贷款仅占当月金融机构新增贷款总额的33.93%，四家大型银行新增贷款占比已连续两个月低于40%。与此同时，城商行的新增贷款却有猛增之势，但波动较大。而城商行的新增贷款之所以开始猛增，与其支持由地方政府主导的项目有一定的关系，也与今年出现的地方债发行及新的"银信政"融资模式有关。也就是说，这种前所未有的超高速信贷增长商业银行的主体结构发生了变化，由四大国有银行转向各地方的城市商业银行，而这种转身与地方政府的新融资模式出现有关。

对于下半年的信贷增长，由于加快信贷增长来推动经济回升的基本宏观政策思路不变，由于宽松货币政策维持不变、中央项目资金到位、部分行业资本金比例下调以及银企对经济复苏的信心逐步增强，这些因素都将促使银行信贷继续快速增加。但是下半年的银行信贷投放，除了"铁公基"等（铁路、公共基础设施）大型项目贷款同样是银行竞争主要目之外，对中小企业的贷款及房地产业的贷款将是下半年商业银行信贷快速增长的重点。

特别是房地产市场，不少项目的资本金比例下调达到15%以上。这不仅让房地产企业银行信贷的杠杆率增加将近一倍，即房地产企业同样的资本金可以从银行获得多一倍的信贷资金，而且随着最近国内房地产市场回暖，银行将会降低房地产企业信贷准入标准，从而使大量的银行信贷进入房地产市场。再加上，随着房地产的回暖，个人住房按揭贷款也会快速增长，特别是一些商业银行为了增加信贷扩张的市场占有率，有可能突破现行的一些银行信贷管理规则，让住房的投资者纷纷进入市场。如果这些信贷政策不调整，银行信贷增长速度可能会比我们预期的增长快。但是，这里同样面临另外一个问题，如果大量的房地产投资者通过银行信贷高杠杆率进入房地产市场，可能又会在很短的时间内炒高房地产市场价格，吹起中国房地产市场泡沫。如果这种情况出现，不仅会终止中国经济的回升，而且会导致央行的货币政策出现较大的逆转。如果这种情况出现，国内银行信贷超高速的增长也将突然停止。

下半年银行信贷将快速增长另一个理由是银行信贷向中小企业的倾斜。因为，上半年各商业银行都在争抢国家重点项目、地方政府重大项目等大单，而银行信贷超高速增长进入中小企业的信贷过少。这不仅引起整个社会的密切关注，也引起中央政府极大重视，并出台了一系列的政策来鼓励商业银行的信贷向中小企业融资转向。当前各级政府，尤其是在中小企业占的比重较高、外向型经济占主导的长三角和珠三角等地政府更希望银行能够扶持中小企业金融需求。在这些情况下，以"两基一支"（基础设施、基础产业、支柱产业）、大项目大企业客户等为传统优势的大银行在巩固其传统优势领域的同时，也开始调整贷款投向，加大对中小企业融资的支持力度。

同时，在银行信贷极度宽松的背景下，地方政府的大量举债也成了脱缰之马。《财经》杂志称此为地方政府的"融资的狂欢"。我最近到了不少地方，总会听到地方政府的官员说，现在是一个千载难逢的机会。哪个地方能够把握住这个机会从银行获得更多的信贷，哪个地方就能够找到当地经济快速发展之途径。甚至有人提出，这就是所谓的"弯道超车"。即借助经济发达地方增长缓慢下来的机会快速发展。地方政府"融资狂欢"最为得心应手的工具是地方政府融资平台。自2009年以来，以城市建设投资集团为名的政府融资平台遍地开花。由省市复制到县城，由城市基础建设行业发展到其他各行各业，规模由小到大，一一俱应。通过这种融资平台正在加速膨胀地方政府的融资能力。

所谓的融资平台是指地方政府发起设立，通过划拨土地、股权、规费、国债等资产，迅速包装出一个资产和现金流均可达到融资标准的公司，必要时再辅之以财政补贴作为还款的承诺，以达到获得来自各种渠道的资金的目的，从而把这些资金用到城市基础设施的建设等。这种地方政府的融资平台既可整合当地的资源和盘活当地的资产，也可在这个融资平台的掩护下，将银行借贷资金转化为子公司的项目资本金，以便进一步放大做债务融资，让银行信贷的金融杠杆放大到极致。比如今年上半年信贷超高速增长，地方政府平台公司正是融资的主体。还有，城市投资债券（或城投债）、"银信政"信托产品等都成了地方融资平台撬动银行信贷资金最有力的工具。

据发改委财金司统计，截至6月1日，企业债发行88只，融资1447亿元，其中典型的城投债有46只，融资605亿元。由于城投发债专门为政府融资，政府就会调动所有的资源让城投公司达到各种融资所需要的标准。其手法有资产注入、投资性房地产确认、改变会计核算方法、理出主营业务、优化现金流等。在打造地方政府融资平台的过程中，土地注入多是最为普遍和核心的内容。这既可扩大资产基数，也可用于抵押担保及成为未来收益的重要来源。因此，各地方政府经营土地成为地方政府融资最大的法宝。

还有，撬动地方政府融资平台最有力的工具是"银信政"产品。所谓的银信政产品就是指银行发行理财产品，购买信托公司发行的信托产品，投资于地方政府融资平台的股权或债权，同时政府向银行及信贷公司出具回购的承诺。由于这种模式为融资平台或项目带来资本金，最终可以撬动更多的银行信贷，因而深受地方政府欢迎。由于这种"银信政"产品短债长贷，杠杆化程度十分了得。

根据沈明高的测算，目前各地融资平台的负债总规模在3万亿—8万亿元，而且增长很快。财政部财科所估计，以2007年地方债务总余额4万亿元以上测算，它相当于当年全国GDP的16.5%，全国财政收入的80.2%和地方财政收入的174.6%。即使今年交通基础设施投资只有1万亿元，也相当于地方财政收入的41%。

从以上分析中可以看到，一是地方政府融资平台的出现，让整个国内融资市场及生态发生了巨大的变化，地方政府的信用扩张在短期内可抵消市场信用的紧缩但挤出民间投资；二是政府平台融资工具的高杠杆化，不仅可能催生城市基础设施建设的泡沫，给商业银行带来巨大的信用风险，而且将影响央行货币政策，增加央行货币政策调整难度；三是由于地方政府融资平台是以经营土地为核心，而土地的价格完全取决于房地产价格。在这种情况下，地方政府为了保证融资平台畅通，就得以各种理由来托住或推高房价，从而使房地产市场不能够按照市场内在性调整，房地产市场供求关系扭曲。可以说，自 2008 年以来国内房地产市场出现不少不可理喻的现象基本上都与地方政府这种思路有关。如果房地产市场不能够根据市场的内在性出现调整，那么房地产市场泡沫不可避免。地方政府融资平台正在聚集巨大的风险。

可见，今年以来随着央行货币政策改变，中国的融资生态发生了巨大的变化。这不仅表现为银行信贷超高速增长，也表现为出现不少新的融资模式，甚至以往那种政府与银行结合的模式。这种信贷超高速增长及新的融资模式的出现，不仅导致地方政府的融资疯狂，也可能会让大量的信贷资金进入股市及楼市。这些是当前监管部门特别关心信贷超速度增长的原因所在。因此，我们不仅要密切关注这种现象，还得认真思考与观察这些现象，这样才能把握其问题核心所在，而不是为现象所迷惑。因为，这种融资疯狂并不在于融资的数量与规模的大小，也不是融资工具的多少，最重要的是这种融资疯狂一旦成为中国金融市场的主流融资模式，就可能让整个社会的金钱与权力结合得越来越紧、越来越深入的东西。最后，这种金钱与权力结合不仅会成为未来整个经济发展的障碍，也可能成为未来整个经济发展的毒瘤，导致整个中国经济泡沫吹大，导致金融市场巨大的潜在风险。

19.3　银行信贷超高速增长面临的风险

对于这种银行信贷超高速增长，尽管在短期内改变的概率小，但是它不仅不可持续，而且也将给国内银行体系带来巨大的潜在风险。首先是中长期贷款风险。因为商业银行经营的特征本来应该是以短期贷款为主，中长期贷款比重不能太高。因为商业银行的资产负债是短期债务多（活期存款多），如果用短期债务做中长期贷款，就会给商业银行带来债务资产结构错配的风险及流动性风险。美国金融危机的根源之一就是不少证券化产品用短期融资来支撑长期债务。比方说，1999年，全国银行中长期贷款占贷款总额的比重不到25%，但后来该比重不断攀升，2007年突破50%。到2009年3月，中长期贷款余额已超过17万亿元，而这些贷款相当大的一部分流向政府主导的基础建设项目。由于这些中长期贷款不少流向政府主导的公共基础设施项目，特别是流向中西部的公共基础设施项目，尽管这些项目的贷款大部分是由各级政府提供显性或隐性的担保，但是这些项目商业化、市场化程度低，这就使这些项目的第一还款来源不一定有保证。如果再加上一些地方财政收支状况面临许多不确定，政府担保承诺可能是一张空头支票。在这种情况下，这些中长期贷款可能面临巨大的信用风险与流动性风险。只不过这些贷款都是中长期贷款，这些风险在短期内不会暴露出来。

其次是票据融资风险。在第一季度票据融资快速膨胀，只是到第二季度才有所收缩。第一季度票据融资快速增长，看上去有合理性，无论是对企业还是对商业银行来说，都是如此。但是，我们也应该看到，其蕴藏的巨大风险不可小视。因为如果票据融资没有进入实体经济而只是在银行体系内循环并放大票据融资规模，那么这种循环的系统性风险就会逐渐积累起来。同时，当票据融资没有真实贸易作背景时，这种票据融资的交易也可以流入股市及楼市，吹大资产泡沫。今年上半年，国内股市与楼市之所以能够在这样短的时间内回暖，估计会与银行信贷资金进入这些资产市场有关，而资金流入资产可能与票据的融资有关。

再次就是利率市场化的风险。可以说，无论是信贷政策的收缩还是扩张，利率工具总是首当其冲，比如美联储货币政策调整多以使用利率工具，最后到万般无奈才使用量化宽松的货币政策。但是，在中国的情况则有所不同。尽管国内商业银行的利率看上去是市场利率，但实际上仍然是央行严格管制下的利率。比如说，美国金融危机全面爆发之后，国内政府为保增长、扩内需，从而对住房消费采取一系列的信贷优惠政策。特别是个人住房按揭贷款利率调整，更是优惠得彻底，从而使当前国内个人住房按揭贷款利率要低于美国同类利率（在中国5年以上个人住房按揭贷款利率为4.158%，而美国个人住房按揭利率为5.3%）。当然，这种个人住房按揭贷款优惠利率可能降低了个人进入房地产市场购房之成本，有利于个人住房消费，但是它增加商业银行信贷风险。从2008年10月起，个人住房按揭贷款利率由原来享受8.5折优惠利率转为

7折优惠利率政策,这就使商业银行同期存款利率与按揭贷款利率曾出现过倒挂,即享受优惠政策的5年期以上的个人住房按揭贷款利率低于同期的个人存款利率。尽管后来有所调整,但两者的利差水平越缩越小。有人估算过,商业银行的存量贷款有30%的比例采用的是基准利率下浮10%的标准,如果对这些贷款一次性适用30%利率下浮幅度的话,会导致总体净利润水平下降10%左右,这会给国内商业银行带来较大的经营压力。今年上半年,一些银行的利润增长为负,就是与这种利率调整有关。有经济分析师的测算表明,2009年上半年14家上市银行利润水平出现负增长,很大程度与利差水平下降有关。而且这种利率风险还与政府保增长的政治意愿有关。特别是,个人住房按揭贷款作为一种中长期贷款,未来市场不仅不确定而且波动会很大,如果利率市场化参与较多的政府政治愿意,并通过利率来调整个人住房按揭贷款中的利益关系,那么,银行住房按揭贷款的利率风险可能会更大。

根据一些研究报告,这种超高速的信贷增长还蕴含推动资产价格上涨风险、造成大量不良贷款风险、银行职能代替财政职能的风险。而这些风险尽管在短期内不会爆发出来,但是一旦暴露出来,商业银行所面临的问题则会很大。特别是当大量的信贷资金进入房地产及股市把资产的泡沫吹大,商业银行所面临的风险会更大。因此,从近几十年的历史经验来看,资产价格的泡沫最后必然引起银行危机及金融危机。

19.4 当前中国货币政策的调整

从这次美国金融危机的教训可以看到,20年来美国金融风险为什么会愈演愈烈直至最近全部暴露出来?最为关键的问题就是美国政府一直在用一系列的短期行为政策或用新的泡沫掩盖旧泡沫,而这些政策的核心就是货币政策单一化。货币政策单一目标制的理论基础是20世纪70—80年代"货币中性论"。在此理论的影响下,不少发达市场经济国家都纷纷采取通货膨胀目标制的货币政策,并取得一定的效果。因为,在他们看来,这种弹性通货膨胀目标制不仅有效地降低了通货膨胀的波动和稳定产出,而且克服了货币政策动态非一致性问题。因此,美联储主席无论格林斯潘还是伯南克，都完全坚信货币政策通货膨胀目标制的准确性与有效性，从而在货币政策操作上往往会以价格工具作为宏观经济调整最为频繁的方式。

但是，最近20多年来整个世界经济发生了巨大的变化。一是经济全球化，从而使许多可贸易的产品可以在全世界要素价格最低的地方生产，进而整个世界可贸易品的价格水平全面下移；二是金融全球化，不仅使大量资金在全球范围内快速流动，而且使许多商品的交易完全金融化及期货化。在这种情况下，一方面国际市场上许多商品的价格水平越来越低，另一方面大量的资金流入金融市场推高资产价格。在这样的条件下，传统的货币政策不适应已经发展了的经济形势。如果不改进这种传统的货币政策，那么货币政策操作带给金融市场积累的风险也就越来越大。也就是说，在这种经济环境下，央行的货币政策如果不密切关注资产价格的波动，那么最后金融危机爆发是不可避免的。

当前中国的问题仍然是在这种传统货币政策下观察现实经济生活的，来调整宏观经济波动。但是，中国金融市场是一个管制过多的市场，只要货币政策宽松，信贷的超高速增长也是自然。这就是中国银行信贷市场前8个月发生的事情。但是，当大量的信贷流出银行体系之后，尽管不少资金是流入实体经济，但是由于以政府为主导的拉动内需政策，不仅让大量资金流入基础设施建设，而且也大量地流入过剩的产业，从而使一些行业的产能过剩越来越严重，比如钢铁、水泥等高耗能、环境污染行业。可以说，对这些产业投入越多，未来产业调整越是困难。同时，由于整个世界经济衰退，对产品需求全面减少，这就使不少企业纷纷把资金投入各种资产，特别是房地产及股市。最近，东部地区，特别是四大一线城市，在整个世界经济还在衰退中时，房价突然上涨，就是与大量的资金流入房地产市场有关。

从全国商品房销售情况来看，1—6月，全国商品房销售面积34109万平方米，同比增长31.7%，其中，商品住宅销售面积增长33.4%。1—6月，商品房销售额15800亿元，同比增长53.0%，其中，商品住宅销售额增长57.1%。也就是说，经历2008年住房销售迅速下降的调整，3月开始，全国房地产住房销售又开始快速增长，而且住房销售面积和住房销售金额分别高于2007年同期水平（2007年1—6月分别为27904万平方米和10642亿元）的22%和49%。今年的房地产住房销售已经超过房地产泡沫巨大的2007年。当然，由于全国房地产市场发展不平衡，今年住房销售的快速增长主要表现为一二线城市，特别是北京、深圳、广州、上海四大城市。比如1—5月东部地区的住房销售面积为13605万平方米，而中西部地区则为11039万平方米，两者占比分别为55%和45%；住房销售总额东部和中西部地区分别为8057亿元和3331亿元，两者占比分别为71%和29%。如果把成都与重庆加到东部，住房销售面积和销售金额分别为16444万平方米、9010亿元，占比分别为67%和81%。

也就是说，国内房地产的销售与价格上涨已经不是局部性的而是全面性的。但是，在不少政策部门的人来看，当前房地产市场价格上涨仅是局部性的，因此，不必大惊小怪，央行货币政策对此不必关注过多。可以说，随着这一轮房地产启动，中西部地区住房销售量在增长，但房价则上涨平稳。至于全国三四线城市，房价不仅没有上涨，反而下跌的趋势仍然没有改变。但是在北京、上海、江苏、浙江、广东等地方的房价则是在飚升。这几个地方的住房销售面积为8525万平方米，占比约为35%，但住房销售金额为5986亿元，占比为53%。可见，房价上涨的问题出现在东部地区。特别是四大一线城市及东部二线城市。而且从5—6月开始，这些城市的住房销售发生了根本性的变化，即住房销售由消费为主导转向投资为主导。这种情况深圳最为严重，深圳居民、国内其他地方的居民、香港居民大量进入房地产市场炒作。同样北京这两个月住房销售主导者是外国居民（华侨占多）、外地居民、拆迁户、投资者等。当房价快速飚升时，央行的货币政策不仅要密切关注，而且也是货币政策可能要调整的关键。

这些地方房价之所以快速上升，与近几个月来国内金融市场信贷超高速增长有关。当大量的流动性从银行体系流出时，一方面由于信贷政策突然放松，商业银行为了增加其信贷增长的市场份额，就会让其大量的信贷进入房地产开发企业，从根本上缓解房地产企业资金的压力，也为房地产开发商提高房价创造了条件；另一方面，由于实体经济复苏缓慢，再加上出口严重下降及中国不少行业产能严重过剩，在这种情况下，许多企业从银行体系获得流动性之后，是不情愿让资金进入实体产品过程中的，而是会把这些流动性进入资产领域，进入股市与楼市。尽管监管部门对企业信贷资金流向哪里有严格的要求，但企业要让资金流向房地产是比较容易的。

当各商业银行手上有大量可贷资金时，都会千方百计地争夺信贷市场，降低信贷市场的准入。比如，个人按揭贷款市场准入放松，让大量不符合规则的借款者进入房贷市场。拼命突破第二套住房信贷政策限制，让不少城市房地产炒作烽烟四起。可以推测，如果对商业银行近两个月放出住房按揭贷款进行检查，可能有80%以上是违规的。当大量违规者进入房地产市场时（无论是自住还是炒作），如果房价上涨，这些贷款万事大吉，这些贷款也不会有多少风险，贷款者赚钱效应会进一步吸引更多的人进入市场。如果房价下跌，那么所有的问题都会暴露出来。如同美国金融危机一样，甚至会比美国金融危机更为严重，因为在美国是严格限制房地产炒作的，美国按揭贷款利率针对个人是差异化的（资信差者其利率也高，高利率可以覆盖银行的一些风险）等。

5—6月房价上涨，与国内股市重新进入上行的通道有关。由于国内股市进入上行的通道，到目前为止，上海综合指数上涨70%以上，而且一些题材股、小盘股上涨幅度更大。在这种情况下，一些股市的投资者在股市赚钱之后，有可能进入房地产市场。加上目前不少媒体在大力宣传通货膨胀的预期，更是促使了投资者利用银行金融杠杆涌入房地产市场。可见，最近国内不少地方的房价快速上涨，基本上是银行信贷快速扩张及股市上行的结果。如果央行货币政策对此不密切关注，并纳入货币政策目标，那么等资产价格泡沫破灭再来救之就晚了。

还有，当大量银行信贷涌入市场时，不仅会流入资本品，而且也会改变市场的预期。比方说，尽管目前的CPI和PPI还处于负增长的情况下，但是市场早已预期通货膨胀即将到来。如果市场的通货膨胀预期一直在强化，那么越来越多的资金流入资本品更是明显。最近，房地产开发商住房销售的一句口号就是购买住房才会保值，才能够避免通货膨胀的到来。在这样的情况下，市场通货膨胀预期同样是央行货币政策要关注的大问题。

总之，下半年的货币政策会不会调整？要不要调整？当然在出口贸易尚未复苏，制造业及就业情况未见改善的情况下，要保持经济平稳发展，继续采取宽松货币政策自然是很重要的，但是，央行的货币政策不可顾此失彼。特别是要跳出传统货币政策理念，重新审视当前经济形势的变化，密切关注资产价格的全面上升，市场对通货膨胀预期的隐忧，并把这些因素纳入货币政策目标考虑范畴内，这样才能够做到取舍适当，才能真正保证经济持续稳定发展。否则顾此失彼，可能面对的问题会更多。因此，在当前的情况下，利率的价格工具使用可以再观察，但信贷的数量工具可以适度调整，特别是个人住房按揭贷款政策，要全面收紧，严格遏制房地产炒作。

20 民间信贷泛滥将加剧金融体系风险[①]

20.1 当前国内民间信贷泛滥的情况

全面高利贷是中国现行的货币政策、现行金融制度安排下的一种金融乱象，也是当前中国经济生活中出现的恶疾。因为，民间信贷市场高利贷泛滥，不仅说明了国内金融市场存在严重的制度缺陷，国内金融市场的利率价格机制出现严重的扭曲，而且与房地产暴利及国内民众的财富获得的价值取向有关。如果对此市场不加强监管与规范，不大刀阔斧地进行金融改革，放开对国内金融市场各种严格管制，挤出房地产泡沫并减弱整个经济对房地产的依赖性，那么当前民间信贷市场的高利贷泛滥将可能引发全国系统性金融风险，威胁国家金融安全及整个社会稳定。

当前国内民间信贷之活跃与泛滥，已经到无可复加的地步了。个人与个人之间进行贷款、企业与企业之间进行贷款、企业与个人之间进行贷款，甚至大量的上市公司从市场融到钱后也纷纷进入放贷的民间金融市场。也就是说，全民放贷已经成了当前国内非正规金融市场十分普遍的现象。

国内民间信贷规模有多大，到目前为止，还没有一个权威的数据。央行的调查统计表明，到 2010 年 3 月末，民间借贷余额为 2.4 万亿元。8 月，招商证券的罗毅、肖立强的报告《流动性不平均下的民间融资盛宴》，估计全国民间融资规模为 6 万亿—7 万亿元，差不多接近这两年 7 万亿—8 万亿元的年度信贷规模。中金公司估计为 4 万亿元左右。而银监会估计大约有 3 万亿元信贷资金流入民间借贷市场。

还有，另外一些角度证明当前民间信贷市场盛行及规模巨大。有统计显示，截至 2011 年第一季度末，全国共有小额贷款公司 3027 家，其中

[①] 该文章发表在清华大学《中国与世界观察》2011 年第 3—4 期。

400多家是今年新开业的。分布在广州的各类担保公司、典当公司数量高达上万家。在我国东南沿海和江浙一带，地下钱庄和标会更是如雨后春笋一般蓬勃发展。另外，据央行温州中心支行上半年进行的一次调查显示，温州民间借贷市场规模达到1100亿元，有89%的家庭或个人、59.67%的企业参与。

可以说，这次民间信贷泛滥，不仅在温州盛行，而且广泛蔓延到全国各地。比如除浙江外，江苏、福建、河南、内蒙古等地也存在民间高利贷泛滥。比如，江苏北部的贫困县——泗洪县石集乡今年春节时许多名贵汽车招摇过市，就是与当地民间信贷高利贷盛行有关。今年春节过后，这个乡几乎98%以上村民都参与了疯狂的高利贷游戏。今年5月，资金链一夜之间断裂，不少人上亿元资金瞬间消失。内蒙古鄂尔多斯也是"户户典当行"，50%的居民都参与了放贷与借贷的资本运转游戏。有人估计，该地的民间信贷资本高达1000亿元以上。

那么，为什么各种资金都会涌入民间信贷市场？至于原因下一节讨论。其目的无非是赚取高利贷的收益。据《羊城晚报》的调查报告指出，近来民间借贷利率已普遍涨至月息6分到8分，换算成年息高达72%—96%，个别民间借贷公司年息甚至上升到120%。而当前银行一年期贷款利率为6.65%，广州民间借贷利率最高已达银行贷款利率的18倍。正是这种高利贷引起各路不同的资金纷纷涌入民间信贷市场，国内民间信贷市场的高利贷已到了无可复加的地步。

那么，国内民间信贷市场为何会如此盛行？民间高利贷又为何会如此泛滥？是投资者的贪婪还是市场及制度环境条件使然？我们如何来看待国内民间信贷市场为何会发展到现在这种地步？国内民间信贷市场如此泛滥，如果不控制与防范，其最后的结局是什么？它对中国金融市场及经济会造成什么样的影响？如果要控制与防范，应该从何入手？国内当前民间信贷市场高利贷仅仅是融资紧张的问题吗？如果不是，其中所引发的问题还有哪些？等等。这些就是本文下面所要讨论的主题。

20.2 当前国内民间信贷泛滥的根源

那么，国内民间的信贷为何会如此发达或活跃？这与当前国内的经济环境、金融市场制度及市场价格机制有关，也与房地产暴利及民众暴富心态等因素有关。因此，对国内民间信贷市场的泛滥问题，我们不能仅看到投资者逐利心态与动机，更重要的要从这种现象产生的制度根源及社会文化背景等方面入手，否则是无法把握到当前国内民间信贷市场如此泛滥的根源，也就无法找到化解该问题的办法，更无法让国内民间信贷纳入有效监管与治理之路，反之有可能进一步引发国内金融体系的风险。

可以说，当前国内民间信贷之活跃已经到疯狂的地步，即当前民间信贷市场的利率在本金的50%以上已是非常普遍的现象。与正规金融市场的收益率相比，如此高的收益率，必然会让不少投资者铤而走险，但高收益一定是高风险。因为，不仅要承担这种高利率的项目及企业，而且在高额利息重压之下，一旦企业无力还本息，将导致大量的民间借贷资金血本无归，进而可能引发银行体系及整个金融市场的系统性风险，威胁国家金融安全及社会稳定。这就是国家为何要密切关注当前民间信贷市场的原因所在。

可以说，当前国内民间信贷泛滥，首先很大程度上是与国内金融体系的缺陷有关。当前国内以银行为主导的金融体系，尽管看上去市场化的程度不低，但实际上这个信贷运作很大程度上是在政府严格管制下进行的。而政府的严格金融管制可分为信贷规模的管制及利率的价格管制。所谓信贷规模的管制是指央行每年把商业银行信贷规模限制在一定的范围内。比如今年就要求银行信贷增长在7.5万亿元左右规模，然后对此指标层层分解。如果央行的货币政策转向，或市场认为出现信贷紧缩，那么在规定的信贷规模下，银行就会根据其偏好，让这些有限的信贷规模指标流向他们认为收益高、风险低的行业。比方说，今年的信贷规模收紧的程度并不太高，它与2006—2007年的信贷规模相比仍然是高好几倍（当前社会认为国内货币政策紧缩主要是对2009—2010年信贷过度宽松而言），但是当银行通过信贷规模管制让有限的信贷流向其偏好的企业或行业，这就必然造成中小企业及民营企业的信贷融资的困难。

信贷规模的管制表现为央行通过银行存款准备金率提高而减少商业银行可贷资金。在现代商业银行制度下，银行贷款存在一定的比例关系，而银行存款准备金率越高，商业银行可贷款的资金就越少。尤其是在中国这种五大国有银行占主导的银行体系下，国有银行或大银行占市场绝对高的份额，因此，其获得存款比重也占绝对高。当央行希望上调存款准备金率来缩小商业银行可贷资金时，由于中小银行在整个市场份额中所占的比重小，因此，提高存款准备金率对其影响就大于五大国有银行，这些中小银行可贷资金减少的程度也就越高。在这种情况下，主要服务对象为中小企业的中小银行可贷资金紧张程度就高于五大国有银行。因此，提高存款准备金率对信贷紧缩对中小企业的影响就会更大。特别是当政府房地产宏观政策对房地产业的信贷开始收紧时，那么房地产业要从正规的金融体系获得资金的机会就减少。

政府对银行管制还表现为对银行利率的价格管制上。在当前中国，国内银行利率是采取"存款利率下限管理、贷款利率上限管理"。在十年前，这种政策看上去是十分适合中国实际情况，但当前这种利率管理的制度缺陷十分明显。因为，中国基准利率是银行的一年期存贷款利率，而欧美国家的基准利率是货币市场拆借利率。看上去，都是央行通过基准利率调整来影响市场信贷关系，但由于两者基准利率完全不同，其基准利率调整对市场影响也完全不一样。国内央行通过利率管制，直接给银行信贷及存款定价。

在中国，当前这种"存款利率下限管理、贷款利率上限管理"，央行直接调整的是银行信贷利率，而这种利率又决定了整个金融市场价格机制。由于央行是直接管制银行信贷利率，这不仅使国内金融市场无法形成有效的市场定价机制，而且也使整个金融市场的价格由于央行对银行信贷存款利率管制而完全扭曲。可以说，在现行的银行利率管制下，这种利率管制不仅成了向商业银行不断注入政策资源的工具（通过管制下的利率把利差扩大，从而让国内银行轻易地获利），国内银行的竞争不是价格竞争而是信贷规模扩张的竞争，而且这种利率的价格管制也成了社会财富再分配重要的机制（严重的负利率就是通过利率管制把财富债权人转移给债务人，而债权人是分散的存款人，债务人则是银行锁定的关系企业及个人）。在这种利率管制下，银行存款利率是一定的，即不可超过其利率上限，因此，商业银行贷款成本就可锁定在某一个区间。而贷款利率是可上下浮动的，其弹性空间很大。当货币政策出现表面上紧缩时，这就为银行信贷人员提供了巨大的获利空间。在这种情况下，银行信贷人员或是把贷款利率迅速上升，增加中小企业融资成本，或是把低成本资金融资给关系人而"寻租"。也就是说，当国内银行信贷政策转向时，它不仅让银行贷款利率大幅提高，也进一步抬高了贷款门槛，许多民营企业及中小企业根本就无法从正常金融途径获得贷款。这不仅创造了民间借贷市场迅速膨胀的条件，也让广大民众的财富隐蔽地转向少数人（如果负利率3%，存款人一年的财富就可转移近9000亿元）。再加上银行贷款指标是掌握在银行少数人手上，这也为他们寻租创造了条件。可以说，近3万亿元的银行信贷就是在这种情况下涌入民间信贷市场。而没有如此之多的银行信贷流入民间信贷市场，这个市场也掀不起波澜。

民间信贷之所以能够如此泛滥，民间信贷利率水平为何能够达到50%以上，还在于有其相应的载体企业来承担。如果企业的投资项目的收益率只是10%，那么这些企业是不可能在民间信贷市场上融资的。今年以来国内股市十分低迷，进入证券市场不仅收益低，甚至多数投资者都是负收益。在这样的情况下，民间市场的资金也不可能会进入国内证券市场。通过承担这样高的利率只能是当前暴利的房地产业。市场知道，国内房地产业经过近十年暴利后，房地产泡沫越吹越大，信贷风险也越来越高。因此，近年来政府开始对银行信贷大规模流入房地产市场有所限制。作为资金密集型的房地产业，当银行信贷流入房地产开始收紧，其资金链就可能面临紧张。于是，暴利的房地产开发企业纷纷进入民间信贷市场融资。以便让推高的房价一直顶在天花板上，及让其房地产开发企业资金链不断裂。这不仅迅速地推高了民间信贷市场的利率，而且也造就了民间信贷的高利贷泛滥。有研究表明，当前民间高利贷80%以上的资金是进入房地产市场。如果政府不采取有效的政策，管控民间信贷高利贷，那么它将可能增加中国金融市场的风险，甚至导致国内金融市场的危机。

可以说，暴利的房地产业不仅能够支撑民间信贷的高利贷，也改变了当前国内投资者价值取向。因为，近十年来，随着政府错误的房地产信贷政策及税收政策推行，国内房地产市场早就成了一个投机炒作赚钱的工具。在过去的十年里，随着各地房价快速飙升，从而使进入住房市场投资者个个都获得暴利。凡是进行住房投资者，没有不赚钱的。由于住房市场暴利赚钱效应，不仅使中国产业结构越来越房地产化，许多企业纷纷放弃实业而进入房地产，而且使国内不少民众的暴富心态不断强化。但是，从2010年开始，政府出台了一系列对房地产投机炒作进行限制的政策，房地产投资所面临的风险增加。在这种情况下，这些暴富心态的投资投机者纷纷转向民间高利贷市场。在民间信贷市场，受房地产暴富效应之影响，这些暴富心态的投机炒作者越是风险高越是涌入，只要高收益就可以。在这种情况下，很快就把国内民间信贷市场的高利贷泛滥推到极端。

20.3 当前国内民间信贷泛滥

我们应该看到全民高利贷是中国现行货币政策、现行金融制度安排下的一种金融乱象，也是当前中国经济生活中出现的"恶疾"。因为，民间信贷市场高利贷泛滥，不仅说明了国内金融市场存在严重的制度缺陷，国内金融市场的利率价格机制出现严重的扭曲，而且与房地产暴利有关及与国内民众的财富获得的价值取向有关。如果对此市场不加强监管与规范，不大刀阔斧地进行金融改革，放开对国内金融市场各种严格管制，挤出房地产泡沫并减弱整个经济对房地产的依赖性，那么当前民间信贷市场的高利贷泛滥将可能引发全国系统性金融风险，威胁国家金融安全及整个社会稳定。

首先，全国的高利贷泛滥受到冲击最大的是国内银行体系。因为，就目前的情况来看，民间高利贷的不少资金都是来自银行体系。而所有的高利贷都是高风险投资行为。这种高风险投资行为面临着资金断裂的风险。如果高风险的高利贷行为的资金链任何一个环节断裂，都可能引发整个民间信贷市场的连锁反应。而由于民间高利贷的资金很大部分来自银行，因此，当高利贷资金链断裂时，其风险很快就会传导至整个银行体系。任何金融的系统性风险爆发并非仅是个体流动性问题，也并非仅是个体金融机构所持有不良资产多少问题，而是金融杠杆放大其功能、放大其风险的问题。我们绝不可小视全国性民间高利贷风险传导的严重性。

民间信贷出现危机后，一定会逼迫这些持有暴富心态的投机炒作者或是"割肉还债"，或是还不了债务而逃跑。比如向来以房地产炒作闻名的温州投资者，为了归还高利贷所带来的沉重债务，纷纷在全国各地抛售住房。也就是说，面对资金链断裂，温州投资者近期都在全国各地找资金回笼，继到浙江、江苏、福建、广东，甚至香港卖楼套现后，刚过的"十一"黄金周，他们甚至跑到重庆抛楼套现。可以说，这种情况的发生必然给整个国内各地房地产市场造成巨大的震荡。因为，自2010年以来，随着政府一系列房地产政策出台，尽管不少地方住房价格只是涨幅小了，住房的价格依然顶在天花板上，但是整个住房销售量开始明显下降。尤其近一两个月这种情况更为明显。在这种情况下，如果一个由投资为主导的市场开始向消费为主导市场转变，或住房投资炒作者开始纷纷退出市场，那么整个房地产市场预期可能突然转变。而这种转向则可能让国内房地产受到严重打击，住房市场价格降落也可能就此开始。

同时，我们也应该看到温州民间信贷危机爆发后，许多企业家为了躲避债务开始玩"失踪"及"逃跑"游戏。比如，今年9月20日，浙江温州信泰集团董事长胡福林离境出走。第二天，温州又有9名知名企业主不约而同地"逃跑"。更让人惊讶的是一周之后，温州某知名企业老板沈某被曝跳楼身亡。老板们的"逃跑"，不仅使不少企业倒闭破产，更多被甩弃的企业和企业底层员工的利益无法保障。据有关报道，截至8月底，温州市累计民间借贷纠纷案件数同比增长25.73%，涉案金额50多亿元。温州市民间借贷因担保、纠纷引发的违法案件共71件。甚至为了追讨债务而出现了故意损坏公私财物。由一个简单的经济问题开始转换为严重的社会问题。

可见，过度泛滥的民间高利贷，它早已经形成了历史经典的庞氏骗局，一旦这个骗局被拆穿或借款人无力还款，银行收紧信贷，贷款个体抵押的资产遭到银行变卖，银行资产严重恶化，那么整个金融体系将受到巨大冲击，其巨大风险也自然而来。因此，民间信贷高利贷的严重风险不得不密切关注。

20.4 化解国内民间信贷风险的对策

因此，我们不仅要看到民间信贷风险的严重性及对中国金融体系的负面影响，更重要的是要检讨当前国内金融市场制度，减少政府对金融市场的管制，加大整个中国金融市场开放的力度，并建立起国内金融市场有效的价格机制，挤出房地产泡沫，彻底清除房地产赚钱效应等，这是化解当前国内民间信贷高利贷的制度基础与背景条件，如果不从这些大的方面入手，要达到治理国内高利贷的泛滥是不可能的。

要找到治理国内高利贷的好办法，首先得对国内民间信贷市场进行全面调查，以掌握民间信贷市场实际情况，而不是靠估算来判断其规模，然后形成有利于民间信贷市场规范化的法律制度，把民间信贷放在有效的金融监管体系下。

总之，要治理当前民间信贷的高利贷泛滥，主要是用法律制度来规范，用有效的市场经济杠杆来激励与约束。这样才能让这个市场逐渐走出困境。

21　消费信贷，信用约束与经济增长[①]

21.1　消费信贷是促进经济增长的重要因素

近几年来，消费问题成为宏观经济问题研究的重点。1996年以来中国人民银行连续8次降息，但居民消费仍然疲软。对于这一现象，万广华等（2001）提出中国的居民消费主要受流动性约束，降息不能刺激消费。中国消费信贷市场的落后，使中国居民受到信用约束，与银行的关系只是简单地表现为金融的单向服务的不对称状态。中国居民的储蓄率居高不下，被称为金融抑制型强制储蓄（彭兴韵，2002）。在这样的背景下消费信贷作为一种解决流动性约束的方式，引起了学界关于通过引入消费信贷扩大居民消费的广泛讨论。1998年提出了以扩大内需为中心的新的宏观经济政策，发展住房消费信贷被作为改善居民消费环境、扩大即期消费需求的重要政策提出。

而从现实的角度出发，不论是需求方——消费者，还是供给方——商业银行来看，都急需消费信贷这种金融工具的迅速发展。1998年住房改革货币化之后，中国城市住房原以公房为主，开始逐步形成住房市场。对于大多数人来说，人们不可能拿出当期的收入或短期储蓄来实现住房消费。因此为了购买住房，人们需要房地产信贷的发展。汽车信贷也是如此。而对于银行来说，消费信贷的发展可以扩展商业银行业务范围，提高资产质量，提高经营效益。从目前商业信贷的发展来看，消费信贷发展改善了商业银行的资产结构，目前各行的个人住房消费贷款当年不良率普遍低于0.5%。

[①] 该文章发表在《经济学动态》2004年第4期。

1999年2月，中国人民银行发布《关于开展个人消费信贷的指导意见》，正式要求各金融机构尤其是银行机构，积极开展面向国内广大城市居民的消费信贷业务。中国的消费信贷目前的发展主要集中在住房和汽车信贷上。截至2003年10月底，各商业银行的汽车贷款余额已经突破1800亿元，而2002年年底仅为700多亿元，个人消费汽车贷款增长十分迅猛。2000年年底，全国个人消费贷款大约7000亿元，2002年新增3700亿元，达到1万亿元。其中个人住房贷款占个人消费贷款的80%以上，从表1可以看到个人住房消费贷款余额从1997年的190亿元增加到2003年9月末的11387亿元，增幅达50多倍。另外截至2003年10月底，汽车贷款余额已经突破1800亿元，而2002年年底仅为700多亿元。

表1　　1997—2003年我国经济和个人住房消费贷款有关指标

	1997年	1998年	1999年	2000年	2001年	2002年	2003年
全国GDP增长率（%）		7.8	7.2	8.4	7.3		
全社会消费品零售总额增长率（%）		6.8	6.8	9.7	10.1	8.8	9
金融机构个人住房消费贷款余额（亿元）	190	426	1358	3377	5598	8743	11387
金融机构个人住房消费贷款年度增长率（%）		124	219	149	66	56	30

资料来源：国家统计局；《中国人民银行统计季报》《中国住房消费信贷发展分析》。

中国的消费信贷从无到有，增长迅猛，拉动了消费增长，也带来了经济繁荣。消费信贷与经济增长之间存在什么样的关系？消费信贷如何影响消费？消费信贷对经济增长的作用如何？这些问题对于中国对消费信贷研究来说，是很重要的。但是由于缺乏数据，对中国消费信贷的研究现在只处于一般性的定性研究，没有什么数量性的经验研究，也无法得到令人信服的结论。而美国是消费信贷发展最早的国家，1907年就出现了汽车消费信贷，消费支出大约占美国GDP的2/3，是自20世纪90年代以来的经济增长的关键推动力量。对于消费信贷的研究也已有很长的历史。在基础理论研究中，消费信贷总是伴随着生命周期理论和持久收入周期假说而出现。而在20世纪30年代，美国在国家经济研究局（NBER）专门成立了信贷研究中心（CRC）[①]，该中心提出了对消费信贷

[①] 一个隶属于哥伦比亚大学的私人性研究组织。

领域研究的一个系统性理论。随后,出现了大量的对消费信贷与经济增长,消费的实证研究,得出了一些很有意义的结论。

下面我们将首先介绍有关消费与消费信贷的基础理论,然后再讨论美国关于消费信贷与消费的经验性研究,再介绍一下美国研究的发展方向,最后再回到中国消费信贷的研究情况。

21.2 消费与消费信贷的基础理论研究

消费信贷的基础理论主要是伴随着消费理论而出现的,其中最主要的有凯恩斯的消费理论以及后来的生命周期假说和持久收入假说。

凯恩斯 1936 年提出了有效需求理论。"有效需求"包括消费需求和投资需求两部分。他通过研究发现,随着收入的增加,消费也会增加,凯恩斯把消费和收入的这种关系称为边际消费倾向。从简单的凯恩斯消费函数着手,可以考察消费支出与其决定因素之间的关系。根据这项函数,消费纯粹可视为由目前的可支配收入决定。但由于函数并无考虑个人对收入趋势的预期或对消费的时间偏好,而两者可从实质利率(作为支出的机会成本)中反映。

根据生命周期和持久收入假说,消费支出部分是取决于预期一生可赚得的收入(包括薪酬及资产收益)。为取得最大效用,即使消费者在不同时期的收入有所不同,他仍会尽量地调节在不同时间平均分布各种消费。倘若要做到这样,信贷紧缩便不会出现。该理论强调了人们在工作期间储蓄的作用,以便人们能够大体维持在没有稳定工作收入之后的时期,其消费模式也能基本保持稳定状况。这个理论①用跨时期或终生的预算约束,而不是流动性约束,对整个时期的消费行为进行考察。在具体的某一个时点上,消费与收入可能不尽相等,这时消费者如果没有可以利用的以前所得资产来弥补收入的不足,就可以也只够利用借贷(消费信贷)来平滑消费。通过这样的方式,便利可得的消费信贷可以把消费中的收入转化为持久性收入(或终生收入),从而对消费增长产生加倍的

---

① 也包括持久收入理论,这是由弗里德曼提出,认为决定消费支出的收入既不是绝对收入,也不是相对收入,而是持久收入,并强调了储蓄的作用。

作用。

在这个理论模型中，便利的消费信贷是人们改变消费对当前收入依赖的重要工具，是把消费与一生的财富联系起来的重要因素，理性地安排消费数量，缩短即期消费与远期消费的时间差，使个人与家庭的消费能够不受收入波动的影响而保持相对的持续稳定的必要手段。

消费信贷是家庭理财的重要手段和工具，消费信贷会产生家庭债务负担的部分费用，是家庭债务中不可忽视的组成部分，而将消费信贷与家庭行为结合起来进行研究也有悠久传统。在传统的生命周期假说和持久收入假说这一类型的传统经济学消费模型中，消费信贷和家庭债务负担并没有显著的模型推演关系。举个例子，在生命周期理论模型的标准公式中，家庭可以拥有一个单一资产，他们能够自由借贷。在这个模型里面，信贷只是被用来作为财富在家庭收入高的时期与家庭收入低的时期间转移的工具，其本身令人感兴趣的特征并没有得到充分体现。而作为债务负担中唯一被该模型引入的利率部分，已经被简化成为假定借款与贷款利率都是相等的，这与实际中的情况是迥然不同的。

自从最简单的生命周期模型发表以来，虽然已有过多次对它进行的修改完善和有益补充，但是仍然很少有人能将家庭信贷市场上一些显而易见的特征添加进入模型。利用这一模型难以对真实的家庭消费信贷情况进行确切的考察。

消费信贷在现实中的条件与传统理论假设的理想状态相去甚远。通常，现实中家庭用来支付他们的债务所付出的利率会较他们从持有的资产中获得收益时的利率高；家庭的债务也同时会有固定性质的和非固定性质的不同性质债务并存[1]；家庭也会同时持有资产和承担债务等，这些都是在现实中客观存在的事实。历年来，在经验研究上，许多学者都取得了极大的成果。

21.3　消费与消费信贷的经验性研究

基础理论的研究对于关心总消费预测的经济学家来说，并不是第一

---

[1]　流动性负债。

位的，关键在于提出吻合总量数据的理论，并且能为未来的消费进行精确预测。专门针对消费信贷的实证研究开始凸显出其独特的重要性，消费信贷的数据也开始作为宏观经济观察的重要参考。在大多数人的观念中特别是华尔街的观点，消费信贷增长通常被看作对未来经济有负面挤出作用，将会导致未来消费的减少。报纸和华尔街对于消费信贷的发展变化都十分关注，但消费信贷增长的决定力和影响并未成为学术研究关注的焦点，所以只有很少一部分的研究预测消费信贷在经济中的角色。事实上，在对美国研究的综述中的许多看法却恰恰与这种常识性的认识相反。消费信贷的强烈增长通常会与未来消费的增长相联系。几乎没有什么证据能有力地支持家庭债务负担或其他信用等级的变化将在短期内导致未来消费向相反方向变化。

美国经济学家对于消费信贷与消费的关系、消费信贷与家庭债务负担的关系、消费信贷对消费的预测作用，以及提出的流动性约束、消费信贷与经济周期、消费信贷与家庭的债务负担等都进行了一系列研究，一些文章已经能够得到一些相似的结果：

21.3.1 消费信贷增长与强劲未来消费增长相关联

消费信贷的强烈增长与未来消费的增长之间具有正向关联性的结论，逐渐被越来越多的研究人员所认可。Bacchetta 和 Gerlach 在 1997 年发表的研究成果中指出在包括美国在内的五个经济合作暨发展组织（OECD）国家已经可以通过所给出的早期可预期的消费信贷增长的数据，预知消费总额未来增长趋势，这表明，个人信贷增长与消费增长有很密切的关系。Antzoulatos 在 1996 年对消费预测研究中，发现当将消费信贷作为一个解释变量时，经济合作暨发展组织（OECD）对美国的消费预测值将会变得更为精确，McCarthy（1997）也发现债务方面的提高与未来消费开支方面的提高是相联系的。Ludvigson（1999）也发表了有关在美国可预测消费信贷的增长是有助于预测消费增长的研究成果。由此，宏观经济预测中应用消费信贷这个变量来预测未来消费，由历史经验研究已得到证据证明。

另外，消费信贷增长和耐用消费品购买增长存在高度相关关系。前期的消费总额持续增长有助于预测即期消费信贷增长，而前期消费信贷的增长又有助于预测即期耐用消费数额的增长。建立一个正确的模型来考察这种自然存在并同时发生作用的相互关系，可有助于预测分析这类数据，指导宏观经济微观主体进行各项决策。

21.3.2　信用约束是解释消费信贷增长和预测消费增长的重要因素

为什么消费信贷的增长可以预测消费增长？目前达成的共识在于信用约束的存在。

第一，研究者发现消费信贷与消费波动相关，而这种相关关系来自于信用约束（Japelli & Pagano，1989）。他们发现不同的国家消费信贷与消费间比率相差悬殊，瑞典消费信贷与消费总额的比率为36.7%，而希腊仅为0.2%，住房抵押贷款比消费总额的比率也是如此。他们研究表明，在消费信贷与消费比率较低的国家中，消费信贷与消费间的关系将更有可能表现为"过度敏感"（弹性较大）。在考虑了其他可能的解释变量之后，这种跨国比较得出的结论是，信用约束是背离消费生命周期模型的重要决定因素。

第二，信用约束随时间变动，同样影响消费，进一步说明了信用约束在消费信贷与消费时间起关系的重要联结作用。Bacchetta 和 Gerlach 的研究不仅发现在可预期的消费贷款增长和消费之间存在正相关关系，而且他们也特别关注一个衡量信用紧张的变量——贷款利率与存款利率的差值，在不同国家中，它总是与未来消费总额间呈显著负相关关系。这项研究同时发现当引入一个测定银行贷款意愿的变量，将其作为信用增长的作用变量时，信贷增长同样可预测消费增长间的关系，这意味着这种关系受到对信贷需求影响比信贷供给影响更大。他们对美国消费总额时间序列的考察中发现：随着时间推移，美国的消费总额对信贷增长的敏感度会随之下降。他们用20世纪80年代美国放松对金融的管制导致信用约束作用下降的原因来解释这一现象。

Ludvigson 设计了一个模型，在这个模型中流动性约束随时间而变动，而且与家庭收入成比例。在这一模型中，发现消费信贷市场的放松管制，导致的流动性约束的放松会导致消费的增长，而得到的实证性结论是可预测的消费信贷的增长可预测消费的增长。Ludvigson 用这一发现解释了为何20世纪80年代美国对信贷市场降低了管制水平，10年里消费大幅增长。

第三，"消费潮"现象的引入。研究者 Antzoulatos 发现在美国收入强劲增长的时期，那些没有考虑消费信贷的模型不能预测美国的消费增长。而对此他提出了"消费潮"假说。猜测当家庭对未来收入的预期增加时，他们会在当前更多地借款，期望未来收入增多可以偿还这些借款。因此，如果这些家庭没有受到信用额度的限制，他们会花费更多的支出，这远远超过他们的同期收入，他们会更多地进行借贷，Antzoulatos将这种现象命名为"消费潮"。于是他认为对消费信贷增长的研究可以有助于预测消费潮，而且消费信贷增长的数据应该考虑放入宏观经济预测的方程式中。

21.3.3　信用约束随时间推移的研究

信用约束有助于解释消费信贷增长为何可以预测消费增长。但为何信用约束会随时间而改变呢。后续的研究进一步从银行的信贷政策，家庭的信用等级的变动，以及家庭负担的角度分析信用约束随时间变动的原因。

21.3.3.1　银行信贷政策

Rajan（1994）发展了一个基本模型从银行信贷政策来理解消费约束的变动。在此模型中，当其他银行大多处于困境时期，投资人一般会对经营利润微薄的银行给予一定的债务豁免；但若仅仅只是一家银行发生利润下降而其他银行经营良好时，投资者就不太可能会对经营不善的银行给予债务豁免。因此，经济形势良好时，银行会放松贷款标准以增加收入，但是在银行总体经营情况下滑时期或者当投资人开始对某家银行进行行业内实力评估之时，银行会严格限定贷款标准（这会使银行短期收入急剧下滑）。Rajan试图说明这一类行为导致了银行的信贷政策呈现周期性的特点，即银行会在经济高涨的时期放松银根，而在经济衰退时期紧缩银根。

Bernanke、Gertler和Gilchrist（1996）也提供了一种流动性约束随时间推移而变化的解释。他们的模型主要针对公司，当经济处于低迷时，资本金较少的公司很难获得足够的贷款。这样金融部门便对经济的周期循环起到了助推器的作用。虽然他们的研究着重于对公司层面的考察，但家庭的贷款市场也可以运用相似的机制原理进行考察。Ferri和Simon在1997年对这一观点进行了深入的研究。他们运用了消费金融的调查数据（Survey of Consumer Finances），找到经济衰退期信贷受约束的家庭数字，证明了在经济衰退期间信用度较低的贷款人能得到的信贷额度要比信用度高的贷款人少很多。

21.3.3.2　经济大萧条时期的信用约束

Oiney在1999年一篇著名的文章中，为消费信贷和消费的关系提供了一些历史背景。他发现消费信贷在"经济大萧条"（1931—1933年）中扮演了一个重要的角色。

以前的一些研究者只发现作为1930年"大萧条"起因的消费急剧下降不能由财富和收入来解释，可他们并没有提出消费急剧下降的理由。

Oiney 对此有了突破性的进展，他认为1930年消费贷款比收入的高比率，以及对于不能清偿债务的债务人的严厉处罚，可以解释这次消费的大幅下降。20世纪20年代，家庭如果担保贷款违约，他们不仅会失去作为贷款担保品的全部使用权，而且也会丧失对物品新追加的全部投资。这产生的结果是，当遭遇失业或薪金下降时家庭会减少消费，确保他们的收支平衡，以避免违约以及随之而来的严厉处罚。在这样的法规规定之下，30年代早期，汽车贷款等消费贷款的违约率几乎没有上升，这与企业贷款市场上的呆滞坏账比率持续攀高形成了鲜明的对比。

1933年和1938年之间，在美国的一些州，州法院对消费信贷违约者所制定的处罚条款的确过于严厉，这直接压抑了消费信贷的发展。1938年，美国联邦法院终于在全美范围内改革联邦立法对消费信贷规定，克莱斯勒金融公司和福特汽车信贷公司第一次被勒令同意：所有的销售融资公司在违约事件处理中要归还消费者对物品的追加投资。显然消费信贷违约的处罚减轻了，而同时期的消费信贷违约率立刻上升。

Oiney 对违约处罚减轻前后的消费总额与消费信贷之间关系进行了检验。结果表明了1919—1932年这段时期内，当违约处罚较重时，前期的债务水平高低与即期的消费总量多少之间有负向相关关系。而这种关系随时间推移发生了变化，1938—1941年这段时期，违约处罚力度减轻了许多，前期的债务水平与即期的消费总量有了正向相关关系。

21.3.4 家庭债务负担与家庭信贷增长

家庭债务负担定义为家庭的债务与他们可支配收入的比率，是对家庭将每个月的偿还债务收入的衡量。这一指标由美国联邦储备局进行测算，已成为宏观经济中重要的观察指标。研究家庭债务负担与消费信贷的文献也比较多，许多观点并没有达成完全的共识。

债务负担与未来消费的关系。关于这方面的研究，有人认为家庭债务负担的高水平意味着美国家庭的金融风险，最终会导致缩减他们的消费（Dukin & Jonasson，1998）。债务负担增加到一定的限度，家庭会承担不起债务的增加，于是可预期未来的消费信贷会减少，消费也会随之下降，从而有学者认为债务负担可作为经济衰退的先行指标。但最近 Murray（1997）提出债务负担不应该被认为是经济衰退的一个事先指示器，因为有信用问题的家庭相对于全体家庭来说还只是极小的一部分，并不太可能会对整个家庭消费信贷市场产生很大的影响。然而，在1998年，Murphy 却发现债务服务负担滞后变量与消费总额预测呈现一个显著的负相关系数。这个发现与其他一些研究不相一致。这种矛盾的可能解释是在 Murphy 的回归模型中没有包括其他一些有影响的变量。但无论如何，这种债务服务负担率与消费间呈显著负相关关系的推断似乎并没有得到足够有力的证据支持。

债务负担与违约率、消费的关系。家庭中的高负债比率会导致增加的家庭违约率和破产率，如果债务损失比想象中的大，那么这会严重地损害借贷者的利益。研究者发现债务负担与高的消费贷款违约率相关。家庭借贷增加，家庭的债务负担也会随之增加，借款多了，债务违约的风险也会增加，银行考虑到这一点，家庭面临的信用约束也就会随之增加。虽然违约率对消费支出没有什么直接促进作用，但会通过影响信用度，信用约束从而对消费支出产生间接作用。研究发现，银行发放消费贷款的意愿值[①]与违约率呈负相关关系。因此，债务负担与消费总额间的关系可能更复杂；债务负担的上升可能会导致债务违约率的上升，引起可得信用额度的紧缩，从而可能会对消费产生负面的影响。Gamer 在1996年也发现衡量债务负担和信用等级的变量对消费增长并没有显著的影响。

Dean Maki 直接从各种概念的经济意义展开研究。[②] 他提出衡量债务负担有许多度量工具，由于债务负担本身概念不是明确的。不同的债务负担组成结构显示了不同的经济增长特点。可当采用一种全新标准，克服债务负担对债务结构的依赖，但仍难以明确地论证出高债务负担、过失（违约）、破产和预测未来消费支出之间的清晰关系，而与之对比的是高额的消费信贷增长确实预测了未来支出的变化。

---

① 由美联储贷款办公室测算。
② Lehnert 和 Maki（2000）分析了在家庭消费和资产组合上选择破产的效果。Maki 发现，在1986年的税务改革运动之后，家庭迅速从消费债务转变为抵押债务。这表明，所建可能是一个需要慎重考虑的事项。另外，消费债务的利率支付与本金支付较小相关，因此，调整过的税率级数可能与这里所讨论的级数没有本质的区别。

从上面来看债务负担与消费的关系不甚清晰，另一些研究者开始对家庭收入的不均衡与消费信贷，不同收入层次家庭消费信贷的特点进行研究。为什么总债务负担和消费之间只存在微弱的联系，是因为总债务负担不能很好地衡量中低收入的家庭，他们可能面临信贷问题最多而且是那些消费对债务负担变化最敏感的群体。从表2可以看出，债务负担对收入的比例在各收入层基本一致，如第三列所示。而债务对净财富的比重，在净财富最低的一类家庭为65.4%，但是在家庭财富积累最高的家庭中这一比例下降为仅有1.9%。这表明，家庭净财富最大的一类家庭占有总量一半以上的债务，因此，这一群体的家庭债务负担方面的变化会强烈地影响总体债务负担的大小。并且，在家庭财富最高的家庭群体中出现违约的比率是相当低的，他们对债务负担的变化并不敏感。这样，总的债务负担并不能很好地清晰衡量中低收入家庭债务负担的变量，而中低收入家庭作为信用卡最广泛的持有者，相应地，他们也是最可能面临贷款问题的群体，也是消费对债务负担变化最为敏感的群体。

表2　　　　　　　　债务服务支出占家庭净财富的比重

	家庭净财富（$000）	债务负担比收入（%）	债务负担比净财富（%）	每一群体债务负担比重（%）
1	<25	14.2	65.4	16.6
2	25—100	18.7	11.6	29.0
3	>100	13.5	1.9	54.4

资料来源：1995年消费者金融调查。

涉及债务负担的第三方面的研究是关于债务负担通过间接方式影响消费。King在1994年拓展了费雪（Fisher）在1933年的研究，将研究重点集中在信贷传导商业周期循环中所起的作用。在费雪模型中，当一个高负债负担的家庭受到一个外生性冲击（举例来说，例如对家庭预期的未来收入的冲击）的时候，家庭将被迫降低花费减少债务，这会导致资产价格下降，甚至低于净值；或者，债务负担通过一个较复杂的作用过程，最后将会导致未来产出的减少。凭借这个过程，在高的债务负担比例状况下比在低的债务负担比例状况下，费雪债务紧缩过程更有可能将一个原始的外生性经济冲击转换成为对实际产出更大的影响力。

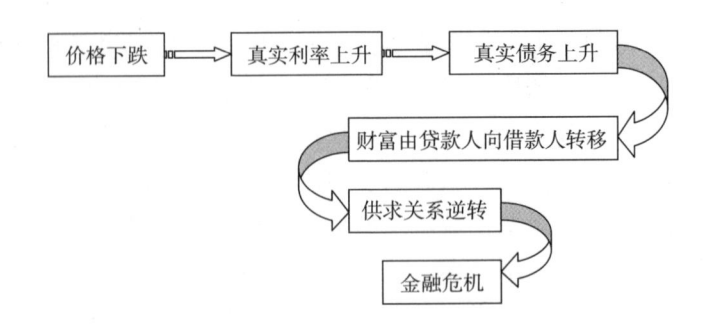

价格下跌 → 真实利率上升 → 真实债务上升 → 财富由贷款人向借款人转移 → 供求关系逆转 → 金融危机

图 1　费雪债务紧缩过程

King 认为债务紧缩过程可能在 1990—1991 年的衰退中扮演了一个重要的角色，他指出在那些衰退最为严重的国家中，20 世纪 80 年代债务方面增长也是最剧烈的。1993 年 Blanchard 和 Hall 两人提出了"消费休克"（consumer shock）来解释这次衰退，而"消费休克"并不完全由家庭收入的急剧减少造成，信贷在一定程度上造成了这次消费不足。

Carroll 和 Dunn 在 1997 年也分析了家庭的债务增长和消费的关系。与前面提到的研究相一致的是，他们也发现了消费信贷增长与未来持久消费之间存在正相关联系；但是，在他们的模型中，首付定金的限制起到了关键的作用。他们在金融自由化的条件下建立一个模型，放松首付定金的约束将导致比较高的债务负担，而这又进一步导致消费对失业率预期波动的较高敏感性。他们在对美国的研究中发现，20 世纪 80 年代逐步解除对美国金融市场的管制之后，消费总额变得对预期失业率更为敏感。因此，他们认为，20 世纪 80 年代美国比较高的债务负担只是金融市场解除管制的一个现象，而且比较高的债务负担确实使家庭对预期变化变得更为敏感。

21.3.5　小结

对消费信贷、信用约束、债务负担这些经验性文献的考察中，我们发现了消费信贷一些规律。在大多数人的观念中，消费信贷增长通常被看作对未来经济有负面挤出作用，将会导致未来消费的减少。事实上，在对美国的理论研究的综述中的许多看法却恰恰与这种常识性的认识相反。

在对消费总额的均衡预测中，学界达成的共识是前期消费信贷增长（或可预期的同期消费信贷增长）与消费总额增长之间存在正向相关关系。这样的发现要求任何对消费总额进行预测的人员都必须关注消费信贷的增长。这在早期的研究中已经被多次提及，Bacchetta 和 Gerlach、Ludvigson、Antzoulatos 和 Carroll 及 Dunn 对此都有研究。

Bacchetta、Gerlach 和 Ludvigson 对此提供的解释主要集中在信用约束上，但特别应该值得关注的是：究竟什么才是造成贷款拒绝率（denial rates）随时间变化的真正原因？由 Rajan 提出并且借由 Bemanke、Gertler 和 Gilchrist 修正过的解释也可能只是揭示了几种因素，而不是全部因素。举例来说，消费信贷的迅速增长可以解释为家庭对他们的未来收入有了更为乐观的预期。换句话说，消费信贷增长从某种意义上来说只是能衡量消费者的信心。因此，对搞预测的人来说，区分信用约束和消费者信心（或者其他仍未揭示的因素）对预测消费信贷作用是至关重要的。

没有什么证据能有力地支持家庭债务负担或其他信用等级的变化将在短期内导致未来消费向相反方向变化。但是，这并不意味着债务服务负担不会影响未来消费，一些理论模型仍然坚持认为高比例的家庭债务服务负担将会使家庭对未来收入预期变化更为敏感。

21.4　国内消费信贷未来研究方向

从美国的消费信贷的研究状况来看，消费信贷已成为宏观经济中的重要指标，大部分的研究是关于这一指标对消费、经济增长的指示作用。中国消费信贷才刚刚起步，但发展的速度却很快，它已日益成为经济发展中一个重要的变量。如何把消费信贷引入对消费的预测，从而实现对经济的预测，以及消费信贷是否是解决内需不足的可行方法，这些问题都值得我们进一步的探讨研究。从上面的美国对消费信贷的经验性研究中我们可以得出结论：消费信贷可以在一定程度上预测消费的增长，而这种预测的理由在于消费信贷可在一定程度上解决信用约束的问题。随着中国消费信贷的迅速增长，它作为宏观经济预测和观察指标的可能性也与日俱增，但这一指标与经济发展等变量的关系还有待中国学者的进一步研究。

我们要看到，中国的情况与美国有许多不同：从规模来看，美国消费信贷总额 2001 年达到最高 1.8 万亿美元（美国历年消费信贷总额可见

图2），而中国的消费信贷总额为1万亿元人民币；从种类来看，美国消费信贷种类比较齐全包括信贷额度（line of credit）、学生贷款、汽车贷款①、无抵押个人贷款、个人资金周转贷款、房屋整修贷款、耐用消费品贷款、个人债务重组贷款②等；而中国的消费信贷才刚刚起步。从发放贷款的单位来看，美国有商业银行、财务公司、非金融性商业企业③等。而中国为商业银行；从市场的发展情况来看，美国中短期消费信贷二级市场也逐步发展，其中最主要的参与者是商业银行、财务公司和非金融性商业企业。④ 此外，随着资产证券化的发展，金融机构也可以将所持有的对消费者个人的债权通过证券化的形式转变成为二级市场的投资工具。美国住房消费信贷市场还可分为一级市场和二级市场。一级市场是商业银行，抵押贷款公司和储蓄借贷机构等向借款人发放住房消费贷款的市场；二级市场是FANNIE MAE（联邦全国抵押贷款协会）、GENNIE MAE（政府全国抵押贷款协会）⑤ 等二级市场经营机构通过发行住房抵押债券筹措资金，向银行等一级市场贷款机构购买住房抵押贷款，同时也向其提供了更多的贷款金来源的市场；从中介机构来看，美国的评级机构比较健全，商业性的信用报告机构来完成信用调查工作，这些机构专门负责收集、保存申请人的有关信用资料，并向消费信贷贷款机构出售这些资料以获利，目前美国主要的信用报告机构有三个，它们是Experian信息服务公司（Experian Information Services）、Trans联合公司（Trans Union）及Equifax公司（Equifax, Inc.）。而中国进行的信用调查一般比较粗浅，没有专门的信用报告机构，个人信用制度没有完全建立起来。就消费信贷发展的环境而言，消费信贷在我国立法尚不完善，个人破产法没有出台，而美国有一整套完善的消费信贷立法体系，有个人破产法；对

---

① 学生贷款和汽车贷款属于分期付款。
② 银行向消费者提供个人债务重组贷款的唯一目的是通过贷款，让个人负债过高的消费者有机会进行债务调整，把每月需要还本付息的债务额降到个人收入能够负担的水平上，使消费者免予落入破产的境地。这些针对个人不同需要的贷款也可以被统一归类为个人量身定做贷款，这主要是从商业银行的角度研究。
③ 汽车制造厂家、航空公司、租车公司、电讯公司等企业提供的信用卡。这种信用卡全部都属于维萨卡和万事达卡。
④ 这些企业主要是些零售企业，直接向消费者提供各种形式的商业信用，其真实的信贷余额较少，这与商业企业较高的现金流通率的要求是相一致的。
⑤ FANNIE MAE后转化为私营机构。

21 消费信贷，信用约束与经济增长 / 303

表3　中国人民银行负债结构（2001—2010）

单位：亿元

科目	2001年	2002年	2003年	2004年	2005年	2006年	2007年	2008年	2009年	2010年
储备货币	39851.73	45138.18	52841.36	58856.11	64343.13	77757.83	101545.40	129222.33	143985.00	185311.08
货币发行	16868.71	18589.1	21240.48	23104.00	25853.97	29138.70	32971.58	37115.76	41555.80	48646.02
金融性公司存款	17089.13	19138.35	22558.04	35672.79	38391.25	48459.26	68815.86	92106.57	102429.20	136665.06
准备金存款	17089.13									
不计入储备货币的金融性公司存款	5893.89	7410.73	9042.84	79.32	97.91	159.87	157.96	591.20	624.77	657.19
发行债券		1487.5	3031.55	11079.01	20296.00	29740.58	34469.13	45779.83	42064.21	40497.23
国外负债		423.06	482.58	562.28	641.57	926.33	947.28	732.59	761.72	720.08
政府存款	2850.49	3085.43	4954.71	5832.22	7527.23	10210.65	17121.10	16963.84	21226.36	24277.32
自有资金	355.21	219.75	219.75	219.75	219.75	219.75	219.75	219.75	219.75	219.75
其他负债	-516.79	753.66	474.11	2105.96	10648.33	9719.55	14837.14	13586.45	18653.20	7592.23
总负债	48434.53	51107.58	62004.06	78655.33	103676.01	128574.69	169139.80	207095.99	227535.02	259274.89

注：其中，2002年以后，"准备金存款"不再单列，被并入了"金融性公司存款"；2008年起，删除原报表项目"非金融性公司存款"及其子项"活期存款"，增设"不计入储备货币的金融性公司存款"，所以，2001—2007年的"不计入储备货币的金融性公司存款"实为"非金融机构存款"；2001年的"总负债"根据对应科目计算得出。

资料来源：中国人民银行网站。

304 / 第四编　银行改革及风险

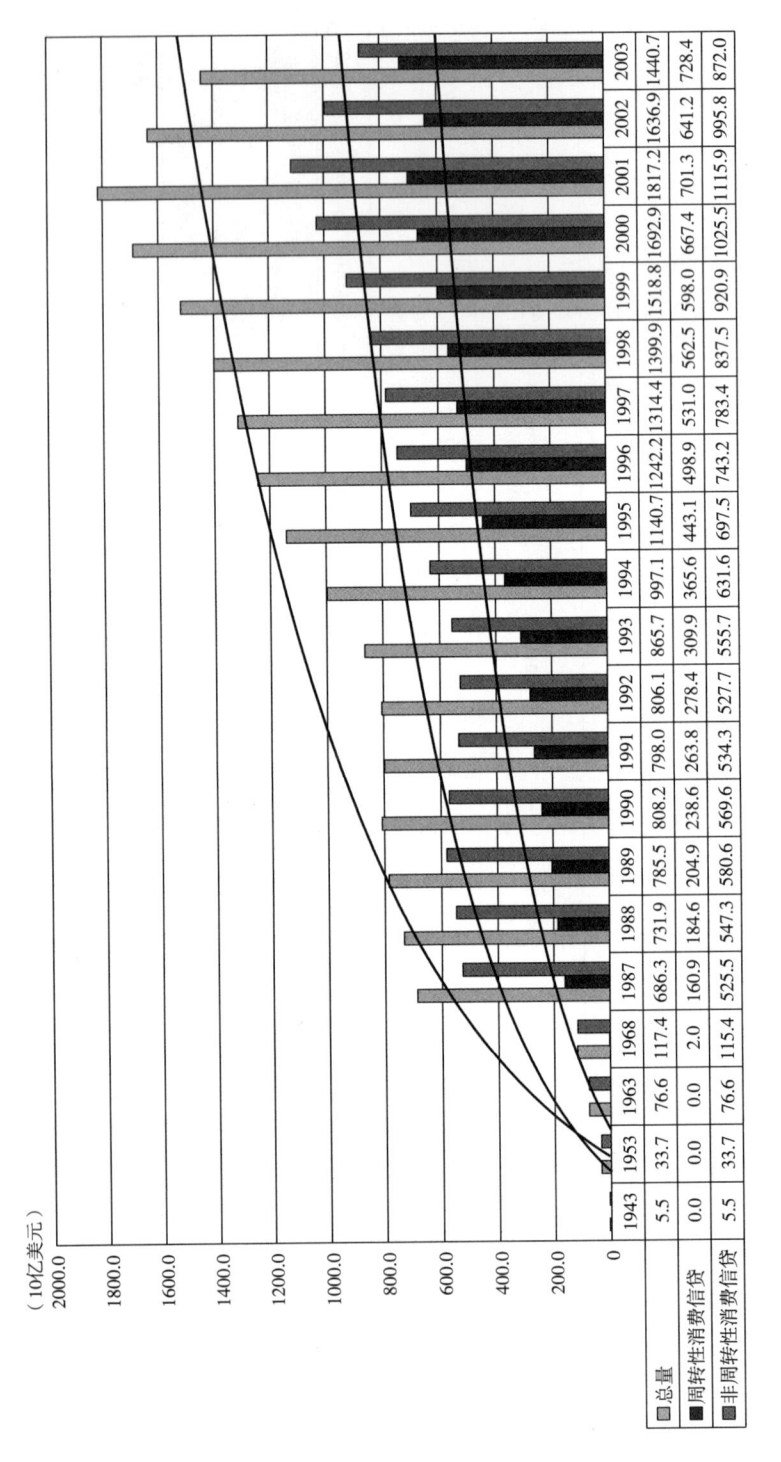

	1943	1953	1963	1968	1987	1988	1989	1990	1991	1992	1993	1994	1995	1996	1997	1998	1999	2000	2001	2002	2003
总量	5.5	33.7	76.6	117.4	686.3	731.9	785.5	808.2	798.0	806.1	865.7	997.1	1140.7	1242.2	1314.4	1399.9	1518.8	1692.9	1817.2	1636.9	1440.7
周转性消费信贷	0.0	0.0	0.0	2.0	160.9	184.6	204.9	238.6	263.8	278.4	309.9	365.6	443.1	498.9	531.0	562.5	598.3	667.4	701.3	641.2	728.4
非周转性消费信贷	5.5	33.7	76.6	115.4	525.5	547.3	580.6	569.6	534.3	527.7	555.7	631.6	697.5	743.2	783.4	837.5	920.9	1025.5	1115.9	995.8	872.0

图 2　美国消费信贷余额

资料来源：http://www.federalreserve.gov.

一般消费者而言，中国消费观念比较保守，对还贷的预期不确定，而美国的消费信贷已成为一种文化，人们已认识到消费信贷是可以用预期收入将即期生活条件提高的家庭理财方式。

总之，美国的消费信贷市场经过长期的演变发展，不断建立和完善，已经逐步走向了成熟健康发展的良性轨道。美国市场的成熟与中国的不成熟，这些对于借鉴美国经验研究中国的消费信贷与经济增长，是必须考虑的因素。中国的消费信贷尚未达到美国的程度，美国的研究成果不可以拿来套用，但消费信贷对于消费的促进，预测作用可以作为研究中国宏观问题的另一视角。而且随着近两年来国内消费信贷的迅速发展，消费信贷越来越成了中国经济迅速增长的重要因素，研究消费信贷与国内经济增长的内在联系，更显得重要了。

22 当前中国金融改革所面临的困境与难题[①]

22.1 当前中国金融改革所面临的问题

第四次全国金融工作会议在2012年年初召开,按照惯例,作为国内金融改革的五年规划,前几次全国金融工作会议都对中国的金融改革进行了重大的战略规划,并出台了一些重大的金融改革方案。可以说,在第四届全国金融工作会议之前,政府对此会议同样有比较好的准备,由各部委分工对一些基本金融问题做了系统的研究。比如金融国资委、利率市场化、汇率市场化、资本项目下的开放及系统性风险等问题,都做了较为深入的研究,但是这些研究成果并没有转化为实际的具体政策。因此,市场对这次会议大跌眼镜。

我们可能要问的是,为何这次全国金融工作会议上没有对一些重大金融问题给出一个具体的改革方案?为何已经准备好的方案与规划没有落实并转化为实际政策?可以说,这次会议关于金融改革内容,尽管涉及金融机构改革、金融风险防控体系建设、金融宏观调控体系完善等方面,但这些都是一般性问题,并没有明确未来金融改革的工作重点,也缺乏明确的金融改革目标。可以预测,出现这种情况可能与当前金融市场的利益格局十分纠结及中国金融改革面临重大转向有关。

我们应该看到,近十多年来,特别是1998年亚洲金融危机以来,中国在推进金融机构改革特别是大型国有商业银行改革,推进股市股权分置改革及汇率制度改革方面是取得重大进展的,这也为中国金融机构在应对2008年美国金融危机打下了一定的基础。不过,面对国际金融危机

[①] 该文章发表在《经济前瞻》2011年第2期。

的冲击，中国金融体系的脆弱性也在逐渐地表现出来。特别是 2011 年国内金融市场的一系列异动，如温州民间金融市场爆发、政府融资平台累积的风险增加、房地产价格下跌可能面对的信贷风险、影子银行的盛行等，都成了国外市场做空中国金融市场及中国经济的题材。

国际货币基金组织（IMF）在 2011 年 11 月 14 日公布的对中国金融部门进行的首次正式评估中指出，中国的金融体系总体稳健，但金融体系的脆弱性在逐渐增加。该报告指出，中国金融部门近期面临几大风险：快速的信贷扩张导致贷款质量恶化；影子银行和表外活动导致银行脱媒现象加剧；房价下跌；全球经济形势不明朗。表面上看，中国的多数银行似乎有能力抵御"单独出现的冲击"，比如资产质量大幅恶化（包括房地产市场的调整）、收益率曲线的移动及汇率的变化，但如果几个风险同时发生，银行体系可能受到"严重影响"。也就是说，面对中国金融体系的脆弱性，国内金融体系面对的系统性风险随时都可能爆发。如何加快中国金融体系改革是防范这种风险的关键所在。

在这样的背景下，如何突破既得利益集团的阻碍，保证中国金融业进一步改革开放，加大金融改革力度，增强中国金融体系的体质则是中国未来金融改革的重点和基础。应该看到，当前中国金融体系与快速发展的实体经济不相适应性、中国僵化的金融体制与经济大国地位不匹配性，以及中国金融市场的汇率和利率市场化、资本账户开放等方面改革进展缓慢，都是当前中国金融改革的重点与难点。如果中国金融改革不能够在这些方面有重大进展，它不仅成为中国实体经济增长的重大障碍，也将增加中国金融体系的风险。本文认为，这些都是这次全国金融工作会议提出的多项金融改革的难点与突破口。

22.2 让金融回归到常识

第四届全国金融工作会议，最有新意及最核心的内容就是对实体经济与虚拟经济关系的清晰思路，提出了要坚决抑制社会资本脱实向虚、以钱炒钱，防止虚拟经济过度自我循环和膨胀，防止出现产业空心化现象；金融市场就得为实体经济提供优质服务；金融创新不是为创新而创新，而金融创新只是为实体经济发展服务。这些都是与以往不同的新提法。这种提法与以往金融改革的思路有很大不同。本文认为，如何让金融为实体经济服务，或如何让金融回归到常识，这将成为中国金融业或全球金融业未来发展的方向与基本原则。

那么，这次全国金融工作会议为何会强调金融业要回归到服务实体经济上来？这样一个思路对中国金融业未来发展会有什么样的影响？为何这次会议之前市场所关注一些重大金融改革暂时没有推出而把重点放在理顺实体经济与虚拟经济的关系？可以说，这次全国金融工作会议会提出这样的金融改革思路，这可能与对2008年以来美国金融危机反思有关。可以说，当前全世界所有的经济问题，与20世纪30年代经济危机有根本性的不同，以前的危机主要是由实体经济所引发的，而最近的危机基本上是与金融问题有关。可以说，当今世界上不少经济问题无不与金融风险有关，无不与信用过度扩张有关，只不过，不同的市场、不同的国家及地区，这种信用过度扩张的方式不同罢了。而信用的过度扩张就是信用的扩张严重超过实体经济对它的需求；或信用扩张严重背离实体经济的需求，从而形成了一个完全在实体经济运行之外独立运行的金融市场或社会资本在实体经济之外循环。在这种情况下，容易导致各国货币超发、银行信贷滥用、各种金融杠杆无限扩张与放大等，而这些行为一旦走到极端就是不同方式的金融危机爆发。

比如，2008年美国金融危机主要是由银行信贷过度扩张吹大房地产泡沫，并通过金融衍生工具的杠杆化又把这种过度扩张的信贷无限放大，让信用过度扩张到极致；欧洲主权债务危机则是国家债务信用过度扩张的结果。自2003年以来，过度信用扩张也成了中国经济增长的基本工具。在1998—2002年，银行信贷增长的速度年均为1万亿元左右，而到当前信贷增长速度则达到年均近8万亿元，后者是前者的8倍，但实际上2010年GDP增长只是2002年的不到4倍。每年信贷增长远远大于实体经济需求。比如近些年来，每年新增名义GDP 5万亿元左右，新增实际GDP为4万亿元，但近三年的信贷增长年均超过8万亿元以上。尽管这几年的国内银行信贷过度扩张还没有引发中国的金融危机，但这种信用的无限扩张所带来的问题与风险也是无可复加了。比如，房地产泡沫吹大、商业银行的信贷风险及地方融资平台的风险增加、民间信贷市场的"炒钱"、中国影子银行泛滥等都是一个个可能引发国内金融危机的导火线。

可以说，要拆除这些引发中国金融危机的炸弹，就得从界定金融服务与实际经济关系入手，或就如何来确定信用扩张的合理边界，如何让金融市场的扩张适应实体经济发展或为实体经济服务。因为，金融发展与繁荣能够化解实体经济所面临资金不足的缺陷，促进实体经济发展与繁荣；同时，如果信用扩张过度，让大量的资金在金融体系内膨胀与循环，又容易推高资产价格，形成金融泡沫及风险，让产业空洞化。因此，如果理顺实体经济与金融市场的关系，如何界定金融市场的边界，应该是这次会议之后，国内金融体系改革的主要方向与原则。

因为，一般来说，金融就是通过信用对资源跨时空的配置，就是对信用风险的定价。而信用是什么？信用就是不同当事人的承诺。而当事人的承诺仅是个人本身的意愿。如果这种承诺不能够界定在一定的限度内，如果这种承诺不能够通过有效的法律制度来保证，或对这些行为进行有效的激励与约束，那么任何一个当事人过度使用这种承诺就是必然。在这种情况下，这种当事人能够把使用这种承诺收益归自己，成本则让整个社会或他人来承担。金融市场当事人从事高风险的投资也就必然。如果把信用扩张限定在合理的边界内，当事人信用扩张的成本与收益分配就能够归结在自己身上，当事人行为就得谨慎从事。这是当前全球金融市场面临的最为重要的金融理论问题，也应该是未来中国金融制度改革的基点与重点。因此，当前中国金融改革转向到最本原的问题上来思考，其意义不可低估。2011年10月15日，有82个国家共951个城市响应参与"占领城市"运动，也应该是现代金融业这种重大转折的一个先机。

同时我们也应该看到，不仅企业及个人的信用无限扩张或过度使用金融体系则成这些主体行为常态，而且这也是现代政府用来调整社会分配等关系的手段。因为，过度使用现有的金融体系不仅方式与工具多元，使用十分便利，而且金融产品的特性使然，即金融投资收益当时性及显性化，而成本及风险未来性及潜在性或隐蔽性。这不仅为政府过度使用现有金融体系提供了便利，也降低了来自社会各方的阻力。表面上看，这种政府过度信用扩张的方式可以通过政府政策来拉平不同的企业之间、不同群体之间、不同阶层之间等财富与收入关系，但事实上它则可能成为成本最高的再分配方式。这不仅危及了接受者的利益，也牺牲了纳税人的利益。比如美国次贷危机就是通过过度扩张的信用政策滥用信贷给低收入居民购买住房并造成证券化市场过度繁荣，就是以美国金融体系最后崩塌及美国经济多年衰退为代价的；而中国对银行利率过度管制同样是一种严重的财富转移机制。它是通过政府对利率管制让存款人的利益转移给贷款人的机制。

而信用扩张过度就会使融资杠杆过度提高。杠杆率越高，信用过度扩张的程度就越高。美国次贷危机爆发后之所以会导致整个美国金融体系崩塌，就在于其基础资产到最后衍生产品过高的杠杆率（最高倍数达620倍），因此去杠杆化或让金融为实体经济服务就成了化解当时金融危机的基本前提。尽管当前中国的情况与美国市场有很大差别，但去杠杆化同样是理顺金融经济与实体经济关系，挤出金融市场泡沫的最为重要的一环。

当然，我们也应该看到，金融业对经济发展的重要性基本成了社会的一个共识。因为，金融发展或信用扩张给实体经济带来的繁荣是令人瞩目的。它一方面能够化解实体经济所面临资金不足的缺陷，促进实体经济发展与繁荣，同时，金融业也是政府通过政策来拉平不同的企业之间、不同群体之间、不同阶层之间等财富与收入分配关系最为便利的手段。这就是为何现代政府都有意愿把信用过度扩张运用得淋漓尽致。另一方面，如果金融扩张过度或过度使用信用，让泛滥的信用在金融体系内膨胀与循环而不服务于实体经济，这必然会推高资产价格，形成金融泡沫及风险，让整个社会与经济都处于极高的风险之中。因此，如果理顺实体经济与金融市场的关系，如何界定金融市场的边界，应该是第四次全国金融工作会议的核心内容，它道出了金融业的本质及国内金融市场未来改革的主要方向。

既然金融的本质是服务于实体经济，那么"优质的金融服务"概念也就呼之而出了。该概念是本次会议最有创意的金融概念。对于这个概念含义与理解，或许不同的人有不同的理解。但是从文件层面来看，应该理解为金融服务能够做什么及不能够做什么。比如当前中国的金融服务能够做的方式有通过金融服务来支持国家经济战略的转移，引导国内产业结构的调整，重点支持弱势的产业、企业及不同的群体等。通过不同的金融工具与市场来鼓励节能减排、环境保护和自主创新相关的产业及行为等，加大对公共基础设施的建设融资支持，并通过合理的信用政策来拉平不同的产业之间、企业之间、不同群体之间、不同阶层之间等财富与收入分配的关系等。比如，对农业的金融支持，化解中小企业融资难的问题，对建设保障性住房的金融支持等。这些将是 2012 年国内货币政策关注的主要方面。

不能够做的方面有，要严格控制过高的杠杆率、利用过高的杠杆率来推高资产价格，严禁用"钱炒钱"等。中国金融市场的"去杠杆化"将是未来金融改革的重要方面。也就是说，优质的金融服务不仅是所谓创新一个金融产品和工具或建立一个金融市场就可以了，而且要看这些产品、工具及市场等是不是保证金融服务纳入为实体经济服务轨道。如果仅是谋取金融收益，而不能够对实体经济产生实质性有益影响，那么这种金融服务并非是优质的。正如报告所指出的，金融服务不能为金融创新而金融创新。可以说，强调"优质金融服务"具有十分强烈的政策内涵。也就是说，基于金融服务的本质在服务实体经济，中国未来金融改革对现行国际市场十分流行的衍生产品、工具及市场推出会采取十分谨慎的态度，证券市场的发展将更注重为服务于实体产品、工具与市场上。

可见，让金融回归常识或本原，或是国际金融业未来发展的一个新转折，也是中国金融业改革的一个新起点。这个新起点就是强调金融为实体经济服务，如何界定信用扩张的边界。因此，"去杠杆化"不仅是欧美国家当前金融改革的重点，同样也是当前中国金融改革的主要议题。

22.3 守住防范系统性风险的底线

在这次会议看来，从这几年情况来看，美国金融危机引发的世界经济衰退将长期化，防风险将是金融业永恒的主题。因此，中国的金融政策、金融监管、金融市场秩序、金融市场行为及金融发展都得守住防范系统性、区域性金融风险这条底线。要充分发挥金融市场配置资源的基础性作用；要避免金融机构及金融市场片面求大和跨区域盲目扩张；对于各类金融风险的处置，要坚持"谁的孩子谁抱"的原则；对于金融监管则要寓管理于服务之中等。

这些不仅是中国金融市场发展之原则，也是把握现代金融市场精神的要义与常识，同时也是现代金融发展的市场法则和把金融服务于实体经济的原则具体化。既然当前国内外所有的经济问题基本上都是一个金融问题,因此,我们政府如何对金融问题的重视也不为过。而对金融问题的重视不仅在短期内要守住防范系统风险的底线,更要看到防范金融风险的长期化及永恒性。比如,当前欧美国家金融危机,并非在短期内出台什么救市政策就可化解的问题,而可能在错综复杂的政治与经济各种交织矛盾中长期无法化解。因此,在这样的背景下,中国能够做的只是把自己事情做好,增强自己体质以便增加抗击外部风险的能力。

那么,防范风险为何是金融市场永恒的话题?一般来说,金融的要义就是给信用的风险定价。只不过不同的金融市场、金融工具、金融组织、金融产品等给信用风险定价的方式不同罢了。不过,由于信用又是企业、政府及个人的一种承诺,由于任何法律制度都是不完全的,因此,要保证这些承诺完全履行并非易事。在这种情况下,无论是政府,还是企业及个人信用的无限扩张或过度使用金融体系则成为这些主体行为常态。只要信贷过度扩张,金融风险无所不在,防范风险也就是永恒话题。这是金融学的常识。不过,在多数时候,政府部门或是忽视或明知故犯。这次会议把防范风险提高到如此高位,也说明了未来中国金融市场的发展会把信用扩张设定在合理的边界内,而不是信用过度扩张来制造风险。而信用过度扩张必然会导致系统性风险的发生。

一般来说,系统性风险是一个被广泛使用但又不容易界定与量化专业术语。这种风险往往在事前难以预测,但是当该事件发生之后,一定会导致整个金融体系一系列的危机。或金融风险转化为金融危机。所以系统性风险往往被看作金融体系不稳定或脆弱性发展到极端时的情况。系统性风险也是防范风险最为重要的方面。

目前我们对中国金融风险的关注往往会放在个别金融事件的理解上,比如政府融资平台的风险、房地产价格急剧下跌的银行风险、信托融资违约事件导致普遍的赎回、民间高利贷的爆发、政府难以抵制呼吁政策放松而为金融风险进一步放大等。不过,这些个体事件对金融危机爆发的概率是存在的,但不是最主要的原因。而绝大多数金融危机爆发往往与系统性风险出现有关。而系统性风险的重要根源是与宏观环境的定价基准变化有关。因为在现代金融体系中,各金融市场、金融组织、金融行为主体之间并非简单的线性关系,而是通过各种错综复杂的关系联结在一起。不同金融机构之间可能具有相同的商业盈利模式、相同的会计处理方法及紧密的债权债务关系。这就决定了当市场流动性枯竭、信用违约等风险能够通过共同风险因素、债权债务关系在金融体系内可传染。从表面上看，某次金融危机爆发往往是个别性事件引诱的结果，但实际上可能是决定现有商业模式、资产价值、债务债权关系等金融定价的一般性基准定价发生根本性逆转的结果。这就是系统性风险会突然发生，无论是学术界还是业界都无法预测到系统性风险发生的关键所在。

在中国，金融定价的一般性基准定价什么？它是如何运行的，对此了解的人不多。这也是中国金融体系的脆弱性所在，和中国金融体系可能发生系统性风险的节点。不过，在本文看来，当前国内金融定价的一般性基准定价很大程度上与中国经济的"房地产化"有关。房地产业不仅决定了早几年国内GDP的增长，而且也是国内绝大多数商品的定价基础。当国内房地产通过过度扩张的信贷把其价格飚升，同时也带动国内整个经济不同商品价格快速上涨及金融产品价格全面上移。因此，当国内房地产市场泡沫突然破灭而导致价格急剧下跌时，并非仅是影响到商业银行增加不良贷款的问题或不良贷款率上升的问题，而可能导致整个金融市场一般性基准定价发生重大逆转。因此，早些时候监管部门要求银行对住房价格下跌压力测试仅是一种表面现象，它根本就无法把这种基准定价发生重大逆转给金融体系带来的风险计算在内。也就是说，这也是当前中国金融体系系统性风险节点。因此，要避免这种系统性风险发生，就得坚持当前房地产宏观调控不放松，挤出当前房地产泡沫，去除中国经济"房地产化"及赚钱效应，让国内住房价格回归理性的水平。

从最近发生的情况来看，当从2011年10月来国内一些一二线城市房地产市场出现价格调整时，又有人呼吁中央政府要尽早放开当前房地产宏观政策之言论，希望国内房地产政策出现逆转。如果按照上面防范风险的原则，当前国内房地产宏观调控政策逆转的可能性不会太大。因为，就当前中国经济形势来看，尽管中国经济成长也会受到外部经济衰落的冲击，不过，这种冲击应该不会太大。而影响中国经济增长最大问题是国内房地产巨大的泡沫。当前国内房地产泡沫不挤出，中国经济一定会永无宁日。因为，国内房地产市场巨大泡沫完全是国内信贷无限过度扩张的结果。如果让这个巨大的房地产泡沫自然破灭，中国也会将爆发严重的金融危机及经济危机。通过宏观调控政策挤出房地产泡沫，尽管会有一定的代价，但是一定比让国内房地产泡沫自然破灭代价小得多（如

20世纪90年代的日本与2008年的美国)。我想这就是最近中央政府对国内房地产泡沫挤出的宏观调控政策的坚定性的根本所在。按照这种金融政策思路，在一两年内，国内房地产宏观调控政策只是会强化而不会逆转。坚决地防范金融市场的系统性风险是金融市场持续发展的底线。

为了防范金融市场的风险，不仅要反对信用无限扩张或过度扩张，信用扩张只能在合理的边界内（不过这个边界在哪里，理论界还得做更多的研究），而且还得对各类金融风险的处置，坚持"谁的孩子谁抱"的原则。早些时候，为了化解民间信贷市场所出现的"炒钱潮"，政府出台了一系列对中小企业扶助的优惠政策。当时我就撰文，政府对中小企业扶助没有什么不可，但是对于那些通过炒钱而炒作房地产、炒作矿产资源等高利贷行为不可姑息。否则，会造成巨大的金融风险。从上述原则中可以看到，政府不仅有决心严厉地打击各种高利贷的炒钱行为，而且对于任何制造金融风险的行为要追究责任，即严厉禁止国内居民用"钱炒钱"。

当前国内金融市场发展有一个误区，无论是政府，还是企业或个人，无不希望过度使用现有的金融体系，或是一夜暴富，或体现其GDP业绩。因为，在这些行为主体看来，谁过度使用这种金融体系谁就能够占便宜，但其行为风险则要让整个社会来承担。从上述改革的原则来看，任何行为主体使用金融体系的收益与成本是对称的，谁制造了风险谁就得承担责任。这就是"谁的孩子谁抱"的基本原则。

要守住防范系统性风险的底线，与成熟市场相比，还有以下几个方面值得关注的问题。一是国内金融资产所有权的问题。因为随着国内金融市场越来越繁荣，国有金融资产总量越来越大。如果这样金融资产不能够具体落实用什么机构来持有，国有资产最终所有权的虚拟性或最终所有权缺位就会十分严重。这不仅容易导致金融资产运作无效率，而且容易导致国有金融资产权益被他人所侵害。在这种情况下，潜在金融风险会越积越大。因此，如果让有金融资产最终所有权的具体化是十分重要的问题。为何早就有人提出要建立金融国资委，意义就在于此。二是"谁来监管监管者"的问题。本来，此问题在发达的市场体制下也存在，但是它能够有一个比较合理的制度安排来化解。对中国来说，不仅金融市场是计划经济最后的堡垒，市场相当得不成熟，而且由于中国金融市场是由计划转轨而来，行政对市场主导作用随处都是。而行政对市场的主导作用不仅表现为监管者的权力过大，而且表现为监管者的权力没有有效的制度来约束或对监管者进行监管。如果监管者没有监管，绝对权力绝对腐败已经成了中国金融市场许多风险的源头。三是面对系统性风险如何保证分业监管体制下实现统一监管。我们应该看到，随全球金融一体化深入发展，出现金融业的分业经营向合业经营发展的趋势。在这种趋势下，传统的监管理念、监管工具及方式已经不适应了，并逐渐地为统一监管及协调监管所取代。可见，守住防范系统性风险的底线将是中国金融业改革的重点与难点，对中国政府来说，它将面临巨大的挑战。

22.4　中国金融市场改革的特殊性

我们应该看到，国内金融市场与发达国家的金融市场有根本性的不同。发达国家的金融市场往往是信用扩张过度，这些国家金融市场及金融工具往往成了少数人特别是政府特权轻易地掠夺绝大多数人财富的工具。而中国的金融市场一方面简单移植发达市场过度的杠杆化工具、过度信用扩张，另一方面国内金融市场又是一个十分不成熟、刚刚从计划经济中走出、政府行政权力主导、信用由政府隐性担保的市场。因此，国内金融市场的改革与发达市场国家是很不相同的。它所面临的改革具有双重的任务，既要强调金融市场为实体经济服务的重要及去杠杆化，又要加大金融市场改革的力度，让中国金融市场成熟起来、开放度更高。

所以，国内金融市场改革最为重要的问题，就是如何让国内金融市场真正能够从计划经济堡垒中走出。可以说，国内金融市场，看上去是现代最为高级的市场，但是这个所谓的最高级的市场，市场化的程度则是最低或相当不成熟。国内金融市场的市场化程度低主要表现为：一是金融市场出现几十年，到目前为止还没有形成有效的市场价格机制。整个金融市场的价格是相当大程度上的扭曲。比如政府直接对银行存贷款利率管制，并让它成为整个金融市场基准利率（而成熟市场的基准利率是货币市场拆借利率）。这种利率管制不仅扭曲了国内金融市场的价格关系，也成了政府掠夺绝大多数人财富的主要手段。可以说，金融市场的利率非市场应该是当前国内金融市场不少乱象的主要根源。

二是政府不仅通过不同的政策手段倾向性向一些企业及金融机构注入资金，而且形成了严重的金融资源的垄断关系。这必然会导致金融市场的许多资源不是通过价格机制来分配与运作而是通过行政方式来分配与运作。金融资源运作的无效率或低效率随处可见。比如国内银行之所以能够不通过努力就能得到较高的利润，完全是政府的政策使然。而国内股市的乱象同样与政府对上市资源行政性垄断有关。

三是政府对金融市场的行政主导过多。这必然造成不少金融市场钱权交易十分盛行等。因此加大中国金融市场改革力度，减少政府对市场行政主导与干预，应该是当前国内金融体制改革的重心与难点。而金融的市场化最为重要的事情就是加快利率及汇率市场化改革步伐。我们现在的不少管理者一直没有看到利率市场化与汇率市场化的真正威力，一直在担心金融市场价格机制放开对市场造成的冲击及负面影响，就是没有看到这种开放可能起到巨大的正面作用。这就好像在加入WTO前讨论中国汽车业发展的情况一样。当时有不少人认为，如果开放中国汽车业，外国进来的汽车企业一定会把中国汽车打垮。实际上，中国一加入WTO，汽车业一开放，它成了中国汽车业真正繁荣与发展的新起点。因此，国内金融业最大问题就是加大改革开放的力度，就是要弱化金融市场的行政主导，尽快实现国内金融业的利率与汇率的市场化，加大国内金融市场对外开放力度（包括资本项目下的全面开放及人民币可自由兑换）。这才是未来中国金融市场繁荣的新起点。

不过，对于早些时候市场十分关注的重大问题及热点问题，为何在这次会议上没有给出明确的改革方案。这不仅在于当前国内外市场环境的严重不确定性，而且还在于这些政策的调整或改革都将涉及重大的利益关系调整。由于这些政策变化不是通过公共决策方式进行而是通过少数利益集团来讨论。当这些重大的金融市场改革将冲击到这些既得利益集团的利益时，那么这个少数人的既得利益集团就能够利用其手中的话语权来反对不利于其利益的政策，并把少数人的利益制度化。可以说，这已经是当前国内金融改革最大的难点与困境。

我们应该看到中国金融市场发展到今天，金融市场发展所面临的许多重大问题，已经是绕不去的坎。这些问题不解决，中国的金融改革要想深化与广化是不可能了。因此，如何通过公共决策的方式来打破既得利益集团对金融改革垄断话语权，如何打破这种僵局则成了当前中国金融业改革最大的难点与重点。但愿政府决策部门对此问题要有清醒的认识。

22.5 利率市场化是金融改革突破口

国内金融体系的脆弱性，最近国际货币基金组织有专门研究报告，并希望中国政府加快金融体系改革步伐，来增强中国金融体系体质。不过，该报告只是站在一般金融理论基础上希望中国金融体系改革把重点放在系统性风险防范上，放在如何加强对国内金融市场、金融组织及金融机构的监管上。但实际上，中国金融体系的问题与传统市场或成熟市场有很大不同，金融改革的重点同样会有很大差别。

在本文看来，中国金融体系一方面要确定信用扩张的合理边界，另一方面则是如何来发展中国金融市场，让中国金融市场由不成熟的市场转化为成熟的市场。而中国金融市场的不成熟性最为主要标志就是有效的市场价格没有形成。如果一个市场没有价格，如果没有一个有效的价格市场形成机制，那么这个市场是无市场可言的。而中国金融市场有效的价格机制就是利率的市场化。这是当前国内金融改革的重大突破口。

可以说，当前国内金融市场或经济生活中的许多问题都与利率的非市场化有关。比如最近市场讨论较多的银行的"暴利"问题，很大程度上就是政府对利率管制的结果；而之所以国内房地产能够暴利近十年，就在于政府通过利率管制的方式，给住房市场投机炒作者过度利率优惠，而导致国内住房市场投机炒作盛行，房地产泡沫吹得巨大；还有国内证券市场内幕交易盛行，股市萎缩无不是与国内金融市场价格机制不健全有关等。因此，如果不加快中国金融市场利率市场化的改革，不形成有效的市场价格机制，国内金融市场要持续健康的发展与繁荣是不可能的。因此，利率市场化是当前中国金融改革最为重要的切入点。

首先，一般来说，金融市场交易的是信用，银行是给信用的风险定价。只不过，不同的融资方式采取不同的信用风险定价工具而已。那么信用从何而来？是由市场而来，还是由外在的东西来担保。如果是由市场而来，那么这种信用不仅需要通过有效的价格来形成，并建立一套有效的法律及司法制度来保证。比如发达国家的成熟金融市场就是如此。

但是，当中国金融没有有效的价格形成机制时，其信用是无法通过市场来形成的。而中国金融市场信用只能来源于政府，因此其信用只能由政府隐性担保。当中国金融市场信用是由政府隐性担保时，不仅任何一个当事人过度使用这种信用是必然，因为，他能够把这种过度使用信用的收益归自己而成本则让整个社会或他人来承担。在这种情况下，过度使用中国金融市场也就成为必然。而这种过度使用金融市场也就是高风险投机行为盛行。这就是当前国内股市内幕交易、违法乱纪等行为盛行的根源，也是国内房地产市场投机炒作盛行的根源。

其次，由于金融市场没有有效的价格形成机制，从而也让国内货币政策失效，或货币政策传导机制失灵。从表面上看，国内央行也是如成熟市场经济国家的央行那样通过基准利率调整来管理市场的流动性，但是中国基准利率与他国的基准利率完全不一样。中国基准利率是银行一年期的存贷款利率，而成熟市场经济国家的基准利率是银行间拆借市场利率。前者是借贷者之间的直接利率，后者则是借贷者的间接利率。由于国内央行管制的是借贷者的直接利率，而在以银行为主导的金融体系下，这种利率就是对借贷者直接定价。表面上看，当前国内金融市场利率是由市场来定价，但当占主导地位的利率是由政府来定价，那么整个金融市场的价格机制扭曲也就成为必然。

当央行的基准利率是对借贷者的行为直接定价时，这不仅让银行主体的行为完全丧失了自主性（它没有自主定价权），国内银行不是根据风险定价来调整其贷款行为，而是通过信用扩张的方式来增加其竞争力。对于央行来说，其货币政策行为不是根据市场资金供求关系来调整，而是取决于行为与利益的偏好。这就是为何这一次通货膨胀从2010年下半年就开始，央行货币政策倾向于数理工具，把存款准备金率上升到21%以上，但价格工具则很少使用。这不仅造成了国内实体经济严重的信贷挤出效应，而且也造成了国内影子银行盛行、民间高利贷泛滥等现象。这些现象看上去是国内金融不成熟的结果，实际上是国内金融市场价格机制扭曲而导致国内货币政策失效。

最后，国内金融市场价格机制扭曲，不仅导致整个金融资源配置严重的无效率，也是近几年整个社会财富分配不公的根源。我们可以看到，政府为了便利地过度使用现有金融体系，自然把金融市场看作最为便利的财富分配与转移机制。政府不仅基准利率调整到极低水平，而且长时间保持居民存款负利率。我们可以看到，从 2008 年 11 月起到 2011 年年底，银行信贷增长了近 28 万亿元。但是大量流出的银行信贷不是流向实体经济而且流向高风险的各种资产。特别是流向把价格炒得极高的住房市场。在这种情况下，表面上是 GDP 上升了，但是通过这种高房价方式则让整个市场的财富流向少数人手中。同时，从 2010 年 2 月开始，中国就进入负利率时代，至今已经有两年多了。而这种严重的负利率不仅导致金融市场价格进一步扭曲（如民间高利贷盛行、影子银行泛滥），而且也导致对广大存款人收益严重掠夺（如果以 2011 年负利率为 2.2% 计算，居民存款少收益达 7000 亿多元），国内居民严重消费挤出。

金融市场价格机制的扭曲对国内产业结构调整、金融市场秩序的确立、金融市场的发展与繁荣等都成了一种巨大障碍。因此，要以利率市场化突破口来深化当前国内金融改革，来推进国内金融市场发展与繁荣。那么，中国金融体系的利率市场为何会如此困难、其原因何在？

毫无疑问，从 20 世纪开始，中国金融市场的利率市场化改革是取得了一定的进展，但与成熟相比仍然差距甚远，甚至由于利率市场化改革滞后，价格机制的严重扭曲则成了国内金融市场改革最大的难点与重点。当前金融市场利率价格机制扭曲不仅表现为金融资源无效配置，比如大量金融资源不是流入实体经济而是涌入高风险的各种投资市场，从而导致国内不少弱势行业及企业严重的金融挤出效应；而且导致了金融市场秩序越加难以确立，比如民间高利贷盛行、影子银行泛滥、地方政府融资平台过度扩张、商业银行的盈利高速增长、巨大潜在的金融风险不断地积累；导致货币政策传导机制失灵；导致了社会财富分配不公平与不合理等。在这种情况下，全面推进中国金融市场的利率市场化已经迫在眉睫。

从 20 世纪 90 年代开始，国内利率市场化改革从来就没有停止过，为何中国的利率市场化改革所面临的困难与障碍会越来越多？其所面临的核心问题是什么？最近几年国内金融市场利率市场化的改革为何会出现停顿？是市场不成熟还是其他人为因素使然？如果是人为的因素使然，这些因素又是什么？通过什么样的金融改革才可以打破当前中国利率市场化改革的僵局？如果是市场不成熟，那么现在需要通过什么样的金融改革来为利率市场化改革创造条件？等等。其实，对于这些问题，如果不能够对当前利率市场化几个重大的理论问题梳理清楚，要想找到问题之答案是不可能的。

首先，利率市场化的核心或实质就是金融机构能够对信用风险有自主定价权，而金融市场客户能够对信用风险有自主选择权。利率就是银行对信用的风险定价。正因为金融机构或金融市场当事人能够对信用风险自主定价，所以金融市场的当事人也就能够把其信用风险定价成本与收益归结到自己身上，即市场用者自付原则。但是，就目前国内的信贷市场来说，不仅政府对其市场具有绝对主导作用及市场信用由政府隐性担保，而且政府也对市场实行各种管制。在这种情况下，具有承担信用风险定价的主体是根本无法形成的，无论是对金融机构还是对客户来说，都是如此。这就是为何国内商业银行敢于对高风险客户贷款及高价进入住房市场投机炒作者敢成为"房闹"的根本所在。也就是说，只要政府对银行信贷市场信用隐性担保不改变，银行及客户进入市场不可能自主风险定价及自由选择，其行为永远把决策行为收益归自己而成本则要让社会来承担。没有自行承担风险的行为主体，利率市场根本就无法进行。因此，确立承担风险的行为主体是国内利率市场化的前提条件。但是，目前这方面的环境不足。

其次，推进利率市场化改革的基础条件是否成熟？从现有的主流意见来看，利率市场化或放开当前银行的存贷款利率是这种改革的最后一步。只有把相应的基础条件准备好，利率市场才能真正地放开。否则，在缺乏监管调控机制的情况下，存贷款利率完全放开一定会造成对国内银行市场巨大冲击，甚至导致整个国内银行市场混乱。不过，同样是这些人，认为利率市场化的核心是市场化的利率生成机制形成。其实，这里就有个"鸡生蛋，蛋生鸡"的问题。也就是说，利率市场化，整个利率的水平可以通过市场的价格机制来形成，但是通过没有成熟的市场价格机制或利率形成机制，那么利率水平又如何来决定。或者说，如果利率形成机制只有市场基础得到满足之后才可出现，那么利率水平也就无法生成。其实，市场永远是一个逐渐的形成过程，利率市场化也是如此。如果要等到利率市场化的各种基础条件成熟之后，才能让信贷利率真正放开。那么既无法通过这种方式来形成有效的利率水平，更无法形成有效的价格形成机制。

再次，现有的利率管制政策是否存在合理性？可以说，当前利率管制政策，看上去政府所管制的利率十分少，既主要是管制银行的一年期存贷款利率（这是国内金融市场的基准利率），并对这种存贷利率实行贷款利率下限管理而存款利率的下限管理。对于这样一种银行利率管理模式，在当时的背景条件下，无可厚非。因为，当时国内银行刚从计划经济中走出，其不仅资产负债表内的不良贷款巨大，而且其盈利能力也十分微弱。政府通过利率管制办法来向国有银行进行政策性注入资源，以免国有银行破产，这是无可厚非的。但是，经过几年的努力，国内绝大多数银行不仅走出了当年不良贷款巨大的困境，反之成了世界上盈利最好的银行。政府不仅没有减弱对国内银行直接及间接注入资源的政策，反之还在强化这种政策（比如强调扩张大商业银行利差的重要性），从而使国内银行轻易地谋到"暴利"。在这种情况下，如果不改变当前银行利率管制模式，银行利率市场化根本就不可能。而这种利率管制下的既得利益集团将来可能成为利率市场化的最大障碍。

最后，在现有的利率管制模式下，银行利率期限结构及贷款期限结构不合理也就应运而生。这种限制结构不合理性，既无法让监管部门从现有的短期利率变化来了解市场长期利率的变化，也给金融机制增加很大的风险。因此，利率市场化的核心就是通过证券化来发展债券市场及形成银行市场长期收益曲线。这既有利于防范国内银行体系的金融风险，也有利于改变国内企业的融资结构。这应该是国内利率市场化的关键所在。其实，银行资产证券化的问题既有 2008 年美国次贷危机教训的问题，更是这种金融工具信用扩张边界问题。如果中国金融市场深化不够，银行资产过度证券化，这就无法为利率市场化创造条件；反之，它将成为一种新积累金融风险的工具。

利率市场化还将面对当前的利率双轨制问题（民间信贷市场利率及影子银行市场利率与银行利率的双轨）、银行基准利率与 Shibor 的关系问题、银行利率与银行上市公司收益率问题、利率与人民币汇率关系的问题等。这些都是利率市场化中的重大问题，只有对这些问题进行深入研究与分析，才能看到问题的真相及找到解决问题的办法。

可见，当前利率市场化的改革势在必行。它已经成了中国金融体系改革的重大突破口。如果这个突破口不打开，中国金融改革将面临许多困难与障碍。因为当前国内利率市场化改革不是条件成熟不成熟的问题，而是如何突破现有的利益集团与制度障碍把改革推进的问题。因为当前完全扭曲了基准利率制度不仅导致了整个金融市场资源配置严重的无效率，它也是一种为少数人利益服务而对绝大多数人利益掠夺的财富转移机制。这种机制的利益关系的路径相依已经成了当前金融市场推进利率市场化改革的最大障碍。不打破这种利益集团阻碍金融改革的格局，国内利率市场化将面对重要的障碍。其实，中国利率市场化最大问题就是利益关系重大调整的问题，而不是这种改革对金融市场所面临的冲击与影响的问题。更不是风险防范的考虑。只有加快中国金融市场利率市场化的改革步伐则是防范其风险最好方式。

22.6 小结

中国金融市场改革的难题与困境，一方面要按照一般性的原则要让金融业回归到实体经济，服务于实体经济，这是未来全球金融市场发展的一个重大转折，也可能是中国金融业未来发展的新起点。另一方面，中国金融市场又是一个不成熟的市场，一个刚从计划经济转轨的市场。在这个市场中，无论是市场制度，还是有效的价格机制都没有形成。政府对市场隐性担保及对权力和市场主导作用都十分严重。这些都使中国金融市场远离市场法则。更为严重的是，这种权力对市场主导作用容易让既得利益制度化与合法化，从而使中国金融市场最容易成为少数人掠夺绝大多数人利益的工具。这就是当前中国金融市场现实，也是当前中国金融改革的最大困境。而当前中国金融体系改革最好的突破口是加快利率市场化的步伐。

23　目前国内金融改革的热点问题[①]

23.1　国内金融体系的最大风险

目前，中国金融业的热点问题就是金融风险防范。本文认为金融"瓶颈"是国内未来经济持续发展最大的障碍。而要突破金融"瓶颈"，就得放松政府对金融业的管制，就得形成金融市场的风险定价机制，国内金融市场的最大风险就在于没有有效的风险定价与风险机制。在发展中国家，银行体系既是企业生存的初始条件，也是金融市场其他方面发展的前提。因此，国有银行如何化解不良贷款、如何利率市场化、如何让银行资金有效配置都是目前金融市场要解决的重点问题。本文就在这些方面做出较为详细的分析并提出自己的新思路。

金融风险防范是本届政府面临的最迫切需要解决的问题之一，它也是金融市场的核心问题。在现实的经济生活中，面对着未来的不确定性，风险是无所不在的、无时不有的，市场中许多制度安排的出现就在于如何减少人们经济生活的不确定性，就在于降低人们在经济生活中的风险。金融市场制度的确立就是一种分散风险的方式。但是，对理性人来说，许多人都有一种天然的冲动，都有一种人性的贪婪，都希望在自己约束的条件下，如何在既有的制度安排下来追求自己的利益最大化，如何通过种种方式把他人的财富转移到自己的手中，如何把自己所面对的让风险转移给他人。很简单，为什么金融市场的泡沫能够轻易地吹大？为什么许多人即使面对着巨大的泡沫也熟视无睹？是他们非理性吗？非也。进入这种状态中的哪一个人不是在算计着如何把他人的财富转移到自己

[①]　该文章发表在《上海金融》2003 年第 5 期。

身上，哪一个不是希望把市场中的泡沫吹大后让他人来接最后一棒呢？这种算计能够说是非理性吗？一个人的理性对社会的集体无意识是无所作为的，历史上所发生的多少事情已表明，有谁能够扭转集体无意识的乾坤呢？从早年欧洲的南海泡沫，到美国纳斯达克股市，都是如此。

对中国的股市泡沫，近几年人们已经说得很多了。2002年国内证券市场的股指下降近18%。也就是说，股市的泡沫是存在的，但是人为地吹大泡沫，人为地制造风险，其实也不是最为重要的。重要的是社会民众对风险的认识水平。在欧美股市，随着近几年来股市泡沫的破灭，个人的财富缩水13万亿美元，美国的纳斯达克指数也曾去掉了3/4，但是没有看到这些国家哪一个民众会由于股市的下跌而大闹其事，也没有看到哪个国家的股民由于股价大跌而造成整个社会震荡的。他们知道财富从哪里来，到哪里去的道理。但是中国的情况则不然，一方面，有人总是在千方百计地制造金融风险，唯恐市场不乱，否则他们会失去掠夺大众财富的时机；另一方面，当他们把市场风险推到很高时，他们又会出来，借民众的利益，让这些推高的风险由政府或整个社会来承担。

对于国内金融市场的风险究竟有多大，存在于哪里？其实，这些并不是十分重要，因为，在经济生活中，风险无处不在。重要的是买卖风险、定价风险的金融业能否有效地运作。按照现代金融学理论，金融学就是研究人们在不确定性的环境下如何进行资源配置的科学，即如何定价与分散风险。因此，无论是银行，还是证券市场及保险公司，其工作的实质就是风险定价，就是承担风险和分散风险。如银行业就是纯粹的风险买卖。它用低的价格把风险买入，然后又以高的价格把风险卖出去。除了存贷款之外，银行还有货币、市政债券、企业债券等，同时它还可能出售其他的一些非风险性产品与服务，如汇款业务、资金清算服务、理财顾问等，但不论银行产品的具体形式如何，银行核心功能是进行风险的交易。其盈利模式就是买进风险与卖出风险之间的价格差，而证券市场和保险市场的情况都是如此。

既然金融业的核心是风险的买卖、风险的分担与分散，那么这种买卖风险的机制如何形成也就最为重要了。即风险交易如何来定价是最为重要的。如果没有有效风险定价机制，要达到风险分担与分散的目的是不可能的。在中国，为什么银行的不良贷款会越来越多？为什么证券市场的泡沫等问题越来越大？最大的问题就在于没有有效风险定价机制，无论是银行还是股市,整个风险的价格完全是在政府的管制下。比如银行业,在严格利率管制的条件下,国内银行既没有自主权来确定其自身产品的价格,也没有权利对购买的产品按市场情况确定其竞标价格,银行只有按政府规定的价格来出售风险产品。在这种情况下,当事人有谁会浪费时间来考虑风险的分担与分散呢?

国内的银行是这样,国内的股市也是如此。在目前的情况下,并非看看国内的金融市场风险有多少,而应该看看有效的风险的定价机制是否形成。如果不能够放松政府对金融业管制,如果市场主体没有自主的风险定价权,那么也不可能形成有效的风险分散机制,如果风险不能分散,则必然会越积越多。可见,国内金融市场的最大风险就在于没有有效的风险定价与风险分散机制。

23.2　国有银行不良贷款化解的前提

国内所采取的处理不良贷款的方式,其优点在于,巨大的不良贷款从银行中剥离出来明显地减轻了银行的负担,也使银行对既有不良贷款承担起责任,从而为银行规范管理及改善业绩创造条件。同时,由于剥离后出现的不良贷款要由银行自己承担,从而也就减少了国家对此类债务的财政责任。但是,这种解决方案是建立在以下假定基础上的:一是剥离出来的巨大不良贷款能够有效地处理;二是国有银行的运作机制得到改善,而新的不良贷款不增加或增加的比例较小;三是国家经济能够保持持续的高速增长。与实际情况相比,这些假定是十分令人质疑的。

把巨大的不良贷款剥离到资产管理公司,这是多个国家处理不良贷款的有效方式,但其前提是有完善的金融市场和运作机制,可是在中国从来就没有建立过以市场为基础的金融体系,资金的运作及市场的准入完全是在政府的管制下。在这种情况下,金融资产既无法由市场来定价,也无法由市场来分散风险,这样,既无法有效地处理不良贷款,也无法让国有银行形成有效的激励约束机制。

官方统计数据表明,尽管通过早几年的债转股转移了 1.4 万亿元不良贷款,但银行系统中现有的不良贷款仍然数额巨大,约占 GDP 的 30%。由于国有银行有效的激励约束机制无法形成,银行完善的公司治理结构与有效的经营模式也就无法确立,这就意味着新的不良贷款仍然会不断地产生。

更为严重的是,由于国有银行有效的激励约束机制无法形成,因此,对不良贷款处理的压力不是出自银行内部盈利的要求,而是来自中央银行。四大国有银行为了完成央行所提出的明确目标,在预计到贷款存在风险时,只会不愿贷款,即所谓的"惜贷"。而在银行"惜贷"的同时,存款还在源源不断地进来。在这种情况下,由市场自发形成的存款与贷款的平衡机制也就失去了基础。

也就是说,面对央行明确提出的不良贷款处置目标,银行只会更加不愿贷款,转而持有国债。实际上这已经成为国有银行正在采取的经营模式,从而导致整个经济领域的信贷紧缩。自1998年以来,银行对政府的贷款(包括持有政府发行的债券)每年上升61.6%,而每年对于企业的贷款仅上升10.4%。另外,对企业贷款在总贷款当中所占的比率也从1997年的85%下降到2001年的72%。在过去的5年中,金融机构的各类投资占资产增长的26.5%,但大部分资金用作购买国库券。5年前定期贷款占贷款总额的20%,但从那时起,定期贷款已占贷款增长额的59%。多数定期贷款银行直接购买国库券和基础设施建设债券,贷款给参与政府发起的工程公司及参与基础设施类的工程大型国企。也就是说,近期的信贷增长完全是政府支出增长驱动的。而许多政府项目的效率及长期性,其风险并不降低,只是推迟爆发。

再从识别风险的角度说,对国有企业贷款整体水平的降低也许是减少国有银行不良贷款的好迹象,因为国有银行已经开始区分企业的风险状况,其结果是银行切断对无法继续生存下去的企业的贷款,这样将有利于减少未来不良贷款。事实上,如果国有银行真正有能力运用自己的信息优势鉴别企业风险,这应该看作国有银行经营管理的改进。不过,已有的一些信贷调查结果显示,只有那些有盈利的和大型企业才能获得贷款,而大多数企业却受着银行紧缩贷款的影响。另外,从银行贷款的地区分布来看,存在极度失衡的状况。新增贷款越来越向经济发达的大中城市集中,而那些偏远的、经济落后的地区则存在银行贷款的全面收缩。一个省的情况是这样,全国的情况也是如此,而银行贷款的明显紧缩可能导致了经济增长的放慢。

目前国有银行不良贷款的方式还难以对银行经营者的业绩进行评估,

因为在这种情况下,要把银行不良贷款周期性的原因和结构性的原因区分开是很困难的,这样,如果银行经营不好,经营者就会把其归结于遗留的不良贷款问题,从而也弱化了经营降低银行不良贷款的动机。

我们以上讨论都是建立在中国经济一定会持续高速增长的假定上的。不过,正如我们上面所讨论的那样,国内近年来的信贷高速增长,基本上是建立在增长政府开支,增长与政府相关的基础设施建设上的。现在我们要问的是,这样一种增长模式能够持久吗?特别是以间接金融为主的金融体系中,银行信贷在支持国内投资和宏观经济活动中起到了关键的作用,而且这种格局在短期内都不会改变。因此,银行信贷任何紧缩都直接影响到国内投资和经济增长。而任何时候的宏观经济停滞或经济增长放缓,都会导致现有的企业出现亏损,都将导致不良贷款的恶性循环。也就是说,如果银行系统激励结构不发生根本性的变化,信贷紧缩就一定会越来越严重。而信贷紧缩一定会减缓经济增长速度,甚至把经济推向停滞状态,使宏观经济更加脆弱。日本现在的情况就是前车之鉴。

显然,中国是不能仅靠增长来解决不良贷款问题的。根据2001年的Bankscope数据资料,可计算出从1996—1999年资产的平均加权回报率为0.73%。由于平均加权净贷款与资产的比率为61.2%,贷款的平均回报率则为1.19%。在现有的激励机制下,假设所有利润全部用于注销不良贷款,那么,四家国有银行要用9—13年才能将不良贷款减到15%,而要将其降到5%则需要13—17年。这一计算过程中使用的是四家国有银行公开的不良贷款的下限值。如果取一个较高的不良贷款数据,比如40%,那么所需要的时间会更长。

既然仅依靠经济增长方式来降低不良贷款所花费的时间极长,那么可以另觅他途。比如不良贷款剥离、国家财政的注资等。这样就把问题转化为:快速处置不良贷款问题会威胁中国财政的持续性吗?比如说通过发行国债对国有银行进行重新注资的方式,但这必须保证不危及中国财政的持续性。有人就认为如果每年不高于6%的实际利率发行占国内生产总值40%的额外债券给快速处置不良贷款提供资金支持,同时经济继续以平均7%的速度增长的话,那么,中国确实能够保持其财政的持续性。当然,要持续这样做也是十分困难的。

有人认为,可以借鉴致力处置不良贷款资产的方法,即央行或财政部可以发行保值债券,然后使用所筹资金向国有银行收购所有不良贷款。

而即使在所有权多元化之后，银行仍然不能脱此干系，应当要求银行限期按面值加利息回购这些不良贷款。这种通过央行部门未来利润对债务支付证券化的方法不会对财政的持续稳定性造成过大压力。

一旦不良贷款被清除，银行发行股票的可能性就可以提高，从而可能筹集新的资金。在这个过程中，由于对银行定价产生的不确定性因素大多已经消失，国有商业银行所有权的多元化可以在相对平衡的状态下实现。而完善的银行治理机制形成，国家对银行可以继续发挥作用，但其影响或对银行的干预则会减少。

这些解决不良贷款的方式也存在明显的缺陷。如它会大幅度地提高债务/GDP 比率，并由此在短时间内提高偿债费用，造成高的财政赤字，并且可能破坏财政的可持续性。而且，如果不通过产权多元化和谨慎管理建立适当的激励机制，对银行的重新注资可能会导致道德风险问题，可能使不良贷款问题越来越严重。可见，国有银行的不良贷款被人们看作国内金融市场最大风险，但化解国有银行巨大的不良贷款，并非只是华山一条路，而是应该根据各家银行的实际情况寻找到一种更适合的办法。以往那千遍一法的模式可能不是目前国有银行不良贷款的基本之道。同时，无论是采取哪一种方式，都必须建立在以下两个前提下，一是国有银行的产权多元化，二是金融市场有效的风险定价机制的形成。这样才能够保证完善的银行治理结构建立，新的不良贷款才不会增加。

23.3　国内利率市场化最优排序

利率市场化在最近央行发布的《2002 年货币政策执行报告》中已经有了明确的改革目标、总体思路，并提出制订利率市场改革的中长期规划。即"先外币，后本币；先贷款，后存款；先长期、大额，后短期、小额"的改革思路。然而，这种利率市场化改革的排序合理吗？其理论依据何在？

作为当前国际经济学界新的研究领域，经济政策行动的顺序选择或排序，从 20 世纪 80 年代中期起就引起了人们广泛的关注与研究。一般认为，在经济改革的过程中，存在广泛适用的一套措施，如能按最优的顺序逐步实行，便会使经济改革的时间最省，或成本最低，同时风险最小。

因而，经济改革应当或必须最优排序。但是，在实际的经济生活中，特别是在一种转轨经济中，由于存在一系列复杂的因素，这种改革的最优排序往往是不可能的。

因为，任何改革的最优排序都是建立在既定的初始条件上及使用一定的工具，而初始条件的确立与工具变量的选择都是十分困难的。还有任何改革都是一个动态的过程，在改革路径各点上都会随着改革而变动。而当初排定改革的最优顺序时，是根据既有的条件来决定的。于是，原先认为是最优的顺序，随着改革的进程，会变得不是最优的，不是那么适当的。想要解决这一问题，决策者不但要了解当前的经济状况，而且要了解改革后引起的变化与结果，而事实上，无论是成功或失败，改革过程的变化都是难以事先预料的。因此，不可能在事先就知道改革过程的变化与结果，也不可能知道决定改革的阶段。所以，任何一种改革是不可能在事先最优排序的。

排序需要政府部门进行大量的计划、控制与指导。也就是说，排序本身就是政府作为的结果，它是与市场化的改革方向背道而驰的。同理，利率市场化改革的排序本身就是政府的一种亲力亲为行为。从政府的意图来看，是希望改革的最优排序来减缓改革的成本与风险，实际上政府通过对改革路径的管制、通过对利率市场化的管制而可能造成其他方面新的风险。

比如，外币存款贷款利率先放开，而人民币的存款贷款利率没有放开。这时外币存款贷款利率水平不仅完全由市场决定，而且要与国际金融市场密切相关。而人民币存贷款利率基本是固定的。在这种情况下，当人民币与外币之间出现较大的利差时，就会产生"货币替代"现象，潜在的人民币存贷款就会转换为外币存贷款。加上人民币汇率相对稳定，更是加快了人民币存贷款的"货币替代"。在这种情况下，货币的误配也就容易产生。

自2003年以来，开始于温州地区的农村信用社利率改革的扩大试点工作在全国逐渐展开，而这个试点的铺开被看作直接推动中国利率市场化的重要举措。但是实际结果并非如政府设想得那样好，从温州地区的情况来看，利率改革之初，普遍担心的资金大搬家的现象并没有出现，尽管对民间借贷起到了一定的制衡作用，但却无法从根本上遏制地下借贷。更为特别的是，随着农信社存款的普遍上升，某些农信社的存贷比例却在下降,信用社如何发放贷款也成了它们所面临的困难问题。因为,农信社根本不能轻易地提高贷款利率,这一则有政府政策上的限制,二则受市场激烈竞争之影响,如果利率一提高,好的客户就会跑掉。还有,信用社的服务设施、品牌声誉等方面都无法与商业银行抗衡。也正是这种种原因,利率市场化的排序既无法预见,更无法调整,这些都会使信用社的实际行为与政府设计的排序计划相差越来越远。

中国的利率市场化只是在外围有所动作,占整个银行主导地位城市商业银行的存贷款利率仍完全为政府管制。如果这块不放开,金融市场就无法形成风险定价机制,而一个没有价格的金融市场,人们可以想象是一个什么样的市场!按照目前国内利率市场化的排列顺序,中国要实现利率市场化还是一个十分遥远的事情。而且这种排序是否合理,也是十分令人质疑的。因此,国内的利率市场化还有一条漫长的路要走。

23.4 投资拉动型的经济增长能否持续?

根据最新统计数据,中国经济步入"快车道"已成了国内业界与学界的共识。但中国经济真的驶入"快车道"了吗?是昙花一现,还是持续增长?这种以投资拉动型的高速经济增长能否持续多久?特别是从国内银行贷款动向更是让人对中国经济能否持续增长深表质疑。已有统计数字显示,今年一季度贷款中增加最多的是政府主导下的中长期贷款,也就是说,大量的国有银行贷款都流入了所谓政府"无风险项目"。而且自1998年以来,以政府基础设施建设为主导的固定资产投资对GDP增长的贡献率已接近60%,而2002年投资所占GDP的比重高达42%,这一数字不仅高于韩国、泰国和其他亚洲国家在20世纪90年代初的水平,而且远远高于资本收益与GDP比率(30%)。这也表明资本积累所消耗的资源超过过去所有资本积累所能够带来的收入。也就是说,尽管这几年中国经济一直保持高速增长,但是其回报却很低。

为何中国GDP高而回报却低?这其实是一个中国经济增长是否能够持续的关键问题。有研究表明,以往中国出口平均投资回报率10%—15%,而牛市时的美国公司平均投资回报率接近20%。中国的投资回报率低,一方面,在于中国的劳动力过剩,使其收入一直保持在较低的水平上。另一方面，中国的资本大多为国企所控制，而国企在市场缺乏竞争力，以致不能够在国内需求与出口间的差额中套利。所以国企不得不在低盈利的国内经济中累积投资以生存下来，这就更加拉大了国内需求与出口领域的差距。尽管中国的出口业绩良好，它也改善了国内流动资金的状况，但是如果把出口收入再投入以国企为主的国内经济，肯定会拉低投资的回报。

有研究表明，国内固定资产投资占新增 GDP 的比值从 20 世纪 90 年代初的不足 2 倍上升到前两年逾 8 倍的高位。这一指标的快速上升也表明了随着投资的增加，相应的产出增量却在下降，国内投资效率在下降。而且自 1998 年以来，中国资本存量的增幅超过 GDP 增幅 5—6 个百分点，考虑到近年工资报酬快速增长的因素，这也意味着整个经济中的资本回报率在过去 5 年间一直处于持续下降的状况。

为什么会如此？这与国内银行信贷增长以政府主导不无关系。在过去的 5 年里，尽管国有银行信贷急剧增长，但是个人在整个信贷中的比例仍然相当小，而支撑国内信贷增长的是政府支出。如银行直接购买国库券和基础建设债券，贷款给参与政府发起的工程公司及参与基础设施类工程的大型国企。即使是今年第一季度，国有及其他经济类型投资 4479 亿元，占整个中国固定资产投资比重的 72.7%。有关数据显示，过去 5 年里，政府每 1 元人民币基础设施投资需要 4.5 元银行贷款和其他资金配套支持。

这些数据表明，中国投资目前的情形与韩国、泰国及其他亚洲国家爆发金融危机前的状况有相似之处，只不过中国投资资金来自国内个人储蓄与国外直接投资这点上不同。如果政府支出或国有企业投资在固定投资中的比重过大，这不仅降低了资本的投资回报，也可能会使银行资产的质量下降，银行新的不良贷款的增加。特别是当银行贷款大量投入公共设施建设、不动产以及政府保护的产业，随着商品房供求结构失衡，贸易自由化加深，银行所承受的风险也就会越来越大。

可见，国内投资拉动型的经济增长是否能够持续，关键问题在于如何改变目前以政府为主导的投资模式，在于如何提高投资回报率或投资效率，如果这些方面不能改变，那么，国内这种投资拉动型的快速经济增长不会持久，因为，当国内银行信贷风险越积越大而爆发出来时，这种经济增长就会戛然而止。

24 金融市场制度改革与反思[①]

24.1 中国金融改革面对的困境

所谓基础性制度就是市场有效价格机制形成的基础、市场交易主体公平公正交易的平台，及市场主体在交易过程中财富不被掠夺的保护机制。在金融市场，由于信息的不对称，由于逆向选择与道德风险的存在，如果没有一个完善的制度基础，那么金融市场交易活动不公平性与风险随时都存在。特别是与实质资产不同，大多数金融资产是消极持有的，即资产的所有者没有能够从资产中获得收益的能力，所以金融资产的持有人容易成为他人或政府掠夺的对象（Rajan，Raghuram G. & Luigi Zingales，2003）。而对金融资产权利的保护，则是金融市场繁荣的关键（Ehrenberg R.，1928）。这些制度安排就是金融市场的基础性制度。

近年来，国内金融业改革如火如荼，无论是银行、证券还是保险都是如此。银行业的股份制改造、不良资产的处置、四大国有银行计划上市等；证券市场的《国九条》的出台、保荐人制度推出、中小企业板的启动等。但是，我们可以看到，金融改革越是深入，披露出来的问题就越多，国内金融市场所面对的系统性风险就越大。

比如，对银行业来说，一方面国有银行的不良贷款率不断地在下降，银行控制风险的能力与技术不断地在提高，国有银行的盈利水平也达到了历史最高；另一方面，国有银行的不良贷款增幅，大量的不良资产刚刚被剥离，新的不良贷款又增加。在2004年金融审计中，不少金融大案要案随之暴露出来。一个人可以贷款7000多万元用来炒作房地产，一家

[①] 该文章发表于《中国社科院研究生院学报》2005年第2期。

民营企业可以贷款70多亿元把资金转移走，政府的一个命令可以让一家企业的几十亿元贷款立即就变成不良贷款等（易宪容，2004）。

本来，在金融市场中，利率是金融市场资金的价格，但政府在2004年的宏观调控却使用各种行政手段，而不是运用市场基本的工具。国内投资早已火热、物价早已飙升，银行利率就是要管制，直到宏观调控快结束了才调升基准利率27个基点。也就是说，一方面管制利率，使民间信贷市场异常发达，民间信贷市场的利率高企（李建军、杨光，2004），大量资金在银行体系外循环；另一方面，极力压低存款利率，扩大存贷款利差，甚至一年多的负利率，从而使民众的财富轻易地流入国有银行，流入永远欲壑难填的国有企业。

中国的银行改革，一方面国有银行不断地把不良贷款剥离出来让国家来埋单，而不良贷款的形成机制依旧；另一方面央行又通过对利率的管制把民众大量的储蓄以低成本的方式流入国有企业（王一江、田国强，2004）。尽管这种利率管制造成了广大存款的民众向借款人的巨大补贴，国内信贷超高速成长，经济异常过热，房地产泡沫越吹越大，但不少机构和单位却在大力主张由于利率对企业不敏感而不要调整利率。

对中国股市来说，几年低迷不振。尽管2004年政府推出了《国九条》，希望从根本上确立发展中国资本市场重要性判断标准，把发展中国资本市场提高到促进实体经济的结构调整、实体经济优化资源配置的高度，并推出了完善公司治理结构、加强上市公司监管、消除大股东占用上市公司资金和其他侵害上市公司权益的行为、重大事项的分类表决、保荐人制度、合规资金入市等制度。但市场就是没有反映，中国股市仍然是跌出了一次又一次的历史最低点。

作为一个发展中的市场、作为一个年轻的市场，我们可以从股市中罗列出几百甚至几千个股市不完善的地方，如股权分置、上市公司质量不高、监管不力、欺骗作假等，但这都不是问题关键所在。最重要的是，在中国股市，劣质产品卖高价，或投资者在股市上得不到合理的回报，甚至亏损（易宪容，2004）。

据统计，中国股市1999—2003年的股息率分别是0.78%、0.64%、0.69%、0.77%、1.08%，平均股息远远低于同期银行存款利率（试想这还是低利率时代）。而1990—2003年世界主要证券市场上市公司股息率为2.9%，上市公司通过股份回购形式回报股东的收益率是1%。两者相比，国内股市的投资回报率仅是世界主要证券市场的几分之一。同时，从2001年6月到2004年9月三年多的时间内，股市流通市值缩水7101亿元，考虑到在此期间投资者为上市公司融资付出2726亿元，为国家上缴印花税478亿元，支付交易佣金等其他种类成本约500亿元，收到上市公司现金分红391亿元，投资者的净损失约为10400亿元（王开国，2004）。

也就是说，作为一个零和博弈的股市，投资者的巨大亏损，而其利益基本上流向了上市公司、证券中介机构、政府税收、管理机构的收费等。在现行证券市场的制度安排下，凡是通过政府管制进入市场者都大获其利（如上市公司等），而自由进入市场者都无利可图或面临亏损（如中小投资者）。可以说，造成目前国内股市僵局最大的根源就并非股权分置、上市公司质量不高、市场违法乱纪等问题，而是市场的基础性制度在初始权利的界定上不公平、不公正的问题，而是既得利益集团通过政治途径让其利益制度化与合法化问题。如果不从金融市场这些基础性制度入手，仅是从技术性制度上来改革，要真正保护中小投资者利益，走出国内股市的僵局是不可能的。

改革开放20多年，无论是在股市还是在银行周围已经形成了一个庞大的既得利益集团。一方面，这个庞大的既得利益集团是整个金融改革的巨大障碍，因为任何制度改革与创新都是一次利益关系的调整，他们为了维护自己的利益往往会反对任何改变现状的制度变革；另一方面，他们又会要挟民意、要挟整个市场的利益来要求政府出台有利于他们的制度与法律，或是把他们的利益固化在现行的制度与法律上。

比如利率市场化的问题，在存款利率一直向下调，存贷利率差拉大时，则说要与国际惯例接轨、要与实体经济看齐；但利率要往上调，要让利率市场化的程度提高时，则说利率调整对企业不敏感，不需要调整利率来改变过热的经济。因为，利率一上调，受到影响的是银行、是能够从银行获得贷款的国有企业。B股的开放，结果是解放了先知先觉的违规进入者与外资，套牢的则是全国的中小投资者。还有，国有股减持，本来是一个不太难也容易找到一个多赢方案的事情。但是，出台一项国有股减持政策，市场就有一次大的波动。既得利益集团挟持着市场与政府博弈，国有股减持只好回避与搁置。

也就是说，从上述的一系列事件来看，目前中国的金融改革不是仅出台一些风险管理指针与规则和几条指导意见、制定一些操作细则的问题，而是要检讨金融市场运作制度的缺陷、金融制度与规则确立的程序与目的的合法性、金融制度的权力源的合法性、市场主体初始权利的公正性问题。只有从此基础性制度入手，才能找到国内金融改革切入点，否则，国内金融改革与金融重建要想从目前的困境中走出是不可能的。

本文就是要从金融改革的基础性制度入手，来检讨与反思他国与我国的经验，从理论上及经验上来寻找目前国内金融改革所面临的障碍及化解之道。

24.2 美日韩金融制度改革之经验

对金融基础性制度的确立，无论是从程序上还是从实质上来看，发达国家有过不少经验与教训，而这些经验与教训，对我们的金融改革也是有不少启示的。

先来看韩国（柯承恩，2003）。1997 年亚洲金融危机，韩国经济受到了前所未有的重创，韩国经济也濒临崩溃的边缘。当时在国际货币基金组织的要求与帮助下，韩国政府不得不对韩国的金融体制进行大刀阔斧的改革。也正是在这种金融改革的大力推动下，短短的几年韩国经济很快得到恢复，1999 年和 2000 年韩国的 GDP 增长率分别达到 10.9% 和 9.3%。即使是在 2001 年世界经济出现衰退的情况下，韩国的 GDP 增长率也达到了 3%。也就是说，面对着严重的金融危机，韩国在很短的时间内就走出了困境。我们要问的是，韩国是如何走出金融危机困境的？

在韩国爆发金融危机的前一年，韩国前总统金泳三也曾希望整顿韩国积弊深重且体质又相当脆弱的韩国金融体制，但由于受到韩国国内既得利益集团的全力抗拒，行政部门不能够发挥应有的公权力而以失败收场。一年后，面对着严重的金融危机，金大中在国际货币基金组织的帮助下，对韩国的金融制度进行了大刀阔斧的改革。具体的方式有：首先是准备阶段（从 1997 年 12 月 3 日到 1998 年 6 月 15 日），在这个阶段，韩国政府除修改相关法令规章并检视各金融机构的资本充足率是否达到巴塞尔协议所规定的 8% 的标准，以作为日后大力整顿金融机构良好的基础外，于 1997 年 12 月 24 日成立韩国资产管理公司，并陆续设立韩国存款保险公司与综合金融评估委员会，以及在1998年4月成立独立的金融监督机构金融监督委员会等单位，作为金融体制改革的执行与监督机构（中华民国经济年鉴，2003）。

其次是推动阶段（从1998年6月29日至1998年9月底），将不能够通过金融检查的金融机构即其资产充足率未能达到最低标准、经营不佳且在短期内也无法改善的金融机构，勒令其破产、合并、暂时停止营业以及给予拍卖等方式加速淘汰。

最后是加强阶段（从1998年10月至2000年），经过一连串汰弱择强后，在金融监督委员会严格监督下，根据重整计划，以引进外资、有偿增资、合并、收购、缩减营业范围以及地点撤换管理层等方式，来加强经营状况较好的金融机构的体质。如金融机构巨大不良资产的清理、银行业与非金融机构的重整等。

韩国政府在五年多的金融市场制度的改革中，重点工作有：第一，清理金融机构巨额的不良债权。从1997年年初起，韩国就陆续有韩宝、起亚、真露等11家规模庞大的企业集团宣告破产倒闭，导致韩国金融机构的不良债权急剧增加。据韩国政府统计，迄1998年3月底为止，韩国全体金融机构的不良债权（指逾期三个月未支付利息的贷款）已高达118兆韩元（约折合为967亿美元），较1997年9月底的47兆韩元激增1.5倍。因此，为了能够积极处理金融机构庞大的坏账，韩国仿效美国信贷业重整信托公司（RTC）的模式，于1997年12月24日将韩国成业公社改制为韩国资产管理公司，并特别设置21.5兆韩元的不良资产管理基金，委托韩国资产管理公司统筹运用，用以收购与集中管理金融机构的不良金融资产，希望促使韩国金融体系能迅速恢复正常运作。韩国不良资产管理基金来源主要是通过发行政府债券、借贷、捐款方式募集。其中，有20.5兆韩元是通过发行不良资产债券而募得，并向韩国产业银行贷款0.5兆韩元，另有0.5兆韩元是由韩国国内金融机构认捐，而截至1999年年底为止已全部动用完毕。韩国政府希望通过韩国资产管理公司，尽快清理金融机构逾百兆韩元的不良债权。

除了设置不良资产管理基金外，韩国政府同时还投入了156兆韩元（折合为1.245亿美元）的巨额公共资金，协助金融机构清理不良债权。韩国的公共资金主要是通过由韩国存款保险公司与韩国资产管理公司发行政府保证的债券、政府编列预算设置的财政资金、公共资金回收金等三种方式来募集资金。韩国政府总计在2000年年底前已经投入109.6兆韩元的公共资金。同时，为使后续金融结构能够顺利进行，韩国政府又在2001年以后陆续投入46.4兆韩元的公共资金，以弥补体质不强的金融机构资金缺口，其资金来源有40兆韩元是通过发行存款保险基金债券来筹措，剩余的6.4兆韩元则是由存款保险基金支持公共资金再回收部分来支应。

第二，银行业的重整。对于银行业的重整，韩国政府原则上采取合并（M&A）、资产计负债转移（P&A）、出售给国外金融机构、委托给其他金融机构经营、成立金融控股公司五种方式进行。因此，在金融危机爆发后，韩国政府首先接管负债最多的两家商业银行——第一银行与汉城银行，以防止金融危机再扩大。另外，为了加强金融机构的监督管理，金大中结合财政经济院、中央银行及证管会的部分功能，于1998年4月成立独立的金融监督机构——金融监督委员会，由其全权主导韩国金融结构的改革。金融监督委员会成立以后，开始审核12家资本充足率低于8%的商业银行所提交的重整计划，如果审核未能通过，则将强制关闭或与其他财务健全的商业银行合并。

第三，其他非银行业金融机构的重整。对于非银行业金融机构的重整，韩国政府首先着手整顿这一波金融危机中受创最深的30家综合金融公司。由于韩国金融公司大多属于中小型金融机构，若勒令其停止营业，对于社会经济并不会造成太大的打击。所以韩国政府处理经营不善的综合金融公司采取的就是关闭或清算的模式。同时，基于综合金融公司大部分都被韩国大企业集团所掌控，为避免外界产生政府帮助特定对象的嫌疑，对于通过金融检查而得以继续营业的综合金融公司，韩国政府并不直接给予任何援助，而是要求其股东自行筹措资金。

韩国金融监督委员会除大力整顿综合金融公司外，对于寿险公司、投资信托公司、租赁公司及证券公司等第二金融圈实施金融检查，以淘汰体质较为脆弱的金融机构。

在韩国政府强力介入整顿后，韩国银行业财务结构不但更加健全，而且生产力大为提升，获利能力也明显增强，经营状况也达到了佳境。根据韩国金融监督委员会在2002年4月底报告指出，2001年韩国的20多家银行基本上前5年都处于亏损的状态，2001年净利润创历年来新高。韩国银行业员工的生产力也得到大幅提升，而且高于美欧日本等发达国家商业银行的平均水平。同时，2001年韩国银行的资产回报率、普通股权收益率也都得到了明显的改善。同时，在韩国政府不断投放巨大的公共资金，协助金融机构清理庞大的不良资产之后，韩国银行业的健全性日益提高。银行资产的充足率等考察商业银行指标都达到发达国家商业银行的水平。

从韩国的金融改革来看，面临着严重的金融危机，韩国政府推动的金融改革基本上是相当顺利的，大致上都按照预先计划顺利推行完成。尽管在改革的过程中，因韩国政府不断利用国家庞大的资源积极介入干预，严重扭曲资源分配和市场机能的正常运作，对此引起国际上关切与批评，但韩国的金融体制经过改革后，无论是组织架构、财务状况还是经营业绩都得到改善。也就是说，从韩国金融改革来看，任何金融改革一定会受到既得利益集团的反对，政府强有力的推动是金融改革顺利进行的必不可少的条件。而这种推动包括制度规则提供，及保证制度规则、改革程序合法性与公平性。

对于美国来说，它之所以具有世界最强的经济实力，不仅在于它有高素质的人力资源、发达的科技、高效率的管理技术，而在于有优良的政治制度及健全的监管体制（叶秋南，2003）。在优良的政治制度下，才能建立有效率的立法机构，才能保证立法的效率与质量。美国拥有一部优良的宪法，作为实施民主政治的基础。根据这一部宪法的运作，美国的立法机构不仅立法效率高，而且立法品质好。因此，美国要进行金融改革，就必须由国会立法来进行。美国每一次金融危机的发生，国会都会进行彻底的研究调查，明确真相，然后立法规范，使同样的危机不再发生。20世纪30年代的经济大危机，美国出台了盛行70年之久的《证券法》。21世纪初的安然事件，2002年通过《萨班斯—奥克斯法案》（易宪容，2003）。可以说，美国的金融制度就是在国会不断的立法规范下完善起来的。

我们再来看日本（谢勇男、叶秋南，2004），在20世纪90年代以前，日本的经济快速成长，人均国民生产总值超过了美国，经济实力雄厚。80年代的日本，股票与房地产市场兴旺发达，如日中天，日经指数上升到38000多点，日元汇率不断升值，日本产品与资金在世界上所向无敌，日本也成了美国在世界市场上最强劲的对手。但日本经济好景不长，自90年代以来，日本的泡沫经济开始破灭，房地产价格暴跌，从而带动其他物价的下跌,通货紧缩的出现,人民消费减少,公司亏损,银行的不良贷款迅速增加,把整个银行业拖入困境。各公司都在为处理债务问题搞得焦头烂额,无暇顾及投资,致使 GDP 每年平均减少 1%。

面对着泡沫戳穿后的日本经济,1996 年日本宣布了大规模改革方案,计划在 5 年内全面解除金融管制,以建立一个自由、公平和全球化的金融市场。日本这次的金融大改革,目的在于如何转换现行的金融运作机制,由行政督导的模式转向遵循市场机构运作的模式,解除加诸金融业的种种束缚,让金融业放手去开发和推广创新性的金融工具和服务。为了落实对金融业管制的松绑,政府也进行了一系列的行政改革,以削减财政部的权力和对金融机构的控制。1998 年日本政府修改了日本银行法,脱离财政部的控制,能够独立自主地制定货币政策。同时设立金融监督署(Financial Supervision Agency),执掌核发执照、监督和检查金融机构的任务。1992 年设立的证券交易所监理委员会也并入了金融监督署。如此一来,日本的金融监督署就像美国的通货监理署(Securities Exchange Surveillance Committee)加上证券交易所管理委员会(Securities Exchange Commission)。行政改革以后,财政部职权锐减,只保留金融规划的功能。同时,对金融业的监督采取透明而正式的方式,革除以前那种含糊和充满官僚气息的行政督导体制。因此,有人认为,如果改革成功,日本将会出现世界上最自由、最公平和最国际化的金融市场体系,由此日本经济也会走上振兴复苏之路。

但实际上并非如此,2001 年下半年,日本的经济以每年 3.4% 的速度在萎缩;其中,2001 年,GDP 的成长是 -0.8%,情况继续恶化,到 2002 年 4 月,GDP 的成长率是 -4.5%。同期间,工业生产指数成长率由 -3.9% 下滑到 -11.5%。失业率由 4.9% 增加到 5.3%。此外不良贷款持续不断地产生,像个无底洞,刚注销一批,又产生一批,不良贷款严重性使日本经济陷入难以复苏的绝境。

与韩国、美国相比,日本也应该有不错的市场基础、不差的经济实力、一定的民主法制,但是面对金融危机,为什么韩国、美国能处理成功,但日本则不行?日本的金融改革失败在哪里?在这里,关键不仅在于金融制度本身的缺陷,而在于金融市场基础性制度的缺陷,在于金融制度确立程序的合法性问题。

首先,在崇尚法治的民主国家,一切改革都要通过立法来达成。金融制度的改革如美国20世纪80年代的储蓄信贷会危机发生时，经济学家、金融专家，以及有关的企业领袖都会理智参与讨论，剖析问题的症结所在，并提出解决方案。各界人士公开辩论达成共识以后，再由国会立法，付诸实施。由于业者和有关人士在立法的过程中都亲自参与其事，充分了解改革的内容，对于改革方案才能彻底执行（孙杰，1998）。

但是对这次日本金融改革来说，改革方案由官僚起草，再通过行政命令，通过有关政府机构来执行。金融改革的主要目的是解除金融业的种种管制，并且削弱政府相关机构的权力（谢勇男、叶秋南，2004）。但是改革的方案则由要削减其权力的官僚来起草，为了自己的利益，必然会起草有利自身的方案，都会避重就轻，为自己的生存留下余地。同时，在执行改革方案时也是敷衍了事，选择一些无关紧要的事情来交差。因为，如果金融改革成功，必然会断绝他们退休之生路（根据1997年的一项统计，有200位财政部的退休官员到金融机构担任高级职员）。

其次，执政的自民党内派系林立，各自为政，他们躲在幕后，操纵政局，为了维护既得利益，百般阻挠改革。

对于金融业的既得利益者来说，由于以往在金融资源完全为政府管制的情况下，他们能够轻易地从政府那里获得许多好处，特别是不存在市场竞争，也不必面对各种风险。因此，他们与政府官员、党派利益纠集在一起，极力地抵制改革，使日本政府金融改革难以推行。这三种集团盘根错节，纠结在一起，构成权力的核心，他们全面把持政治，控制经济资源。有人把这三种集团叫作"铁三角"（iron triangle）。为了维护本身的既得利益，他们筑成铜墙铁壁，抵制改革，任何人都无法攻破。

2001年小泉纯一郎提出"改造自民党、才能改造日本"的口号当上日本首相。他一上任就宣布要"清理银行不良资产、邮政私有化、放松管制、行政和租税改革"等。尽管小泉上任之初改革的成绩不显著，但在第二任后渐有起色，特别是自2003年以来日本经济开始出现增长的好势头。

2001年4月6日，日本政府拿出紧急经济对策，主要内容就是要以直接处理的方式彻底解决不良债权问题（郑景文，2004）。直接处理是指从账面上将不良债权分离出来，通过不良债权整理回收机构（RTC）进行处理。日本政府决定用2年时间彻底处理既有的不良债权，而对于2001年4月以后新增加的不良债权，计划在3年内从资产负债表上分离出来。

与原来由金融机构依靠计提和冲销坏账准备金，来消化不良贷款的间接处理方式相比，这种直接处理不良贷款的方式将重点转移到企业重整上，旨在通过企业债务重整，从根本上清除金融机构的不良债权。同时，直接处理的方法之一，就是运用公共资金处置银行的不良债权。从1999—2002年，日本政府分两次将公共资金注入银行体系，总额高达25.5兆日元。

日本运用公共资金处理不良债权的操作机构是，存款保险机构及其回收机构。处理方式有两种，一种是存款保险公司把公共资金注入银行，补足银行的资本金，增强银行处理不良债权的能力。2001年4月，日本根据修订后的存款保险法，设立总额达25兆日元"金融机构早期健全化会计账"。如果再加上金融再生账18兆日元，以及特殊业务账17兆日元，作为构成金融安全网重要机构之一的存款保险机构，其公共资金规模将维持在60兆日元的水平，其金额之大可见日本政府对金融改革的决心。

第二种方式是整理回收机构，购入金融机构的不良债权，通过出售、证券化处理以及委托管理等办法加以回收。整理回收机构不良债权的处置方式则主要有四种：①通过出售不动产回收不良债权。即当不良债权以不动产形式存在时，整理回收机构将之卖出，成为回收不良贷款的一种基本方法。②通过证券化回收不良债权。这种方式是回收机构把债务人在贷款时用作担保、抵押的不动产，作为发行债券的担保，对机构投资者发行债权，从而盘活不良债权。③通过直接出售债权回收不良债权。整理回收机构把从破产或有问题的金融机构处，购入的不良债权直接卖给投资银行，在不良债权流动化的过程中回收其价值。④通过对不良债权的托管进行回报。当整理回收机构购入的不良债权，处于暂时出售不了但有经营可能的实物形态时，整理回收机构再将这些资产委托给信托银行去经营管理，然后每年通过领取收益的方式回收不良债权。

与此同时，在2003年9月举行的政策委员会议上，日本央行决定将购买商业银行持有股票政策延长一年，截止日期延长到2004年9月。日本央行之所以做出延长该政策的决定，是为继续给银行减持股票提供支援。

此项制度从2002年11月开始实施，目的是促进银行尽早出售股票，加快不良债权处理，减轻股价下跌给金融体系带来的影响。原定的购买期限是2003年9月末，购买规模为2兆日元。2003年3月，由于伊拉克战争爆发，在日本政府的压力下，为继续向市场提供充足的资金，日本银行政策委员会决定将购买规模扩大到3兆日元。此举显示日本央行坚持宽松的货币政策，积极向市场提供充足通货的决心，也向政府和公众显示了日本央行采取积极措施、稳定金融系统的决心。

从目前情况来看，日本央行直接购买商业银行持有股票的政策还是起到了一定的作用。特别是2003年第一季度，日本央行共购买了商业银行所持股票近9000亿日元，分别是日本事业法人和外国投资者购买余额的2倍多。而当时日本股市下跌到了泡沫经济破灭以来的新低，日本银行的介入为当时的股市起了相当重要的稳定作用。此外，此项政策设计的另一目的是帮助商业银行处理不良资产。

再者，研究放松银行注资标准。亚洲金融监管当局多次向银行注入公共资金，以确保在处理银行破产和合并过程中，保持金融体系的稳定。但日本金融机构的问题仍没有彻底解决，面临的重整改革任务也很重要。为促进地方金融机构重建，维护金融体系的稳定，日本金融厅开始研究放宽向银行注入公共资金的标准。

自2003年下半年以来，日本经济出现复苏迹象，股价上扬，银行经营收益增加，金融体系比较稳定。之所以要研究注资新措施，主要是因为中小银行经营仍未摆脱困境，特别是从2005年4月起，日本将全面取消全额保护存款者利益的措施。届时，普通存款人很难将存款从中小银行转向大银行，这可能会导致金融体系的松动，特别是给中小银行的经营带来困难。按照新的注资标准，日本金融厅不仅将对出现危机的银行给予援助，而且可以随时进行预防性注资。这一措施将使存款者对中小银行增强信心，对社会稳定有积极作用。

那么，用美国与日本经验来对照中国，中国金融改革面临的问题，关键就在于我们的金融市场的基础性制度不能够保证金融市场运作的公平性、合理性及效率性，从而使金融市场投资者的权利容易受到侵害与掠夺。可以说，我国的金融制度、金融法律法规确立程序上的不合理性，交易者初始权利界定不公平性，从而导致大量质量不高的法律出台。这些都成了中国金融改革的最大障碍。

24.3　中国金融市场发展之障碍

可以说,中国金融改革20多年,为什么金融改革会如此进展缓慢?金融"瓶颈"会如此严重?最大的问题是金融市场的基础性制度不足。如上文所言,基础性制度应该包括整个金融市场得以生成的环境。一般来说,在现代市场经济中,由于交易费用的存在、合约的不完全性,政府可以通过提供市场的制度规则来形成和保护私人产权、来有效地执行合约、形成对掠夺个人权利的约束,从而促进市场经济的繁荣(Olson M.,1998)。因为,只有政府能够保护个人的资财不受他人或政府掠夺时,才有真正意义上的个人财产。一个社会只有能够保护和清楚界定个人权利时,人们才有动机去进行生产、投资和从事互利各种交易,社会经济才得以繁荣。

同时,一个经济繁荣的市场不存在任何对个人财产的掠夺。如果一个社会的财富为少数人攫取,那么这个社会的创新就可能被窒息,这个社会市场价格机制的运作就可能被扭曲,这个社会的经济一定会没有活力而僵持。无论是在传统的计划经济里以及在市场经济不发达的地方,还是个人权利得到较好保护经济发达的社会中,对个人权利掠夺的情况总是会发生。这也是我们政府得以出现的关键(Olson M.,1998)。

也就是说,金融市场的基础性制度必须由政府来提供,它包括了产权界定与保护、公共品的提供及市场协调。这是金融市场得以高效率、低成本运行的关键。但是,由于大多数金融资产是消极持有的,这就使金融资产容易成为政府掠夺的对象(Rajan Raghuram G. & Luigi Zingales,2003)。如现代政府如果遇到财政上的困难时,不会直接去掠夺农民的土地或企业的机器,而会利用各种手段减少政府对债权人的实际偿还,如通货膨胀、拒付债务、增加税收等。因此,金融市场的基础性制度第一个方面就是限制与约束政府权力,建立有限权力的政府。这就是我们通过所说的法治,就是通过制定完善的宪法,让立法系统和司法系统来对政府权力制衡,从而保证政府更加信守尊重公民财产权的承诺(North D. & Weingast B.,1989)。

由此,金融市场基础性制度也可以用法治变量来表示(La Porta R.,

Lopez–Silanes F., et al., 1998)。而法治实际上包含了一组权利,我们需要对它们进行分解。比如对于产权的保护,不同的社会群体对产权保护的权利理解是不同的。在目前的金融市场中,低收入金融资产少的民众更关注的是储蓄利率高低所获得的收益权,关心的是他们少有的财富免受贪官污吏及他人掠夺。而对于富裕的投资者来说,他们更关注的是金融市场如何来保护中小投资者利益、监管资本市场以控制内部人滥用职权等。由于不同社会群体关注产权保护的不同方面,那么这些权利如何分配、各群体的话语权如何,这取决于相应的群体在既定政治社会中有多大的政治影响力(普拉纳布·巴丹,2004)。

法治中这组权利还可以扩展到个人社会活动参与程度、知识产权的保护。有研究表明,与交易费用一样,知识产权也可能限制不同的社会群体获得其相应的权利。如卡恩等比较了19世纪上半叶美国和英国的专利制度,他们发现,英国当时的专利制度实际上只允许那些富裕的人和有社会关系的人获得知识产权;相反,美国当时的专利制度则允许更多的人获得知识产权,因此美国当时的专利活动更加活跃也更为广泛(Khan B. Z. & Sokoloff K. L., 1998)。

有研究表明,光有法律制度不足以发展信贷市场的金融基础设施。因为,如果风险投资是不抵押的,加上这种投资严重的信息不对称,如果没有特定规则及政府支持,这种投资要取得发展是不可能的。还有一种产业化初期,由于市场上缺乏足够的民间金融机构为众多的企业融集资金,这也需要政府在其过程中起到重要的作用。如19世纪法国、德国政府扶持的开发银行,以及最近日本及中国政府扶持的开发银行都说明了这一点(La Porta R., Lopez–Silanes F., et al., 1998)。而这些例子说明了以往对产权保护的理解仅限定如何运用权力来实施和保护产权,以及如何通过保护私人产权来确立其可信性。其实,政府作为金融市场技术引进与市场发展的协调者,其基础性作用十分重要。

在金融市场中,推动生产率提高经济发展的有效率的法律体系与制度框架如何可能?它们能够自行地建立与出现吗?在现实的金融市场中,功能紊乱、无效率及初始条件不平等的法律制度随时可见,这不仅说明毁于既得利益集团一旦进入了市场,为了维护其利益经常会利用管制来提高新企业或未来企业的进入壁垒,而且在位的权力精英也会阻碍引进有效率的技术,因为引进新技术将削弱其未来的权力。如19世纪的俄罗斯和奥匈帝国，当时为了控制其统治地位就下令阻碍有利市场发展的规则与制度的出现（Acemoglu D., et al., 2001）。

也就是说，由于基础性制度缺失，金融市场的发展可能面临着两大障碍。一是如果对政府权力不能有效约束，它就可能架空民主程序操纵规则，而民众不容易通过制定规则来分享自己的权利。二是既得利益集团利用其市场与财富之优势，借助其话语权向政府游说，并打着改进市场缺陷维护弱势群体利益的幌子，让其集团利益法律化与制度化。因此，基础性制度就是要界定个人初始权利的平等。从以上各方面都可以看到，个人初始权利的不平等不仅会影响权力阶层所颁布法律的社会正当性，而且还会影响到一般民众对法治的支持程度。如果我们的法律制度为少数既得利益集团所捕获，那么写在纸上的法律和法律实施之间就会存在巨大鸿沟，个人对他人守法行为缺乏明确的预期，从而也就失去实现法治的基础。

比如，2004年10月28日央行加息，不仅来得突然、显示象征性，而且完全是一种政治角力之结果。很简单，本来加息问题完全是央行的事情，如美联储，格林斯潘之言就可以定夺，但是中国的情况则不然。因为，从2004年年初开始，央行就放出加息的信号，但是该信号一放出，立即引起各种利益集团反复的角力。近一年来，央行无法根据经济形势的变化做出自己决定，只能徘徊在加息与不加息之间，而最后加息拍板只好让更高层来决定。我们只要看一看加息后不同的利益集团不同的强烈反映，其加息前的角力已暴露无遗。因此，中国利率市场化基础性制度就在于央行更大的独立性，在于如何摆脱既得利益集团捕获以中立者的角度有效运用利率之工具，如何制定更为中立的政策与规则。

至于为何政府能够通过长期的利率管制，让国内银行体系利率处于一个极低的水平上，资源的垄断、个人投资管道的缺乏被迫广大民众的金融资产只能进入政府管制下的体系。而这种完全管制下的利益输送，并没有让获得这种利益的国有银行及国有企业走出困境（国有银行效率近年来改革有所改进）；反之，大量的金融资源运作无效率。因此，靠现行的法律体系要改变这种不平等的初始条件是不可能的，金融市场的基础性制度确立才是目前中国金融改革的关键。

二十多年来，特别是近十年来，由于国内利率严格管制，使尽管中国经济一直处于一个快速增长的上升通道上，但国内利率水平一直处于下降的通道。这也说明了以往我国的利率完全处于扭曲的状态。从长期来看，国内利率的市场化就是要扭转这种利率机制，加上我国的经济仍然会长期持续增长（一般来说，经济增长率为8%，利率应该达到10%水平），国内利率从低水平向上走是一种必然趋势。可以说，只要我国的经济增长得以持续，只要我国利率市场化，利率进入上升通道完全是市场之逻辑，任何既得利益集团想要阻挠都是不可能的。

24.4　中国金融市场发展之对策

在我国为什么金融市场制度环境确立起来会如此困难？问题在于我们的良好的金融制度环境确立问题会面临来自两个方面的威胁：一方面是既得利益集团。因为，任何市场改革与发展都可能改变他们现有的经济地位，都可能对他们的既得利益造成巨大的冲击，因此，这种利益集团总是会祭起保护市场的大旗来维护其利益而反对市场改革，即使有时这些既得利益也会同意改革，但这种改革往往会因为他们的游说走向有利于他们的方面上去。

另一方面会来自庞大的市场弱势阶层抗争。这些市场的弱势阶层是市场脆弱性最大的牺牲者，他们需要通过政治途径寻求救助。这两方面的力量尽管利益上、地位上、财富上迥然不同，但是这两股力量往往容易结成同盟来反对市场发展之改革。特别是既得利益集团更容易借助于弱势民众之力量来为自己谋利。目前国内股市之所以改革困难，任何一个政策的推行都会引起极大的反对，其根源就在于此。

比如，国有股减持问题，试点了一次又一次，每一次都会失败。原因何在？一方面，大家都说国内股市股权分置是中国股市发展的最大障碍；另一方面，解决这种股权分置的改革又会因为利益上的纠缠而寸步难行。看看美国的金融改革，每一次改革都必须以国会立法来进行。美国每一次金融危机的发生，国会都会进行彻底的研究调查，明确真相，然后立法规范，使同样的危机不再发生。21世纪初的"安然事件"，导致2002年通过《萨班斯—奥克斯法案》。可以说，一个繁荣的金融制度就得冲破与限制既得集团利益才能完善起来。但是，在国内股市，为什么就是无法形成市场改革之共识的法律法规？为什么那些违法乱纪、做假造假、欺诈圈钱的行为在股市能够盛行？就在于这些不法行为一旦发现，都会有既得利益集团来游说、来庇护之。

从上述的理论来看国内的金融改革，尽管近几年来国内金融改革确实是取得很大成绩，但我们也应该看到，国内的金融改革越是深化，金融市场所面临的困难与问题越多。其原因就在于没有了解到国内金融市场的问题所在。在本文看来，应该从以下三个方面入手，才是国内金融改革的关键所在。

首先，国内金融体制最深层次矛盾与问题就在于国内金融市场如何从计划性与垄断性中走出。改革开放20多年来，国内金融体制改革从来就没有停止过，而且特别是近几年更成了每年国内经济改革的重点与难点。但为什么国内金融体制改革就是很难走出其改革困境？问题就在于，一方面国内的金融体制最为计划性，或国内金融体制是国内计划经济的最后一个堡垒。这种计划性不仅表现在其制度安排上，特别表现在人们的观念上。比如，本来国内证券市场建立应该是最为市场化的地方，但是由于制度的安排与设计者观念上的计划性，使国内证券市场成了最为计划性的市场（从公司的上市、市场的规模、市场的准入、机构设置等哪一方面不是计划性安排）。

另一方面，金融制度的计划性必然会导致对金融资源的垄断性。可以说，无论是从银行业来说还是从证券业来说，其金融资源的垄断性都超过了其他行业（保险业好一点，但也好不到哪里去）。其金融资源的垄断性不仅表现在国有成分所占的比重持续居高不下，比如国内银行业，除了占比重极低的外资银行与民生银行外，其他的银行或是国家独资（如四大国内银行），或是地方政府控股，即使是股份制银行最终控股权仍然是国家，而且表现在国家对金融市场价格机制的控制上。又比如证券市场，不仅上市公司最终控股权国家所占比重在80%以上，而且证券市场的中介机构、服务机构国股所占的比重仍然为主导。在这几个完全竞争性的市场，由于金融资源的基本垄断性，资源市场配置要起到基础性的作用也是不可能的。金融资源的垄断性不仅会导致政府对市场干预过多过深，市场的运作机制弱化，也会使投资者财富随时都可能被政府与他人所掠夺。可以说，这正是目前国内金融体制改革最为深层次的矛盾与问题。这些矛盾不化解，它肯定会成为国内金融市场发展的最大障碍。

由于金融市场的计划性与垄断性，由于金融市场的资源不能给市场起到基础性的作用，这必然会导致国内金融各方面的结构性失衡。如直接融资与间接融资的失衡、中央与地方金融的失衡、金融股市与债市的失衡、民间信贷与银行信贷的失衡等。特别是直接融资与间接融资的失衡，一方面让国内股市及证券市场逐渐的边缘化，国内企业失去了可融资场所，个人失去了可投资的机会，大量的个人储蓄只能以低收益聚集在银行；另一方面，也使国内金融市场的风险都压在以国家为担保的国内银行体系上。比如，国内的房地产业这几年迅速发展基本上是建立在国内银行信贷快速扩张的基础上的。如果国内房地产业一旦有什么风吹草动，最后埋单的只能是国内各银行。而银行的风险又落到最后贷款人央行及整个国家身上。因此，加快国内金融市场对内外的开放，减少金融市场的垄断性是今后国内金融改革的重点。

其次，金融市场初始权利的界定不公平。比如，近三年来，中国股市持续低迷，政府为此出台了一系列的利好政策来推动市场发展与繁荣，但实际上并不能如愿以偿。有人把它形容为市场"利好麻木症"。但在本文看来，最大的问题就在于既有的制度安排让中国证券市场聚集庞大的既得利益集团。这些既得利益集团不仅可以把证券市场当作他们牟取暴利、保护他们利益的道具，也可以让他们在市场中翻手为云、覆手为雨。特别是，当他们利益可能受到损害时，他们就会挟几千万股民为"人质"，夸大市场危机并联合起来向中央高层施加影响，迫使政府出台种种政策来向他们输送利益。试想，这样的市场，中小投资者如何有利可图，中小投资者岂敢进入这样的市场。最近有问卷调查表明，有近80%的中小投资者正在退出这个市场。如果中小投资者都退出市场，这个市场能够发展吗？而中国股市的改革不从这里入手，要让它走出目前的困境是不可能的。

可以说，国内金融市场，这样的现象到处都是，在此可举一反三。但归结到一点，这些现象的问题根源就在于初始界定权力的不平等，就在于既得利益集团通过政治的途径如何把他们的利益体现在现行的法律、制度规则与政策中，既得利益集团把个人或单位利益制度化、合理化。而且既得利益集团在利用权力来追求个人利益的时候，不仅掠夺了弱势群体的利益，制造了社会的不平等，而且阻碍了金融市场发展、社会财富的积累，导致贪污腐败的盛行。

最后，国内金融改革的法源依据不明确。近些年，国内金融法律法规出台层出不穷。但这些法律根据何在？这种法律的法源是如何产生的？它反映了大多数人的利益吗？如果没有反映大多数人的利益，那么这种法源又是如何形成的？法律形成的程序合法性又何在？如果不能够保证法律形成程序上的合法性，那么合法的目标是否会变为他人服务的工具？等等。只有从源头上搞清楚，才能达到市场的共识，减少市场不同利益集团之间的冲突与抗争。

在现代金融市场中，由于信息的严重不对称，金融危机与金融问题无处不在。对于这些金融问题处理得好，金融问题就自动化解，金融体系恢复正常运作，如果处理不当或是拖延，就会使金融问题进一步恶化，处理起来更加困难。但是，为什么有些国家能够应付自如地处理好所面对的金融问题，能够让该国林立于危机四伏、动荡不安和变化无常的世界，而另一些国家则被突然而来的危机打得措手不及，而且摇摇欲坠难以走出困境呢？问题的关键就在于有些国家在面对金融危机时，不但能够实时迎刃而解，而且能够根据处理金融危机之经验与问题，设计出更精良的机制，制定更完善的制度，防止类似危机的再度发生。比如美国。

但是对中国的金融改革来说，改革方案由官僚或相关利益者起草，再通过行政命令，通过有关政府机构来执行。金融改革的主要目的是解除金融业的种种管制，并且削弱政府相关机构的权力。但是改革的方案则要由削减其权力的官僚来起草，为了保护自己的利益，必然会起草有利于自身的方案，都会避重就轻，为自己的生存留下余地。同时，在执行改革方案时也是敷衍了事，选择一些无关紧要的事情来交差。还有，对于金融业的既得利益者来说，由于以往在金融资源完全为政府管制的情况下，他们能够轻易地从政府那里获得许多好处，特别是不存在市场竞争，也不必面对各种风险。因此，他们可能与政府相关利益者纠集在一起，极力地抵制改革，使政府金融改革难以推行。

在我国，关于金融市场的法律与法规的数量与发达市场经济国家相比，肯定并不逊色。但是，我们有多少人考虑过、研究过这些法律有多少是"良法"，有多少是妨碍国内金融制度改革的"恶法"。如果我国的改革仅是依照劣质的法律法规，那么我们的金融改革肯定会越来越陷入不可自拔的困境。

可以说，国内金融市场的许多法律法规很少是在整个社会集思广益、反复博弈的结果，而是少数官僚机构闭门造车的结果。在这样的情况下，国内金融市场的法律也就失去它的公平、公正及合理性，不是偏向某一部门，就偏向某一既得集团，有些法律法规则只是为某些少数利益而设。在这种情况下，一些金融法规推出就漏洞百出，而且执行起来十分困难。

因此，对中国金融改革的反思，就得从基础性制度上来减少初始界定的不平等，就得用新制度安排来阻止既得利益集团把个人利益制度化与合法化，就得用新的政治制度来保证金融立法的效率性与合理性，来确定金融立法的合法性，以市场法则为依归建立新的金融法律制度，在整个社会共识的制度安排上，才能建立起有效的金融市场秩序，才能保证有效的金融改革顺利进行；否则，仅是"头痛医头"在技术方面出台规则是不能解决问题的。这就是本文对近年来国内金融改革的反思。

第五编　股市改革

25 当前A股暴涨暴跌的原因、政府救市及退出救市的路径[①]

25.1 导言

在一年多的时间里,中国A股出现了前所未有的暴涨暴跌,先是上海综合指数由2014年7月初的2000点,涨到2015年6月12日的5178点,幅度达150%以上。在这段时期,不仅股市的上涨幅度大,而且股市的成交量也在这个过程中不断地放大,从而使中国股市在各个方面不断地在创世界纪录。

从6月12日上海综合指数上涨到5178点之后,面对中国股市的疯狂与风险,中国监管层开始对股市融资去杠杆化,对场内及场外融资杠杆进行了一定程度的限制。也就是以此为导火线,为期一年的中国牛市开始逆转,中国股市开始暴跌,在不到三个星期里,上海综合指数就暴跌了28.6%,创A股自1992年以来最大三周跌幅。而这三个星期的中国A股暴跌,不仅让股市指数下跌了28.6%以上,也让中国A股投资者的单边上涨预期逆转和让股市投资者无风险套利的幻想破灭,及对中国这场大规模的股市试验产生了质疑,从而引发了当前中国股市一连串的危机。中国政府不得不推出一系列救市政策,以此来稳定中国股市。

但中国股市为何会暴涨暴跌?及为何很快就形成了中国股市的危机?为何政府出台政策也会暴跌?面对股市的危机,中国政府采取强力果断的救市政策,尽管这些救市可以让股市很快地得以稳定,但是为何市场对此质疑不少并要求政府趁早救市?还有,政府救市之后,退出救市是

[①] 该文章发表在《探索与争鸣》2015年第8期。

必然，但退出救市路径及时机又是什么？什么样的退出救市方式对市场影响会最小、成本会最低？政府监管层对此有所准备吗？这些都是需要认真反思的问题。

25.2　中国 A 股暴涨暴跌的原因

可以说，一年来中国 A 股的疯狂到了无可复加的地步，无论是股市指数的上涨，股市交易量的快速增长，还是股市的疯狂炒作，打新股的股市奇观，不少股票无理由地疯涨等，这些现象都可创世界金融史的纪录，都是全球股市绝无仅有的现象。比方说，在股市疯狂上涨时间里，中国股市的交易量比 2005 年前一年的交易量还要大，达到二万四千亿以上，并一直在创世界纪录。还有，一些股票的价格没有任何理由可以成十倍地增长。创业板的股票指数可以在几个月内翻倍增长，其 P/E 值可以成为全球最贵的股票。打新股又可涌入 7 万亿—8 万亿元资金在博弈，而投资者只要中签到新股就可大赚。而公司只要上市，其股票都会大涨等。股市这样的现象，在哪个国家发生过？当然有了中国股市这种暴涨的疯狂，暴跌也就会随之而来了。

对于这场中国股市的暴涨暴跌，当前市场上的人士都会对此评头论足，专业的、非无业的；有心的、无意的；恐慌的、平常的等，都会对这一年来中国股市的暴涨暴跌找出各种理由来解释，但是，如果不能够在事前告诉投资者可能会发生什么，事后诸葛亮已经不重要了，这些找出的原因也不是原因。因为，投资者永远面对的只是未来，面对的是未来市场的不确定性。而且，从最近情况来看，中国股市暴跌后这种不确定性还会增加，中国股市要走上持续健康发展，肯定是漫长的路。因为，政府参与和干预市场越多，股市就会增加更多的不确定性。

对于中国股市暴涨暴跌，市场的评论总体上都是站在传统思维或一般的理论模式角度来观察与分析的。而这些理论、这些数据、这些模型等传统智慧已经无法分析这一轮中国 A 股暴涨之原因，更无法分析这一轮中国股市暴跌的根源，现实的市场早就把现有的理论与模型抛到九霄云外。也就是说，中国股市上涨时传统智慧无法找到其合适的理由，同样中国 A 股暴跌时，用这些传统思维来分析同样是没有多少解释力的。

其实，要反思当前中国股市暴涨暴跌之原因，首先就得看中国 A 股这一轮暴涨是如何启动的。可以说，这一轮中国股市的暴涨，最为重要的原因就是政府希望模仿美国的金融市场，通过股市的繁荣来救正在下行无法再托起的"房地产化"经济。因为，2008 年美国金融危机之后，美国量化宽松政策的核心就是要推低整个金融市场利率水平，以此来造就美国股市的繁荣。而股市的繁荣既可降低整个金融市场融资成本，便利企业融资，也能够产生巨大财富效应来增加居民消费，从而让美国经济在衰退中走出来。事实上，美联储的这些政策总体上是成功的。因此，在"房地产化"经济面临巨大困境、很难起死回生的情况下，中国政府也推出打造"国家牛市"的股市发展战略。也就是以股市发展战略为出发点，无论央行降准降息，还是沪港通启动及政府为股市保驾护航等政策，基本上都是围绕着打造"国家牛市"来进行的。

但是中国 A 股与美国股市完全不同。这不仅在于中国股市的不成熟，而且在于中国上市公司质量、股市发行制度、投资者结构及理念、市场运行规则、政府监管制度等都与美国股市都有很大不同。由于中国 A 股与美国股市性质上的根本不同，因此，中国政府在希望打造"国家牛市"的同时，中国股市也就形成了投资者的单边上涨预期，从而使中国 A 股也成了中国近十年来第三波无风险套利市场，以及中国股市投资者由此形成股市投资无风险套利的幻想。

可以看到，从 2014 年 6 月底以来，上海综合指数由 2039 点直冲到 6 月 12 日的 5178 点，中间只有些许的调整，上涨幅度达 150% 以上。股市单边快速上涨或疯狂，这就让股市投资者造成一种股市投资无风险套利的幻想，即只要购买了股票就能够赚钱，甚至可以通过过高的金融杠杆放大赚大钱。就如早几年中国投资者购买住房及影子银行投资无风险套利一样，只要购买了住房就能够赚钱，没有谁因为购买住房投资会亏损的，购买住房及影子银行投资无风险套利的神话也很快就在中国 A 股蔓延。

正因为中国股市存在无风险套利的神话或幻想，这就有了国内投资者及资金都涌入股市，无论是居民存款由银行搬家，还是银行信贷入市；无论是场内两融业务快速增长还是场外资金配置，各种资金都涌入股市，尤其是场外高杠杆的资金涌入，从而让股市指数在短期内推上一个又一个台阶。中国 A 股的大牛市在短期内也由幻想变成了现实。

比如，面对中国股市的无风险套利的幻想，不少的投资者更是利用各种金融杠杆涌入股市。因为，既然股市可无风险套利，那么投资者金融杠杆率越高，其收益就可能越大。在这种无风险套利的幻想下，两融业务融资余额在短期内暴增，在上半年不到3个月的时间里就由1万亿元增长到2万亿元以上，用3个月时间走完以前3年多时间走过的路程。而高杠杆的两融业务暴增，不仅成了这轮股市暴涨的最大推手，也刺激了各种外部资金大量涌入（居民存款、银行贷款、社会上的各种资金等，尤其是高杠杆的场外配资更是涌入股市）。

而所谓的"场外配资"就是互联网金融创新，以13%—20%的高利息向股市散户借出炒股资金。根据中国证监会官方信息，场外配资活动主要通过恒生公司HOMS系统、上海铭创和同花顺系统接入证券公司进行，监管部门估计3个系统接入客户资产规模合计近5000亿元。不过，有券商分析认为，通过民间配资和伞形信托入市的资金规模，保守估计为1万亿—1.5万亿元。其中，伞形信托的存量为7000亿—8000亿元；互联网P2P等模式，规模在1.7万亿—2万亿元。可见，当时中国股市场外融资估计可达到2万亿元以上，足见股市场外配资是何等疯狂。

中国A股就是在这种大量资金涌入的情况下暴涨或疯狂。但是，通过高杠杆的融资涌入股市，在无风险套利的幻想下，投资者当然可以越战越勇，收益越来越高，股市的赚钱效应越来越强化，从而使投资者更会以不同的方式（无论合法还是非法的资金）让更多的资金涌入股市。但是，在这个过程中，股市的潜在风险会越来越大。因为股市的无风险套利是不存在的。涨跌是股市的常态。市场也不会存在只会单边上涨的股市。而股市的暴跌立即会把这种利用融资高杠杆进入市场投资的风险暴露无遗。

因为，股市的暴跌不仅破灭了当前股市无风险套利的幻想，也可能让高杠杆融资的投资者输得十分惨烈。因为，投资者利用融资杠杆率越高，在股市下跌时，所面临的风险就越高。在这种情况下，这些投资者为了减少股市下跌可能带来的巨大风险，就得把手上的股票快速抛售。这种行为就会让已经下跌的股市跌得更惨。

而这一轮中国股市的疯狂除了与中国政府的股市发展战略和政策有关之外，也与中国股市投资者的素质、政府监管严重滞后、主流媒体的推波助澜、中国股市不成熟等因素有关。

首先，当前中国股市是完全以散户化为主导的市场。散户的投资者占市场绝对高的比重，而且当前中国A股的投资者主力开始向"80后""90后"转型。这些年轻人比中国股市早几代的投资者不仅显示为知识型，各方面的知识比以前的投资者要好得多，而且也是精致极端的个人主义者。这些"80后""90后"的投资者，为了利，他们会不择手段、不担心风险地涌入市场。这也就是为何高杠杆的融资业务会短期内如此之快地增长。因为，在股市上涨时，投资者认为可以无风险套利，融资杠杆越高，其投资收益增长就越快。同样，如果股市下跌，极高的融资杠杆让投资者面临极高的风险。在这种情况下，股市一旦有风吹草动，这些投资者又会奋不顾身地快速撤出市场，甚至于会不惜代价地撤出市场。这时，股市交易上的人踩人，股市暴跌也不可避免。所以，大量的这种类型的投资者进入一定会增加中国股市的震荡性，增加股市的暴涨暴跌。而中国股市出现了前期快速暴涨，那么当今的暴跌也就很正常了。

其次，面对大量的资金涌入市场所导致的股市疯狂，即股市指数飙升及股市交易量的剧增，监管层从来就没有透过这些现象来发现问题所在，加强监管。因为，这轮股市的暴涨完全是由于股市单边上涨预期导致场外大量的资金涌入所导致。而这些通过互联网等工具具有"极创新"炒股融资方式早已通过不同方式涌现。但监管部门对这些"极创新"的炒股融资方式熟视无睹，直到股市指数到最高位、面临失控时才提出监管，并强制性地短期内去杠杆。这种结果当然导致中国股市暴跌。更为严重的是，当前股市出现暴跌，市场对监管部门过度的去杠杆化严重质疑时，监管部门还在认为两融业务风险总体可控，仍有增长空间云云；仍然在强调场外配资强制平仓的金额不高，占交易量比例很小！这表明政府监管部门不仅在监管行为上严重滞后市场，而且监管观念上更是严重滞后市场。在这种情况下，中国股市岂能不出大问题、岂能不暴涨暴跌？

再次，这一轮中国股市的暴涨与疯狂，也与中国主流媒体"恶意唱好"股市有关，或与对这种股市的疯狂推波助澜有关，从而使整个中国股市风险意识大降，让更多的投资者涌入市场，进一步造成中国股市的疯狂及股指的飙升。比如，4月20日两地股市成交量达到1.8万亿元，上海股票交易所成交量超过万亿元，从而导致交易系统严重堵塞或爆表，创出了当时全球交易所有史以来最高成交量。当时国内的主流媒体不是向投资者提示风险，而是撰文称，上海综合指数上4000点只是A股牛市的开始。

经过这一轮中国股市的暴涨，中国股市的总市值也快速上升。据彭博统计，中国A股在6月高位时，总市值突破10万亿美元，在过去一年里，中国股市的总市值增加了6.7万亿美元，增幅还多过日本股市总市值的5万亿美元。中国股市的泡沫十分明显及中国股市调整也是不可避免的。而股市的调整或去泡沫化应该是降低市场风险，让股市重新回归常态的重要方式。但是，官方媒体则把股市暴跌看成社会财富损失了多少，投资者在股市损失了多少，以此来增加市场的恐慌及焦虑。可以说，国内主流媒体在这一波中国股市的暴涨暴跌过程中，"恶意唱好"股市，对股市的暴涨暴跌起到了最为严重的推波助澜的作用。

最后，多年来，由于中国股市的政策市一直没有改变，股市自然由政府所主导。因此，对于中国股市，政府一直高估了自己的强势力量，以为政府既可推动股市指数的上涨来救经济，也可把股市上涨风险操弄在可控的范围内。所以，当中国A股疯狂上涨，市场交易量一直在创世界纪录时，政府一直以为这种股市的疯狂与风险仍然是在自己的操控范围，而不出手限制与调整，任由股市疯狂发展。

同时，当中国面临几个星期持续暴跌、面临危机爆发时，政府则又认为中国A股的暴跌是正常的调整，股市调整的风险是在政府的可控范围内，根本就没有意识到这轮以高杠杆为动力的疯狂牛市，一旦"去杠杆化"可能面临的巨大风险，甚至可能引发股市危机爆发。所以，政府越是出台救市政策，股市则是越跌，而且跌得幅度则越深。在这样的情况下，中国股市同样会导致暴跌。

中国股市之所以暴涨暴跌，还在于政府严重高估了中国A股的成熟性，因此中国股市的制度安排、市场发展、资本市场的产品及工具的引进，都全面照搬国外成熟市场的东西。比方说，大量的现代金融衍生交易工具引进。这些现代金融衍生交易工具在国外成熟的市场，即使有健全的法律与制度、严格的监管、更好的金融市场信用条件等，这些金融衍生交易工具都经常出问题，都不断地引发了大大小小的各种金融危机。而且这其中不少金融衍生工具完全是为利而来的，与实体经济没有多少关系，比如与汇率有关的各种交易工具每天的交易量是实际贸易量100倍以上，99%以上与实际贸易量无关。2008年金融危机爆发之后，成熟市场经济国家早就对这些市场有新的监管政策与思路，或开始严格限制其任意发展。

在成熟的金融市场，各种现代金融衍生工具所面临的问题及风险如此之高，那么当这些金融衍生工具进入一个不成熟市场时，这些金融衍生交易工具就很容易利用中国金融市场的不成熟性及缺陷谋利，加上中国教育制度培养出了一批极端精致的个人主义者。在这样的一种市场背景及制度环境下，引入的绝大多数金融衍生工具就容易成为这些极端精致的个人主义者利用中国金融市场不成熟性及缺陷过度谋利的工具。可以说，这次股市暴跌已经把这个问题及风险展现得淋漓尽致。所以，如果中国监管层不对这个市场进行全面严格的审查及反思，那么未来中国股市要得到健康发展是不可能的。

对于这次股市暴跌，中国政府严重高估了中国股市投资者的成熟性，以为中国投资者在投资过程中会理性，而不是想到中国股市的投资者在股市疯狂时更为贪婪，在股市下跌时更为恐惧。这就成为中国股市震荡时推波助澜的最大动力。也就是说，当股市上涨时，中国股市投资者会比任何成熟市场的投资者更为疯狂，会不择手段甚至于在违法的情况下让各种资金涌入市场，把股市指数推高到天上（就像一些城市的房价一样），让交易量放大了再放大。反之，当股市下跌时，中国投资者会更为恐惧，其拼命外逃会更为疯狂，中国股市暴跌会更为严重。

可见，当前中国股市暴涨暴跌，主要是与政府参与干预市场过多，要求股市的功能过多有关，政府对股市过度干预是当前股市暴跌的主要根源。同时，这轮中国股市暴涨暴跌也与中国股市不成熟、监管严重滞后、投资者素质等方式的因素有关。正因为这样的市场条件、股市制度安排及社会文化造就中国股市的疯狂，也是导致中国股市暴跌的根源。

25.3 中国政府全面救股市的影响及问题

从上述分析可以看到，中国股市暴涨的疯狂，是以融资高杠杆为主要推力的，政府的监管只要一触及这根股市疯狂上涨的神经，那么中国股市的暴跌也是必然。可以看到，在上海综合指数上涨到 5178 点之后，面对中国股市的疯狂与风险，中国监管层开始对股市融资去杠杆化，对场内及场外融资杠杆进行了一定程度的限制。以此为导火线，为期一年的中国牛市开始逆转，中国股市开始暴跌，在不到三个星期里，上海综合指数就暴跌了28.6%，并形成了一场前所未有的股市危机。

面对中国股市危机，从6月29日开始，中国政府采取一浪高过一浪股市救市政策。在那一个星期的时间里，政府推出了一系列救市政策，如先有央行降准降息强力宽松的货币政策出台；后有养老金入市新方案宣布；再有中国证监会于那个星期三晚间连夜发布三道救市金牌令，即放宽融资强制平仓限制、拓展券商融资渠道、降低市场交易费用等；接着监管层对恶意做空严查及汇金出手护盘等。但是，政府的救市之招一浪接一浪，并没有阻止股市持续下跌。结果仍然是让上海综合指数暴跌到了3686点，再创3个月上海综合指数新低。政府救市失败。在过去的三个星期里上海综合指数累计下跌28.6%，创A股1992年以来最大三周跌幅。所以，政府不得不再次组织救市之力量，或强力果断地救市。

从7月6日开始，中国政府推出了一系列的救市组合拳，虽然开始时声势不小，但并没有多少成效。7月8日中国A股再度大跌，上海综合指数一度下跌了8.2%到3373点，最后也在暴跌5.9%上收盘，上海综合指数险守3507点关口。整个中国股市仍然处于严重的危机之中。

对于7月6日至8日的政策救市场，A股在救市后还是下跌，当前投资者都在问，这是政府救市政策不力及对市场判断不清，子弹打在棉花上呢？还是政府在观察市场，在进行政策试误，以便真正地了解市场，把握住市场真正的问题所在，以便聚集力量等待时机真正果断、准确、强力地出击救市，以此来真正扭转股市持续下跌的预期及重建中国股市之信心呢？从7月8日各部门推出的一系列救市政策来看，应该是后者而不是前者。

因为，早些时候的政府救市基本上是"投石问路"阶段，前两个星期政府救市，其主体是中国证监会及其领导下的证金公司和券商。这不仅救市的资金量十分有限，而且救市的力量也不够，同时也没有真正把握到股市持续下跌的原因所在，所以，一个多星期的政府救市，尽管对持续下跌的股市有缓冲的作用，但要让这种救市真正扭转大势是根本不可能的。

但是，7月8日中央政府各部门接连推出稳定资本市场的一系列的重大政策，比如，如央行宣布向证金公司提供无限的流动性，放宽股市融资规则，要求券商成立股市救市基金护盘，动用社保基金、汇金公司入市购买股票，允许银行放宽股票抵押贷款，要求100多家央企只能购买股票不准卖出股票,鼓励及要求上市公司以各种方式来稳定公司股票价格,严厉打击沽空行为及造谣言论,公安部门进驻中国证监会调查恶意沽空,暂停新股发行等。有媒体统计,7月8日当天各部门推出的稳定股市措施多达12条,涉及央行、财政部、国资委、证监会、保监会5个部门,以及全部央企、中央汇金、中金所等。

就此,中央政府领导的股市救市真正全面启动。这不仅表现救市领导的主体出现了重大变化,由中国证监会上升到国务院,而且聚集救市的力量也全面改观,不仅范围广泛,而且也让与股市相关的最为强势国家部委全部快速地走到前台。很简单,如果中国央行能够保证向股市提供无限量的流动性,这就是以国家信用向股市全面担保,即股市的流动性问题根本就不用担心。既然央行能够为股市的流动性担保,那么股市的信心岂能不重新建立起来?更何况是一个拥有全球第二大经济体实力的中国央行。

可以看到,7月8日政府推出的一系列救股市的核心就是要人为地改变当前中国股市的供求关系。由股市暴跌时的股票供给过量倾泻及股票需求萎缩,转变人为增加股市需求或市场的购买力,及人为地以严厉的行政方式限制股市供给并让它突然萎缩甚至停止。在这种情况下,中国股市的价格岂能不上涨?股市价格由暴跌转向暴涨也是自然。但是,这种人为改变股市的供求关系,短期内可稳定市场情绪,长期来看是否能够重拾市场信心还得由时间来检验。因为这种以人为决定而不是由真正市场决定的股市供求关系,其成交价基本上不是投资者真实对价,投资者也无法从这种价格上来评估股票的风险及回报,投资者进入或退出股市完全取决于对政府政策取向的猜测,这必然会增加市场的不确定性及降低投资者参与的欲望,股市交易量也可能在这个过程中逐渐萎缩。

也就是说,在人为导致的股市供求关系下,投资者无法根据其自身的知识及信息来对所要购买或卖出的股票进行风险及收益评估,并根据其评估来给出所要购买或卖出股票的对价,只能猜测政府当前股市政策之走向及国家队出手的方向。在这种情况下,投资者决策不是市场机制运作更像赌场"押大押小"盲目下注,从而使市场的不确定性及风险更是增加。经历了这一场股市暴涨暴跌风险教育的投资者,当他们意识到市场的不确定性及风险增加时,会减弱进入股市的欲望,从而导致股市的交易逐渐萎缩,股市的作用与功能也逐渐丧失。这自然引起了国际市场对中国政府这次救市的质疑。

尽管国际市场对中国政府"暴力救市"的方式有所质疑，但是经过中国政府对股市强行介入，不仅扭转了中国股市持续三个星期的跌势，而且也让中国股市的信心得以确立，在7月20日上海综合指数重新站立在3992点之上。可以说，尽管当前中国股市仍然存在各种各样的风险，但一直笼罩在中国股市上空三个多星期的危机或艰难的时刻基本已经过去，在短期内中国股市只会维持震荡上行的趋势。

因为从导致这次中国股市危机的情况来看，这场中国股市危机主要推手高杠杆融资风险突然释放而导致股市急剧暴跌，而目前这种风险正在减弱。比如，最先爆仓的场外配资，尽管无论是市场还是监管部门到现在仍然不知道有多少？风险有多高？但有一点可以肯定，就目前的情况来看，这些场外配资爆仓的风险已经释放得差不多，以后这种仍然会存在但可能暴露出来的风险不会更高。特别是最近对场外配资的监管加强之后，场外配资对股市的风险更是会降低。

再就是从融资融券或两融业务的余额来看，随着股市暴跌，资金大量地从两融业务流出，平仓盘大增，从而使到7月9日止，曾出现14个交易日两融业务规模缩小。7月8日，两融余额下降到1.46万亿元，当天减少1703亿元，降幅再创新高。但7月9日两融资金余额降到1.44万亿元，比上一交易日减少180多亿元，下降的速度明显减缓。而这14个交易日，两融业务的资金流出达8280亿元，从2.27万亿元降至1.44万亿元，反映去杠杆的高峰已经结束。也就是说，两融余额的大幅减少，这也意味着由两融杠杆所聚集的风险正在逐渐地释放。特别是两融余额下降的速度放缓也意味着两融业务去杠杆的高峰或已经结束。而且随着7月9日股市又开始上涨，两融业务又开始回升。不过，两融业务去杠杆所潜在的风险是否完全释放完，还得看股市未来走势。股市价格上涨时，其风险就会越来越弱。如果股市价格再跌，两融业务去杠杆的风险同样还会释放出来，这点不可低估。

还有一个融资杠杆风险，就是大股东的股权质押的问题。政府全面救市启动之后，中国银监会已经表态，要求银行等金融机构放宽对这些上市公司股权质押融资还款条件，甚至可能让其展期及重新评估贷款质押品等。如果这样，当前这一杠杆风险短期内也不会暴露出来。如果当前中国股市的三大高杠杆融资的风险在释放及减弱，再加上政府推出的一系列救市政策逐渐落实及生效,那么当前中国股市最为艰难的时刻应该已经过去。短期内只要政府的救市政策不是很快退出,中国股市就可能在震荡中上行。

但是当前中国股市存在的几大风险投资者不得不关注。一是股市暴跌后,曾经有1400多只股票停牌不交易,以此来避免股票价格再跌可能导致的股权质押被强制平仓。有投资者说,这些股票躲藏到防空洞里,等股市好转再出来。但是,上市公司停牌容易复牌难,而且复牌后,这些上市公司的股票同样面临着重新估值的风险。因为,许多估值过多的小股票和题材股肯定是"躲得过初一则躲不过十五"。

7月10日,有近百家上市公司闪电复牌。但是,这些上市公司都要复牌时,对正在确立信心的股市冲击会有多大是不确定的。因为这些突然间无理由停牌的股票多是一些小股票及题材股,而这些股票风险到底有多高、复牌后市场又是如何来评估这些股票、对救市中的市场会增加多少难度等是不确定的。如果股市上涨,这些公司复牌当然没有多少问题,如果下跌情况则会不同。在当前震荡情况下,这些股票的复牌有可能对刚稳定的市场带来巨大的冲击。

二是这次政府救市,在短时间内推出的应急措施可能让市场眼花缭乱,但一个基本原则不是把股市现在的风险消除了,而是先要把当前股市的情绪稳定下来,扭转几个星期来股市持续下跌的预期,股市的风险并没有真正全然释放,只是把股市的风险转移到其他领域或地方,以时间换空间。比如,政府动员汇金公司、国内券商、大型央行等国家队入市只购买股票而不能卖出股票,甚至由央行提供无限量的资金供中证金公司购买股,这只是把估值仍然是高昂的股票由一般投资者手中承接过来,由政府的国家队来承担风险。还有,银监会容许大股东的股权质押的贷款延期、保监会让保险公司停止向券商追借款,则是把股市高杠杆的痛苦由股市转移给商业银行及保险公司来承担。

在这种情况下,无论是国家队的央企,还是商业银行及保险公司,如果股票再下跌,都面临投资亏损的风险,都面临着不良贷款急增的风险。如果这种情况出现,同样会造成这些上市公司的业绩严重下降及国内金融体系的不稳定。其代价同样会不低,只不过是把风险延后或扩散而已,而股市中潜藏的风险并没有消失。所以,对于当前的股市,如何保持稳定成了政府最大难题,也是降低股市的风险最为重要的方面。

这次政府救市的广度、深度和速度是绝无仅有的，从向市场提供无限量的资金直接购买上市公司股票，到改变监管规则、降低市场交易费用、要求上市公司大股东采取方式维护股价的稳定、要求上市公司大股东在多长的时间内不准卖出股票、停止新股上市等，但是这些政府干预行动不可能成为股市之常态，也不可能让这种人为制造的股市供求关系一直这样下去，如果要让中国股市恢复正轨，政府的救市政策必然要退出市场。如果政府干预之手退出市场，如果这种退市善后稍微不妥，就容易造成股市的巨大震荡，从而使股市的风险大增。

可以看到，这次国内股市暴跌之主要原因，仍然是高杠杆融资发展过快及监管严重滞后、期货市场乱象丛生、政府对股市干预过多、股市牛市没有实体经济及企业业绩作支撑等。如果这些问题不解决，当前政府救市只可能让股市短期稳定，并在短期内让中国股市在震荡中上行，但绝不能够把中国股市带上长期健康发展之路。因此，政府如何妥善制定救市退出机制及加快中国股市市场化改革，政府如何促进实体经济发展则成了中国股市长期稳定发展的关键。

25.4　中国政府退出救市的方式与路径

面对三个星期中国A股暴跌的危机，政府不得不动用多方面的手段及资金来保持股市的稳定及恢复。在政府果断强力救市下，经过一个多星期的努力终于让股市指数企稳回升，上海综合指数从本轮股市暴跌最低的3373点反弹，到7月24日止最高点已重上4185点以上的大关，累计涨幅达到24%。中国A股稳定之后，要求中国政府退出救市的风声四起。

如IMF最近向中国政府表示，虽然为了防范市场混乱，干预总体上是适宜的，但应当让市场力量促使股市稳定。IMF并敦促中国政府，最终退出救市措施。中国财政部副部长朱光耀也撰文指出，下一步中国股市面临的主要挑战，是监管当局如何平稳退出市场干预措施，让股市按照市场规则正常运行，处理好近期效应与长远制度安排的关系问题等。

至于中国政府如何退出救市，在市场看来，当前中国政府退出救市的核心是如何让万亿元资金退出。但实际上，不仅不应该把政府退出救市仅是理解为如何让万亿元救市资金退出的问题，而且这种退出救市包括了多方面的内容，不可能一蹴而就。因为，这次中国政府救市的广度、深度和速度是绝无仅有的，从向市场提供无限量的资金直接购买上市公司股票，到改变监管规则、降低市场交易费用、要求上市公司大股东采取不同方式维护股价的稳定、要求上市公司大股东在更长的时间内不准卖出股票、停止新股上市等。因此，政府的退出救市既包括资金退出问题，也包括为了救市所采取一些非常的措施，制度规则市场化改革等问题。

对于救市资金的退出，我们先来看看香港是如何做的。1998年亚洲金融风暴期间，面对国际炒家对市场的冲击，香港特区政府运用外汇储备基金从股市、汇市、期货全方位救市场，从而击退国际炒家，保证市场的稳定。在金融市场恢复稳定后，香港特区政府于1999年11月决定成立盈富基金，逐步有序地出售手中的蓝筹股，尽量减少对市场的影响，之后的时间延续了一年以上。也就是说，对于香港这个成熟完善的市场来说，救市资金的退出都花了两年多的时间，那么对于当前中国股市的救市资金退出来说，现在退出不仅为时尚早，而且还得制订完善的退出方案及路径。但到目前为止，中国股市救市资金退出还不具有这样的条件。

因为，这次政府救市主要是以"中国版的股市稳定基金"中国证券金融公司为主导，在央行的流动性支持下，可能动用一万亿元以上的资金。根据《财经》报道，目前中国证券金融公司的资金分为两部分：一部分是21家券商以6月底净资产15%出资，合计1280亿元；另一部分是从银行体系获得的资金。而参加救市的"国家队"机构有证券公司、保险公司、社保基金、汇金公司、央企等。

曾有报道称，根据上面的情况，这些救市资金退出股市的方案有三种选择。一是按出资比例分给各家券商；二是将股票留在中国证券金融公司，留作以后融券业务的券池；三是将股票换成ETF基金，按比例分配给券商。也有人建议，可能借鉴香港的盈富基金，来处理及消费由国家队买入的股票。不过，这一方案可行性不大。这不仅在于资金来源显示为多方面，而且参与主体十分广泛与复杂。

对于市场上流传救市资金退出的三种方案，同样面临许多问题。因为这些证券公司，一方面是以国有为主导的企业，另一方面又都是利益主体。特别不少证券公司也是上市公司,这就可能涉及投资者的利益问题。也就是说,如果救市资金退出就可能涉及国家公共利益、公司本身利益及投资者利益多方平衡与博弈问题。如果这些利益关系处理得不好,就容易让上市公司损害国家利益及投资者利益问题。股市的救市成本让上市公司的投资者埋单。

不仅如此,中国A股救市资金退出,无论采取哪一种方案,最为主要或最为核心的都在于如何让万亿元资金退出股市时能够平稳过渡而不是引发股市的震荡,甚至不要再次引发股市暴跌问题。如果做不到这一点,那么任何一种救市资金退出方案都是不可取的。

就目前的情况来看,根本无法以香港1998年的情况作为经验,让这一万多亿元资金在短期内退出市场。因为,这不仅在于中国A股与香港股市相比存在严重的不成熟,而且在于当前中国A股相当脆弱,其三个多星期的暴跌根本就无法在短期内恢复。更何况1998年香港救市资金退出市场都花了两年多的时间。因此,在当前中国股市条件下,以上的任何一种方案让救市资金的退出都可能引发股市巨大的震荡。所以,就目前中国股市的严重脆弱性来说,救市资金并非要急于退出,而是静观市场之变化,妥善找到救市资金退出的时机与路径,而不是急于退出市场。

既然这次中国政府救市是全方位快速的反应,那么政府退出救市也是多方面及多层次的。因此,中国政府退出救市路径应该从以下几个方面入手。首先,中国政府得释去对这次政府强力救市的疑云,增加国际市场对中国市场化改革的信心。因为在国际市场看来,中国政府并不以市场规则或力量处理危机,仅凭长官意志及行政手段扭曲市场来救市,对于正在成长的中国证券市场所带来的负面影响,远大于这次中国股市三个星期暴跌及其对经济的潜在打击,这对中国证券市场的未来发展及融入世界金融体系会产生相当大的负面影响等。

对于这点,7月9日李克强总理的讲话,巧妙地回应国内外对近期中国股市异常波动和中国政府救市行动的质疑。李克强总理认为,尽管中国前进中有各种挑战和风险,我们都不可掉以轻心,有能力、有信心防止发生区域性系统性风险,保持经济运行在合理区间,促进资本市场和货币市场公开透明、长期稳定健康发展,为实体经济发展提供良好的金融环境,推动中国经济实现中高速增长。

李克强总理这段话包括了以下几层意思。一是对这三个星期以来中国股市暴跌定性为"中国股市异常波动"而不是一般媒体所说发生了股灾。既然是股市异常波动，那么它的出现也为正常。二是中国政府有能力、有信心应对金融市场的区域性系统性风险发生，国际市场根本不应对此过度担心。三是政府在应对金融市场的突发事件所采取的应急措施，并不会改变中国资本市场的市场化改革进程，反之这可能成为中国金融改革的动力。四是这次突发事件发生更是强化了政府对"金融必须以实体经济为基础"的认识，从而根本上回应了外界对中国金融改革面临倒退风险的质疑。也就是说，尽管政府强力救市会影响股市的有效运行，会人为地改变股市的供求关系，但这仅是突发事件时的短期措施，中国资本市场的市场化改革方向并没有改变。不过，尽管政府这种回应是很重要的，但更为重要的是出台相应的政策措施来改进与完善，真正向国际市场表明，中国资本市场的市场化改革之路并没有停止，更不可能倒退。

其次，这一轮中国 A 股暴跌，很大程度是与前一些时候中国 A 股过度杠杆化导致暴涨有关，与股市失序有关。所以 7 月 24 日中国证监会表示，正在加大稽查执法力度，大力清除股市肌体上的"毒瘤"，促进资本市场健康发展。并把焦点放在打击内幕交易、对违规配资立案查处、查处违规减持等上面。可以说，政府退出救市，从打击市场违规违法，整顿市场秩序入手，没有多少错，这是应该做的。但是，中国股市肌体上的"毒瘤"是什么？仅是这些违规违法现象吗？其实，我们目前看到这些仅是表象，它是其他方面因素派生的结果。事实证明，如果不能够真正清除中国股市的"毒瘤"，那么这些派生的现象或结果就会没完没了。

任何金融交易都是对信用的风险定价，信用风险的定价方式不同，就会有不同的金融市场及金融工具出现。但信用是什么？信用是个人、企业、组织或政府之承诺。它是通过合约的方式来连接的。如果合约的精神及市场化的合约关系没有出现或形成，那么市场化的信用从何而来？在这种情况下，中国股市也就无法对信用风险进行有效的定价。

20 世纪 90 年代出现的中国股市，基本上是由计划经济转轨而来。这种股市根本上就不存在由合约精神及由市场化决定的信用关系，股市的信用完全由政府确立及隐性担保。既然股市的信用完全由政府来确立及隐性担保，那么政府当然就成了股市的主导者。在这种情况下，中国股市就成了彻头彻尾的政策市。政府官员不仅主导股市指数的升跌，也可利用手上的审批权、定价权来调控股市。同时，股市之利益也玩转在政府官员的手中。

既然中国股市是一个彻头彻尾的政策市，那么中国投资者进入股市根本就不需要看宏观经济形势，也不看企业业绩，只要看政府官员的脸色。这时，中国股市的投资者成本收益分析一定会把其投资行为的收益归自己，而把其投资行为成本归政府或整个社会。因为，他们的投资行为完全为政府隐性担保。在这种情况下，股市投资者肯定会偏好风险高的投资，因为投资风险越高，可能收益就越大，但其可能把过高行为成本转移给政府或整个社会来承担。

由于政府担心股市投资者过于冒风险，就对股市的运行设立各种不同的限制方式，如设立涨跌停板制度，设立海外投资者进入，政府甚至指导股市投资者投资或不投资某类股票。正因为政府这种对股市信用的隐性担保及对股市的严格管制，更是造成了中国股市投资者风险意识薄弱及违规违法心态严重。因为在这种情况下，违规违法是股市投资者获得利益更多、成本更低的方式。在股市的投资者看来，他们的违规违法与政府官员的贪污腐败简直不可同日而语。也就是说，当前股市秩序混乱，违法违规严重很大程度上都是与政府过度对股市管制、政府过度参与市场有关。如果不从这里入手，要清除股市上的这些"毒瘤"是不可能的。也就是说，加快当前中国资本市场的市场化改革是政府退出救市最为重要的一个方面。

第三，短期内中国政府退出救市重点应该是让导致股市供求关系严重失衡的应急救市措施尽早退出。比如，IPO 的突然中断，要尽快恢复。还有要尽快地取消那些只能买不能卖的规则，从而让股票的供求关系由市场来调节，而不是人为制造及扭曲。为了救股市，这次出台不少扭曲市场供求关系的规则应该尽早地取消。也就是说，完全可以让 IPO 逐渐地启动，让市场自身形成有效的供求关系。同时，在此基础上，还得对以往不少扭曲股市供求关系的制度规则进行全面的市场化改革。这是当前政府退出救市的重点。因此，短期内中国 A 股退市的主要重点并非是资金退出问题，而是让导致的股市供求关系严重失衡应急措施退出。

当然，目前中国 A 股具有十分的脆弱性。这不仅在于三个星期股市暴跌让市场受到严重摧残，而且在于股市的基础性制度存在巨大缺陷，在于中国股市改革严重滞后，在于当前中国经济下行导致上市公司业绩不好等，而这些东西的恢复与完善都需要一个相当长的过程，并非短期内可完成的任务。因此，当前政府的短期退市，更多的是让扭曲股票市场供求关系的制度规则退出，至于救市资金退出，市场就得从长计之，并从这个角度找到相应的方案，否则救市资金过早退出市场面临的风险会很大。

在这种情况下，政府部门就得向市场明确表明，要把"救市资金退出"悬在股市头上的这把刀放下，不要急于求成，而是让中国 A 股先休养生息，等股市复元之后，再谋资金退出的良策。现在的政府退出救市重点，先得从释解疑问、整顿市场秩序、恢复市场的供求关系入手，然后才是资金退出。而这是一个过程，并非短时间内可完成的。尤其是短期内，要把重点放在整顿市场秩序及调整人为改变股市供求关系的规则上。这样才能让中国股市运行重新回归常态。只有让中国股市重新回归到常态，中国 A 股才能走上健康之路。

25.5 结语

中国 A 股市场经历了这一轮的暴涨暴跌，已经全面透露出中国股市的不成熟，透露出整个社会急躁冒进的情绪（无论是政府还是企业及个人都是如此），透露出中国股市的基础性制度建设得不完善，也透露了政府对股市监管的严重滞后及中国投资者完全扭曲了功利心，现在该是对此进行认真反思的时候了。只有认真地找出问题，探究其根源，重新确立中国股市的发展战略及基础性制度，才能让中国股市踏上持续健康发展之路。但是要做到这点，中国股市就得经历一次痛苦的历练及更为深刻的反思。本文在此只能抛砖引玉，希望更多的人参与到当前股市的问题讨论及反思中。

26 2015年中国股市异常波动的原因及未来发展对策[①]

26.1 导言：2015年中国股市是如何异常波动的？

一般来说，股市的异常波动是某种股票指数在一定的时间内涨跌幅度超过某一个值，即股价的暴涨暴跌。由于2015年中国股市震荡巨大，其股票指数波动的幅度远超过往年的变化，所以，对于2015年中国股票市场，一般分析都把它归纳为异常波动的市场。

比如，从总体的情况来看，在政府的政策催生下，从2014年4月29日到2015年6月12日，上海综合指数由2026点上涨到5178点，上涨幅度达到了156%；同时，深圳成分指数上涨146%，创业板指数上涨178%。而且在这次股市上涨的过程中，除了偶尔几次下跌之外，基本上处于单边上涨态势下。同样，2015年6月15日至7月8日的17个交易日，上海综合指数下跌32%，创1992年中国股市以来最大跌幅纪录。整个股市基本上处于单边下跌的状态。即2015年的股市上半年表现为暴涨，下半年又表现为暴跌。

具体来看，2015年上半年中国股市的暴涨在5月更是表现疯狂。先是5月中旬曾出现暴跌后，在月底前几天连续暴涨，上海综合指数冲过一个又一个整数关，4600点、4700点、4800点、4900点，逼近5000点。但是到5月28日，上海综合指数又出现暴跌，一天就下跌6%以上，全日指数的波幅超过7%，当日成交额也创出2.4万亿元的历史纪录。6月

[①] 该文章发表在《理论学刊》2016年第3期。

1日，上海综合指数又大幅反弹暴涨4.7%。到6月5日上海综合指数终于上涨1.5%，报收5023点，为7年半来首度重新站上5000点，成交量大增到2.3万亿元。而在之前的一个星期，上海综合指数累计涨幅达8.9%，深圳成分指数上涨9.6%、创业板指数上涨9.7%。这个星期中国股市也成为全球股市上涨最多的明星市场。

但是，上海综合指数上涨到5178点之后，上半年中国股市的上涨开始结束。6月19日，上海综合指数暴跌了6.42%，连失4700点、4600点、4500点三道整数关口。两市近1000只个股跌停，交易额全面萎缩。更为重要的是少数个股下跌的幅度更是惊人，比如中车下跌幅度达50%，而全通教育则下跌了70%。也仅是这一个星期，上海综合指数累计暴跌了13.32%，深圳成分指数暴跌了13.11%，创业板指数暴跌了14.99%，创2008年以来中国股市暴跌最大纪录。也就是说，上海综合指数上涨到5178点之后，到6月19日最低下跌到3373点时，下跌幅度达33%，创1992年以来中国股市跌幅的最大纪录。或2015年6月15日至7月8日的17个交易日，上海综合指数暴跌了32%。可见，2015年中国股市的异常波动是多么严重！

对于2015年中国股市为何会异常波动或暴涨暴跌？有人写出洋洋几十万言的分析报告（吴晓灵，2015），认为2015年中国股市暴涨暴跌的主要原因是杠杆过度、监管缺限、交易制度不完善、多空不均衡、投资者结构不合理等，并主张应该引进更多发达国家资本市场的成熟制度及交易规则。也有人归纳为既有市场估值修复的内在要求，也有改革红利预期、流动性充裕、居民资产配置调整等合理因素，还有杠杆资金、程序化交易、舆论集中唱多等造成市场过热的非理性因素（肖钢，2015）。

但是，对于外国的投资者来说，2015年中国股市的异常波动根本就看不懂，或仅是一场"投机性泡沫"产生及破灭（易宪容，2015）。如法国巴黎银行（BNP Paribas）首席亚洲经济学家理查·伊利（Richard Iley）表示，中国股市上涨速度之快、交易规模之大，都显示出这是一场严重的"投机性泡沫"。因为，当前中国股市如此快速上涨，根本找不到任何上涨的理由，也看不到有任何明显的技术、金融及宏观创新等因素来推动。

伊利认为，在历史上的投资性股市和信贷泡沫中，至少还可以看到铁路、无线电、互联网、证券化、高超管理或生产技术作为推动力，甚至可以从举办奥运会中寻找原因。但是，当前中国股市的大涨除了政策之外还是政策，或除了杠杆之外还是杠杆。伊利指出，当前中国股市的融资交易金额占国内生产总值（GDP）的3.5%，远超过当前美国的水平，而过度交易的股市是容易导致股市暴涨暴跌的。

实际上，对于2015年中国股市的异常波动，市场的评论总体上多以只能站在传统思维或一般的理论模式角度来观察与分析的（易宪容，2015），比如实体经济的新突破与发展、股市内在价值、流动性、杠杆率、监管缺陷及投资者的结构等，但是这些理论、数据、模型等传统智慧与工具既无法分析这一轮中国A股暴涨之原因，更无法分析这一轮股市暴跌的根源，中国现实的市场早就把这些理论与模型抛到九霄云外。也就是说，中国股市上涨时传统智慧无法找到其合适的理由，同样中国A股暴跌时，用这些传统思维来分析同样是没有多少解释力的。所以，本文从现实的中国市场出发来寻找及反思中国股市异常波动的根源，并由此出发探讨中国股市未来发展之途径。

本文以下几部分是，第二部分讨论了中国股市异常波动的直接原因；第三部分研究了中国股市异常波动的制度根源；第四部分分析了股市制度根源所造成的中国股市的缺陷；第五部分是本文的结论及相应的政策建议。

26.2　2015年中国股市异常波动的直接原因

2015年中国股市异常波动的原因，尽管无法用一般性的理论及模型来解释，但从市场的现实生活中是能够梳理出更具有解释力的原因。比如，最近原中国证监会副主席李剑阁指出（李剑阁，2016），证监会政策尺度剧烈变化是去年股灾的原因。尽管这种观点还没有切中问题的要害，但已经涉及问题的边缘。因为2015年中国股市异常波动最为主要的原因与政府的金融市场发展战略有关，与政府金融市场的顶层设计有关，与中国股市的信用基础及社会背景有关。

首先，这几年政府金融改革的政策有一个心结，基本上都认为当前中国企业融资成本高和债务负担重、企业的创新能力弱、金融市场运行效率低等问题都与中国金融市场的融资结构不合理及直接融资发展严重滞后有关（兰荣，2014），因此，按照十八届三中全会的中国金融改革的部署，政府希望快速建设好市场化程度高的多层次资本市场，特别是要加快中国股票市场发展，以此来调整中国金融市场结构，增加企业的融资渠道，降低企业融资成本，并以投资者的财富效应来增强中国居民的内需能力。这样既化解近十几年来积累下来的房地产市场风险、企业及地方政府的债务风险，也能够推动中国经济再进入一个新的快速增长期。

特别是中国政府看到，从2008年下半年美国金融危机之后，美国政府就是通过一系列量化宽松的货币政策，向市场注入了大量的流动性，把金融市场的利率全面拉低，从而制造了美国股票市场一个历史上前所未有的大牛市及繁荣。美国道琼斯指数从2008年下半年的6000多点上升到2014年年底18000多点。而美国股市的大牛市不仅化解了美国百年一遇的2008年下半年爆发的美国金融危机，让整个美国金融业特别是银行业有了一个休养生息的机会，也让美国企业有一个低成本便利的融资渠道，所以随着美国股市的繁荣，美国实体经济逐渐得以复苏，特别是美国互联网产业、页岩油气产业及农业得到前所未有的发展。所以，面对2014年以来中国经济增长下行的压力及房地产市场周期性调整，中国政府也希望股市采取跨越式的发展战略及大规模的股市试验来推动股市繁荣，以此来拯救与化解中国"房地产化"经济可能面临的危机，来转移企业及地方政府债务风险，并把中国经济再次带向一个新的快速增长期（易宪容，2015）。

但是，金融是对信用的风险定价。不同的金融市场及金融产品的信用关系是不一样的。因此，中国国家的金融市场结构不同，并非取决于实体经济所要求最优的金融市场结构，也并非取决于金融市场改革所谓顶层设计的最优的金融市场结构，而是取决于一个国家的信用基础及信用文化，取决于一个国家相应的法律及司法，否则在市场化的信用或非人格化的信用基础没有确立的情况下要跨越式或大跃进式发展市场化程度要求较高的现代资本市场是根本不可能的。2015年中国股市异常波动或股市大试验的失败很大程度上就与政府资本市场发展战略大跃进式的思路有关。

其次，在上述股市发展大跃进式的思路下，尽管中国政府一再强调没有采取欧美的量化宽松政策，但中国的货币政策宽松了再宽松。比方说，2008年美国金融危机之后，中国是以银行为主导的金融体系，当年银行业的业绩创历史新高，不良贷款双降，在根本没有发生金融危机的情况下，采取了比欧美量化宽松的货币政策，从而使中国各部门总债务占GDP的比重由2008年的170%上升到2014年的235.7%，6年时间上升了65.7%。而根据麦肯锡方法测算则中国各部门总债务占GDP的比重由2008年的184.6%上升到2014年的278.9%，6年时间上升了94.3%（李扬等，2015）。这几年国内银行信贷增长就是如此疯狂，并通过这种银行信用的过度扩张催生了一个巨大的房地产泡沫，并引发了2014年中国房地产市场的周期性调整。

而政府为了催生这轮"国家牛市"，也是央行货币政策的全面逆转，由早些时候偏紧开始转向全面宽松。尽管政府不会承认当前中国正在推行中国版的QE，但中国的量化宽松政策比欧美国家的量化宽松有过之而无不及。从2014年11月的中国央行降息，就吹响了政府催生"国家牛市"的冲锋号，接下来就是一连串的货币政策宽松。降准降息、定向量化宽松、推出新的增加市场流动性借贷工具、地方政府债券转换等，有了这一连串的货币政策宽松，中国版的QE岂能不呼之欲出？而这就是推动2015年中国股市疯狂上涨最为重要的动力。即使在6月中国股市暴跌之后，为了救股市中国央行同样在6月底采取降准降息的货币政策一再宽松的大动作。也就是说，为了打造中国股市的大牛市，中国央行让货币政策宽松了再宽松，它是催生2015年上半年中国股市泡沫最大的动力。

再次，近年来中国互联网金融爆炸式的增长也为2015年中国股市异常波动起到了推波助澜的作用。自2013年以来，中国的互联网金融出现了爆炸式的增长，它利用现代信息科技，特别是移动支付、社交网络、搜索引擎和云计算等对中国传统金融模式产生了颠覆性影响。比如它能够低成本信息处理和风险评估，让资金供求双方在资金期限匹配、风险分担等条件下低成本地直接交易，并由此低成本地给出任何资金需求者的风险定价或动态违约概率（谢平等，2012）。在这种观念下，随着2015年上半年中国股市持续单边上涨，各种对股市的互联网融资工具涌现，即股市的"场外配资"。

所谓的"场外配资"就是借助互联网信息网络及技术工具向股市的投资者配置资金的融资工具。它以13%—20%的高利息向股市散户借出炒股资金。根据中国证监会官方信息，场外配资活动主要通过恒生公司HOMS系统、上海铭创和同花顺系统接入证券公司进行，监管部门估计三个系统接入客户资产规模合计近5000亿元。不过，有券商分析认为，通过民间配资和伞形信托入市的资金规模，保守估计为 1 万亿—1.5 万亿元。其中，伞形信托的存量为 7000 亿—8000 亿元；互联网 P2P 等模式，规模为 1.7 万亿—2 万亿元。可见，当时中国股市场外融资估计可达到 2 万亿元以上（申万宏、观源，2015）。也正是这种股市场外配资的疯狂，它成了交易额形成天量、股价飚升最为重要的工具。

最后，2015 年股市的异常波动与投资者社会背景密切相关（易宪容，2015）。从 2014 年 6 月底以来，上海综合指数由 2039 点直冲到上个星期的 5178 点，中间只有些许的调整，上涨幅度达 150% 以上。中国股市单边快速上涨或疯狂，这就给股市投资者造成一种股市投资无风险套利的幻想，即只要购买了股票就能够赚钱，甚至可以通过过高的金融杠杆放大赚大钱。就如早几年中国投资者购买住房及影子银行投资无风险套利一样，只要购买了住房就能够赚钱，没有谁因为购买住房投资而亏损的，购买住房及影子银行投资无风险套利的神话也很快就在中国 A 股蔓延。再加上当前中国精致的个人主义观念盛行天下，更是为中国股市的暴涨创造了社会基础。在精致的个人主义观念的驱使下，这些持有一定财富的居民看到股市如此好的赚钱效应，岂能不涌入股市？所以，在这段时间里，整个社会早些时候都在谈论炒房的话题早就转到如何炒股的议题上来。可以说，无论是公共场所还是家庭空间，买卖股市已经成了整个社会最为热门的话题。在这样的情况下，要想股市不疯狂是不可能的了。

有了股市的大幅上涨，股市的赚钱效应立即显示出来。已有的统计数据显示，2015 年 4 月底之前，上海综合指数上涨 40% 以上，有"神创板"之称的创业板更是大涨了 140% 以上，而在这段时间里，上海股民人均获利达 15.6 万元。正因为有当时中国股市存在无风险套利的神话或幻想，这就有了国内投资者及资金都涌入股市，无论是居民存款由银行搬家，还是银行信贷入市；无论是两融增长还是场外资金配置，各种资金都涌入股市，从而让股市的指数在短期内推上一个又一个台阶。中国 A 股的大牛市也由幻想在短期内变成了现实。

面对股市的无风险套利的幻想，不少的投资者更是利用各种金融杠杆涌入股市。因为，既然股市可以无风险套利，那么投资者金融杠杆率越高，其收益就可能越大。在这种幻想下，两融余额在短期内暴增，在上半年不到 3 个月的时间里就由 1 万亿元增长到 2 万亿元以上，用 3 个月时间走完了以前 3 年多时间走过的路程。而高杠杆的两融业务暴增，不仅成了这轮股市暴涨的最大推手，也刺激了各种外部资金大量涌入（居民存款、银行贷款、场外配资等）。中国 A 股就是在这种大量资金涌入的情况下暴涨或疯狂。

但是，通过高杠杆的融资涌入股市，在无风险套利的幻想下，投资者当然可以越战越勇，收益越来越高，股市的赚钱效应越来越强化，从而吸引越多的资金涌入市场。但是，在这个过程中，股市的潜在风险会越来越大。因为股市的无风险套利是不存在的。涨跌是股市的常态。市场也不会存在只会单边上涨的股市。而股市的下跌立即会把这种利用融资高杠杆进入市场投资的风险暴露无遗。因为，2015 年 6 月之后的股市暴跌不仅破灭了当时股市无风险套利的幻想，也可能让高杠杆融资的投资者输得极惨。因为，投资者的利用融资杠杆率越高，在股市下跌时，所面临的风险就越大。在这种情况下，这些投资者为了减少股市下跌可能带来的巨大风险，就得把手上的股票快速抛售。这样的行为就会让已经下跌的股市更是暴跌。这些就成了 2015 年中国股市异常波动或暴涨暴跌的主要原因。

26.3　2015 年中国股市异常波动的制度根源

一般来说，金融都是对信用的风险定价（易宪容，2015）。而信用风险的定价方式不同，就会有不同的金融市场、金融产品、金融工具的出现。也就是说，金融交易的就是信用。而信用是什么？信用是个人、企业、组织或政府之承诺。它是通过合约的方式来连接的。由于信用是一种心理精神状态，在不同的社会背景、文化环境下，信用内容、生产机制、信用担保的方式等都是不一样的。所以，信用有市场价格机制维持的非人格化的信用，也有血缘或宗法关系维持的人格化的信用。而这两种不同的信用，其信用担保机制也不一样。以市场化演进而来的非人格化的信用，它有一套相应的法律及司法制度来保证；但是非人格化的信用往往会建立在一种相应的人际关系基础上。如中国血缘关系、欧美教堂的组织关系等。

现代证券交易或股市，其交易的是上市公司的信用。股票就是对上市公司的信用风险定价，其信用就是非人格的信用。所以，在欧美发达的证券市场，上市公司的信用是通过长期的市场行为演进而来的，并且生发了一套相关的法律法规及司法制度来保证。但是，中国的证券市场是由计划经济转轨而来的，中国传统的以儒家为主导的人格化信用根本就不适应或不能保证现代股市的有效运行，而市场化的信用也无法在短期内生成。在这种情况下，刚发展起来的中国股市的信用或上市公司的信用只能由政府来作隐性担保。

可以看到，尽管现代金融市场及产品在20世纪60年代就引进中国，但是由于中国没有市场化的信用基础，当时进入中国只能以官商合办等方式进行，或只能通过政府担保方式进行。而且经过60—70年的努力，到20年代中国金融市场所需要的市场化才得以形成。但是，抗日战争及新中国的成立，又让这种刚形成的市场化信用完全中断。而90年代出现的中国股市，基本上是由计划经济转轨而来。这种股市根本上就不存在由合约精神及由市场化决定的信用关系，股市的信用完全由政府确立及隐性担保。既然股市的信用完全由政府来确立及隐性担保，那么政府当然就成了股市的主导者。在这种情况下，中国股市就成了彻头彻尾的政策市。政府不仅可利用手上的审批权、定价权主导股市资源的分配，来调控股市规模及价格，也可控制股市指数的升跌。在这种情况下，中国股市完全成了政府主导的市场。

既然中国股市是完全由政府主导的政策市，那么中国投资者进入股市根本就不需要看宏观经济形势，也不需要看上市公司业绩，只要看政府对股市的意向就可以了。在这种情况下，中国股市投资者购买股市的成本收益分析，一定会把其投资行为的收益归自己，而把其投资行为成本转移给整个社会来承担。因为他们的投资行为完全由政府隐性担保。股市投资者肯定会偏好风险高的投资，因为投资风险越高，可能收益就越大，但其可能把过高行为成本转移给政府或整个社会来承担。在这种情况下，整个股市一定是投机炒作盛行的市场。中国股市的暴涨暴跌也不可避免。

由于政府担心股市投资者过于冒风险，过于炒作严重，就得对股市的运行设立各种不同的限制方式，如设立涨跌停板制度，设立海外投资者进入准则，政府甚至指导股市投资者投资或不投资某类股票，要求上市公司在什么情况下股票可交易或不可交易。正因为政府这种对股市信用的隐性担保及对股市的严格管制，不仅严重扭曲了股市的供求关系及价格机制，也造成了中国股市投资者风险意识薄弱及违规违法心态严重。因为在这种情况下，违规违法是股市投资者获得利益更多、成本更低的方式。在股市的投资者看来，他们的违规违法与政府官员的贪污腐败简直不可同日而语。也就是说，当前股市上的市场秩序混乱，违法违规严重很大程度上是与政府过度对股市管制、政府过度参与市场有关。这些都是造成中国股市暴涨暴跌或异常波动的制度根源。

26.4　政府对信用的隐性担保造成了股市严重的内在缺陷

中国股市的内在缺陷主要表现为以下几个方面，如果这些方面不真正改善，中国股市要想好起来或不异常波动是根本不可能的。中国股市内存的缺陷：一是上市公司为国有企业为主导。至于当前中国股市最终所有权国有股权所占的比重是多少，没有查到当前数据，但在2007年时所占的比重达70%以上。事实已经证明，这样一种以国有股权为主体的股权治理结构，要让它按照市场机制的一般法则有效运行是不可能的。

因为以国有产权为主导的企业运作的情况来看，看上去各种产权的权能（比如所有权、使用权、剩余索取权及转让权）是界定清楚的，但所有权始终是虚拟的，即国家所有权往往会转化成国资委及国有企业经营者的个人所有权，他们往往会通过这种多级的委托代理关系把全民或国家的利益转化成个人的利益（中国房地产的核心问题也是如此）。国有企业的代理人不仅不会对其行为进行成本与收益分析，也会把其行为的利益归于自己而把其行为的成本让整个社会来承担。在这种情况下，不仅会把股市的风险推高，也会让国有上市公司低效率地运行。

而政府为了让国有企业脱困，往往把中国股市当作向国有企业注入政策性资源的工具。中国股市也成了国有企业脱困的场所。当政府把大量的国有企业推向股市后，当经济处于上升周期时，这些国有上市公司的缺陷不会马上暴露出来，甚至出现了早几年的所谓"新国企"现象。但是，当中国经济处于下行周期性时，国有上市公司的缺陷却一览无遗。这不仅表现为贪污腐败严重，国有上市公司的大量资产被套走，也表现为效率低下及严重亏损等。比如，2015年带"中"字的不少大型国有企业严重亏损。这种现象不仅国有上市公司是这样，也让这种风气在整个中国股市蔓延。在这样一个特质的市场，中国股市岂能不异常波动或暴涨暴跌？

二是中国股市的绝对权力无法有效约束。可以说，2015年下半年查出的证监会官员腐败问题，只是冰山一角。因为政府对股市完全隐蔽担保，同样对中国股市具有绝对的权力。绝对的权力，等于绝对腐败。如果中国股市是以绝对权力为主导，绝对权力盛行，那么中国股市一定会以权力来分配整个市场资源，而不是以市场机制决定资源分配的方式。而这样的市场不仅贪污腐败盛行，也是股市投机炒作盛行、市场秩序混乱的制度根源。尽管2015年在清查中国股市的贪污腐败方面有所进展，但是并没有确立有效的制度来约束这些绝对权力，特别是中国证监会的权力。

三是在利益集团的游说下，简单地引进欧美国家的金融制度、金融产品及金融工具，特别是金融衍生工具。而现代金融衍生工具在发达欧美国家市场所起到的负面作用远大于正面作用，这些金融衍生工具往往成了造成金融市场不公平竞争及金融危机四起的根源，所以，发达国家也正在采取不同法律制度对这些金融衍生工具进行监管。而2015年股市的暴涨暴跌，所引进的金融衍生工具起到推波助澜的作用。

从近十年中国股市发展现状来看，这些金融衍生工具在中国的出现，它往往成了中国资本市场剧烈震荡的根源。先是期货指数推出之后，中国股市就持续低迷了七年。尽管这七年中国股市低迷是多方面的因素造成的，比如同时间房地产市场的无风险套利，让大量的资金涌入房地产市场投资，中国股市的流动性出现了严重的挤出效应，但也不可小看股指期货推出后对那几年中国股市严重的负面影响。

2015年中国股市的暴涨暴跌同样与这些金融衍生工具的推波助澜不无关系。先是上半年股市的暴涨，有场外配资的HOMS系统大量的资金涌入，有各种衍生工具（如股指期货及程序化交易）推波助澜，这就造成2015年上半年中国股市的疯狂。后有下半年股市暴跌，更是把这些金融衍生工具所具有的风险及负面作用全部显露出来。因为，在中国股市的非人格的信用关系下，有效法律及司法制度无法确立，在这种情况下，中国精致化的个人主义的投资者肯定会利用当前中国股市各种制度缺陷，利用金融衍生创新工具对中国股市进行过度操纵并上下其手，特别当监管者对这些金融衍生工具不熟悉、不了解，更是会让这些金融衍生工具的交易者如鱼得水，他们利用这些金融衍生工具让中国股市翻江倒海，就容易造成中国股市的暴涨暴跌或异常波动。

26.5　结论

可见，2015年中国股市异常波动的直接原因在于政府对中国股市大跃进式战略理念、在于货币政策过度扩张、在于监管准备不足的互联网金融爆炸式的增长、在于中国特别的社会背景，而重要的制度根源在于中国股市没有演化出现代证券市场所需要的非人格化的信用，也无法形成一套相应的法律与司法制度，中国股市的信用完全由政府担保。而政府对股市的完全隐蔽担保，是中国股市炒作盛行、市场价格机制扭曲、股市暴涨暴跌最为重要的制度根源。

所以，对于当前中国股市来说，就得从信用制度基础入手，比如调整中国股市战略发展思路，约束中国股市绝对权力及让国有上市公司真正成为公众公司等，仅从技术性方面来解决股市的问题，根本是不可能的。同时，当股市由绝对权力所主导时，不仅会让整个市场的价格机制丧失，股市价格扭曲，无法通过市场因素来决定资源配置，而且也使中小投资者的利益随时都可能受到侵害。所以，中国股市经过2015年的暴跌，投资者对股市的信心基本丧失，要恢复投资者对股市的信心，就得让中国股市通过自我修复来实现。其实，自我修复机制是生物学上的一个概念，它是指任何一个生命体都具有自我调节、自我修复、自我进化的功能，从而使不同的生命体在不同的环境与条件下能够优胜劣汰、适者生存，物种也就是在这种自我修复的过程中进化与发展的。

同样，股市作为一种生命有机体，它也具有自我修复的功能。它的出生、成长、壮大的过程也是一个自我修复的过程。所以，尽管2015年中国股市出现了暴涨暴跌异常波动情况，这给中国股市的发展与繁荣带来了巨大的阴影与障碍。如果中国股市具有自我修复的功能，它就能够通过市场的自我修复机制让股市重新获得新生。否则，中国股市要走出当前的困境根本就不可能。但是，要让中国股市具有自我修复的功能，政府就得为中国股市的发展创造一系列的制度条件，就得让中国股市真正由价格机制起决定作用的市场。就如人的身体要通过自我修复机制保持健康需要提供合适的饮食、适当的睡眠、保持良好的心态等条件一样。

第一，中国股市的自我修复就是要让中国股市的内在机制能够正常运行，就是要让市场因素在股市中起决定性作用，而不是人为方式扭曲股市的供求关系。这里既有政府救市后的退出机制问题，即如何把扭曲的市场供求关系得以调整，也有政府的绝对权力如何减少对市场的干预问题，把绝对权力关在制度的笼子里。

如果中国股市的供求关系不能够由市场来决定，有效的股票市场价格无法形成，那么无论是投资者还是上市公司就会无所适从。即投资者无法以市场因素来给上市公司的股票定价，上市公司也无法决定股票供求多少。所以，早些时候政府救市所扭曲的股市供求关系就得逐渐退出市场。同样，减少政府权力对股市参与，也是股市供求关系市场化的重要方面。这也意味着股市发行制度向注册制改革势在必行。所以，加快推进当前中国股市一系列重大制度的市场化改革成了当前中国股市自我修复机制得以发挥的首要任务。

第二，要对当前中国股市的规则与制度进行全面检讨，重组中国股市的权力结构。因为股票就是对上市公司的信用风险定价。在欧美发达的证券市场，上市公司的信用是通过长期的市场行为演进而来的，并且生发了一套相关的法律法规及司法制度来保证。但是，中国的证券市场是由计划经济转轨而来的，其信用只能由政府来作隐性担保。在这种情况下，就容易导致政府对股市权力过度主导，就可能无法对这种绝对权力有效约束。因此，要让中国股市能够真正现实自我修复并获得新生，就得重构中国股市的权力结构及对这种绝对权力进行有效约束，从而让股市的信用由政府隐性担保转变为由市场演进而来。这样股市的自我修复机制才能在这个过程中得以生成，相应的市场化法律法规及司法制度也会在这个过程中建立。

第三，要重新认识与理解当前金融创新和金融衍生工具的作用与功能。因为以往监管部门在各种势力游说下，总是以为发展中国金融市场及中国资本市场，就得引进相应的金融衍生工具，否则中国金融市场就不完善。但实际上，这些金融衍生工具在发达欧美国家市场所起到的负面作用远大于正面作用，这些金融衍生工具往往成了造成金融市场不公平竞争及金融危机四起的根源，所以，发达国家也正在采取不同的法律制度对这些金融衍生工具进行监管。因此监管部门要对近几年引进的金融衍生工具及程式化交易全面检讨，研究这些工具是否适应中国，研究这些工具是不是这一轮中国股市暴涨暴跌的重要原因。还有，所谓的互联网金融创新也是如此，比如场外配资的 HOMS 系统同样成了这次中国股市暴涨暴跌的主要根源。因此，全面检讨 2013 年以来爆炸式增长的互联网金融也是当务之急。也就是说，监管部门就得严加约束与限制这类金融创新及金融衍生工具，否则如果股市人为操纵，中国股市自我修复机制如何能够起作用。

第四，监管理念的转变及中国股市制度安排的公共决策化。监管理念的转变就是要由以往对中国股市的事后监管转变为事前监管的引导与规范。可以说，上半年中国股市暴涨暴跌的一个重要教训就是监管者对兴起的互联网金融 HOMS 系统缺乏了解从而也就无法制定出事前监管及防范风险的规则，从而让这个场外融资市场得以疯狂野蛮生长。等到这个市场已经疯狂野蛮生长之后，再采取简单粗糙的方式来制止与遏制，引发中国股市的震荡当然不可避免。

最后，中国股市制度安排的公共决策化，这是当前中国股市能否成熟的关键所在，也是保证股市得以自我修复的制度基础。因为，中国股市的制度安排及改革，只有在这种方式下才能平衡好各方的利益关系，才能让所制定的法律法规能够真正落实执行。

总之，如何让中国股市在自我修复中获得新生，就得让市场因素在股市运作过程中起决定性作用，让市场的供求关系来决定股市价格有效运行，并对市场与政府权力的边界严格界定清楚；就得谨慎有限制地对待当前所出现的金融创新及引进的金融衍生工具；加快推进中国股市的市场化各种改革；让监管者的监管理念的转化等。这样才能够形成中国股市新的信用基础，并让中国股市逐渐走出当前的困境。

27 市场化信用：中国股市健康发展的制度基础[①]

——基于一般性的金融分析

27.1 导言：2015年中国股市为何会乱象丛生？

现代股市是一种高风险的金融市场。它需要市场化的信用来保证，并由此生发出一套相应的市场交易规则、法律制度及司法制度。但是中国股市是由计划经济转轨而来的，这无法生发出相应的市场化信用和信用基础，无法生发出一套保证股市有效运行的法律制度与司法制度。但中国政府则希望跳过这种现代股市所需要的市场化信用基础，在政府对股市的信用完全隐性担保下，引进成熟股市的一般性市场交易规则及具体合约安排让中国股市跨越式地发展。这就是当前中国股市资源配置效率低下、投机炒作、欺诈行为，及2015年中国股市乱象丛生的根源。所以，确立市场化的信用基础是目前中国股市健康稳定发展的关键。

中国央行在今年2月6日发布的《2015年第四季度货币政策执行报告》显示（中国人民银行，2016），2015年中国股市成交量显著增长，股市融资功能大为加强。比如当年上海及深圳两大股市累计成交量达到255万亿元，日均成交1万亿元，增长245%；创业板累计成交量达28.5万亿元，增长265.6%。2015年年末，两市的流通市值41.6万亿元，增长达31.7%。中国股市的筹资额也大有增加，2015年各类企业和金融机构在境内外股市上通过发行、增发、配股、权证行权等方式

[①] 该文章发表在《求索》2016年第6期。

累计筹资额达到 1.1 万亿元，增长 60.4%，其中 A 股筹资 8518 亿元，增长 75.9%。

也就是说，从中国股市的成交总量和股市融资总额来看，2015 年中国股市取得成绩不小。但是 2015 年中国股市异常波动给投资者带来的损失可能比所取得的这些成绩还要大。因为，2015 年中国股市的异常波动不仅让股市的正常运行机制受到巨大冲击，也让股市投资者遭受巨大损失从而让他们对股市的信心大失。这必然使中国股市在短期内恢复到正常的运行轨道上是不容易的。这就是为何必须对当前中国股市进行深刻的理论反思，否则中国股市难以走出当前的困境。

在一年多的时间里，中国股市的异常波动已经把其中存在的问题暴露无遗。这一轮中国股市是在低迷了 7 年后的 2014 年 11 月开始启动。当时，中国政府面临着两大压力。一是中国房地产市场从 2013 年下半年开始出现了第一次周期性调整。由于中国经济的"房地产化"，这种调整反映到 GDP 增长上，就是经济增长下行的压力增加。二是由于早几年过度的信贷扩张，从而使中国的企业及地方政府的债务负担越来越重，中国金融体系的风险上升。在这种情况下，中国政府希望如美国那样通过打造股市繁荣来救经济，来让中国金融市场潜在风险延后暴露或转移。这样既可让中国楼市的泡沫风险和中国企业及地方政府的债务风险转移到股市，也可拉动经济增长和重造中国经济的繁荣。

2008 年下半年美国金融海啸爆发之后，尽管美联储采取了一轮又一轮的量化宽松货币政策，向市场注入了大量的流动性，但是面对经济衰退，银行不愿意向企业贷款，企业也没有意愿向银行借钱，从而使这些资金不断地流入股市，从而打造了一个持续 7 年美国股市的大牛市。美国持续繁荣的股市不仅让去杠杆化后的企业融资渠道大为拓展，也全面降低了企业的融资成本；同时，美国股市的大牛市，也让美国家庭的财富由 2009 年年中的 57 万亿美元，上升到 2013 年年中的 78 万亿美元（陈志武，2015）。对于私人消费占 GDP 增长超过 80% 的美国经济来说，美国居民财富增长效应则成为金融危机之后美国经济得以复苏最大的动力。还有，美国股市的繁荣也带动了美国互联网产业、现代农业及页岩气等资本密集行业的快速发展，这也是让美国经济逐渐走出衰退的重要力量。

2014 年，面对经济的困境及金融市场的风险，中国政府从美国股市大牛市所带来的美国经济复苏中也看到中国经济未来发展的一线曙光。

因为，无论是资金密集型的房地产业的问题，还是中国企业债务过高及中小企业融资难和融资贵，及中国金融市场潜在风险高的问题，在中国政府看来，就在于中国金融市场的结构不合理，就在于中国资本市场发展不成熟，就在于中国多元化的资本市场没有建立，这就是因为早几年中国企业及地方政府的融资只能通过间接融资方式在银行进行，而不是通过股权融资方式到资本市场进行。所以在中国政府各种文件中，都十分强调中国资本市场的发展，都认为这是把中国金融市场带出困境的主要方式。因为，在中国政府看来，美国经济能够从金融危机中得以复苏就在于美国股市的大牛市。

比方说，美国企业在资本市场融资所占的比重达80%以上，而银行融资的比重则不到20%，中国的情况正好相反，中国企业的融资结构中债务融资所占的比重为80%以上，股权融资所占的比重则不到20%（戴道华，2015）。在政府看来，中国金融市场的融资结构不合理，就在于中国的资本市场和股市不发达，就在于中国企业的间接融资比重过高而直接融资的比重较低。因此，以大跃进的方式大力推进中国资本市场的发展与繁荣，既是化解和转移十几年所积累的巨大金融风险的有效途径，也是保证经济稳定增长的重要方式。在这种观念下，就有了从2014年11月起到2015年6月催生出的中国股市牛市的市场化改革的大试验。

在中国政府的这种政策意图下，一年来中国A股的疯狂到了无可复加的地步（易宪容，2015）。无论是股市指数的上涨，股市交易量的快速增长，还是股市的疯狂炒作，打新股的股市奇观，不少股票无理由的疯涨等，这些现象都可创世界金融史的纪录，都是全球股市绝无仅有的现象。还有，一些股票的价格没有任何理由可以成10倍地增长。创业板的股票指数可以在几个月内翻倍上升，其P/E值可以成为全球最贵的股票。打新股又可涌入7万亿—8万亿元资金在博弈，而投资者只要中签到新股就可大赚等。中国股市这些现象，不曾在任何一个国家发生过。当然有了中国股市这种暴涨的疯狂，股市的暴跌也随之而来了，或这次中国股市改革的大试验最后以股市泡沫破灭或失败告终。

在2015年上半年中国股市的大试验以失败告终之后，有人写出洋洋几十万言的分析报告（吴晓灵，2015），认为主要原因是杠杆过度、监管缺限、交易制度不完善、多空不均衡、投资者结构不合理等，并主张应该引进更多发达国家资本市场的成熟制度及交易规则。但这些分析仅看到问题的表象，所引进的熔断机制在今年1月同样以失败告终。很显然，近年来中国股市乱象丛生，很大程度上与没有人能够深入地来检讨股市失败的经验与教训有关。

对于2015年中国股市的异常波动，市场的评论总体上都只能站在传统思维或一般的理论模式角度来观察与分析（易宪容，2015）。而这些理论、数据、模型等传统智慧既无法分析这一轮中国A股暴涨之原因，更无法分析这一轮股市暴跌的根源，现实的市场早就把现有的理论与模型抛到九霄云外。也就是说，中国股市上涨时传统智慧无法找到其合适的理由，同样中国A股暴跌时，用这些传统思维来分析同样是没有多少解释力的。所以，这同样也无法找到中国股市异常波动的症结及化解这种症结的方式。

所以，在这次中国股市大试验失败之后，政府以"暴力救市"的方式大力地介入，希望以此来保证股市稳定。在政府大力干预下，尽管中国股市有了休养生息的机会，但是股市的问题仍然存在，政府对当前中国股市发展的思路没有多少改变。政府仍然希望通过打造股市的繁荣来转移前十几年所积累的金融市场风险和推动经济增长。但是中国的监管层从来就没有考虑过，一个国家金融市场的融资结构本身并不存在优劣之分，也没有哪一种融资方式为主导是好是坏的问题，而金融市场不同的融资结构并非取决于政府头脑中的比例关系而是取决于这个国家的信用基础。金融就是对信用的风险定价，金融市场交易的就是信用。有什么的信用基础，就有什么样的金融市场结构（易宪容，2015）。这就是为何有些国家是以银行融资为主导的间接融资体系而另一些国家又是以股权融资为主导的直接融资体系。如果市场的融资结构不能与这个国家的信用基础相配比，想借鉴他国的金融发展模式来推行，或跨越式发展，那么这种跨越式发展的成功概率不会太高。可以说，2015年中国股市大试验的失败最为主要的原因就在于此。

2015年中国这场股市试验的大失败最为主要的原因就是中国政府的金融发展战略的赶超思维及政府过高估计自身风险控制能力。在这种中国金融市场发展的赶超思维下，在现代资本市场发展所需要的基础性制度没有生成的情况下就要求跨越式发展中国股市，这就必然会把凡是有利于达到赶超目标的外在制度、外在市场、金融产品及金融工具都将全面引进，也会在这些技术性及工具性的方面大做文章。比如许多金融衍生产品及工具和程序化交易大规模引进等。政府也会向这个市场注入更多的政策性资源，如利率降得更低、融资杠杆提得更高、投资者的市场降得更低等。但是这样做，并没有让中国股市走向成熟之路。

可见，一年多来中国股市一系列大试验的失败，并非仅是一项具体交易制度安排推出的时机不成熟的问题，也并非推出的交易制度存在这样或那样的缺陷及管理层过于草率决策的问题，更重要的是与中国资本市场的发展战略存在大跃进思维有关，与中国管理层及多数人对金融市场的观念理解存在偏差有关，也与如何尽快地在短期内转移和化解累积了十几年的金融风险有关，与中国股市的监管层过高地估计了自己控制风险的能力及对当前市场判断存在很大偏离有关。在这样的观念与政策目标下，中国股市监管层希望借助欧美发达国家特别是美国的经验，来加快中国股市的市场化改革，以此来打造中国股市的大牛市。但实际上欲速则不达，适得其反。如果中国政府对这些问题不能够进行深刻反思，中国股市要走出当前的困境是不可能的。而对当前中国股市的理论反思，就得先从理解现代金融的核心与实质等最一般性的问题入手。

27.2 金融市场的实质是对信用的风险定价

一般来说，金融的核心是指跨时空的价值交易或资源配置，或涉及价值或者收入在不同时间、不同空间之间进行配置的交易都是金融交易。金融学则是研究跨时空的金融交易为什么会出现、如何发生、怎么样发展等（陈志武，2015）。跨时空的金融交易之所以存在，就在于它能够帮助人类降低生存中的风险，使生命得以延续。因此，金融交易是人类得以生存的基础，是任何人类社会都存在的。只不过，金融交易的形式与方式有很大不同。比如，在农业社会，金融交易是以人格化的隐性方式来实现，其交易范围往往在家族的血缘关系内进行（陈志武，2007）；在中世纪时期的欧洲，金融交易是通过教会组织的各种方式来进行，尽管这种金融交易的范围扩展了，但仍然是一种人格化的隐性交易；尽管非人格化的显性的现代金融交易起源于古希腊、古罗马的海上贸易的商业组织（波斯坦等，2004），但是现代人所熟悉的信贷、证券、保险等金融产品则要在 13 世纪中期的意大利、荷兰、英国等地才出现。正因为金融交易的重要性、表现形式殊异及植根于社会的现实条件,因此,要寻找一种一般性金融结构是相当困难的。

由于金融交易是跨时空的资源配置,它涉及不同时间、不同空间、不同事件之间的价格交换,因此,金融交易的成本与收益的计算面对的未来与不确定,其支付也是面对未来的。如何保证金融交易得以完成,金融合约(无论正式的合约还是非正式的合约都是合约)则成了金融交易最为基本的媒介(易宪容,2015)。而合约是交易当事人在自由平等的条件下预期其经济状态得以改善的一种权利流转关系。金融合约能否执行、金融合约的未来支付能否兑现、交易双方能否彼此信任、所提供的信息是否真实等,这些都决定了金融交易是否能够完成的关键。因此,金融交易就是一种承诺、就是一种完全信用交易。Guiso 等(2001)认为,融资就是指以承诺将来归还更多的资金来换取今天所需的资金,融资合约从本质上讲是建立在融资交易双方彼此信任的基础上。也就是说,金融交易是一种纯粹信用交易。或简单地说,任何金融产品就是对信用的风险定价,是对信用的创造。现代金融市场就是通过信用创造来扩展其深度与广度,来缓解经济增长过程中的融资约束。

既然金融是对信用的风险定价,那么信用是什么?它又是通过什么方式来获得及得以维系?一般来说,信用是指交易者之间的相互信任,是交易者对彼此诚实、合作行为的预期或承诺(张维迎,2003)。在金融交易中,货币是信用的基础,但信用不是货币。也就是说,信用既是一种承诺,更是一种通过货币借贷关系对现有财富重新跨时空的配置。信用代表的是未来不确定性价值(瞿强,2005)。信用作为一种承诺,信用取决于人的品格、支付能力、资本持有状态及抵押物等(白俊男,1997)。因此,不同的信用基础将演化出不同的金融交易方式或不同的信用产品及市场。比方说,中国古代的金融交易是建立在以儒家血缘关系的信用基础上的,因此,这种金融交易既无法生发出非人格化的金融市场,也无法发展出一套解决商业纠纷、执行并保护合约权益的法律及司法制度(陈志武,2007)。而西方金融市场的兴起就在于海洋贸易及城市化而生发出以合约为基础的商业组织,以及创立了保证这些信用交易得以完成的法律制度及司法体系(波斯坦等,2004)。而 1978 年改革开放之后形成的中国金融市场则是以政府信用作隐性担保,因此,股票、债券、基金、金融权证等现代金融技术在中国得不到顺利的发展等(易宪容，2007）。

任何金融交易都是合约的连接（易宪容，2015）。正因为如此，任何金融交易都必须通过合约方式来进行或完成，而合约就是一种承诺或信用。对于个人来说，由于每一个人的生存环境、文化背景、认知水平、知识结构、心理素质等方面完全的差异性，每个人信用必然是千差万别的。不同的信用其风险是不一样的。因此，金融又可定义为对信用的风险定价。金融交易就是通过个人的信用扩张或收缩来实现的。比如，在金融交易中，为何金融合约是多种多样的，如有银行贷款合约，保险公司的投保合约，证券市场的股票、债券、期货合约，银行理财产品的合约，有信托合约等不同的金融合约形式，就在于不同的金融交易及其信用关系不同。不同的信用关系，也就决定了不同的金融交易工具的选择，决定信用风险定价方式不同。由于各个国家的社会文化及制度安排不一样，由此信用生成及保证其执行的条件会不一样，从而由此演化出了不同的金融交易行为及金融市场结构。

同时，金融交易的实质和核心就是信用创造。而信用创造既是现代经济繁荣发展的三大动力之一（工业革命、技术创新及金融创新），也可能成为金融危机的根源所在。信用作为一种非实质性产品，如果它能够成为交换价值和增加财富的工具，那么就能够为实体经济发展创造各种条件，从而让非实质性产品转化为实质性产品并为现代经济繁荣发展提供巨大的动力。同样，由于信用创造是一种由非实质性产品转化为实质性产品的工具，如果这种信用创造扩张过度时，或金融交易超过其合理边界时，金融交易就可能出现扭曲、中断等，金融危机也就是在这个过程中孕育或产生了。

从现代金融交易的三大特性来看（收益支付的未来性、成本与收益的不确定性及交易载体的合约性），金融交易是对信用风险定价，它的主要内容既是承诺或信用，也是信用创造的过程。由于各个国家或地区信用的初始条件、信用的生成机制、信用的演进过程不同，这就意味着各国金融市场的结构是不一样的。如果金融交易与信用初始条件不匹配，这也是引发金融市场危机的主要根源。

27.3 中国为何是以银行为主导的金融市场体系

一般来说，金融市场结构是指不同的金融交易合约之间的相对规模。金融交易合约所形成的比例关系不同，就形成不同的金融市场结构。一个国家的金融市场结构并非政策制定者想当然的结果或外在经验的参照，而是由一个国家信用的初始条件决定的。因为，金融是对信用的风险定价，而个人、企业、国家的信用是千差万别的，这就有了金融交易的不同的合约方式。如银行的贷款合约、保险公司的投保合约，也有证券市场股票、债券、期货等不同的金融合约，等等。这些金融合约的信用关系不同，所以信用的等级也会相差很大。比如，货币、国债、股票、保险、信托、银行贷款等，对信用的要求是逐渐降低的。比如，货币具有最强势的信用，就在于国家对它进行信用担保，代表了国家信用。而银行贷款的信用关系较低，就在于不仅银行要对贷款人的信用进行一对一的审查，受具体的时空限制，而且向银行贷款还得有抵押物。

在现代信用社会，中国为何只能发展出这种以银行为主导的、相对资源配置效率低的金融市场结构？这在很大程度上与中国金融市场出现后信用初始条件有关。在中国，早期交易关系的信用基础是传统的儒家文化（陈志武，2007）。从传统的儒家文化来看，它是以血缘关系为基础的家庭、家族。以传统儒家文化的价值体系，它能够给家庭、家族成员之间的金融交易提供坚实的信用基础，它能够让任何家庭成员的违约风险降到最低，但是这种文化体系却遏制了家庭之外的外部市场的发展，人格化的交易关系盛行。而市场经济的核心是非人格化的交易关系。而非人格化的交易强调的是价格、产品质量而不是关系与亲情。当人格化的交易得以强化时，非人格化的外部市场也就失去了发展之机会。同时，当非人格化的交易关系不发达时，也就不可能发展出一套解决商业纠纷、执行保证合约有效履行的法律制度，由此，市场化的信用体系也无法建立。而这些都是现代金融交易得以顺利进行必不可少的基本条件（易宪容，2007）。

可是，在古希腊与古罗马，海洋贸易和城市化迫使人们走出"家"，淡化以血缘亲情为基础的"家"的信用关系，建立起了跨家族的商业组织。而这些商业组织的基础是合约。这些商业组织与家庭一样，都是成员间的结盟，但前者是以合约为基础，后者则是以血缘关系为基础。两者都能正常运作，但前者的经济交易关系走出"家"之外（陈志武，2007）。而且这种商业组织不仅引申出了权利、责任及合约的市场平等关系，也生发了解决商事、公司、合约、财产等民事问题的法律及执行法律的独立的第三者。信用交易或金融交易逐渐由市场而不是由"家"来实现。西方最早的意大利的金融市场也就是此基础上产生的。

在中国，由于传统的儒家文化而无法发展出一套超越血缘关系的商业组织、法律制度及合约安排，从而也就无法生发出有利于金融交易的信用环境。1840年之后洋务运动，新式银行、保险、证券等现代金融技术也逐渐地引入中国。面对市场信用制度及法治缺失，洋务运动的改革者采取了"官商合办""官督商办"的公司模式来弥补其制度准备不足。其结果是，在政府直接或间接的担保下，1873年中国股市开始发展，但到1882年引发中国的第一次股市泡沫（易宪容，2007）。现代金融市场所需要的信用制度及法律体系直到20世纪30年代才得以确立。不过，新中国成立后，由于中国开始实现计划经济，现代金融市场被关闭，发展了70年之久的合约执行、保障机制及法律及市场信用基础也被抛弃。当1978年中国改革开放，并逐渐由计划经济向市场经济转型时，要发展中国的金融市场只能从对信用要求较低的银行制度入手，而且政府对银行等金融市场交易的信用进行完全的隐性担保。

在政府对银行的信用进行完全隐性担保的条件下，政府不仅控制了整个银行市场信贷规模，直接给商业银行风险定价（中国央行基准利率是商业银行的存贷款利率，而不是如欧美发达国家那样的货币市场利率），也向政府主导的国有企业及行业源源不断地输送金融资源。而这种情况直到2015年存款利率全面放开后才有所改观。正因为这样，不仅使整个中国的金融资源配置效率低下，也让中国金融市场化的信用无法确立，及无法生发出一套现代金融市场所需要的法律制度及司法制度。所以，以银行为主导的金融体系成为中国金融市场得以存下来的基础。而要改变这种金融市场结构就得先有相应的市场化信用，就得建立起保证这种信用关系有效运行的法律与制度，否则中国金融市场将面临巨大的风险。

27.4　当前中国缺乏现代股市发展所需要的信用基础

从股市的本质来说，股市是对上市公司未来利润预期的风险定价，也是让股权所有者把未来收入流变现的工具（陈志武，2015）。它的交易以标准化的合约在统一市场中完成。现在的问题是如何才能保证对上市公司未来利润预期的风险定价是合理的？如何才能保证股权所有者在对未来收入流变现时不掠夺其他投资者的利益？这就是现代股市对信用关系有更高的要求。

因为，股票作为一种金融合约，它与其他金融合约相比有很大差异性（易宪容，2007）。比如，一是股票作为一种金融合约，它可以在统一市场中在任何人之间进行流通，具有普遍的交换价值及较高的流通性，其流通性仅次于政府发行的法定货币，而银行的贷款合约及票据等都有特指的对象与时空，其流通性受到一定程度的限制。二是证券合约交易双方可能是完全的陌生人，交易前不认识，交易后也可能不知道。但银行的贷款合约则不同，银行没有对贷款人有一定的了解，是不可能贷款给对方的，同时，银行与贷款人签订贷款合约之后，还得进行事后跟踪与监管。

从股票的特性来看，股票作为上市公司与投资者的一种金融合约，它代表公司付清债务后剩余资产中的一份。它既享有分享公司利润的权利，也要承担公司损失和破产的风险。而发行股票的上市公司具有以下几种特性。一是上市公司作为一个"法人"，它是一组合约构成的法律体，是一组非人格的交易关系的组合，这就需要完全的市场化信用关系来支持，也需要相应的法律与司法制度来保证，人格化的信用关系是无法支持的。二是上市公司的责任是有限的，即投资者的损失最多不超过最初的投资。这就使投资者有意愿购买相关企业的股票。三是上市公司的所有权与控制权是分离的。这就引出现代公司理论中的"委托—代理"问题，引申出了投资者与经营者权力、责任及其他合约的关系问题。也就是说，所有者的权益容易受到经营者侵害，对法律制度的要求会更高。

也就是说，现代股票的信用是仅低于货币的信用，但货币的信用是国家的信用,而股票的信用是上市公司的信用。为了保证这种信用权责相契合,现代股票市场就得通过一系列的制度安排(如信息披露机制、会计制度、法律制度等)来保证上市公司信用能够让权利与责任相匹配,才能保证股票交易正常运行。但是,中国股市是由计划经济转型而来,股市所要求的市场化信用从来就没有确立。政府要发展中国股市,只能对股市进行全面隐性担保。而政府对股市信用的隐性担保,必然会造成政府对股市的主导及过度参与,政府必然会让股市的资源流向它所要发展的企业及行业。这就是当前中国股市为何无法走向成熟之路的重要根源。

正因为政府对股市的信用完全隐性担保,这必然使中国股市无法生发出一套保障投资者的法律制度及司法制度,从而使股市资源的配置往往会与权力大小有关及严重低效率。政府对股市的信用隐性担保,也容易导致股市上的投机炒作、欺诈行为盛行,而投资者的贪婪与恐惧更是为这些行为提供了动力。因为在政府对股市隐性担保的情况下,投资者可以把其行为的收益归自己而把其行为的成本转移给整个市场来承担。可以看到,2015年上半年中国股市的疯狂就把这点表现得淋漓尽致。

可见,对于高风险的现代股票市场来说,当前中国股市所面临的最大问题就在于没有相应的市场化信用基础和信用文化,从而也就无法生发出一套保证股市有效运行的法律制度与司法制度。而中国政府则希望跳过这种现代股市所需要的信用基础,在自身对股市的信用完全隐性担保下引进成熟股市的一些一般性市场交易制度及具体合约规则让中国股市跨越式地发展。对于一般性的市场交易制度来说,只是通过新制度安排等方式来改变当事人之间的利益关系,来避免遭受恶劣的合约安排可能带来的不良影响;但是市场化的信用基础和信用文化则决定了一般性市场交易规则及合约的利益关系,它是不可能通过个体的方式来改变这种制度的利益关系的。所以,在现代股票市场所需要的信用基础及信用文化没有确立的情况下,中国股市要想实现跨越式的发展是不可能的。否则中国股市将面临巨大的震荡及风险。而现代股市所需要的信用基础的确立是一个漫长的过程,中国股市也不可能实现跨越式的发展。

28 解读中国资本市场改革九条意见[①]

2004年2月1日下发的《国务院关于推进资本市场改革开放和稳定发展的若干意见》（以下简称《意见》），全面系统地阐述了资本市场发展的意义、指导原则和任务、需要完善的政策、资本市场的体系建设、上市公司的规范运作、中介机构的服务质量、市场监管水平、防范和化解风险以及资本市场的开放等一系列重大问题，它将成为国内证券市场未来几年健康持续发展的纲领性文件。该文件的出台将对国内资本市场未来发展产生巨大的影响。

28.1 如何认识大力发展资本市场？

《意见》指出，资本市场的作用是"促进资本形成、优化资源配置、推动经济结构调整、完善公司治理结构等"。这是近年来资本市场功能较准确的一个表述。而这些功能的基本内涵应该体现在实体经济中。正如有人认为的那样，证券市场如果不能很好地发展，小康目标就难以实现，未来20年GDP保持7%—8%的增速也将很难实现。事实上，从10多年来中国证券市场的情况来看，证券市场对国民经济发展的作用是谁也不可否认的。但是我们也应该看到这样一个事实，过去十余年来，国内的证券市场最基本的特征是"粗放型"经营及低效运作。比如国内上市公司的平均积累"净资产收益率"始终低于长期国债收益率，上市公司从整体上而言成了投资资金的"黑洞"。在国内资本市场，真正用于固定资产投资的只有10%—15%，而且这个比例有逐年下降的趋势。其余80%以上的募集资金或是用于流动资金、委托理财、自己炒股，或干脆浪费

[①] 该文章发表在《经济管理》2004年第9期。

掉，从而导致了多年来国内上市公司平均每三年左右就进行一次并购重组，但与此同时整个上市公司整体平均经营业绩连续7年下降，只是到本年度才止跌。可以说，如果国内股市如此低效运作，那么这样的市场重要吗？

目前市场有一种论调，认为中国的融资结构不合理，直接融资所占的比重较低，国家应该加大发展直接融资之比重。其实，无论是从理论来说，还是从经验来说，国家如何发展融资结构都没有一个固定的模式。比如日本，在第二次世界大战之前，经济体系融资的主要方式是直接融资，但第二次世界大战后很多金融资源从非银行部门向银行部门流动，银行贷款成了企业融资的主要方式。2001年日本银行贷款是股市融资的近2倍。

因此，一个国家的融资模式如何，关键在于在具体的约束条件下让企业或个人有更多的选择，市场自然会让企业寻找到最好的融资方式。有研究表明，在法律制度健全及习惯法传统、对股东强有力的保护、好的会计标准、腐败程度低的国家倾向于发展股权融资体制，而大陆法体系、对股东不好保护、合约履行不好、腐败程度高、会计标准不好的国家倾向于发展债权融资体制。因此，在目前中国的法律体制不健全、对中小投资者保护不好、会计准则差、贪污腐败严重的情况下，国内股市的边缘化又有什么关系？

在本文看来，国内资本市场的发展，并非是由政府来推行某种固定的融资模式，而是要减少政府对金融资源的主导与垄断，如金融机构的行政化、金融机构管理人员的官员化、金融资源政府审批化等，减少金融资源的非市场化运作，让市场来决定企业的融资选择。更为重要的是，国内资本市场的发展，不在于融集资金的多少、交易量的大小、开户数的多少、指数的高低、印花税收入的多少，而在于是否有效地将社会资源转化为长期投资，在于多大程度上优化了实体经济中的资源配置，在于推动产业结构与企业所有制结构的调整，在于实体经济中的公司治理结构完善等。《意见》在这方面着墨不少。

28.2 如何理解资本市场发展之基石？

中国的资本市场如何发展，就在于它建立在什么样的基石上。就是如何遵循公开、公平、公正的原则，来保护投资者的利益。近几年来国内股市为什么一直处于"牛短熊长"的困境中？2003年国内股市为什么会边缘化（证券市场直接融资的比重越来越小）？为什么资本市场的极度萎缩与强劲发展的中国宏观经济形成极大的反差？为什么民众手中持有11万元储蓄存款而不敢进入股市？为什么国内股市会市道低迷、成交萎缩，市值损失逾千亿元？最重要的是中小投资者的利益受到严重的侵害；反之，这种侵害中小投资者利益的行为得以张扬。

在国内的证券市场，无论是上市公司，还是证券公司及其他证券市场的中介机构、证券媒体等为了自己大谋其利，而一起合谋在兜售劣质产品，从而导致了整个市场不成为市场，反之市场成了它们鱼肉中小投资者的合法工具。在《意见》中，对于这些顽症有新的政策性建议。如完善证券市场上市发行制度；要求上市公司提高质量、规范上市公司运作、完善市场退出机制；促进资本市场中介服务机构规范发展，提高执业水平等。其实，这些要求都是证券市场的题中应有之义，在《证券法》《公司法》及一些相关条例中都有相应的规定，《意见》进一步强化之也是自然。但是，实质性的垄断问题则很少涉及。

人们可以看到，为什么证券市场兜售劣质产品的现象可以持续十几年？为什么明知侵犯了中小投资者的利益，而受损者却不能得到补偿，掠夺者不能够受到严惩？问题的核心就在于金融资源完全为政府所垄断、证券市场的行政化与国有化。在这样的体制下，市场完全按政府的意志来运作，政府不仅决定了市场的准入规则、市场的规模，而且也会左右市场价格走势（通过党的社论、红头文件等来启动市场）。这样，证券市场的金融资源自然向权力集中，由权力来决定金融资源的运作。市场一旦由权力来左右，就无市场可言。没有市场资源配置的效率也就荡然无存了。

目前，无论是交易所的设立、交易所业务的确定、保荐人制度的推出、证券公司的市场准入、金融市场中的律师与会计师的准入还是上市公司的准入等方面，基本上还是以集中计划的思维方式来经营市场，基本上还是以垄断式的方式来规定市场准入标准。可以说，国内资本市场的改革，如果不从这些深层次的问题入手，仅仅希望鼓励资金入市来推动股市发展是不可能的。

但是，政府对市场规则的制定、对市场秩序的规范、对制度的创新等同样也容易导致政府对证券市场的管制与垄断,容易导致证券市场回复到计划经济老路上去。转轨国家改革的经验表明,为什么有些经济转轨的国家能够成功,而另外一些国家则陷入困境,最为关键的方面就在于它们是否能够创立一系列行之有效的民主制度和市场经济制度,就在于所创立的新制度或市场规则的市场性。而这种市场性就在于所制定的市场规则如何来约束政府之权利,减少政府对经济生活的干预。政府仅是市场游戏规则的制定者与履行者,仅是市场规则的守夜人,而不是政府的、官僚的、行政的无约束权力的迅速扩张、市场当事人的自主性与创新精神受压抑、市场弱势民众财富受到掠夺。

在《意见》中对认识大力发展资本市场的重要性。进一步完善资本市场相关政策、提高上市公司质量、推进上市公司规范运作、促进中介服务机构规范发展,到加强法制和诚信建设,提高监管水平……作了面面俱到的论述,但是唯独没有对证监会权力的监督与约束,没有如何减少政府对股市的垄断与管制,没有对如何走出"计划市"的详细的规定。可以说,在《意见》中,尽管其主旨是完善现代市场体系,最大限度地发挥市场在资源配置中的基础性作用,但是这些仍然建立在不断强势的政府管制和不受约束的政府权力的基础上,而在这种情况下,投资者利益是无法完全得到保护的。

28.3　证券发行制度的改革如何完善？

证券发行制度的改革是《意见》相关四大政策的重点。不少研究表明,为什么上市公司质量低下、包装造假严重、操纵股价、缺乏诚信等,都在于与证券发行环节的制度缺陷有关。比如,在审批制下,股票上市的决定权在于政府,政府愿意让哪家公司上市就让哪家公司上市,而不在于公司质量好坏。在这种条件下,证券市场的中介机构也就不需要对拟上市公司的市场准入发挥什么作用,只要按照政府意见及基本市场所要求的标准包装即可。因此证券市场中介机构的业务大小并非来自市场的竞争力,而完全为非市场化的因素所决定。在通道制下,尽管这种局面有所改变,政府的权力也有所淡化,但政府对市场的干预并没有减少。正是这个原因,发行制度的巨大弊端,使证券市场问题丛生。

因此，通过有效的证券发行机制来保证优质公司上市成了化解证券市场种种问题的关键。近期推出的股票发行上市保荐制度和股票发行审核委员会制度正是深化国内证券发行制度改革的重大举措。所谓保荐人制度，是指一种企业上市制度。它的主要职责就是将符合条件的企业推荐上市，并对申请人适合上市、上市文件的准确完整以及董事知悉自身责任义务等负有保证责任。目前，英国、香港及加拿大等都实行了这种制度。保荐人制度的核心是明确了保荐人具体责任。它包括发行上市全过程，以及上市后的一段时期（比如两个会计年度）所要承担的责任，从而使保荐人真正成为投资者制衡上市公司的有力工具，切实保护信息劣势的中小投资者的利益。

发审委制度改革的主基调是"市场化、透明化、公正化"，如发审委委员的公开，发审会议召开时间、选中的参会委员以及上会的发行人名单等都公开；同时，发审会的投票表决方式由原来无记名投票改为记名投票等、发审委委员对发行人的上报材料仅是做合规性审查。即如果保荐人提交的发行人材料，只要符合发行条件，那么委员完全可以投票赞成，而不必去调查发行人的真实情况与发行材料是否一致。今后，一旦发现上市公司有虚假上市行为，只要当初申报材料合规，委员不会承担责任。

从审核的程序看，保荐人先是把发行材料申报到中国证监会发行监管部，在经过预审员初审，发行监管部几次讨论同意之后，再送到发审委。在发审委，先是由证监会预审员向委员报告初审情况，然后由7名委员一一发表意见，并就相应的问题向预审员提问，再由预审员回答，并由发行人代表与保荐人代表补充说明，最后由发审委委员投票表决。

从以上整个发行流程来看，在保荐人那一段，对保荐人的严格责任，对把好发行人第一关意义十分重大。而且严格的保荐人市场准入条件，使保荐人与保荐机构的资源十分稀缺。这就使尽管保荐人要承担较大的责任，同时保荐人的收益会与其责任成正比。如果保荐人的准入完全由证监会掌控，是否出现寻租十分令人质疑。

在进入证监会那一段，尽管发审委的工作守则对发行制度有所改进，但发行人能否通过，实质性的权力仍然为发行监管部大权在握，无论是发行监管部初审报告，还是预审员在发审会的陈述，这些都是左右发行人材料能否通过的关键因素。而且正是在发行监管部这个阶段，该部与保荐人及企业的几个月往来，其关系发展得如何，谁在监管，在很多方面是令人质疑的。

至于发审委的最后一关，从流程来看，看上去十分规范，但发审委委员作用并不如人们想象的那样好，特别是委员只是对初审材料进行合规性审核投票，而不要承担其投票责任时，更是把委员的作用弱化。还有，发审委委员如何产生，他们的公正性与独立性如何？这些问题也是令人质疑的。

总之，新的发行制度希望从证券市场源头上把握住两道关口，让保荐机构以及保荐代表人有动力去寻找潜在的优质企业，让发审委用专业人士的眼光来判断企业的发行与上市之间的所有一切材料的准确性，是否符合相关制度的规定，从而让更多优质企业上市，改善国内的证券市场的体制，但实际结果如何还得拭目以待。特别是对监管者的权力约束不强、市场诚信意识和自律观念没有建立起来的情况下，要达到上述目标仍然是困难的。

28.4　如何建立多层次的资本市场？

对于这个问题《意见》的理解是股票市场多层次，如主板、创业板、三板等；证券市场多层次，如股市、债市及金融产品的多层次。市场发展这些自然重要，但仅从表面上看是不够的，而最重要的是如何打破现行市场垄断，形成有效的市场竞争机制。

显然，市场还是没有出现，就强调专业化分工，也没有专业分工可言。各种法律制度没有确立，就用政府的管制来替代，如何来确立法律在市场中的地位。几年前，就是一声令下，深圳交易所一个好端端的市场就消失得无影无踪。几年来，庞大的社会资源就在这个命令中耗散。这样的教训岂不值得国人认真深思？

目前，深圳交易所将重新开启发行新股的市场，这是完善国内证券市场体系的重要一步。但是，为什么从一开始就要对两个市场差别对待？为什么不让两个市场在同一平台上形成有效的市场竞争机制？在两个市场差别对待的情况下，市场竞争根本无法形成，因为，上市公司在进入市场之前，它们别无选择，只能按照已规定的路径进入某一种市场。对投资者来说，既然规定产品在哪个市场销售是一定的，他们只能进入所规定的市场购买，而不管该市场自己是否愿意进入。在这样的情况下，哪里还有市场竞争，也根本无法形成有效的市场竞争机制。没有市场竞争，资源配置的效率也无从谈起。

因此，在中国目前的市场环境下，如何打破证券市场的垄断，根本不要移植美国发展成熟的市场模式，而要从本国的约束条件出发，首先要打破证券交易所的市场垄断。打破证券交易所的垄断，就让任何一家交易所从一开始就站在同一平台上，而不是市场都没有，就来什么专业化分工。在中国，不只是建立一两家证券交易所，还可以建立三四家证券交易所（如在北京、重庆再设立交易所），让这些交易所在同一平台竞争，看看哪一家交易所提供的服务好、监管严格、上市公司满意、投资者满意，并设立一套科学的指标对这些证券交易所进行考核。证监会可以根据这些考核来激励与约束交易所发展。如果这样，有效的市场竞争机制就会自然形成。在有效的市场竞争机制形成的基础上，交易所的问责机制、优胜劣汰也就自然形成了。

事实也证明，政府无论推出什么样的法律与规则，无论这些规则设计得如何好、如何科学性、如何行之有效，但是一到国内的证券市场实施就问题重重。这不仅在于相关的法律制度条件不满足，还在于没有一种有效的市场竞争机制来推行与保证这些制度实施，在于交易所没有激励与动机来落实这些法律制度的推行。看看香港证券交易所，一有问题就能够及时处理、及时跟踪、及时找到问题之症结，何也？他们有问责，有市场竞争机制。

酝酿了一年多并于今年2月1日开始实行的《证券发行上市保荐制度暂行办法》，虽然从整个制度设计与科学性来说是无可厚非的，但是由于该制度实质意蕴的垄断性，即通过严格的限制减少进入者，从而使在保荐人准入时就出现种种寻租作弊现象。正如有人所云，保荐代表人在没有浮出水面之前，就已经失去了他们最应该具有的诚信，那么保荐人制度推行后最具有的诚信在哪里，只有天才知道。而在一个没有诚信的制度中，这种制度要有效率是不可能的。那么，我们的制度为什么会这样？问题就在于我们的制度规定不是鼓励市场竞争，而是制造了少数人的垄断。而在垄断的情况下，人们为了获得利益，或是靠近权力，或是作弊，别无选择。在目前国内的证券市场，这样的事情比比皆是（如上市公司、会计师事务所、律师事务所等）。如果不形成市场竞争，创立最好的制度都可能由于垄断而扭曲。

因此，健全与完善国内的资本市场体系，并非仅分割出几个市场、增加几个金融产品，而最为重要的问题仍然是弱化金融资源的垄断性及减少金融资源配置的非市场化，形成有效的市场竞争机制。如果不打破证券市场的垄断，形成有效的市场竞争机制，国内证券市场要健康持续地发展是不可能的，多层次的资本市场体系也无法确立。有效的市场竞争才是国内资本市场发展繁荣的动力。

28.5 资本市场的中介机制如何发展？

促进资本市场中介服务机制规范发展，提高执业水平是《意见》的重要内容。特别是最近推出的通过发行债券开辟融资渠道，更是贯彻执行《意见》的重要举措。但是，国内中介机制尤其是证券公司如何发展，是开辟更多的融资渠道呢，还是从根本上来改善现行的运作机制？无可非议，券商作为金融企业中的一种，它如何融资，融资多少，在什么时候融资，应该完全是证券公司它们自己的事情，政府监管部门只不过开辟一些更适合证券公司的可选择的方式，制定一些更适合国内券商运作的规则罢了。

国内券商资本不足，融资限制较大，早已是不争之事实。比如，尽管自1998年以来，国内券商通过增资扩股和兼并重组，出现了一些大型的公司，同时中小型证券公司的规模也有了较大扩张，资本实力有所增强。到2003年年底，全国有130多家证券公司，共有30多家完成了增资扩股，增资超过200亿元。尽管国内证券公司的股本和净资产规模增长较快，但如果与发达国家相比，总体资本实力仍然严重不足。

而这种资本严重不足，在于国内证券公司融资存在一系列政策上的限制。在此之前，国内证券公司具有可行性而且已经在实际运作的融资渠道只有同业拆借、国债回购、股票质押等。这些融资方式可以解决券商的短期资金不足，但长期资金的缺乏则无能为力。而且即使是短期融资，由于种种限制能够进入这些市场的券商也是寥若晨星。就目前的情况而言，这些融资渠道根本无法满足证券公司融资之需要。在这种情况下，证券公司流动性十分匮乏，违规行为也随之发生。如挪用客户保证金、乱拆借、假委托等违规经营十分普遍。因此，《意见》强调开辟券商融资渠道，减少券商融资一些限制，应该是发展国内资本市场的重要一环。因此这次中国证监会批准三大券商发债42亿元，把此事件看作国内债市里程碑也无可厚非。

但是，现在我们要问的是，国内证券公司目前最缺乏的是什么？最急需解决的事情是什么？仅仅缺钱吗？如果以美国的三大投资银行来看齐，特别是以美元与人民币汇价换算之，那国内证券公司一定是遥不可及，其实力微不足道，活都不要活了！

但是，国内的券商公司真是缺钱吗？它们有钱后又是如何来花钱的？可以说，对国内证券公司，规模小、融资渠道不畅是不争之事实，但是对国内大多数券商来说，它们早已不是"好孩子"，有钱时，有有钱的违规行为；没钱时，有没钱的违规行为。如有些券商在有钱时，不仅大兴土木，大肆扩张，建立豪华基础设施，看看不少券商办公楼、营业场所要多奢侈就有多奢侈。有钱时，进行所谓多元化经营，投资实业、投资房地产等，结果血本无归。特别是大量地进行股票买卖，与其他机构联手操纵市场，或与上市公司内幕交易，损害投资者利益，这些都是证券公司十分平常的事情。

没有钱时，就通过种种非法或合法手段寻找资金，如挪用客户保证金、乱拆借、假委托国债回购等方式来募集资金。资金获得之后，不是如何做好自己的主营业务，而是用于种种违规活动。比如，不少证券公司面临着激烈的竞争，为了争揽到业务，通过向拟上市公司提供贷款、承诺在企业上市后维持股价、对亏损企业进行虚假包装、大肆进行所谓公关活动等手段来排挤竞争对手。用这些募集到的资金以他人名义开立多个账户疯狂地进行股票买卖，做庄对敲、单独或联手操纵股市，甚至与上市公司勾结进行内幕交易，掏空上市公司，损害中小投资者利益等。

最近接连出事的鞍山证券、大连证券、富友证券、南方证券、新华证券、爱建证券等就是证券公司私下与客户签订"用券分红协议"，即在保证客户使用现券不受任何限制的情况下，证券公司将以客户的现券折成的标准券做回购融资。也就是许多券商利用所谓的协议，套取国家信用，未完成超经营范围、超法定利率的违规融资。据悉，这些通过非法柜台卖出的国债资金凭证，其充其量只是打着国债旗号的一个幌子，尤其是融资的进入，多是已进入高风险的股市。股价一旦下落，券商所有的问题都暴露无遗。这就是这些券商倒闭的原因。

可见，对国内证券公司来说，无论是钱多还是钱少，如果证券公司的运作机制不改善，他们都会把融到的资金放到高风险的股市中，都会通过种种违法乱纪的方式进入个人腰包。早几年，证券公司高层管理人员一夜暴富真的是为数不少。而证券公司一旦出了问题，有国家来担保。此为范例，后来者还不趋之若鹜？

可以说，发展国内的证券市场，拓展证券公司的融资渠道，改善证券公司的股权结构都是国内证券市场发展的题中应有之义。因此，中信证券、海通证券、长城证券三家证券公司核准发行公司债券是发展国内债券市场的重要方面，它对于改善券商融资结构、增强持续发展能力，提高综合竞争力和抗风险能力无疑具有重要意义。而且以此为试点，对规范与发展公司债券市场意义也很大。但是，如果我们市场以此为理由，来做高所谓的券商概念股，那么开辟国内证券融资渠道又会进入一个误区。如有人分析，在券商获准发债后，从资金实力的对比看，基金和券商有望形成市场合力，主导市场的运行。

参考文献

Acemoglu, Daron, S. Johnson, and J. A. Robinson, "The Colonial Origins of Comparative Development: An Empirical Investigation", *American Economic Review*, Vol. 91, No. 5, 2001.

Acemoglu, D. et al., "Institutional Causes, Macroeconomic Symtoms: Volatility, Crises, and Growth", *Journal of Monetary Economics*, Vol. 50, No. 1, 2003.

Ando, Albert, and F. Modigliani, "The 'Life Cycle' Hypothesis of Saving: Aggregate Implications and Tests", *American Economic Review*, Vol. 53, No. 1, 1963.

Antzoulatos, Angelos A., "Consumer Credit and Consumption Forecasts", *International Journal of Forecasting*, Vol. 12, No. 4, 2004.

Bacchetta, Philippe, "Consumption and Credit Constraints: International Evidence", *Cepr Discussion Papers*, Vol. 40, No. 40, 1997.

Ben, Mishkin, and Frederic, "Central Bank Behavior and the Strategy of Monetary Policy: Observations From Six Industrialized Countries", *NBER Macroeconomics Annual*, Vol. 7, No. 1, 1992.

Bernanke, Ben, M. Gertler, and S. Gilchrist, "The Financial Accelerator and the Flight to Quality", *Review of Economics & Statistics*, Vol. 78, No. 1, 1996.

Blanchard, Olivier, "Consumption and the Recession of 1990–1991", *American Economic Review*, Vol. 83, No. 2, 1993.

Bodie, Z. and Merton, R. C.: 1998 *Finance*, New Jersey: Prentice–Hall, preliminary edition, 1998; 1st edition, 2000.

Brock, P. L., "Reserve Requirements and the Inflation Tax", *Journal of Money, Credit and Banking*, Vol. 21, 1989.

Duca John V. and Bonnie Garrett, "Credit Availability, Bank Consumer Lending, and Consumer Durables", *Federal Reserve Bank of Dallas Working Paper*, 95-14, October 1995.

Durkin, Thomas A. and Zachariah Jonasson, "An Empirical Evaluation of the Substance and Cyclicality of Financial Reporting: The Case of Consumer Credit", *Mimeo, Board of Governors of the Federal Reserve System*, April 1998.

Drazen, A. and William Easterly, "Do Crises Induce Reform? Simple Empirical Tests of Conventional Wisdom", *Economics and Politics*, Vol. 13, No. 2, 2010.

Ehrenberg, R.: *Capital and Finance in the Age of the Renaissance: A Study of the Fuggers and Their Connections*, Hew York: Harcourt, 1928.

Fern, Giovanni and Peter Simon: *Constrained Consumer Lending: Exploring Business Cycle Patterns Using the Survey of Consumer Finances*, Mimeo Bank of Italy and Princeton University, October 1997.

Fernandez, R. and Dani Rodril, "Resistance to reform: Status Quo Bias in the Presence of Individual-specific Uncertainty", *American Economic Review*, Vol. 81, No. 5, December 1991.

Fischer, eds., "Central Bank Behavior and the Strategy of Monetary Policy: Observations from Six Industrialized Countries: Discussion", *NBER Macroeconomics Annual*, No. 7, 1992.

Fisher, Irving, "The Debt-Deflation Theory of Great Depressions", *Econometrica*, Vol. 1, No. 4, 1933.

Friedman, Milton, "The Role of Monetary Policy", *American Economic Review*, Vol. 58, No. 1, 1968.

Fry, Maxwell J., "In Favour of Financial Liberalisation", *Economic Journal*, Vol. 107, No. 442, 1997.

Gamer, C. Alan, "Can Measures of the Consumer Debt Burden Reliably Predict an Economic Slowdown?", *Economic Review*, Federal Reserve Bank of Kansas City, Fourth Quarter 1996.

Giovannini, Alberto, and M. D. Melo, "Government Revenue from Financial Repression", *American Economic Review*, Vol. 83, No. 4, 1993.

Goodhart, Charles, "The Conduct of Monetary Policy", *Economic Journal*, Vol. 99, No. 396, 1989.

Guiso, L., P. Sapienza and L. Zingales, "The Role of Social Capital in Financial Development", *NBER Working Paper*, No. 8922, 2002.

Haber, Stephen H., *Political Institutions and Banking Systems: Lessons From the Economic Histories of Mecico and the United States*, 1790 – 1914, Department of Political Sciences, Stanford University, Stanford, CA. Processed, 2001.

Haggard, Stephan, and S. B. Webb, "What Do We Know about the Political Economy of Economic Policy Reform?", *World Bank Research Observer*, Vol. 8, No. 2, 1993.

Hall, Robert E., "Macro Theory and the Recession of 1990 – 1991", *American Economic Review*, Vol. 83, No. 2, 1993.

Hardin, G., "The Tragedy of the Commons, the Population Problem has no Technical Solution; It Requires a Fundamental Extension in Morality", *Science*, Vol. 162, No. 3859, 1968.

Heinsohn, Gunnar, and O. Steiger, "Alternative Theories of the Rate of Interest: A Reconsideration", *Economic Journal*, Vol. 47, No. 187, 1937.

Jappelli, Tullio, and M. Pagano, "Consumption and Capital Market Imperfections: An International Comparison", *Cepr Discussion Papers*, Vol. 79, No. 5, 2011.

Khan, B. Z., and Sokoloff, K. L., Patent Institutions, Industrial Organization and Early Technological Change: Britain and the United States 1790 – 1850, in M. Berg and K. Bruland (eds.), *Technological Revolutions in Europe*, Elgar, UK, 1998.

King, Mervyn, "Debt Deflation: Theory and Evidence", *European Economic Review*, April 1994.

Krueger, Anne O., *Political Economy of Policy Reform in Developing Countries*, Cambridge, Massachusetts: MIT Press, 1993.

Krueger, Anne O., "Trade Policy and Economic Development: How We Learn", *American Economic Review*, Vol. 87, No. 1, 1997.

Lardy, Nicholas R., *China's Unfinished Economic Revolution*, Brooking Institution Press, 1998.

Lehnert, Andreas and Dean M. Maki, "The Great American Debtor: A Model of Household Consumption, Portfolio Choice, and Bankruptcy", *Mimeo*, Board of Governors of the Federal Reserve System, January, 2000.

Ludvigson, Sydney, "Consumption and Credit: A Model of Time – Varying Liquidity Constraints", *Review of Economics and Statistics*, August 1999.

Lutz, Friedrich A., *The Theory of Interest*, A Division of Transaction Publisher, New Brunswick and London, 2007.

Maki, Dean M, "Household Debt and the Tax Reform Act of 1986", *American Economic Review*, Vol. 91, No. 1, 2001.

Markus K. Brunnermeier & Yuliy Sannikov, "A Macroeconomic Model with a Financial Sector", *American Economic Review*, Vol. 104, No. 2, February 2014.

Mccarthy, Jonathan, "Debt, Delinquencies, and Consumer Spending", *Current Issues in Economics & Finance*, Vol. 3, 2002.

Show, E. S., *Financial Deepening in Economic Development*, New York: Oxford University Press, 1973.

Mishkin, Frederic S., "Illiquidity, Consumer Durable Expenditure, and Monetary Policy", *American Economic Review*, Vol. 66, No. 4, 1976.

Mody, Ashoka, "Financial Reform: What Shakes It? What Shapes It?", *IMF Economic Issues*, Vol, 95, No. 1, 2005.

Moritz Schularick & Alan M. Taylor, "Credit Booms Gone Bust: Monetary Policy, Leverage Cycles, and Financial Crises, 1870 – 2008", *American Economic Review*, Vol. 102, No. 2, April 2012.

Murphy, Robert G., "Household Debt and Consumer Spending", *Business Economics*, Vol. 33, No. 3, 1998.

Murray, Alan P., "Debt and the Consumer", *Business Economics*, Vol. 32, No. 2, 1997.

North, D. and Weingast, B., "Constitutions and Commitment: The Evolution of Institutions Governing Public Choice in Seventeenth – century England", *Journal of Economic History*, Vol. 49, 1989.

North, Douglass C., "Institutions", *Journal of Economic Perspectives*, Vol. 5,

No. 1, 1991.

Olney, Martha L., "Avoiding Default: The Role of Credit in the Consumption Collapse of 1930", *Quarterly Journal of Economics*, Vol. 114, No. 1, 1999.

Olson, M., *Power and Prosperity*, Basic Books, 1998.

Paquette. Lynn, "Estimating Household Debt Service Payments", *Quarterly Review*, Federal Reserve Bank of New York, Summer 1986.

Phillips, A. W., "The Relation between Unemployment and the Rate of Change in Money Wage Rate in the United Kingdom 1861 – 1975", *Economica*, Vol. 25, 1958.

Qian, Yingyi, How Reform Worked in China, in *In Search of Prosperity—Analytic Narratives on Economic Growth*, ed. By Dani Rodrik, Princeton, New Jersey: Princeton University Press, 2003.

Rajan. Raghuram G., "Why Bank Credit Policies Fluctuate: A Theory and Some Evidence", *Quarterly Journal of Economics*, May 1994.

Rajan, Raghuram G. and Luigi Zingales, *Saving Capitalism from the Capitalists*, New York: Crown Business Press, 2003.

Reinhart, Carmen & Kenneth Rogoff, *This Time is Different*, Princeton University Press, 2008.

Robinson, Joan, "The Rate of Interest", *Econometrica*, Vol. 19, 1951.

Shaw, E. S: *Financial Deepening in Economic Development*, New York; Oxford University Press, 1973.

Shiller, R. J. and McCulloch, J. H., "The Term Structure of Interest Rates", collected in Handbook of Monetary Economics, Vol. 1. Chapter 12, North – holland, 1990.

Tornell, A., "Reform from Within", *NBER Working Paper* 6497, Canbridge, Massachusetts: National Bureau of Economic Research, 1998.

Walter Y. Oi, "A Disneyland Dilemma: Two – Part – Tariffs for a Mickey Mouse Monopoly", *Quarterly Journal of Economics*, Vol. 85, No. 1, 1971.

Wicksell, Knut, "The Influence of the Rate of Interest on Prices", *Economic Journal*, Vol. 17, No. 66, 1907.

Yoshi Fukasawa,"How Does the Federal Reserve's Lowering Interest Rates Affect the Economy", *The Texas Labor Market Review*, 2003.

［英］阿代尔·特纳：《债务和魔鬼——货币、信贷和全球金融体系重建》，王胜邦、徐惊蛰、朱元倩译，中信出版社 2016 年版。

［美］阿克洛夫等：《我们学到了什么？次贷危机后的宏观经济政策》（中译本），周端明、胡承晨、江争红译，中国人民出版社 2017 年版。

［德］安格斯·迪顿：《理解消费》，胡景北译，上海财经出版社 2003 年版。

［法］奥利维尔·布兰查德等：《拯救全球经济：方向、策略和未来》，鲁冬旭译，中信出版社 2016 年版。

白俊男：《货币银行学》，台湾三民书局 1997 年版。

［英］波斯坦等：《剑桥欧洲经济史（第二卷）：中世纪的贸易和工业》，钟如等译，经济科学出版社 2004 年版。

曹凤岐等：《中国商业银行改革与创新》，中国金融出版社 2006 年版。

陈小宪：《风险、资本与市值》，中国金融出版社 2004 年版。

陈雨露：《国际金融危机以来经济理论界的学术反思与研究进展》，《国际金融研究》2017 年第 1 期。

陈志武：《儒家文化与中国金融发展的滞后》，香港：《21 世纪》2007 年第 1 期。

陈志武：《金融的逻辑——金融何以富国富民》，西北大学出版社 2015 年版。

陈志武：《金融的逻辑——通往自由之路》，西北大学出版社 2015 年版。

《从南韩金融改革看国内金融改革》，载《中华民国经济年鉴》，台湾经济日报社 2003 年版。

戴道华：《中、美高企的存款准备金比较与启示》，香港：《中银经济月刊》2015 年第 2 期。

［英］杜尔劳夫·S. N.、布卢姆·L. E. 主编：《新帕尔格雷夫经济大辞典》（第二版），第五卷，樊纲译，经济科学出版社 2016 年版。

顾晓敏：《国有商业银行盈利问题研究》，上海三联书店 2005 年版。

胡月晓：《低利率政策的经济效果分析——关于降息的负效探讨》，《浙江金融》2000 年第 2 期。

Ivan Martchev：《中国信贷今年将爆煲》，香港：《信报》2017 年 2 月 21 日。

［美］卡尔·布鲁纳、艾伦·H. 梅尔茨：《货币经济学：货币分析问题》，康以同译，中国金融出版社 2010 年版。

［美］凯恩斯：《就业、利息和货币通论》（中译本），徐毓枬译，商务印书馆 1997 年版。

［美］卡拉贝尔：《当经济指标统治我们》，叶家兴等译，台湾左岸文化 2015 年版。

柯承恩：《借镜日韩加速金融重建》，《台湾经济论衡》2003 年第 7 期。

［印］拉古拉迈·拉詹、路易吉·津加莱斯：《从资本家手中拯救资本主义》（中译本），余江译，中信出版社 2004 年版。

兰荣：《建设现代投资银行，促进资本市场繁荣》，《中国证券》2014 年第 6 期。

娄祖勤：《商业银行信贷管理》，广东经济出版社 1999 年版。

李文泓、吴祖鸿：《英国金融监管改革最新进展及其启示》，《比较》（第 66 期），中信出版社 2013 年版。

李扬等：《中国国家资产负债表 2015——杠杆调整与风险管理》，中国社会科学出版社 2015 年版。

李建军、杨光：《中国地下信贷调查报告》，《中国证券报》2004 年 12 月 25 日。

林波：《90 年代以来日本实行长期超低利率的利弊分析》，《亚太经济》1998 年第 10 期。

陆磊：《论银行体系的流动性过剩》，《金融研究》2007 年第 1 期。

［美］马丁·迈耶：《大银行家》，何自云译，海南出版社 2000 年版。

彭兴韵：《金融发展的路径依赖与金融自由化》，上海三联书店 2002 年版。

彭兴韵：《金融学原理》，上海人民出版社 2013 年版。

［印］普拉纳布·巴丹：《法和经济学在发展中国家应用的反思》，《比较》2004 年第 14 期。

万广华、张茵、牛建高：《流动性约束，不确定性与中国居民消费》，《经济研究》2001 年第 11 期。

［荷］乔安妮·凯勒曼、雅各布·德汉：《21 世纪金融监管》，张晓朴译，

中信出版社 2016 年版。

瞿强：《资产价格与宏观经济》，中国人民大学出版社 2005 年版。

瞿强、王磊：《由金融危机反思货币信用理论》，《金融研究》2012 年第 12 期。

阮银兰、柳华：《低利率政策的经济效应探析》，《甘肃金融》2000 年第 10 期。

[英] 舍唐·阿赫亚：《中国会爆发债务危机吗?》，《金融时报》2017 年 2 月 23 日。

世界银行：《2006 年世界发展报告, 公平与发展》，清华大学出版社 2006 年版。

孙杰：《货币与金融》，社会科学文献出版社 1998 年版。

《政府举债过度，得付出代价》，台湾：《经济日报》2017 年 5 月 28 日。

汪丁丁：《经济学思想史讲义》，世纪出版集团、上海人民出版社 2008 年版。

汪康懋、曾伟娇：《对我国低利率政策无效性的探讨》，《商业研究》2004 年第 9 期。

王一江、田国强：《不良资产处理、股份制改造与外资战略》，《经济研究》2004 年第 12 期。

王开国：《增加有效供给，打破股市僵局》，《中国证券报》2004 年 12 月 17 日。

[英] 沃尔特·白芝浩：《伦巴第街》（中译本），沈国华译，上海财经大学出版社 2008 年版。

[美] 伍德福德：《利息与价格——货币政策理论基础》，刘凤良等译，中国人民大学出版社 2010 年版。

《大学穆迪料中国影子银行资产 64.5 万亿元》，香港：《信报》2017 年 5 月 8 日。

谢平、邹传伟：《互联网金融模式的研究》，《金融研究》2012 年第 12 期。

谢勇男、叶秋南：《台湾金融改革与重建——以美国为典范，以日本为殷鉴》，《台湾经济论衡》2004 年第 3 期。

徐忠：《中国稳健货币政策的实践经验与货币政策理论的理论前沿》，《金融研究》2017 年第 1 期。

叶秋南：《新经济时代的金融业》，金融联合征信中心2003年版。

易宪容：《交易费用与合约选择》，经济科学出版社1998年版。

易宪容：《金融市场的合约分析》，中国城市出版社2001年版。

易宪容：《中国应走出低利率时代》，《南方周末》2003年2月13日。

易宪容：《股市牛虻》，华夏出版社2003年版。

易宪容：《泥沼中的大象——转轨中的中国金融改革》，清华大学出版社2004年版。

易宪容：《国内金融市场改革与重建》，《中国经济时报》2004年7月28日。

易宪容：《金融市场基础性制度改革与反思》，《中国金融服务政府前沿4》，社会科学文献出版社2006年版。

易宪容：《国有银行改革与职能的新界定》，《中国经济观察》2006年第4期。

易宪容：《开启金融全面开放新纪年》，《中国经济时报》2006年12月13日。

易宪容：《金融开放要全面突破制度瓶颈》，《上海证券报》2006年12月19日。

易宪容：《中国股市基础性制度分析》，《中共中央党校学报》2007年第4期。

易宪容：《美联储量化宽松货币政策退出的经济分析》，《国际金融研究》2014年第1期。

易宪容：《中国利率市场化改革的理论分析》，《江苏社会科学》2015年第2期。

易宪容：《中国股市如何回归常态》，《探索与争鸣》2015年第8期。

易宪容：《中国金融风险防范与控制重大理论问题的研究》，《浙江社会科学》2017年第11期。

易宪容：《十九大报告新金融政策的相关重大理论问题研究》，《江海学刊》2018年第1期。

殷剑峰、王增武：《影子银行与银行的影子》，社会科学文献出版社2013年版。

应千伟：《中国贷款利率改革与资本配置》，经济管理出版社2012年版。

曾国平：《Oi教授迪士尼定价难题》，香港：《信报》2014年1月9日。

［美］泽维尔·弗雷克萨斯等:《系统性风险、危机与宏观审慎监管》,王擎等译,中国金融出版社 2017 年版。

张维迎:《信息、信任与法律》,生活·读书·新知三联书店 2003 年版。

张健华等:《利率市场化的全球经验》,机械工业出版社 2012 年版。

张杰:《中国金融改革制度的结构与变迁》,山西经济出版社 1998 年版。

张荔:《金融自由化效应分析》,中国金融出版社 2003 年版。

张五常:《卖桔者言》,香港信报出版社 1984 年版。

张显球:《宏观审慎监管:理论含义及政策选择》,中国金融出版社 2012 年版。

郑之杰:《中国房地产金融实践与创新》,中国金融出版社 2001 年版。

郑景文:《日本金融改革之路》,《台湾经济论衡》2004 年第 3 期。

《2015 年第四季度中国货币政策执行报告》,中国人民银行官网,2019 年 6 月 7 日。

周小川:《国际金融危机:观察、分析与应对》,中国金融出版社 2012 年版。

周志祥:《房地产金融》,中国人民大学出版社 1996 年版。

朱民:《全球金融市场:结构性变化和波动》,《国际金融研究》2017 年第 1 期。

朱宁:《刚性泡沫》,中信出版社 2016 年版。